廈[門]關係史料選編：1895～1945

陳小沖 主編

崧燁文化

目　錄

序言

編輯說明

壹　後藤新平文書廈台關係資料
　　一、桂之南進論
　　二、兒玉之對岸經營備忘錄
　　三、台灣銀行廈門支店設置論
　　四、差旅對岸
　　五、訪問福建省
　　六、與林維源之交情
　　七、利用北清事變
　　八、動亂即將波及福建
　　九、順流而下
　　十、箭將離弦
　　十一、最後的大頓挫
　　十二、英美介入
　　十三、聖旨降於兒玉
　　十四、兒玉的後策
　　十五、三五公司
　　十六、福建省之樟腦事業
　　十七、潮汕鐵道

貳　《日本外交文書》1900年廈門事件資料

參　廈門台灣公會資料選
　　一、台灣公會沿革及相關條例
　　二、台灣公會與台胞及廈門市當局往來交涉函件
　　三、廈門市台灣籍民相關資料選

肆　《申報》廈台關係資料選

伍　《江聲報》廈台關係資料選

陸 台灣民眾在廈抗日運動資料
　　一、廈門尚志社
　　二、廈門中國台灣同志會
　　三、閩南台灣學生聯合會
　　四、閩南學生聯合會
　　五、廈門反帝同盟台灣分盟
　　六、關係者的檢舉

後記

序言

廈門，背倚漳州、泉州，隔著台灣海峽，與台灣、澎湖相望。廈門與台灣，歷史關係源遠流長。

明朝初期，倭寇侵擾中國東南沿海。明太祖朱元璋在泉州設永寧衛，分設左、右、中、前、後五所，中、左二所即在今天的廈門島內，此外還有福全、崇武、金門等三個千戶所，廈門與金門同為永寧衛下屬的所，唇齒相依，均為抵禦倭寇侵襲的第一前線。明朝末年，清軍入關，實行殘酷的民族壓迫政策。鄭成功堅決抗清，帶領一支軍隊，前往金門，以廈門、金門為基地，發展抗清力量。荷蘭殖民者侵占台灣後，建立殖民統治，進行壓迫和掠奪。為了收復台灣，鄭成功發兵東征，於西元1662年完全驅逐了荷蘭殖民者，收復了中國領土台灣。西元1683年，清朝水師提督施琅攻占台灣，實現了全國的統一。次年，清政府在台灣設立一府三縣，隸屬福建省。台灣和廈門都屬於台廈兵備道管轄，兩地各設一名海防同知。西元1721年，改設分巡台廈道，直到1727年才單獨設立分巡台灣道，說明廈門與台灣在清初的四十多年時間內都隸屬同一個行政單位。

清朝時期的台灣，其廣袤的土地仍亟待開發，這時期大陸民眾赴台須領取合法證照，經台廈道查明方可，廈門是大陸民眾赴台移民的重要出發地。此外，福建沿海的商人，也往來於台灣廈門之間，他們經營的帆船貿易，實現了兩岸間的物資互補。廈門也是清政府對台灣溝通的重要橋樑，所有的公文都從這裡交船戶帶到澎湖、台灣，台灣的消息也是透過廈門上報。可見，清朝前期，台灣政治、經濟、軍事都對廈門有著不同程度的依賴，兩地的關係極為密切。

1895年，清政府因甲午戰爭戰敗，被迫割讓台灣。眾多台灣同胞「義不臣倭」，紛紛內渡，返回大陸，很多則定居在廈門，如板橋林家的林維源、著名詩人

施士潔等,至今廈門鼓浪嶼仍留有他們的舊宅和遺蹟。另外,廈門是當時台胞抗日活動的重要基地,台灣的抗日力量可以從廈門獲得大陸同胞支援的武器、資金等,台灣陷落之初,日本殖民總督府就派間諜在廈門偵查抗日台胞的活動行跡。在日本殖民當局武力鎮壓台灣的抵抗運動後,其試圖割斷兩岸之間聯繫的圖謀並沒有成功。日據時期,基於廈門地處閩南中心地帶,與台灣在語緣、地緣、血緣等方面有著深厚的淵源,自然吸引了眾多的台胞在此工作、生活。他們從事各種職業,為促進廈門地區的發展,作出了相當的貢獻。尤其有不少青年愛國台胞來廈門求知、求學,成立抗日組織,進行抗日活動。儘管在日本殖民當局的操控下,一些台灣浪人勾結當地流氓地痞,在廈門開設妓院、賭場、煙館,利用日本籍的身分,為非作歹,逃避廈門執法當局的法律制裁,嚴重擾亂了地方治安,帶來了不良的社會影響,但這畢竟是少數,不是在廈台胞的主流,且台籍浪人的惡劣行徑,也遭到廣大台灣同胞的反對和譴責。

綜上所述,廈門與台灣的關係極為緊密,尤其是日本殖民統治台灣期間(即從1895年台灣被日本強占直至1945年台灣光復),廈門作為重要的對外通商口岸,受到日本殖民當局的覬覦,是日本帝國主義南進政策中重要的侵略目標,廈門與台灣關係歷史上,從此添加了濃厚的日本因素。在這個歷史階段,廈門與台灣的關係既豐富多彩,又曲折複雜,廈門地區涉台歷史資料十分豐富。廈門市地方志編纂委員會辦公室與廈門大學台灣研究院合作選編的這部廈台關係史料集,蒐集了諸多相關歷史資料,尤其是以往為國內學術界所忽略的日本方面史料記載,為人們展示了日人眼中廈台關係的歷史場景,其與中國史料相印證,將大大拓展廈台關係史的研究視野——譬如台灣抗日志士在廈門組織的抗日團體及其英勇鬥爭;又如台灣銀行廈門支店的設立、台灣世家林本源家族與鼓浪嶼的密切聯繫、在廈門近代史上具有劃時代意義的廈門事件的內情及其本末,日本帝國主義對廈門的侵略擴張計劃等等,均一一展現在我們面前。同時史料選編還彙集了歷史檔案和當時國內及廈門本地主要媒體對廈台關係的相關報導,全方位地展現了廈台關係的方方面面,如《廈門市政府公報》、《廈門市公安局警務月刊》披露的當時廈門市警察局所破獲的台籍浪人所犯的偷竊、販毒、搶劫、綁架、殺人、勒索、偽造錢幣、人身傷害等一系列案件;《申報》、《江聲報》詳細記載和報導的台灣人在廈門從事經濟、社會、文化、教育活動的各種情況,以及廈門市爆發的與台灣人相關的轟動一時的台吳事

件、台探事件。又如台灣公會的歷史淵源、發展過程及其與廈門市各界的交涉情況，等等。所有這些均體現了廈門與台灣關係的密切。本史料選編將為廈門市民瞭解廈台關係的歷史源流提供詳實的資料參考，相信其亦將成為學術界研究廈門與台灣歷史關係的重要基礎。

臧杰斌

編輯說明

　　廈門與台灣一衣帶水，有著密切的歷史聯繫。早期廈門曾是大陸對台貿易及閩南移民遷徙入台的主要口岸，明代張燮著名的《東西洋考》一書記載閩南商人和漁民以廈門沿岸為中心駛往海峽對岸，進行鹿皮、鹿脯交易或捕魚作業，官方對其徵收餉稅進行有效管理。廈門所在的漳州河口（即九龍江入海口）乃是明清時期大陸出口商品的重要集散地，十六、十七世紀在西方世界聞名遐邇，荷據時期，荷蘭殖民者以台灣為基地，從事廈門——大員——日本——歐洲仲介貿易，從中獲取巨額利潤。活躍在廈門的對台貿易商有李旦、許心素等，而鄭芝龍、鄭成功父子更是以廈門為基地，從事與台灣之間的海上貿易，並最終揮師東進，收復台灣。清代早期，廈門與鹿耳門是統一後的唯一官方對台出入通道，廈門成為海峽兩岸交往的中心口岸。史稱廈門與台灣關係之緊密如車之兩輪，鳥之兩翼，實為十分恰當的比喻。

　　近代之後，廈門與台灣的關係發生了劇烈的變化，1895年腐敗的清政府在甲午戰爭中失敗，被迫簽訂不平等的《馬關條約》，將台灣及澎湖列島割讓給了日本，自此台灣淪為日本殖民地長達半個世紀。海峽兩岸關係由原先中國內部不同省份之間的關係，變成為中國與日本殖民地之間的「特殊的國與國」之間的關係，廈門與台灣的關係不可避免地受到了這一大環境的影響。因此，近代以來的廈台關係史中，日本因素揮之不去，深刻影響著廈台關係的發展進程。

　　本書選編的史料內容主要為1895-1945年，即台灣歷史上的日本殖民統治時期、廈門歷史上的清末和民國時期廈台關係的重要史料選編，其中許多資料來自日文記載，主要內容有以下幾個方面：

一、後藤新平文書廈台關係資料。

二、日本外務省編纂《日本外交文書》1900年廈門事件資料。

三、廈門台灣公會資料。

四、《申報》廈台關係資料。

五、《江聲報》廈台關係資料。

六、台灣民眾在廈抗日運動資料。

本書在整理過程中，為保留史料原貌，對原文未作處理，一仍其舊。

本書由廈門市人民政府地方志編纂委員會辦公室和廈門大學台灣研究院歷史研究所合編，編纂組成員為：廈門市人民政府地方志編纂委員會辦公室主任葛向勇、廈門市人民政府地方志編纂委員會辦公室副主任韓真、廈門大學台灣研究院歷史研究所所長陳小沖教授、廈門大學台灣研究院歷史研究所副所長陳忠純博士、廈門大學台灣研究院歷史研究所黃俊凌博士，主編陳小沖。

本書資料收集得到廈門大學台灣研究院文獻中心、中國社會科學院近代史研究所台灣史研究中心及台灣中研院台灣史研究所的大力支持。中國社會科學院圖書館、中國社會科學院近代史研究所圖書館、福建省圖書館、廈門市圖書館、廈門大學圖書館及台灣中研院台灣史研究所檔案館、台灣「中央圖書館」台灣分館等單位在資料收集過程中提供了熱情協助，在此謹致謝忱。

編者

壹　後藤新平文書廈台關係資料

編者按：後藤新平（1857-1929年）曾任台灣總督府民政長官，輔助總督兒玉源太郎，在鎮壓台灣民眾反抗鬥爭及推動台灣殖民地化進程中，起著重要的作用，台灣史上稱為兒玉後藤時代。後藤新平在台施政的一項重要內容即是以台灣為基地對廈門為中心的華南大陸的侵略擴張，或稱對岸經營。在後藤新平文書資料中有不少19世紀末20世紀初廈台關係史料，譬如有關廈門台灣籍民問題的交涉，台灣銀行廈門支店的設立，1900年廈門事件經緯，三五公司在經濟領域的滲透，乃至閩浙總督許應騤、興泉永道延年及台灣富商林維源等人物個人性格的刻畫等等，彌足珍貴。以下為相關資料摘譯。

對岸經營

一、桂之南進論

日本初次占領台灣之時，當時指導者們腦中閃過之偉大事實乃為：對岸橫亙著支那大陸。

尤其福建省，與台灣僅相夾澎湖列島，可謂距台灣不過一跨之地，不必乘巨大黑船，僅由靠帆、棹行駛之無數戎克船，便可連通台灣與廈門兩地，從未間斷。

地圖之上被塗成藍色的海洋易予人以台灣乃是同外界隔絕的一座孤島的印象。但事實上，大海與其說是隔離風土人民，毋寧說更多應是造成連接之作用。相比被山嶽劃分的陸地，隔海相望之對岸，經濟、社會上乃至文化上（與台灣）存在密切

11

關聯卻成為常態。

且由民族視之，台灣與福建省皆為同一人種組成之社會。大部分台灣島民乃是對岸遷來之移民。彼等從未間斷與故鄉對岸親戚故交間之交通往來。即便於歷史上視之，台灣島亦長時間作為福建省之附屬地而被編入其行政範圍。

即便台灣為日本占領之後，此等地理、社會、經濟、文化、歷史、民族之兩岸關係事實依舊牢固存在。無視此等儼然事實而意圖統治新領土顯然不可能。

直截了當地說，統治台灣的重要一面即是對岸經營。

加之立於大日本主義潮頭之當時之領導者們並未將台灣島視為日本殖民發展之終點。台灣僅是帝國國力不斷向南挺進之跳板。在此跳板之上凝神眺望：西方為南清廣闊沃野，南方漂浮於雲波上的是南洋諸島。於台灣島短暫停留休整鯤鵬之翼，終有一天翱翔於此片大陸和汪洋頂上之日必將到來。

作為其著手之第一步，對岸經營重要性不言而喻。

北起樺太南至台灣之島鏈以半月形環抱亞細亞大陸。因而，如前文所述，「諸列島乃是掌握東洋和平之關鍵」，此自明治維新以來便成為日本國策之根本要義。現今依據日清戰爭結果及在朝鮮半島所扶植之我帝國勢力，日本海安全已然確保。下一步，於南支那海確立帝國霸權則須從對岸福建省培養潛藏勢力開始著手。若得以於福建沿岸確立適當立足之地，航行在狹窄的台灣海峽船舶之上，將幾無任何事物可逃過日本的視野。由此點亦可看出，對岸經營同新領土經營密不可分，二者擁有重大關聯。

最為露骨披露出當時日本領導者們懷抱之經綸者為第二代台灣總督桂太郎所撰意見書。其首先起筆寫道：

太郎日前得繼台灣總督重任，抵達任地後，乃先行巡視台灣、澎湖及南清沿岸，意欲就其職責中關於將來設施一事細述所見之梗概。

依我方勝利之結果，台灣已盡歸我帝國版圖，其設施經營雖多，但總而言之，不外對內殖產興業開發富源，對外據台、澎之地勢伸張國勢。仔細想來，台灣之設施經營非限於台灣境域之內，更應策劃對外進取才是。

然其「對外進取之策劃」究竟為何物？桂總督之意見乃以為應是經營對岸地方並使之成為我南進政策之根據地，同時須防備列強分割支那之形勢。其又繼續記述道：

且說台灣夾澎湖列島與南清沿岸相望，且與要港——廈門相互交通，以與南清一帶保有密切關係。往南連接南洋諸島，遠制南海，其形勢宛如於日本海九州隔對馬島與朝鮮半島相峙，且同釜山港密切交通從而控制該半島之形勢。既往雖得以維持日本海安全而不致國威失墮，但將來若不南進壓制支那海，密接南清沿岸，同南洋列島交通往來且據台、澎地勢大大伸張國勢，恐將遺為百年憾事。

清國老朽積弊，已無法長久維持其版圖，列強環視、蓄謀已久。尤以二三強國作為歸還遼東之報酬，意欲占其財政權力且緊盯其政策不曾懈怠。一旦清國事發，強國將爭相割據清國領土，以達多年慾望。

當此時，我帝國究竟應出何策？若欲無所事事而袖手旁觀則罷；但若欲乘風雲圖謀伸張國勢則須事前有所準備。而所謂「準備」者無他……（中略）即著手同廈門密接交通，於福建一帶積蓄我帝國潛藏勢力。

然而對於此種積極政策，有小日本主義之消極主義者表示反對，且恐歐病患者亦有所謂萎縮論。對此桂總督論述如下：

或有人言：於大陸保有我領土，難免釀成外交紛擾，為國之計恐不應采此策，遼東半島之殷鑒不遠；又有人言：境壤接於大國，將招致本國內治紛亂，寧可不近之為妙。此說雖非一無道理，然徒為畏縮偏執之論，不足為我帝國施政之主旨。遼東之轍已有前人識之，豈是後人需顧慮之處？更何況當時乃是戰後國勢所限而不得已為之。蓋欲考量國力，不能不分清時勢之異同及實力之差異。縱使與強國接壤，其所謂強國亦僅是版圖之擴張，殖民地之造成。其本國實力遠列於歐洲之後，且歐

洲列國又相互嫉視反目，覬覦其隙，其本國已呈尚不能保一日苟安之態勢，故而其不能充實力至隔絕異域已是一目瞭然之事。既得如此，則縱使同強國僅以餘力而勉強保護維持之殖民地相鄰接，又豈會釀成我帝國內治之紛擾？伴隨此對外進取之策之我帝國作戰計劃，他日再行陳述。而後，桂總督乃筆鋒一轉，說到台灣同南清間地理、經濟、風土教化之關係，在闡明對岸經營必要性的同時，論及其最得時宜之理由如下：

據台灣之地利而於南清扶植養成我帝國勢力不僅非為難事，且其地勢即是如此，宛如我九州同上海交通頗繁一般。南清各港，尤以廈門，近處隔澎湖列島而與台灣相望，即便非巨船大舶猶能數小時內渡海抵台，故而素來便為彼此交通要沖。觀其現狀，台灣之貨物以廈門為集散地然後外輸四方。故廈門日後作為中國風土教化及貨物流入之新門戶，為我政治、貿易上最為重要之樞要區域。據此應於福建一帶扶植養成我帝國潛在勢力以備他日有事之機，誠非至難之業。台灣同廈門關係如斯，故多見有人思慮台灣之土匪暴徒蜂起應為該地人等教唆鼓舞所起。不過此類事實應無根據，不僅常有在該地偵查者的報告，本官亦未親聞當地我外交部門就此有何確據。唯有跡象表明該地清國政府官吏或是二三同政府關係密切之商賈遙相聲援。但此地既往數百年來，素有外交貿易之風習，一般市民只管從事商業貿易，且該地富有商賈已然覺知西洋文明為何物，且有表示與中國人同情同感，甚而察知將來於台灣之事業若不跟中國人協同一致將致不利。據此考之亦可察，（廈門）不論人心傾向、地勢樞要正是扶植培養我帝國勢力之要地。

而後，桂總督又將南清地方與台灣之關係同朝鮮半島與九州關係相對比，主張「應使南清一帶成為宛如朝鮮半島之地」，其論述如下：

倘若說到我勢力之於朝鮮半島幾何，其間雖偶有消長變化，但潛入其國內之勢力實屬異常眾多，縱使半島土崩瓦解，為二三強國所吞併，（列強）亦將顧慮我帝國潛藏勢力之厚而不得輕易舞其爪牙，此為現時之態勢。不言而喻，得以培植如斯勢力乃是多年施政之結果，而非一朝一夕之業。朝鮮半島之證跡即如斯。現今著手準備立足台灣由廈門港注入我帝國勢力至南清，他日令南清一帶成為若朝鮮半島般之地應是今日急切之事。

總之，桂總督之意見乃是不應將台灣作為帝國殖民政策之終點，而應是帝國南進政策之起點。其在結論之時作了如下陳述：

台灣之地勢非但對南清，縱對南方群島，亦是伸展羽翼最為適宜之地。現今，由廈門至南洋外出務工者已達十萬之多，而南洋貿易之中又數米穀、雜貨極多。將來以台灣為根據地，伸張政商勢力於南洋亦非難事。是否得以確實實行之還須看航海之力強弱幾何。廟堂之中已有擴張航海之議，而就台灣、南清沿岸及南洋之航海擴張，本官另有愚見。總之，我帝國先前得保日本海之安全、控制朝鮮半島、扼浦監斯德港之咽喉，但觀今日戰後形勢突變，則可執行所謂北守南進之策，由日本海區域進發至支那海，對其沿岸各地制定進取計劃。

以上即是明治二十九年七月台灣總督子爵桂太郎無所忌憚之意見。而此亦是當時日本之指導者們於胸中描繪之大致國策。

二、兒玉之對岸經營備忘錄

桂太郎之後，乃木希典就任第三代台灣總督，而在乃木辭職之後，就任第四代總督之人為兒玉源太郎。

兒玉與桂同為長州系軍部出身之政治家，私交不淺，特別於政治上亦有所關聯，關於此點前文已經陳述。故而，二人於南進政策上見解合拍絲毫不足為怪。

明治三十二年六月，兒玉總督所寫「台灣統治歷史與將來之備忘錄」正是對前述桂之意見予以詳細說明且具體化之產物。其大意如下：

一、為達成南進政策，對內須勵精圖治，對外須友好睦鄰，避生國際事端，在對岸清國及南洋通商上占據優勢。

一、為收統治本島島民之全效，不應僅將重心置於鎮壓島內、收攬民心。亦應

採取注意對岸福建省尤其廈門之民心，察其歸向，反過來謀圖島民安心，以達統治目的之方針。

以上兩項僅是闡明帝國南進政策之根本要義。相較桂意見書之不同之處在於其從台灣統治方面充分陳述對岸經營之必要性。而桂僅從徹底實行大日本主義國策之中尋求論據之作法雖不能說是虛構，但毫無疑問，兒玉主張之論據更加實際，亦更為有力。這正是多年統治台灣之實際體驗教給日本指導者們之嚴肅教訓。

……

兒玉總督於第五項中論及修築港口問題，甚而提出將廈門港「附屬於台灣島，使之成為東洋屈指可數之良港」，足見其氣宇已吞噬對岸地方。且將廈門港視作台灣島事實上的附屬地，正是不誤統治台灣大方針之遠見卓識。兒玉所作論述如下：

一、雖僅略微進行築港事業之調查，已知本島素缺天然良港，而此為談論治台策者齊為慨嘆之處，此畢竟是將經營之眼界識侷限於本島之內。稍將視野擴大，且依據帝國占領本島之宗旨而講究經營之道，乃得知有東洋屈指可數良港附屬於本島，數百年來為島民所利用。現講求利用之方法，正所謂不負上天的恩惠，此亦符合帝國占領本島之意。而所謂東洋屈指可數良港者，廈門港是也。下官就任以來苦心經營此點，早晚可遇良機而達此目的。

第六項備忘錄則論及廈門住民對我帝國統治台灣之意向變化情況。

一、廈門住民之意向近來大變，大為仰慕台灣統治，非但乞求歸化者日益增多，諸多企業亦有求於總督府之幫助，總督府可乘此機，加快步伐，勤收民心。

廈門民心之變化伴隨帝國統治台灣之實績攀升而愈加顯著。正如前文所述，廈門同台灣不論由哪點視之，皆是密不可分之姐妹之地。統治台灣不能拋開對岸福建省，廈門的生存亦不能置台灣島於不顧。在統治台灣之實績與廈門民心變化的關係上，以相互因果循環的方式，奠定了我對岸經營之基礎。

然而，此類民心變化並非僅僅止於空泛的「意向」變化，應順應該民心變化，採行經濟措施，且將之具體化。作為第一步，兒玉總督首先提出設置台灣銀行廈門支行之提議。

一、於廈門設置台灣銀行支店一事乃是總督府由來已久之計劃，其真意亦是達成前述諸事之重要手段之一。設置廈門支店後即可開始台廈間之匯兌，爾後掌握廈門同其他各地方間之匯兌權，且蓄積清人存款於此銀行之時，清人必將自然增加與帝國共有利害之念，如此一來帝國威信先是加於廈門，而後反射波及至台灣，治台之效倍增將成必然結果。此為素來論台統治者未曾謀劃之處，且收其功績所需歲月毋庸置疑將快於人們之想像。

一、台灣銀行支店於廈門盡收各地匯兌權同時，往返於福州、漳州、泉州之百噸左右的汽船將均應為日本籍或揭插日章旗。此等沿岸小汽船升起日章旗之日，便是我帝國專有福建省內重要道路交通權即鐵道架設權之伏線，故而不戰即收占領廈門之實並非難事。

一、於廈門占據上述優勢之時，我帝國便可如英國於蘇伊士運河的勢力一般，獨霸東洋，此絕非難事。

台灣銀行廈門支店之設置問題事實上乃是決定對岸經營經濟根本之重大問題。對於此點，其後論述後藤民政長官所持對岸經營意見之時，將再加以詳說。

兒玉總督之備忘錄而後又談及廈門特務機關設置問題、福州船政局問題、福建省礦山探查之議、在廈開設日語學校之議、台灣歸化法制定問題等。其內容如下：

一、作為達成前述目的之預備手段或為事業之目的，可內定制度令台灣總督遣官吏通勤於廈門並設置官衙，抑或方便起見令廈門領事館員兼任其事務。

一、因福州船政局極盡衰頹，可策劃使其轉讓於帝國或於福州、廈門兩地設船渠，展示帝國造船技術，另一方面謀求便利新造、修理對岸交通船及沿岸交通船之對策。

一、為探查福建省內礦山,由總督府派遣技師進行調查乃為當今之急務。

一、於國籍法外再設台灣歸化法,有必要制定如同英國於香港或是海峽殖民地設立英國歸化法的政策。

以上十四項即是兒玉總督備忘錄全部內容。其中多項為立足於實際的措施,足以察知當時兒玉總督為首之指導者統治台灣之大方針所在。且此備忘錄並非僅是兒玉源太郎個人見解,不難想像,同其他許多意見一樣,皆是與民政長官後藤新平合作之產物。

更加詳細體現後藤民政長官對對岸經營意見的乃是以下所載台灣銀行廈門支行設置問題之意見書。

三、台灣銀行廈門支店設置論

當時台灣銀行創立委員會反覆開會商議而提出之廈門支店設置意見書,究竟是以後藤民政長官之名提出還是以總督之名提出,至今不明。但即便以兒玉總督之名提出,從其一流論述來看,亦甚為容易推察出應是由後藤民政長官起草或由其口授成文。另外雖然該意見書並未有年月日,但附有「香港上海銀行本年上半季決算書」——一八九八年上半期之決算書,由此可推斷該意見書應起草於明治三十一年秋冬之間。

該意見書首先由台灣銀行設置問題說起,既提到「因台灣銀行業務範圍極為廣大,政府亦應予之以他社無法類比之特權」等贊成輿論之同時,亦陳述其為「邇來多有世人希望反對之」,具體記述如下:

以下余欲陳述之希望非僅圖範圍廣大或特別保護。為求銀行本身之完全成功,須於廈門設立一支店。且此店雖名為台灣銀行支店,但其所用資金、勞力大多出自台灣銀行本店,希冀以其至少半數以上之財力充實於該支店。

以上即是廈門支店設置論之中心。然而究竟緣何需要設置如此龐大的支店呢？其實，此乃事關台灣生死存亡之重大問題。後藤伯爵繼續論述道：

該銀行之設置事關本島諸般經營，且有最為重要之關係，實為日後經濟政策上之問題。若此經濟政策不完善，則台灣經營終難免營養不良，隨之諸般設施亦將難奏其效。非但如此，余乃深信其必然枯死。余固缺乏經濟經驗，但對其研究卻未敢等閒視之，因其處於重要且不可迴避之地位。

之後，（後藤伯爵）更進一步論述台灣與對岸地方之關係，甚至斷言台灣經濟之中心在於清國，從而再次強調自身論點：

現今依余研究之結果，對岸地方即清國同本島經濟上之關係恰如同一國家內的關係，非但如此，稱台灣經濟之中心反在對岸地方即清國亦未嘗不可。本來經濟之事便與行政頗有密切關係，而行政又同其歷史甚有關聯，故就經濟政策而言，若欲制定確切穩固之方針，則須知其中一大要事當屬注目其行政及歷史上之關係。

伯爵以為台灣島由福建省分離出來成為獨立之台灣省乃是「距今僅十餘年前」之事，且其即便已成為台灣省，但仍歸福建省總督監督，兩百年來「自行政百般之事，至農工商業、學術技藝」皆在福建省支配之下，列舉此等事實之後，如下斷言道：

乃知廈門為台灣中心，至少歷史上其曾為制約台灣經濟領域之中心點，而人民一般均已習以為常，幾乎就像遺傳一般。故不難推斷今日欲立即破除此習慣乃是至難之事。

然而世人動則列舉英國香港左右支那大陸商權之事實，且有妄言稱今後應將清國南部商權轉移至台灣。對此，後藤伯爵乃答曰「香港能有今日非一朝一夕所成，其經營至茲已有四五十年，方得見此成就」，而後更斷言「將其貨物集散之點移至台灣」絕非善策：

往時設立廈門道台一職以來，廈門同台灣相互之間有著密切的關係，現今於通

信之上彼我依舊如同處一國之關係，非但如此，經濟中心點亦在廈門，此為邇來余屢屢陳述之處。余更深切冀望得以利用此般關係，於經濟中心點——廈門設立一台灣銀行支店，從而由外部協助台灣經濟，恰如本店一般盡其效用。

作為其中一例，後藤伯爵又描述了台灣茶商之實情，台灣之金融中心在於對岸廈門，從這一實際情況出發，台灣銀行無疑應以此廈門支店為立足點，重點開展與香港、上海及其他支那重要通商港口的貿易。其記述如下：

若台灣銀行僅止於本島之內，則其存款至多亦不出一千萬元，而若能令此支店於廈門形成商業上之一大勢力，則存款可至幾千萬元猶為未可知。一目瞭然，該支店設置一事非但能在台灣經營上達成金融機關之效用，對帝國將來之南洋商略亦可發生很大的效益。

說到為何要將台灣銀行廈門支店作為「帝國南進之先鋒」？且看後藤伯爵一流的辯論才能，其辭云：

作為帝國南進前驅而應決意實行之第一步，除於廈門設立台灣銀行廈門支店外別無良策。更何況近日我帝國同清國已締結永久不割讓福建省之條約。今後國際上之競爭並非以武裝力量侵略土地、人民，而是以金融實力占領土地、人民。即戰略已轉為商略，此為不可爭辯之事實。帝國占領台灣後若台灣經營僅止於台灣，帝國拓殖亦僅限於台灣，此暫且不論；若帝國以北守南進為國策，沐浴帝國恩澤不僅止台灣人民。占領台灣僅是得一適當的「殖民站」，若欲完成支那南部、南洋諸島人民亦能沐浴帝國恩澤之宏圖，則切望早日速速採用愚見且決行之。

此意見書之後又引用香港上海銀行之報告書，論述對岸地方金融業如何重要及有利，並總結道「乃敢開陳愚見，即台灣經營上應以在廈門設立（台灣銀行）支店為當務之急，切望得諸君之贊成」。

由上述言論足見務實政治家——後藤伯爵在對岸經營上抱有何等切合實際之意見，而此意見書最終亦為台灣銀行創立委員會所採納，台灣銀行廈門支店終成我帝國對岸經營之重要機關。

四、差旅對岸

　　由桂、兒玉、後藤三人之意見書，我帝國對對岸經營的意向大致在於何處想必已然清楚分明。

　　其將採取軍事的抑或是經濟的行為還需由海內外之形勢決定，但將對岸廈門置於我帝國勢力範圍之下，以其作為立足點而在南清地方發展帝國勢力，大則能遂行大日本主義國策，小則可盡收台灣統治之效，故而其實屬絕對重要之事。而此點亦是三者共同之根本結論。

　　如此一來，為實現此結論而作之基礎工作，後藤民政長官又著手開始福建省視察旅行。隨行者有松岡縣治課長、小澤副官、三好外事課囑託、熊谷外事課囑託，其他如正在拜訪台灣總督府之澤村繁太郎、中島真雄、台日記者奧山十平亦在此列。

　　明治三十三年四月一日，伯爵一行乘坐淡水丸號由淡水港出發，翌日即早早抵達廈門港。

　　《台灣日日新報》於後藤民政長官出發之時，特意刊載如下評論，當中可見對民政長官之期待。

　　後藤民政長官終於本日由淡水出發，登上南清巡遊之途。吾人深信此絕非尋常官游。

　　想來台灣事業經營計劃已告一段落，島內各部、局漸見生動。世人對土匪問題大興喧囂議論之時，當局者已然胸有成竹以圖革新百政，振興本島經營上之諸般事業，現今成功已然歷歷可見。唯殖產興業一點之上，少有企劃公布於世，應是台灣已脫開搖籃行進至自動位置，且得一好對手，終達馳騁於生存競爭場之時機。即當局應為本島企劃者已全歸振興通商貿易之上。

由本島之地位觀之,於通商貿易上之關係有三:第一,同內地之關係;第二,同南洋諸島之關係;第三,同所謂對岸之關係。而此等關係裡最為重要之急務當屬同對岸之通商。台灣由福建省分離而成獨立一省僅為十數年前之事,且不說二者民族相同,即便風俗習慣亦無異。本島經營之上,在研究對岸同時,須知經營對岸亦屬最為緊要。當局者昨年以來特別注目對岸,或獎勵南清航行,或開辦日語學校,以圖密切本島同對岸之關係,另同駐於南清之帝國領事多有協議,設定福州及廈門所在之專管租借地云云,足見帝國對南清態度已然加進步伐。後藤長官今次出遊究竟攜何劃策。吾輩對後藤長官之希望與其說在世人所謂之對岸經營,毋寧說是觀其行靜待其企劃謀略。至於何出此言,則因其時應興辦之事業,不出通商貿易之外。

吾輩皆須注意,若欲對外興建設施,則今日開始須執慎重之意。即台灣整裝待發之際,應料及此次將引發世界極大注目,對其設施之輿論亦隨之紛紜複雜。故而此期間之對岸政策絕非容易之業。如得破此難關,圓滿達成其目的,始能充實本島之經營。

吾等兩百餘萬黎民同彼岸一千餘萬人民相互呼應,成為我通商貿易上之先鋒,四億之民馳騁於和平競爭場之內,馳騁於世界經濟界之內,應可期待。

後藤伯爵究竟欲為何事?以下吾輩且轉而記述其福建之行。

五、訪問福建省

四月二日上午七時,後藤伯爵一行駛抵廈門港,帝國駐廈領事及其他日本僑民前來迎接,八時左右登陸,各自下榻宿地。伯爵居所定於領事館。

二日整個上午,同上野廈門領事、豐島福州領事等促膝交談,討論台灣及對岸政策相關協議。下午接待對岸首屈一指之資產家——林維源之來訪。

林維源同後藤伯爵雖是初次見面,但其會見竟長達三小時,當時報紙乃傳云

「其會談甚為融洽，甚而不時傳出哄笑聲於室外」。與林維源之關係，容後再加以詳述。

四月三日，在領事引領之下巡覽虎頭山專管租借地，其後搭乘篷船拜訪台灣銀行廈門支店。而此店雖於四月一日方才開張，房屋亦為原本料理店之房屋承租而來，但赤羽支店長眉宇間新銳之氣溢然可見。

當日上午，參觀東亞書院之授課並訓示諸教師，夜晚拜訪林維源。正式訪問清國政要乃從四日開始。

四月四日上午十時，後藤伯爵一行首先拜訪楊提督及其衙門。坐定之後，進行一番寒暄，伯爵率先開口說道：

余初至台灣就任，深覺統治之上，甚有必要視察同母國仍有關聯之對岸各地風土人情，遂生至貴地觀光之念。然因匆匆赴任、公事多端而未得遂其志，邇來台灣庶政稍就其緒，百般設施漸得其宜，近日方才稍得閒暇，一為貫其初衷，二為建立同貴地諸官間之友誼，特奉我台灣總督之命來航。

之後轉入會談，但談話多數為外交辭令，並未談及實質性內容。「後藤民政長官對岸巡視應接談話筆記」一文作了如下記述：

長官云：貴下或貴幕僚諸官他日來台出遊之時，當盡其所能而予以招待。答曰：奈何公事多端，未得擅自離任之機會。言辭雖簡短，但清國武官較無勢力，無法任心行事之意溢於言表。然此次會見，楊提督始終答以懇切恭謙之詞，尤其於送往迎來之時皆率眾多屬官，且設儀仗兵，發禮炮三次，可謂極盡殷勤禮遇。

歸途中，伯爵一行又拜訪了廈門道台延年及其所在衙門。延年果然為旅洋歸來之人，客室皆為洋風裝飾，招待室外又設會客室。在與楊提督同樣之互致寒暄後，延道台乃提起福建人民之入台灣籍問題。延年乃曰：

台灣與福建僅一衣帶水之隔，商民往來尤為頻繁，譬如於當地犯罪之後潛逃至

台，巧借入籍為手段，此時因該犯罪者擁貴國國籍，敝國無從查究，如斯將造成甚多彼此交往上之障礙。

伯爵聽罷，乃答曰：

道台所言極是，但此事畢竟為兩國官吏往來不甚親密所致之結果，不論如何，我總督府所定登陸條令等其他入籍諸多法規皆為幾無遺憾之設施。貴官所憂之事乃是所謂無賴之徒乘機逃脫法網所為，彼此當局者之關係若能與人民般親密，則此等瑣事不足深憂。故懇請貴官務必前來我台灣，視察我制度設施，非但可作貴官之參考，於國際交往上亦有不少裨益。

之後，乃又繼續言道：

日本文明乃吸收西洋各國之精華，應用於東洋文物之產物，尤其於兵備、警察制度等非但相對節約費用及勞力，亦適宜我東洋風土民情，故而倘若貴國模仿我制度即可藉所謂他力而得以享用文明成果，於經濟等各方面而言，亦是適宜之極。

以上即是伯爵對日本文明所持言論，之所以以此呼籲對岸清國要人，乃是因為其用意在於欲從文化上將對岸地方置於日本勢力之下。

而後，伯爵想起延道台旅洋歸來一事遂繼續說道：

但願余同貴官之交情，今後將愈加濃厚。曾聽得一廣學多國語言之博士所言即意氣相投之人只憑「然否」二字便可疏通意思。日後只要不存隔閡，大可期待彼此友誼，縱操不甚熟練但雙方皆有研究之德語交流，亦能毫無拘謹，談笑風生。

雙方遂大談出洋之事，談話亦愈加親密。上述《筆記》記述該情狀時，寫道：「道台滿面得意之色。總之，該道台因有遊歷歐洲之素養，故應答如流，尤其外交手腕於支那官吏之中甚屬罕見」。

四月五日，楊提督為致答禮，延道台為道寒暄，相繼訪問領事館，領事館遂設

午宴招待二人。當日下午,(伯爵)一行人便由廈門出發,於六日抵達福州。

七日,伯爵一行拜訪許總督。伯爵之寒暄一如之前所作之辭,之後進入外交辭令,伯爵遂言曰:

中國文明乃取西洋之長而應用於我東洋之產物,將中國文明輸入貴國於東洋關係上甚有必要,故貴國若有意從中國聘用軍員或其他人才,余願於其中效幹旋之勞。

總督聽罷僅是讚賞日本文運之盛大而作為回答,但此時真正讓伯爵吃驚之事為此時許總督竟亦提出福建人民入籍台灣問題。伯爵所作回答當然同前次一般。《筆記》如下記錄當時會談情景:

許總督之態度即所謂支那官吏之一貫模式,對話語氣完全未脫守舊口吻。而本日會談雖非進取活潑,但其嚴肅鄭重之態,為歷來各國公使訪問之中亦屬罕見者。

歸途中,伯爵一行人又順路拜訪洋務局並在局內會見張布政使、周按察使、楊洋務局長代理、啟鹽法道台、徐福州府知府、劉閩縣知縣、葉候官縣知縣等。會談之時,張布政使竟又提出福建省人民入籍問題。算上此次已是第三回。

想來,清國要人接待外人之常態,即以美辭麗句為能事,而極力避開觸及現實問題。一如《台灣日日新報》記者所記述:「僅以華麗辭藻作答,卻從不吐露自身所持意見。長官則常以攻勢發起種種疑問。觀其並非故意不加吐露,而是不得吐露。蓋支那官吏皆為此風」。然而,為何彼等將入籍問題等如此細枝末節之問題視為天下大事一般而執拗提起?想必伯爵已不堪忍受,遂開門見山地說:

我台灣總督府設有入籍法規等手續。取締之上別無錯漏。只是奸詐之徒乘兩國政府聲氣未通,得逞漏網手段。然諸貴官所言於我總督府可謂是至大煩擾。依據我屬官報告,台地犯罪者得逃法網之人中過半已鼠竄至貴地而沒其蹤跡。因本官此次前來之主要目標並非該事,便隱忍不言之,不想竟反由貴方提出,可謂不謀而合。

彼等清官聽罷伯爵所言先是面面相覷，而後表示將研究台灣入籍規則，他日再同豐島領事商議決定。至此，入籍話題暫且告一段落。

及至四月九日、十日，伯爵乃於福州領事館內大開筵席，聚集清國紳士及我僑民，且嘗試作一演說，其中一節言曰：

近日來，得許總督等諸官招待且知其一抱負正與吾欲所言、欲所興之設施相符。由此可見，我東洋局面進一步發展之時機已然成熟。如諸君所知，我帝國三十年來深入研究西洋文物，采其所長，舍其所短，而我帝國之進步則是得以發現「物美價廉」地輸入各國文明之祕訣，此亦為諸君首肯之處。於此應將既不損我東洋美德、習慣而又得引入彼等經世致用之祕訣大白於天下。當初世人解釋為因非耶穌教之國而無從享受真正文明與福利，西洋各國人民皆信以為然；或誤解為我東洋人徘徊於迷夢之中，幾乎均為儒教國，文明之推廣者，實應死心。然此皆為誤解，如前所言，我帝國終歸亦以儒教及佛教為根本，而能達今日新文明頂峰，雖是耶穌教國人，仍不免大吃一驚。尤其貴國同帝國乃是唇齒相依之關係，應察知同心協力之必要，且期步調一致而雙雙抵達日新文明之彼岸。故我帝國對清國嘗試種種經營並欲大興施設乃為顧全東洋大局，而非政略之物。毋庸置疑，此點想必諸君早已熟知。還望諸君體察此意，為興亞政策多多盡力。

如同明治初年日本盛行由歐美先進國招募人士，以推進文化開發大業，日後由日本輸送人才至支那，以日本之手開發亞細亞大陸之文明，對於實現大日本主義理想，穩定東亞政局，皆是最為緊切之要務。而此即為伯爵多年所持理論，且伯爵每逢機會便對支那朝野之人力加勸說，聯繫實際問題，致力於從迷夢中喚醒彼等。

然而彼等對此僅以美好辭藻讚賞日本之文明，唯有一事令其為之側目，即台灣鴉片政策之成功。而對引入該政策堪稱「食指大動」之人恐是許總督本人。

許總督拜訪後藤民政長官之時乃是四月十一日。《台灣日日新報》報導其情狀之時，作了如下記述：

當日下午，閩浙總督許應騤於領事館訪問長官。其行列猶如戲劇般的大陣仗：

先鳴鑼，再率護衛兵，一時不勝熱鬧。

而於長時間之會談中，「專賣鴉片一事尤其引得許總督注意」，伯爵就此問題言道：

專賣鴉片原為下官之建議。參照昨年度之成績，我台灣人口雖僅有二百七十萬餘，但年入幾近四百十七萬餘元，假定福建人口為二千萬，若依此法，至少收入一千萬元左右應非難事，且若將此資金用於兵備、警察費等，於人民雖無關痛癢，於增進國利民福之上則為偉大之功。

許總督聽罷後，首次促膝言曰：

煙膏專賣一事，本官已著手籌劃，但不知貴方方法如何，還仰說明。

就此進入實際政策問題。鴉片政策乃是伯爵最為得意之方面。其說明指導亦極為詳細懇切，曰：

貴國若欲採用該制度，則需多加查究外國條約之關係，且為防外國人等之猜疑，公布之前務必保守機密。

云云，且予以「一一熱心勸告」，對此許總督甚為滿足，似乎皆一一首肯。蓋如前述《筆記》之記述，「畢竟我長官談話，主旨可說是國家主義，因同許總督平素所持之理財主義一拍即合，最終本日會談適切親密而終，可謂前所未見」。而在鴉片政策一事上，延道台等諸多清國官吏在伯爵熱心研究推介後似已紛紛動心。

如後，伯爵一行遂冒雨辭別福州，行向馬尾，之後又於十五日辭離馬尾，十六日凌晨返歸廈門。

十七日，伯爵一行行抵漳州，且同榮道台、楊副將軍、劉知府、孫知縣等進行會談，之後伯爵又至本願寺布教所作一演說，十九日返歸廈門。同林維源再次暢談之後，二十四日辭離廈門，翌日即二十五日經由海路抵達淡水港。

六、與林維源之交情

　　如上,伯爵對岸視察之旅就此結束。其時日雖然不足一月,且並非帶有特殊目標之旅行,但鑒於台灣島同對岸地方之密切關係,其旅行亦引來內外諸多注目。當時《台灣日日新報》乃報導曰:

　　長官此次外出差旅,非但引得支那官吏之耳目,且當地外國人亦多有關心。

　　而伯爵與對岸首屈一指之富豪——林維源間之密切交涉則可稱為此番旅行之副產物。

　　林原為台灣之大事業家,於全島極有威信,改隸以後返歸廈門,之後又於對岸地方扶植勢力。其雖為在野人物,但其聲望卻凌駕於總督、布政使之上。《台灣日日新報》評述此人之時,有報導曰:

　　原本林維源如世人所知,乃福建省之富豪,官位位居二品,自負尊大、從不屈居人下,如道台於就任之時亦先行拜訪維源,後再披露新任,且復徵求林之意見以助其施政,維源聲望轉而愈加宏大。蓋維源聲望如斯並非偶然。其非但斥巨資而立於實業界,才識亦非常人所能及,乃是支那人中屈指可數之人物,觀人甚明,平凡之人極難與之抗衡。亦正因如此,至今尚無人能打動其而收於自己帳中。

　　然而此次後藤民政長官剛抵廈門,林便如前文所述立即親赴領事館拜訪長官,海內外之人皆懷驚詫之念。蓋林素有受領事之囑託後方盡訪問禮節之習慣。且此二人初次會面便如同久別遇故知一般。十九日伯爵自漳州歸來後,林似乎早已急不可耐,翌日早晨便又再次來訪。

　　當日會談由台灣北部煤礦問題、理蕃問題開始,甚至談及由甘蔗煉製酒精之事業,會談漸入佳境,伯爵遂勸告林曰:

　　貴家素來為富豪之家,應無任何憂慮之處,但若思及將來子孫之計,則不可草

率視之。故而足下實有必要渡歸台灣一回以整理家政。

蓋林維源之類的大富豪重新招回台灣，對於新領土之經濟開發有甚大關聯。對此，林乃答曰：

閣下對我林家保護之厚切，實感激涕零。余亦時常囑咐在台兩小兒萬事皆須仰仗閣下指揮，還望得閣下庇蔭。

之後，兩人之間又有如下寒暄：

長官：「良藥苦口，全為二人所慮，在下當時常予以訓誨、提醒，盡余所能照看之。」

林：「能得如斯面會及閣下懇切囑咐，早晚必定渡台以恭叩轅門，常聆大教。」

而後，伯爵突言道：

聽聞足下於鼓浪嶼內有別墅一棟。是否有意贈於在下？

縱使二人關係如何親密，但伯爵同林乃是近日方建交往。對方突然出言「能否將爾別墅饋贈於我」，想必林亦大吃一驚。然林竟乃一臉平靜即刻答道：

如閣下需要，必將奉上。只是鄙人於鼓浪嶼有三處家宅，可將閣下滿意之一處相贈。不知閣下明日是否得閒？若無問題，則於該家宅內供設午餐，屆時領事及翻譯官可相伴勘查，煩請光臨。

依據約定，四月二十一日正午，伯爵遂於鼓浪嶼別墅拜訪林維源，且接受其午餐招待。席間，林突然提起其他問題，並欲迫求伯爵之判斷。依前述《通信》，當時情狀如下：

現任總督施政甚得其宜，然前任總督時代，沒收我大嵙崁領地則可謂苛察之

政。竊以為此應非為廣布善政之日本政府旨意，閣下如何視之？

其時情況如下：台灣歸於日本領土之時，因林維源舉全家逃回廈門，故大嵙崁、宜蘭、桃仔園、大稻埕四處林氏所有土地家宅盡為軍政時代之我政府沒收，且之後返還手續遲遲未得進展，林方遂傾訴於伯爵。伯爵聽罷乃即刻答曰：

其時沒收足下領地實為當然之事，因當時我帝國國人見足下舉家逃亡而不欲為日本臣民，故認為足下之所謂敵人之形跡清晰顯然；且彼時，該家宅已成亂賊聚集之根據地，遂以兵力占領之。故而與其說「沒收」，倒不如說「占領」一詞較為適宜。爾後，閣下情況得以探查明了，現任總督閣下乃以為返還其於足下更為妥當，遂定下該處理方式，不外乎將其返還閣下。此可謂我日本帝國政府之德政。

聽罷伯爵之說明，林方才面露釋然之色。然而，其對於日本政府認定其為「敵人」一事尚且耿耿於懷，乃思須以一言辯明之，乃曰：

誠如是，則是在下言說有誤。然於此有一言須明辨之，即當時在下僅因攜家逃亡竟被扣上賊名。蓋當時攜家逃亡者非唯獨吾輩一家，其他如此為之者其數眾多。且當時有將台灣改為民主國家的計劃，四處發放檄文，吾輩亦接受其協議。然細緻想來，即施民主之政，亦難抵抗日軍，終無勝算。更何況即便欲效忠於清國，亦難從清國政府之命，即無奈之下終究不能服從於日本政府。與其坐而擁護民主國倡議者，倒不如脫而避難海外，如上情況還望明察。何況單從軍費、兵力一點來看便已無勝算。故而吾等方才斷然排除他議，逃至此地，且對遺留於台地之產業又加以處置以使無人能動之，盡挫民主國論者之氣勢。作此處置之時，內心仍欲私下對日本政府謹表心意，豈料因攜家逃亡反而招致賊名。且未逃亡而留於台灣者之中，反而懷有逃亡之念卻得以僥倖。彼等乃是所謂首鼠兩端、觀形勢而定去留之徒。而此等賊徒非但未帶賊名，反而得受日本政府之厚遇。此即為吾等欲言之事。不過觀現任總督及長官閣下所施政令，在下多有感佩之處。吾等亦將渡台一回，以沐浴天皇陛下洪恩之餘波云云。

如此一來，隨著伯爵同林之談話加深，愈來愈近於伯爵所謂「然否」二字之意

境。林對日本政府所抱疑惑似乎亦漸次消散。而對林遭沒收之財產返還手續遲遲不見進展一事，伯爵乃含微笑答之曰：

誠如諺語所云，先近後遠乃人之常情。閣下乃是林維源，故稍稍延後又有何妨？此實為不得已之情態，世間之事大抵如此。

聽罷伯爵所言，林乃呵呵大笑答道：「此實是令在下困惑之極的話呐」，結束了此一問題。

接下來，後藤伯爵話題一轉，談起了最近剛開設的台灣銀行廈門支行的經營及活動問題，並向林維源提出了以下請求：

據我所知，台灣銀行除了自身擁有五百萬元資本金外，尚從政府獲得免息貸款。另外，不僅擁有發行紙幣的特權，還有我台灣總督府的國庫金作擔保，不可謂不可靠。然欲在廈門開設支行，還需仰仗您大力協助。

事實上，台灣銀行廈門支行能否順利經營很大程度上取決於林維源是否能提供後援。對於後藤伯爵的請求，林維源答道：

同台灣銀行交涉至今乃知：法律章程上，合資一事暫且拋開不談，股票所有權也至今懸而未決。有鑒於此，買辦一事恐難以從命。

後藤伯爵緊接著說明道：

股票一事，按現今手續收購的股票乃需繳納票面額以上的高價，故待他日增股之時申請收購方為上策。

林聽罷，覺得有些蹊蹺，追問道：

貴行早早開業至今，股票已然高於票面額，作何解？

後藤伯爵於是將「台灣銀行乃依日本銀行標準而設的特殊銀行」等狀況細說了

一遍。林聽後對於台灣銀行的認識大變,對此事的態度也似乎明顯好轉。對於此事,前面提到的《筆記》中有如下記述:

> 總之,觀林維源為人可知,如不是他敬仰之人親自說服,任憑多少人前去說明恐怕也無法動其心。事實上,面談後第二天,即使是面見過二三回的廈門支行行長赤羽,也是經由長官引見才開始知悉此人。林的為人可見一斑。

另外,對於別墅轉讓的問題,《筆記》的記述如下:

> 飯後,林維源依照約定,帶領參觀了府中三處宅屋(其中一處便是此接待室),且承諾將遵照約定把除正屋之外的另一處宅屋也附上敬贈。對此,長官答曰:所受閣下饋贈,並非私用,但求中央正屋也能一併贈與。林維源面露難色說道:原本贈之亦無妨,只因廈門所在家人近日返台,猶未得安頓之所,故請求主屋贈與一事予以延期。長官聽罷,體諒其難處,沒有深究,之後便離開了。

就這樣,和林維源之間的交涉就此結束。鞏固和對岸這位首屈一指的大富豪之間的關係,作為後藤伯爵這個月巡遊的副產品,收穫可謂非常之大。之所以這麼說,是因為支撐社會轉動的表面上雖然是行政勢力,但其實常常是像林維源這樣不願拋頭露面的在野實力派在背後掌控。

七、利用北清事變

後藤伯爵的對岸巡遊其實是遵照兒玉總督的「為了調查廈門事件的始末和制定將來對岸政策」中「即派遣後藤民政長官前往廈門福州兩地,同許總督以下官吏及諸紳士建立聯繫以圖彼此互通情況」之事,並非是特殊具體的任務。

其實,這只不過是為了實行醞釀已久的帝國南進政策而進行的準備工作罷了。

可是,就在後藤伯爵歸台還不到兩個月的時候,支那大陸發生了一個意外的變

亂。而這個變亂的出現，直接讓實施南進政策的形勢急轉直下。

這個變亂就是發生在北清的義和團之亂。

北清變亂馬上就要波及南清。當時正在東京的兒玉總督聽聞消息後立即歸台。商議之後，決定根據局勢，藉帝國恩威，在對岸扶植可靠勢力。

兒玉總督在「廈門事件的始末」一文中將這段時間發生之事如下記述道：

北清動亂，各國爭相派出軍艦之時，本官恰逢在京（此處指的是東京）。

此次暴匪動亂大有波及南清之勢，而南清形勢又直接關係到本島安定，故本官立刻離京趕回任地。到達台灣已是7月8日。

當時本官的想法是：首先利用北清動亂的形勢，施以帝國恩威，至少保持福建省的平穩安定，爾後顯示勢力範圍，為日後解決國際問題打好基礎。

適才有說道，先行派遣後藤民政長官前往廈門福州兩地，同許總督以下官吏以及當地諸紳士交際，疏通彼此情況；其次派遣台灣銀行行長添田前往福廈兩地，在經濟上詳說與台灣之不可分割的緊密聯繫。適逢兩岸人心融合之時，實現前述希望的幾率可謂大大增加。

在此，後藤伯爵給在對岸巡遊時結識的張布政司發送了一封忠告書信，以圖奠定「施以我帝國恩威，以保福建安穩」之基礎。

張布政司大人足下：

拜別以來，正值貴邦與吾帝國日漸建立深交之時，不幸驀然發生北清事件。若因此暴亂而妨礙兩國深交，豈非千秋憾事？此時，想必許總督與足下亦深感遺憾。但觀望目前形勢，日清兩國雖尚未開戰，但此乃同當初出兵北清一般，為了保護公使館和僑居的日本人民免於傷害而遵循列國的協議而已。因而，南清地方，特別是

許總督及足下治下的福建省至今平穩安定，全無妨害通商貿易之情形出現，真乃可喜可賀。然而，最近有一流言居然聲稱「台灣總督府將派遣數千兵力前往福州廈門兩地」。嗚呼，此乃何種無稽之談。這種荒誕無稽的齊東野語根本不值一慮。我台灣總督府，只要南清現狀不變，那麼將永遠不會出兵南清。另外，正如當初鄙人前往福州遊歷之時與足下促膝密談、開誠布公所言，我帝國向來祈望貴國安定無事，國運昌盛，且台灣與貴省各地方的通商貿易成功圓滿。除此之外，絕無他意。相信如北清暴亂一事，不日便可奏鎮壓暴徒之功，回歸平穩，但此種危急之際，實在不忍坐視貴國一國志士，眾庶臣民深陷塗炭之苦。故不得已向足下一吐真言。原本在此時公開或祕密跟貴方疏通意思乃無必要。但如若許總督與足下對於鄙人私下有所委託，鄙人雖愚鈍不敏，但絕對願意獻上綿薄之力。此雖為鄙人一家愚見，但所持此種想法之人絕非只有鄙人一人。

最近我台灣總督兒玉男爵從東京歸府，與鄙人談及北清事變一事，依鄙人愚見以及揣度男爵心事乃知世間流傳的所謂「支那分割論」乃是一派胡言，男爵絕無實行此謬論之意向，且男爵一直致力於保全清國領土，絕無二心。依現在風雲變幻的局勢，鄙人雖無法斷言屆時日本將依列國所言不得已做出何種舉動，但據鄙人聽聞東京消息，推測總督男爵所想乃可明言：我帝國將會盡力保全貴國，且視時宜，減輕列國所提的要求，為東洋回覆平靜安寧，不吝盡一份綿薄之力。至於北清事變的善後計策，如貴國有意透過兒玉總督祕密委託帝國政府，或是貴邦紳士有如此冀望且欲讓鄙人在其中周旋，鄙人定不辭辛勞。但上述之言乃應祕密慎重商討之事，萬不可讓他國之人知曉其中機妙。而鄙人之所以敢同足下透露此事，全因前往貴地遊歷之時，與大人您相逢，如遇舊知，敞開胸襟促膝相談，其語沫至今未乾，且拜別尚不足數月。此北清動亂之際，不禁暗生嗟嘆。藉此書信，聊吐腹心，且為圖日後兩國國交愈加緊密、幸福，表明願盡微薄之力之意思。為保全貴國，更為了顧全東洋大局，我等東洋志士決意盡天職以助大清。詞不達意或未盡之處還請多多見諒。

在北清事變的善後對策方面，兒玉總督和後藤民政長官的意圖其實在於使清國對中國產生依賴，然後透過帝國的介入，一方面減輕列國對大清提出的要求，保全清國，另一方面增加中國在清國大陸經營上的發言權。而毋庸置疑，經營對岸的問題就是其中一項重要事情。

而後藤伯爵在給張布政司發出了上述信件後，又給一位十分有勢力的在野政治家——陳寶琛寫了另外一封信，意圖透過陳寶琛來說服打動總督張之洞。書信內容如下：

拜別以來，筆硯無恙否？近來觀清國局勢，特別是北清暴亂蜂起，不勝感慨。大人為國忠良，見此情狀，想必也是感嘆景況日非。每每念及大人的這般心事，便全然不知淚已沾濕衣襟。

摘此書信大意另書文一封附於後，且看是由足下傳達余之意於張之洞大人或是與布政司張大人商議之後再傳達與張大人，悉聽尊便，但望余之意能順利傳至張大人之手，以圖恢復東洋和平，收到充分效果。

現如今，北清因暴亂一事雖說炮火不斷，但這並不意味著以此清國已同列國或是日本宣戰。因為各國出兵的名義無非是為了保護在清公使館和本國僑民免於侵害，不得已派出軍隊。特別是我日本帝國，同貴國簽訂馬關條約之後便一直致力於維護東洋和平，且一直認為清國的安定平穩對於東洋和平意義重大，因此目下帝國絕無半點窺伺他國疆土之野心，關於此點，對照既往事實便可知。況且，據我所知，貴國近來愈發感覺有必要和同種同文之國（即日本）合作，並熱衷派遣張總督與劉總督等年輕有為之志士前來我帝國勤學研習，並將學成成果用於貴國文明開化。然而，沒有料到，此次義和團之亂突然爆發，使清國很有可能稍稍不慎就會破壞同各國之間的和平關係，不僅如此甚至可能危及清國社稷，再甚者還可能影響到日清兩國的親密關係。不過，我帝國在與各國協議之時，通常均會採取謹慎態度，目的只有一個，就是為了保全清國。即使萬不得已不得不出兵，也會如往常日清戰爭時一般，絕不採取迅速行動而是靜待清國的豪杰志士早日鎮壓這幫暴虐之徒時日的到來。關於這點，大人明察便知。只不過，局勢不斷變遷，愈有危殆之勢，觀今朝形勢料想將來可知，到時列國在商量善後對策之時決計會橫添阻難，即使有幸能一時平息事態也不能保證帝國一定會犧牲與列國的關係來繼續與清國維持有力且牢固的協作關係。為了兩國安危，更為了顧全東洋和平大局，鄙人一直在為此事煩憂。想必在貴國跟我持有一般想法的仁人志士亦不在少數。因此在此存亡之秋，日清兩國應該做的是消除兩國之間的猜疑之念。而為了消除兩國之間的猜疑之念，首

先必須讓張總督等貴國的前輩仁人志士和我帝國的有識之士互通意思，肝膽相照，意氣相投。張總督已派遣多位年輕有為的志士前往帝國久居留學，應該熟悉帝國意志，同各位帝國前輩交情之篤便可知。在列國猜疑漸重的今日，不依國際正式規定而是採取其他機密方式互通意志仍然還是有必要的。萬一此事為列強所知決計會增加他們的猜疑，讓局勢更加難以控制，因此必須細緻縝密地處理。

鄙人在貴地遊歷之時，曾就東洋大局聊吐抱負，相信大人亦能明察吾意。如若在北清事變的善後對策上，日清兩國的親密合作關係為他國所破壞，且列國得其所欲，清國深陷不利的話，那將是無法挽回的千古恨事。而鄙人亦對此非常擔憂。近日，鄙人聽聞了一則流言，傳聞不日台灣總督府將遣兵數千至福州廈門兩地，當事者聽聞此流言後無不深深擔憂。另外我帝國軍艦出入以往便有之，今日，竟然有好事者稱帝國軍艦出入是在窺伺貴國疆土，使得貴國人民如風聲鶴唳般驚愕不已。這兩則毫無根據的流言興起完全是兩國沒有溝通好意志帶來的後果，依此推測，在商討北清事變善後對策之時，也不能保證兩國之間不會發生這類無謂的猜疑。而猜疑必定會給兩國帶來諸多不利。我台灣總督府在時局未發生大變化之時，絕不會做出類似派遣軍隊橫加干擾等不當之事。另外，對照我台灣總督府總督兒玉男爵平常所為，絕不會效仿別國採取凶暴行動。況且，兒玉總督近日方從東京歸來，聽聞北清事變之時，也同鄙人平常所信毫無二致，一直均致力於保全清國，並且協助貴國先輩志士平定動亂，避免使清國損失利益，最終實現無損東洋幸福之目標。如之前鄙人所言，兒玉總督是一位傑出的將官，同時也是一位非常有為的政治家。正因為如此，其一舉一動毫無疑問將會對帝國產生巨大影響。換言之，如果兒玉總督和閣下所信賴的張總督之間能以最為縝密且能避開各國猜疑的方式，祕密互通意向並互相協作的話，鄙人敢斷言這對於實施北清事變的善後對策將大有裨益。必要時，如若閣下或者張布政司——兩位鄙人最為信任的大人於我有所委託，鄙人必將盡力於其中斡旋，效犬馬之勞。如閣下同意鄙人愚見，還望將此意傳達至張總督，並且探問張總督之意如何。現已是生死存亡之秋，此信絕不可等閒視之。因為張總督門下不論是去帝國遊學之人或是出入張總督門戶的帝國人都人數眾多。如若將這些人全部招來同帝國就重要問題互通意志的話，招來貴國國人或是列國的猜疑也未可知。相反，如若張總督透過足下或是張布政司向我兒玉總督傳達意旨，那麼也將毫無此種擔憂。不僅如此，為了能讓我帝國閣臣及元老知悉張總督之意，最好是經由兒玉總

督之口。因為，兒玉總督之言擁有能讓帝國閣臣及各位元老側耳傾聽之能力。這一點毫無疑問。以上寥寥數百言並非作為台灣總督府民政長官所言，而是作為鄰邦的一位友人，不忍見友邦多難，且仁人志士的天職乃是在此種危急時刻，獻策救世。古往今來不乏這樣的例證。有鑒於此，乃敢吐露腹心，道與足下。當然，取之不取之全在足下。敬啟。

八、動亂即將波及福建

透過前項所揭兩封后藤伯爵所寫書信可以看出，在北清事變剛爆發之時，台灣總督府的政策將重點放置在了外交之上，並且企圖以此扶植在南清的勢力。

但是越來越激烈的義和團之亂漸漸不再侷限於北清地方而是迅速波及了整個清國。乘此良機，俄國占領了牛莊，而英國則派兵在上海登陸了。

毋庸置疑，列強的這些行動漸漸地讓帝國的態度變得強硬起來。而讓帝國政府無法袖手旁觀的是動亂的餘波已經越過長江，逐漸波及南清。

當然，在七月份時，動亂波及南清仍未成為表面的事實。從時任福州領事豐島捨松在7月24日給青木外交大臣的報告便可看出：

雖說本地仍然處在平穩狀態，但因北方騷亂仍未平定，本地有三兩無賴之徒，時常藉義和團之名，張貼形似檄文的布告，聲稱將於某月某日殺害許總督，或是在農曆7月1日之時屠殺僑居本地的外國僑民等等以挑動民心。另外還聽說前幾天在福州城內外，有操山東口音者做了兩次排外性的演說。據我所知，檄文剛張貼沒多久就被地方官剝下取走了，因此也沒造成民心激憤。而地方官雖然有偵查發布排他性演說的無賴漢，但至今未捕獲一人。這期間依舊不時會有人在福州城內外張貼檄文。另外，僑居在此的外國人自從與地方官簽訂契約後，還是保留著相當慎重的態度。只有傳教士之間引起了一些小小的恐慌，近日凡有船出港，便可看到一些傳教士陸續乘船離開福州。不過，觀眼下形勢，私以為暫不會有暴徒突然蜂起的情況發

生。

後來豐島領事在8月1日的報告中如此寫道：

自上月24日外機第22號報告以來，並無異樣情況，本地情勢依舊十分平穩。地方官千方百計維持民心安定，又於城內外部署眾多兵士守衛，讓無賴之徒無法蠢動，可謂細緻周密，幾乎毫無遺漏。另外，洋務局楊局長在上月29日如附言所示給駐在本地的各國領事發送了一則通知說是：如果有發現不逞之徒強盜或其他暴行，大可不必留情，士兵開槍槍殺之即可。另外，為了保護各國租界，增調30名士兵共計240名士兵守衛，此外洋務局還新募集了巡查人員共計160名，從昨日開始部署在租界內外戒嚴。如此一來，近日省城內外編造謠言之人幾乎銷聲匿跡了。而鑒於仍有人貼類似檄文般的告示，地方官發出布告稱：如果有人抓到張貼檄文之人，一人獎金500弗。此布告一出，當地居民為了能找出張貼檄文之人獲得獎金，自是睜大了眼睛，隨時注意。

但是，這些報告中所體現的南清平穩只不過是表面現象罷了。表象的背後其實湧動著預示著可怕動亂的暗流。這點可以從僑居南清的外國人敏感的知覺中查探出來。

上野廈門領事在7月4日給後藤民政長官寫的私信裡如此寫道：

拜啟。拜讀您書信之時，順祝日益安康。本地暫無異樣狀況，請大人放心。只是之前的謠言讓不明真相的外國人浮想聯翩，日漸擔心恐慌。支那人之間流傳的「貴地將派遣3000日兵來廈」的流言也仍在蔓延，甚至聽說已經傳至了福州。曾看過貴地的報紙「廈門通信」一欄的種種報導，發現也盡是些不得要領的內容。特別是6月29日發售的報紙有一名為「廈門警戒報導集」的報導，居然聲稱各國領事會議已通過二條，並且請求派遣台灣守備兵等。此種荒誕無稽的報導出處為何尚不得而知，且當是廈門通信一笑置之即可。只是所記載的內容實在太過愚蠢，故請您下令取消該報導。

漳、泉地方至今亦安定無事，只不過外國人道聽途說本地居民的流言，正在議

論此事。眼下還算平和安穩，故請您放心。只是觀現今局勢，最好在單獨進入內地之時，注意以不與當地居民發生衝突為要。大部分帝國僑民已從內地回到本港。且之後本地北部亦沒有其他確實消息。據傳德國已發布該國公使上個月18日在北京被殺一事的公報，前天還給本地領事發來了一封電報。各國對此皆降半旗以表悼念，豈料昨日從貴地聽聞說，依據東京來電，各國公使都平安無事。孰真孰假實在難以辨別。

上述之外的詳情，且容他日細說。書不盡言，請多見諒。

專一謹拜

七月四日

後藤長官閣下：

本地各國領事商談會，在緊急狀況之時將首先保護僑民婦女兒童的安全，且各國領事如覺得有必要還可以將僑民集中於某地給予共同保護，此事已在先前有商議。總之，是針對緊急狀況的措施。這是由於英國人非常擔心該問題，於是向商談會提出請求，最後才決定在會上商討針對緊急情況的對策。望您知曉。

以上書信內容是用毛筆寫在捲紙上的私信，而信封裡其實還有另外一封用領事館十三行格子紙書寫的附信。內容如下：

據報告稱，清國人學堂裡的老師提出了一個問題，大致意思是：「吾輩究竟能否收復台灣」。有學生答曰：「能，且四個月以內就能收復。」此雖為兒戲之言，但可以看出冥頑不靈的彼等對割讓台灣一事仍舊耿耿於懷。廈門亦可偶見呼籲「收復台灣」等白日痴夢之人，一有風吹草動必定四處奔走提倡「收復」二字。且當做笑話一則附記於此。

且說，上野領事中能窺見的「暗流」在進入8月份後突然浮出水面了。

至今一直持樂觀態度的豐島領事也在8月2日寄與外交大臣的報告中這樣寫道：

一、邵武府大約在一週之前，暴民蜂起，燒燬了數所教堂和耶穌醫院，幸得當時各建築內已無住人，外國傳教士在3個月之前已經搬離，因此無一死傷。而暴民的目的也僅僅是掠奪家財。傳教士已向美國領事呈遞了報告，而外國人也普遍相信確有其事。

一、本月28日，本地城外一條名為下道的街上，一無賴漢在一名基督教徒的本地居民的雜貨店裡買花生，因一小事發生口角，不一會兒便召集了數百無賴漢企圖燒燬該店和附近的基督教堂。後來有人密報當地海防廳長，廳長隨即親自率領200餘名士兵趕往事發現場，鎮壓暴民，所幸事情沒有鬧大，最後逮捕了為首的無賴之徒了結。另外，有數百無賴漢盤踞在福州西門外豹頭山，官兵到來便四下逃散，官兵一走又重新聚集，地方官多為其所困。

一、本地英國、美國、法國的傳教士十之七八已借避暑之名撤離至他地。但外國商人見傳教士逃離本地後卻引以為悅。

如上所述，雖有兆候顯示人心稍稍不穩，但正如本月1日外機第23號報告所云，地方官已加強戒備並積極商討保護國內外居民之良策，實施果斷措施，因此至今安定無事，外國人亦十分安心。原本本地的重要商業幾乎都被廣東人所壟斷，而名望不高的總督亦是廣東人，其常常偏袒同鄉人，給與私利。因而本地居民仇視廣東人就如仇視傳教士一般。如若本地發生有發生暴亂的徵兆，那麼本地人必定會終止同廣東人的茶葉貿易。可是至今依舊無此類事件發生，可知本地必可安定平穩。因為自己親身經驗故能如此斷言。

報告如上。敬啟。

在此報告書當中，很明顯豐島領事還是一如既往地堅持樂觀態度。不過無論豐島領事如何辯解說明，此報告書給人的印像是：看如今局勢，南清已然在不知不覺中陷入不穩的境地，可謂山雨欲來風滿樓。

見南清形勢如此，列國紛紛趁北清事變之便，爭先恐後地發起軍事行動。對於支那大陸的動向，關係最為密切的中國繼續保持旁觀態度已然是不可能的了。

如此一來，山縣內閣的態度突然就變得強硬起來了。而其急先鋒據傳是海軍大臣山本。橫澤次郎綜合勘察當時的密報後，敘述如下：

當時帝國內閣構成大致如下：首相山縣、內務大臣西鄉、陸軍大臣桂、海軍大臣山本、外交大臣青木。其中山本權兵衛位高權重，朝野非常重視他的意見。發起出兵廈門提議的似乎也是他。因為他主張在討伐北清義和團賊人的同時，還應當控制住排外思想日益蔓延的南清。此舉對於一向膽小怕事、手足無措的中國政府來說可謂堅決果斷。而兒玉將軍一向強烈主張歷經二十七八年的戰役而最終簽訂的馬關條約中的「不割讓福建省」的條款置於最為堅固的基礎之上，前往台灣赴任後，依舊不忘對岸，在對岸開設學堂實施教育、派遣本願寺的布教師布教等等，始終都在關注對岸的一舉一動，因而對於政府的這個舉措，兒玉將軍自然是非常愉快地贊同了。

針對廈門事件一事，當時內閣的主導者是誰在此先暫時拋開不談。眼前面對急轉直下的支那大陸形勢，中國政府態度突然變強硬已是不爭的事實。且內閣會議的結果在8月10日的密電中從東京傳到了台北。彼時，俄國占領牛莊，英軍登陸上海，面對此般風雲變幻的局勢，政府決定必要時採取強硬手段，堅決保護日本僑民，守衛帝國在華權益。帝國決心之毅，可見一斑。

然而，兒玉總督在回電中，對南清地方採取強硬手段一事似乎裝作並不感興趣。也許正如橫澤的記述一般，現在帝國要對廈門採取果斷行動，總督府方面不應存有異議。只是他們擔憂的是帝國政府究竟下了多大的決心，只此一點。如果根據時局，積極大膽地邁出第一步後，那麼就必須做好賭上日本國運的思想準備。這點是毋庸置疑的。那麼山縣內閣究竟有沒有這麼大的決心呢？

兒玉總督和後藤民政長官非常擔心這點。

九、順流而下

然而，朝議似乎把台灣總督府的擔憂當做是杞人憂天，一路疾行般地採取強硬態度。

8月15日凌晨，桂陸相發來的電報（14日下午發送）震驚了兒玉總督官邸。內容如下：

海軍大臣給在廈和泉號艦長發去了以下密令：制定計劃讓高千穗、和泉、築紫的兵員在必要的時機占領廈門港兩岸的炮台；如果需要與別國共同行動，那麼不落後於人自不必說，還需要做好占據主導地位的思想準備。儘量讓別國把注意力停留在租界以讓我軍能迅速占領炮台。如果不能占領全部炮台，那麼至少也要占領主要炮台。請速祕密且慎重地制定好計劃，並直接向海軍大臣報告計劃的主要內容。如果廈門出現不穩定的狀況或是有其他可乘之機則應速速同當地的帝國領事商議，以保護帝國人民為藉口，讓部分士兵先行登陸。切忌因躊躇而錯失良機。

如果事態緊急，則對對岸地方採取果斷的軍事行動，切不可躊躇猶豫——帝國的決定已經沒有任何懷疑的餘地了。

台灣總督府驟然緊張起來，立馬給桂陸相發去了如下回電：

在占領廈門炮台的同時還應當占領福州川石山的電報局。請您一定記住並同海軍大臣商議。

其實，前述兒玉總督寫的《顛末》一文中曾有提到川石山電報局「當時廈門福州等地排外運動盛行，混亂恐怕難以避免，屆時的第一要務應是占領川石山大東電報局，此事已轉告政府注意」。

與此同時，台灣總督府又派遣了鯉登大尉和蜷川電信技師祕密前往福州，進行實地考察。

不料就在這二人回來的途中，英國的一只砲艦已經停留在川石山了。帝國聞悉，於是立刻將軍艦宮古號也派了出去。

8月16日，兒玉總督給桂陸相發送了一封電報，內容如下：

海軍大臣發給在廈和泉號艦長之密令業已收到。有一疑問，即高千穗、和泉、築紫三艦能登陸的士兵合計應不超過三百人，而廈門的清兵在兩千左右。雖說清兵孱弱，但是數量上還是遠遠不足。不知陸軍後援方面作何計劃？煩請回電。

對於兒玉總督的這封電報，寺內參謀次長立即給予了回電：

16日發給陸軍大臣的電報業已知曉。屆時如果要出兵福建，台灣方面可以支援多少兵力？另外不知是否有可用的艦艇及運輸船？請一併兒玉總督接到電報後，立即給寺內次長發送了如下回電：

緊急回電。

台灣方面可迅速派遣至福建地方的兵力如下：步兵一中隊、山炮一中隊、臼炮一中隊、工兵二中隊，發船地為基隆，其中一工兵中隊在安平。運輸船方面，只需臨時調度台灣航線的船舶即可滿足需求。

與此同時，為了調查軍用物資，兒玉總督還祕密派遣金子中佐、渡邊中佐、藤田軍醫正等人前往廈門。如此一來，出兵廈門的準備可謂是一步一步順利地展開了。等待的只是中央政府的一聲令下。

然而，8月23日兒玉總督收到了一封桂陸相發來的命令電報。

奉詔傳達以下訓令：

日後如果時機適宜，我帝國將有必要占領廈門港。有鑒於此，早在本月14日海軍大臣便給在廈和泉號艦長發去了訓令，即事先制定占領廈門炮台的計劃，機會合

適之時迅速派兵登陸，占領廈門港。如若和泉號艦長向您有所請求，則務必從台灣的駐軍當中抽出步兵一大隊、砲兵二中隊、工兵一中隊的兵力適時派往廈門，協助海軍達成目的。請務必做好事先準備。

接到訓令的兒玉總督此刻就像是站在盧比孔河岸的愷撒，可以想像他是有多麼的緊張和顫慄。他立刻做好了派遣隊的編制和運輸準備。另外，廣瀨海軍大佐正好攜海軍大臣之命前往廈門。途中經過台灣，於是順道拜訪台灣總督府，並傳達了內閣會議的情況。如此一來，帝國政府的態度也已明朗。正因為如此，民政長官後藤伯爵後來才和廣瀨海軍大佐同行，一起祕密前往廈門。

兒玉總督在《顛末》中這樣記述此事：

於是做好派遣隊編制和鐵道運送船等諸般準備，派遣岡澤陸軍大尉、下平海軍大尉前往廈門，讓艦長報告準備的進度，並且為了方便日後聯絡，暫時讓其駐在廈門。適逢廣瀨海軍大佐攜海軍大臣之命，從東京渡航至廈門途中順便拜訪本地，使我等得以瞭解內閣會議之實時情況，大致內容為督促占領廈門的行動。另外，為了完善占領後的措施，特派後藤民政長官同廣瀨海軍大佐同行前往廈門。

此時的事態就如順急流而下一般，一步步展開了。

帝國南進的計劃即將踏出第一步。英、美、德、法各國將如何應對呢？東亞的形勢不知不覺已是一觸即發，接下來將是風還是雨？

十、箭將離弦

8月24日，從廈門發來電報：

23日凌晨1時，暴徒縱火本願寺，我陸戰隊35名士兵隨即前往領事館予以守護，並派出偵察兵在廈門各街道偵察。

註：實際上，時間應該是24日凌晨1時，大抵因為是23日半夜發生的情況，才弄錯了時間。

終於，廈門要發生動亂了。

說起來，義和團之亂本是發端於宗教迷信的暴亂，因此在暴亂剛開始的階段，被血祭的都是教堂和牧師。如若北清變亂波及南方，那麼首當其衝的就是中國的本願寺。台灣總督府許久之前就注意到了這一點，當然這次發生的本願寺縱火事件，並不是兒玉總督和後藤民政長官疏忽遺漏所致。

橫澤次郎是這樣描述的：

當時受北清排斥洋夷風潮的影響，南清地方也隨之陷入不穩的境地。總督府為了調查實際民情，於是決定將本在廈門本願寺的布教師召回台灣。這位布教師是當初兒玉將軍計劃好安置在對岸布教的，為人正氣、鐵骨錚錚，是一位稱得上憂國志士的僧人。將軍先是詳細地詢問了對岸的情況，然後又叮囑其發生緊急事件時的措施，才讓其返回廈門。不湊巧，當時廈門的反日浪潮日漸高漲，最終一群無賴之徒氣焰囂張，明目張膽地燒燬了我本願寺布教所。先前提到的那位布教師也是好不容易才從火災中脫身逃出來的。

關於這本願寺的這場火災，當時廈門領事館內的警部日吉又男提交的報告裡這樣寫道：

明治33年8月24日凌晨1時20分，住在廈門山仔頂街本願寺傳教所的片貝治四郎緊急通報稱：一群暴徒正在本願寺布教所縱火，那兒已經是一片火海，自己好不容易才從虎口脫險。於是小官先問其大致情況並且向大人報告，而後為了調查實情，又立刻率領巡警上原寅太郎前往現場。途中在領事館碼頭看見正在戒嚴的和泉號的小汽船當值……問其確切狀況後，對方答稱一小時前有看到本願寺起火，並且還伴有十幾聲槍響，立馬察覺到情況異常，但正要報告領事館之時，火一下子又熄滅了，槍聲也沒有再響，於是推遲了通報。聽完他的描述以後，小官覺得就如那位從現場逃出來的通報人所言，此次火災絕非尋常。而後乃斷定此次事件應是近日從龍

岩州流竄到漳州附近並大肆破壞、燒燬教堂的同一群人所為。另外，市區模樣似乎也與平素不一樣，於是暫且回到領事館並將在軍艦小汽船上所聞及市區情況一併向大人報告。

大約在1時50分，受命攜大人所擬文件，率領巡警上原出發前往高千穗號軍艦，2時20分抵達高千穗號，當面遞交文件乃知高千穗號與和泉號均須原地待命。之後又立刻趕往和泉號，2時30分之後便一直在該艦艦長室待命。3時30分，同水兵一分隊、軍官一名從和泉號出發，在廈門港仔口街碼頭登陸，以小官為嚮導，途經木履街、二十四崎頂街、走馬路街，於4時抵達山仔頂街的東本願寺布教所。乃見該布教所已化為一堆灰燼，所剩之處僅門內兩側傭人所住房間而已。但所幸被燒燬的只是布教所，雖然兩旁房屋鄰近布教所但火勢並未蔓延。只見門前有亮著的燈籠兩盞，上面分別寫有「練永左哨六隊」和「練永左哨七隊」字樣，且有兵丁十餘名。上前問其狀況，他們亦只知系惡漢縱火，趕到現場時，縱火人早已無影無蹤。又觀察附近居民的模樣，大家都是一副驚恐萬狀的表情，對我等一行人也是面露懼色，本想向他們詢問狀況，也都紛紛迴避不願和我等接觸，同時緊閉門窗，足不出戶。無奈，只能先行打道回府向大人報告情況。

結合一開始前來領事館緊急通報的片貝所描述的情況、和泉號小汽船上當值水兵的談話以及現場清兵所言，小官以為此案應是近日在龍岩州漳州一帶大肆破壞、燒燬教堂的同一群人所為。以上就是案件發生當晚的情形以及現場調查取證的大體情況。一併報告呈上。

乘此機會，當時游弋在廈門港外應變突發事變的帝國軍艦立刻命令陸戰隊登陸廈門以保護在廈日本僑民。當時被選為陸戰隊根據地的是總督府捐贈了設施的東亞書院。

人心惶惶的廈門最終全市陷入了如鼎中沸水般的混亂之中。

那時，後藤伯爵和廣瀨大佐正在祕密前往廈門的途中，已經從台北出發行至淡水，等待渡航廈門。好不湊巧，正好遇上暴風雨，萬般無奈只能暫留淡水港，空對

驚濤駭浪扼腕嘆息。

8月26日午夜，兒玉總督給後藤伯爵發去如下電報：

適才收到以下電報：「聽聞為了保護我領事館管轄的東亞書院，將派遣支那兵入院戒備。為此，下官已派遣我軍二小隊先行進駐東亞書院。高千穗艦長。」

後藤覺得這確實是千載難逢的好機會，於是催促廣瀨大佐向高千穗艦長發去急電。因為之前8月24日兒玉總督收到了桂陸相發來的電報。電報內容是鉛筆疾書的，草稿如下：

請求總督大人增派兵員一事，根據海軍大臣的通報，乃在廈海軍故參者也就是眼下的高千穗艦長之意。

可知請求台灣總督出兵一事是經過與高千穗艦長商量後決定的。廣瀨大佐和後藤民政長官經過協商後於8月26日分別向高千穗艦長發去急電。電文內容如下：

儘管只靠海軍的兵力就足夠占領廈門，但是海軍要擔負起長期統治廈門的重任明顯是不可能的。已收到了先於支那兵之前派遣二小隊進駐東亞書院的電文。唯恐遺失良機，必須制定出暫時統治廈門島權力的良策。不管海軍的兵力多少，請您請求總督府派遣陸軍方為上策。根據請求兩日內首先派遣一中隊到達廈門！請將該電報的內容轉達給廈門的領事。

廣瀨

如今廈門人心惶惶，乃是依靠兵力保護統治的時期。為了以後長久的統治，派遣陸軍以及制定長久持續的政策顯得尤為重要。如若人心持續不穩的程度不減的話，到時候即使再想派遣陸軍也將喪失良機，更是師出無名。現與您商議，請您盡快向總部請求派兵。

後藤

後藤伯爵當時是如何按捺著激動的心情寫下這封電報的，可以從26日晚11時40分飛抵兒玉總督的電報紙背面他自己用鉛筆寫的電文第一草案的筆跡看出。

　　上述兩份電報的結果在8月27日下午1：30分發出，下午6：00到達兒玉總督府的高千穗艦長與上野領事聯名簽署之電文可以得知。電文的內容如下：

　　為應對眼下局勢，請求台灣總督出兵。

　　一、目前守護炮台的兵力比較薄弱（一詞模糊不清），兩艘清朝兵船進入廈門港口，清朝官兵要求保護日本僑民的一部分陸戰隊撤回（軍艦）的行為，顯然呈現與我日本帝國不合作而是敵對的態勢。

　　二、對於此危險局勢，現在的陸戰隊已經無力保護日本僑民，請求台灣島派遣兵力增援，並把保護我僑民一事告知（一詞模糊不清，「道台」？）和各國領事館。

　　三、請求台灣總督盡快派遣整備完畢的陸軍出發。

　　四、根據第一項的事實，要求清朝撤去守備炮台的士兵或者讓出炮台，並提議在我方決定的時限內作出回答。如果對方不予答覆，即默認不遵照我們的提議，帝國將以武力占領炮台。

　　五、至於占領炮台的方法吾等需要進一步研究。骰子終於擲出去了！

十一、最後的大頓挫

　　在收到高千穗艦長與上野領事聯名請求增援的電報後，兒玉總督隨即遵照先前訓令，立刻部署出動陸軍。即8月28日上午9時派遣步兵二中隊搭乘宮島丸當天出港，其餘各隊則預訂搭乘台南丸、明石丸於29日上午9時出發。

他們是如何沐浴在島民的熱烈歡呼中勇踏征途的,橫澤回顧了當時的盛況,這樣講述道:

與之同時,突然派遣守衛台灣的第一旅團出征。命令下達給了當時的旅團長土屋少將(後來升為大將),旅團長也將隨隊出征。而那時停泊在基隆港內的所有商船、郵船等都被臨時徵用為軍用船。士氣高昂的陸軍將士欣然同前來基隆碼頭歡送他們的官民做了敘別,最後在軍艦的護送下駛出基隆港出發了。可謂是沐浴萬千「萬歲」之聲以壯征途,而前來送別的各個官民亦是感到前所有為的舒暢和爽快。

彼時,後藤民政長官已經登陸廈門了,並且在領事館裡與艦長、領事召開了一個軍事會議,商討陸戰隊登陸廈門後的行動方案。會議決定下步的行動方案如下:

一、先乘船到達的兩個中隊,分別從廈門和鼓浪嶼登陸,至東亞書院匯合。陸戰隊兩個小隊繼續執行保護僑民、領事館及商場的任務。

一、乘坐其他船隻的陸戰隊官兵全部由廈門島登陸。

一、使節攜帶最後的答覆函從領事館出發(定於30日下午時)時,各個作戰部隊開始戰鬥。

一、旅團長、軍艦艦長、陸軍、海軍兩大隊長及參謀30日上午9點於領事館集合,商討有關占領的戰事對策(領事及副領事列席會議)。

一、陸軍和海軍陸戰隊統一行動,協調一致作戰。

一、定下占領炮台的海陸信號(比如占領炮台時立即向軍艦發信號等),以防軍艦出錯誤傷自己人。

一、軍艦上向炮台攻擊順序的方案另行決定。

一、預先決定好占領炮台後向日本國及其他國家的通報程序。

一、陸軍士兵要按照預先制定的計劃，於30日上午6點登陸完畢。並按照下面計劃的行動。

一、30日下午開始到30日深夜零點這段時間，透過其他函件告知各國領事館。同時將汽船丸號停在內港作為避難用，並告知僑民可以乘此船避難。

一、30日深夜0點開始，下最後通牒，31日上午3點前必須回覆，不予答覆則立即開戰。

一、31日凌晨5點，軍艦起錨進入戰鬥狀態，到達合適的位置，由高千穗艦長下達炮擊開始命令，各部隊以炮聲作為開戰的信號。

同時，會議還決定，由旅團長、高千穗艦長共同具名，於8月30日0時向廈門水師提督楊岐珍楊軍門發送決答信函，其草擬的文案內容如下：

楊軍門閣下：

閣下先前嚴密防備炮台、增加兵員、勤勉構築炮台工事等行為實屬排外之舉。此外，還增加兩艘兵船進入港口，窺伺我帝國軍艦的動靜。

本官等身負保護本國僑民的重任駐於此地，爾等諸上之行為使我難以袖手旁觀。

考慮以上諸多情形，本官為了保全我駐廈門僑胞的安全，特向閣下提出以下建議：

一、廈門港口兩岸的炮台全部交由我等守護。

二、第一款的建議遵照與否，請於時之前回覆。

三、如若以上規定的時間內沒有收到閣下的回覆，則默認閣下不同意我等的建議，不得已我等只好用武力占領炮台。

對於以上三項建議請於規定的時限內做出決斷。

年　月　日

致楊軍門閣下

旅團長

高千穗艦長

所有準備都已就緒，接下來只需等待宮島丸的到達即可。於是後藤伯爵立即於8月28日下午1時就以上決定事項報告給了兒玉總督。電文如下：

已向艦長、領事轉達訓令。占領計劃業已制定，等待陸軍到達，預計三十一日拂曉開戰，敬請放心。

「放心」一詞把那時後藤伯爵胸有成竹的狂傲心態表露無遺。伯爵隨即又給兒玉總督發去了另外一封電報，內容如下：

31日乘坐台南丸歸台。請您速派遣能講土語的翻譯四五名、谷關口兩名翻譯官中的其中一名至我處。

就這樣，以後藤民政長官為中心的艦長領事一行人萬分激動地一步步籌劃好了迫在眉睫的戰事策略。此時承載著二中隊步兵的宮島丸還在台灣海峽乘風破浪，全速前行。而只差兒玉總督一聲令下，搭乘台南丸、明石丸踏上征途的將士也無一不同仇敵氣，拭劍以待。可就在東亞危局千鈞一髮之際，28日傍晚一封從東京發來的突如其來的電報徹底粉碎了這一切。桂陸相在電報中向上野領事下達了如下命令：

請把該電文的內容告知宮島丸號上的渡邊中佐，勒令軍隊返台待命。此事亦向台灣總督下達了相關命令。收到電文請立刻回電。

萬事休矣。他們所有的計劃和努力瞬間化為了泡影。

兒玉總督在28日晚上10時15分，接到桂陸相的電報：

第九號密令：今日陸軍大臣、海軍大臣聯名發給高千穗艦長訓令如下：對中國政府來說，現在實施占領炮台計劃還不是絕佳時機。因此，陸軍如果到達港口，先令其在高千穗錨地附近就地停靠，同時訓令港外的運輸船暫時折回，停靠在澎湖島，等待時機成熟。

接到電報的兒玉總督當時是作何感想的呢。雖然他本人在《顛末》中只是寥寥數筆提到「事已至此，本官深感無比惆悵與失望」，但他的親信——祕書官橫澤次郎是這樣描述的：

早上剛剛愉快的送行回來，下午朝議就馬上變臉，推遲向南部中國出兵，這是何等輕率的事情。剛剛在基隆碼頭給軍隊送行，當天就接到電報，這是誰都沒想到的事情吧！

推遲向廈門出兵的電報，是在萬眾歡呼給軍隊送行的氣氛中發來的，映襯之下更感意志消沉。我們尚且如此，更何況是身在局中，擁有統治台灣職責，志在南清的兒玉總督！總督心中肯定是悲憤萬千，難以言狀吧。果然，將軍手拿電報，半响沒有出聲，一副無限感慨的樣子。身體一動不動，陷入沉思，不一會兒熱淚終於奪眶而出。但最終還是咬牙下令：電告部隊推遲上岸，返回澎湖島待命。不過由於當時運送陸軍的運輸船上並沒有無線電報設施，下達此命令須費一定周折，最後決定發送給停泊在廈門的軍艦並由其代為轉告運輸船。不久之後，土屋旅團長抵達廈門，不過萬分意外地在港口收到軍艦發送的「停止前進」的信號。又過了一會兒，一位士官乘著快艇過來轉交了兒玉總督的命令電報。雖然到達了目的地，卻一步也不能踏上廈門，只能無可奈何地撤回澎湖島。所謂遺恨千秋大概指的就是這類事情吧。

無法想像對岸經營的主導者——兒玉總督在因帝國政府始料未及的變化而失去絕佳機會後是多麼的悲憤和傷感。更何況身已在動亂的漩渦之中，彈指一揮便可掌控大勢的後藤伯爵了。當伯爵接到這個不期而至的停止命令時，無需贅言，肯定是

咬牙切齒,扼腕嘆息。

不過,後藤伯爵還是在8月28日下午7點時,給兒玉總督發去了一封電報:

業已聽聞陸軍大臣命令各艦長推遲占領炮台和陸軍登陸並等待時機成熟的消息。如今各國的軍艦皆齊集在廈門港。恐怕現在已經失去了占領炮台的絕佳時機。乞求您的指揮,並推遲其他人員的派遣。

然而,不論後藤伯爵在廈門變亂的漩渦之中如何地咬牙切齒,也不能以一己之力改變帝國政府的態度。如果說事情不可能成功,不得不放棄尚可容忍。可是明明有希望卻在最緊要的關頭給扼殺,伯爵實在不想放棄。恐怕當晚也是一夜未眠吧。第二天(29日),後藤伯爵再次拿起鉛筆在台灣總督府十三行格子紙上奮筆疾書,擬了以下的電報文案立刻發給了兒玉總督:

此地情況與中央政府的看法迥異,相信時機已成熟,口實亦不少。道台與提督亦已疏散家眷意識到要單身應對。艦長與領事亦下定決心,何必等待時機之更為成熟,惟美國領事及稅關之外國人企圖激起各國之抗議。風聞一兩天中,英美法國將派來軍艦各一只,正擬在各艦派到之前,完成炮台占領之際,接獲中止之命令。事關面子極大,希望閣下……催促中央政府下定最大決心。

字裡行間可察後藤伯爵的悲憤之情。隨即,他又手執毛筆在捲紙上奮筆疾書,寫下一封電報文案欲發給外交大臣。文案內容如下:

趁著清國暴民之舉,從台灣逃竄至附近的土匪有可能會加害居留在廈門的800餘名台灣人,台灣人反覆乞求總督保護。下官奉總督之命,昨夜抵達廈門。看到領事艦長們的決心漸漸堅定,效果已然可以看出來。但是事先安排在洋人間的一名偵探員來報稱美國領事等人想破壞我們的計劃,收買清政府。不久那說法就成了事實。即東亞書院陸戰隊撤退的命令下來了。感慨感慨!如此一來台灣人以後就真的要失去帝國的保護了。原本東亞書院是台灣移民保護樞紐之地。因而提督也在這裡設下駐軍。但是新招募的清兵沒有紀律,可能加害台灣人,引起事端,所以才介入陸戰隊,這完全沒有不合適的地方。然而(美國領事等人)歪曲事實投訴到中央,

以致使中央下達撤兵的命令。我實在感到疑惑。一個外國人能活動到如此程度，應是由於此地的真實情況沒送達中央所致。我想透過領事請願，希望大臣能重新考慮。這不僅是為了讓台灣新版圖的人民服從統治，在帝國外交策略方面也有必要弄清事實，遂決定另外發電。希望明察實情，排除外國人的險惡企圖，取消東亞書院陸戰隊撤退計劃。以上內容皆為本官據實情所言，切望採納之。

與此同時，後藤伯爵又給桂陸相發送了一封電報。這兩份電報的發送時間都是29日上午11時。

下官昨天早上抵達廈門。艦長領事他們已做好了萬全準備，不料遇到美國領事們從中阻撓，歪曲事實投訴於中央，企圖撼動中央政府的決定，並意圖使我等錯失良機。今後可能再沒有這樣好的機會了吧。另外青木、山本兩大臣還發來訓令稱台灣人會危及在廈僑民，對此我不能再沉默不管。下官要另外發電告訴外務大臣實情，務請翻譯傳達。請在閱後盡力周旋以採納愚見。這不僅是為了台灣之利，也是為了帝國之利。中央政府情況如何不甚明了，故煩請大人來電告知下官。

話說起來，南進論的提倡者不就是桂陸相嗎？然而作為陸相，身在實施南進計劃絕佳機會之時，居然在百事決行的最後一刻突然變心，究竟是發生了什麼狀況？身在千里之外，旅客異鄉的後藤伯爵怎麼也無法猜透桂陸相的心事。

並且不是在計劃實施伊始就預料到定會遭到諸外國反對的嗎？何以因為美國領事一人的策動就將待發的弦上之箭收回來？青木外相的行動是到底是基於什麼理由？後藤伯爵苦於身在他鄉，身旁無一人可傾訴，只能獨自懊惱惆悵。

朝議突變的原因後文會說到。

十二、英美介入

就在後藤伯爵在廈門領事館的樓上焦慮之時，事態正在一分一秒不斷惡化。

廈門暴徒最懼怕的當屬我陸軍的登陸了。皇軍在北清迅速果敢的行動已經傳至南清。然而鬥誌異常昂揚奔赴廈門的日軍居然還沒登陸就徒勞無功地撤退了。

帝國方針的突然變化反過來還增長了暴民的氣勢。29日上午9時，田井聯合陸戰隊指揮官發給高千穗艦長的兩則報告如下所示：

報告（七）

昨晚聽聞廈門陸上有槍炮聲，遂前去探查，但原因不明。不過據手島少主記在三井洋行聽到的消息，槍炮是提督統轄的舢板發射的。理由是趁著逃難者眾多，廈門沿岸每晚很多海盜乘機活動。舢板在戒備的時候，恰好遇到五十人上下的海盜來襲，為了擊退海盜於是發射了砲彈，且打死海盜三人，俘虜十三人。

另外，據說今天上午10時左右（？），從一艘舢板上卸下野炮兩門，搬往主城方向去了。

如上報告。

報告（八）

據日本人酒井（汽船「飛鳳號」的所有者）所說，昨天下午3點，從漳州募集的三百士兵乘坐飛鳳號，以移民馬尼拉的名義到達廈門，上岸後直接往主城方向去了。

另據說是從Molestco.的老闆說漏嘴的話，說昨晚僑居廈門的外國人集中在CosmopolitanHotel舉行了一個祕密會議。

到了第二天（30日），英國就在廈門各地張貼陸戰隊登陸的布告了。美國也準備讓陸戰隊登陸，美、法、俄的軍艦都在往廈門趕過來。可以看出，帝國政府態度一旦軟化，列強諸國的鼻息就瞬間變得粗暴，甚至連支那人也開始漸露傲慢之色，並四處放言「日本領事逃跑了」。

這些情況在下面即將列出的由在廈參謀岡澤發送給兒玉總督的兩封電報以及高千穗艦長發送的電報裡就有具體的描述。

電報譯文

八月三十一日上午十一時三十分發送

八月三十一日下午五時四十分　到達

三十日，英國領事在廈門各處貼出了「因日本兵上岸引起人心恐慌，因此英國下令陸戰隊登陸」的告示。對於這個告示，我副領事尚未表態。已看過外務大臣發給後藤民政長官的電報。從東亞書院撤兵的電報業已到達。今日凌晨三時，東亞書院的所有日本兵全部撤退完畢。美國領事已向道台透露將下令陸戰隊登陸廈門。又聞美、法、俄的軍艦將於今明兩天內進駐廈門港內。現如今，帝國在廈門已是威信掃地。外交上又無堪大任之人，真是不勝感慨。

廈門　岡澤參謀

電報譯文

八月三十一日下午三點三十五分　發送

八月三十一日下午七點三十五分　到達

兩三天來，來廈的支那兵如下所記：

從泉州來約一千人，從漳州來約六百人，大部分在炮台。因沒有領到薪俸，約定三十日下午三點舉行暴動。道台透過努力發放了薪俸，將暴徒斬首示眾，終於平息了紛爭。一萬元是美國領事從上海銀行借出給的，三千元是「シンタイ行銀行」借給道台的。支那士兵在各處步哨警戒，支那人面有傲色。謠傳日本領事逃跑了。

廈門　岡澤參謀

電報譯文

八月三十一日上午九點廈門　發送

八月三十一日下午兩點　收到

致台灣總督

高千穗艦長

根據情報，在炮台附近的「レンプケウク」（地名，可音譯為「連埔梧窟」），今天上午十一時左右，支那兵約五十人攜步槍四十支進入兵營。另外，昨夜在廈門有暴徒持刀威脅兩戶人家。

地上已然無真空之地。日本的後退促成了列國的躍進。良機一旦失去，便駟馬難追。帝國南進之計在今日失敗，而兒玉以及後藤的苦心亦瞬間化為泡影。如此一來，帝國只能再次偃旗北歸，而英美兩國的勢力則瞬間在南太平洋地區全面展開。

十三、聖旨降於兒玉

只需一呼即可萬弩齊發的最後一刻，帝國政府為什麼如此突然地改變態度了呢？

當時無人知曉原因。不過，風雨突變的朝議卻將兒玉置於了萬劫不復的窘境。公然出動了天皇陛下的軍隊，卻連登陸也未實行就倉皇失措地撤回澎湖列島。無怪乎許多人認為此舉有如古時聞富士川水鳥振翅之聲而丟盔棄甲敗走而逃的平家貴族公子們所為。

當然，這件事責任並不在兒玉總督。出兵廈門是朝議的決定，半途撤退也是奉

政府之命。只是，肩負統治新領土，領導新歸附之民的重任，發生如此狼狽之事能否保全台灣總督的威信呢？

直截了當地說，兒玉總督是被帝國政府出賣了。也難怪，總督在萬分悲憤痛苦地下達陸兵撤退命令之時，同時發電內務大臣西鄉從道，言稱染病而請求異地療養了。

同時，總督還對後藤民政長官下達了立刻歸台的命令。然而當時廈門並沒有回台的船隻，於是兒玉總督瞬間爆發了怒火：

「如果無船，那就從本島派船前去迎接！」

為了區區一個人而欲動用三千噸的輪船足見此刻兒玉總督的悲憤之情了。

事實上，當時兒玉總督已經安排台南丸號軍艦前去廈門迎接後藤長官了，就在這時，後藤長官發來電報稱已經搭乘軍艦在歸台途中，於是收回了派遣台南丸赴廈的命令。

內閣方面，山縣首相和西鄉內相聯名回電稱：「觀現今形勢，不批准在台灣之外的地方養病。」對此，兒玉總督立即回電表明了自己的意願：

總督意願

此次在廈門地方使帝國的威信掃地，並且也使台灣的統治頗受影響，我作為總督在不明白的情況之下，誤解了政府訓令的主旨，非常慚愧，特懇求以下兩件之一。

一、異地休養

一、辭職

發送電報的時間為八月三十日。

八月三十一日上午十一時，後藤搭乘和泉號軍艦回到淡水，不過連入家門的時間都沒有就直接奔赴總督府官邸，商討異地療養和辭職的詳細情況，最後兒玉總督決定派遣後藤前往東京。

於是乎，後藤伯爵搭乘台南丸號踏上了上京之路。當然，此行就是為了前去同內閣交涉兒玉總督的辭職問題。

而當後藤伯爵攜總督辭職問題出現在東京之時，政府一下就陷入了恐慌的漩渦。為什麼呢？因為出兵廈門一事乃為天子所聞。這次發生問題，雖然責任幾乎全在內閣，但是這個當面的責任者卻不得不藉台灣總督的辭職來撫慰國民。內閣如今已是站在這個尷尬的立場之上了。

最初同後藤伯爵交涉的是主管大臣的西鄉內相，不過，即使是作為調停人有著天下一品美名的西鄉內相，據傳也因為理屈而敗下陣來。

當然，同內閣交涉的經過，後藤伯爵都在第一時間報告給了身在台灣的兒玉總督。其報告電文的主要手稿至今都還完好地保存著。九月六日下午五點半發送的第一份報告內容如下：

下午一時，前去拜訪西鄉內務大臣，解釋總督的請求乃無可奈何之舉。總理方面今日不甚方便，明天才能面見。〇不出意外的話，今晚便可知曉外務和海軍的內情。此事回頭再行報告。〇西鄉內務大臣主動提出赴台決議。政府聽聞小官來京，必定會大興議論，因此現在稍稍有些驚恐。如若沒有議論那麼恐怕更多的就是驚愕了。另外小官還聽聞，針對俄國撤兵一事，伊藤侯的柔軟論、山縣侯的強硬論在內閣會議上爭執不下，久久未達成一致。不過最終還是柔軟論贏得了勝利，內閣同意撤兵。想必明日之前就能弄清內閣會議的情況。〇預計兩三日之內就能決定下來，但此事非同小可，也許時間會稍微延後。

同日晚上十時，後藤伯爵發送了第二封報告：

一開始內閣對於廈門的意向就未確定下來。各個大臣均是互相推諉責任之態。

由於上個月二十六日俄國提出撤兵的提議，內閣深受打擊變得膽小怯弱，最終採納了伊藤侯的柔軟論，將責任歸罪於上野領事以暫時應對當前局面。○想必西鄉大臣乃是奉了敕命渡台的吧。

經過九月六日同內閣的交涉，內閣會議態度突變的原因大概已經弄清了——列強的干涉和伊藤侯的柔軟論動搖了一開始就左顧右盼的內閣會議，最終才造成了目前這種結果。對於此原因，當時在台灣總督府內負責收集政治情報的橫澤次郎是這樣講述的：

為何出兵廈門一事初始時其勢猶如脫兔，而後來突然就變成了處女一般嬌弱了呢。內閣決定出兵廈門後就立刻付諸了行動，當時處在內閣外的伊藤尚在滄浪閣休養，聽聞出兵廈門一事後，隨即大呼：「這是何等荒唐之事！在局勢緊張的今日，出兵南清恐怕將不可避免釀成同英國的禍端。此般急進，恐怕會攬上攪亂東洋和平之名，而陷入世界各列強橫加干涉的困境」，立即上京向青木外相確認此事真偽，得知出兵南清業已成為事實。原本青木在外交上就是一個堅持對外妥協之人，一開始對於出兵南清一事便一直猶豫不決，後來在山本海相的壓迫之下才贊成計劃，但轉頭聽了伊藤的意見後又立刻淪陷了。於是乎，伊藤從青木外相手裡拿到了相關材料並向山縣首相發去了忠告，內閣會議終於發生了動搖。

但是，不管原因如何，事已至此，首要問題是如何決斷兒玉總督的辭職一事。鑒於兒玉總督非常頑固，無人能撼動，後藤伯爵又態度強硬，風傳當時山縣首相完全陷入了苦境。

後藤伯爵將九月七日上午同山縣首相會見的經過在同日下午零時半發送給了兒玉總督，電報內容如下：

九月七日下午零時半　發送

今日上午拜訪了總理大臣，乃以總督無辭職之理由為根據加以細說。詳細陳述情況之後乃商定明日上午再行面見。總理日夜操勞，並不清楚廈門及台灣事宜，欲將責任歸於領事和艦長。然而，事關重大，總理亦茫然不知所措。雖有借新口實於

廈門再舉之意，但和伊藤侯一樣未明確表態，因此亦不足為信。詳細情況明日再行報告。

可以看出，不僅是山縣首相陷於苦境，內閣此時也很狼狽。雖暫時為伊藤的柔軟論所主導，但見識了兒玉總督和後藤民政長官的強硬態度之後又暗示再舉之意。而山縣首相雖說一直主張強硬，但內閣還是避免不了「無主見」的流言。

只不過，再舉之說終究還是漸漸失去了勢力。九月八日上午後藤伯爵會見了山縣首相後，於當日下午二時給兒玉總督發送了一封電報，其內容如下：

今日上午面見了總理大臣。總理不同意異地療養，且在善後對策方面又稍稍缺少扭轉局面的勇氣，可知事情已然受阻。決意近期拜訪內務、陸軍、海軍、外務各大臣並與之商議對策，且容後再稟。照此情形，明天出發回台已然不可能，只能延後。今日圍繞上述事情，總理大臣官邸內應會召開會議。○可能會於十八日乘船回府。

再舉之說果然如同後藤伯爵推測的一樣，不斷軟化，最終不得不放棄這個念想。九月十日九時後藤伯爵給兒玉總督發送的電文裡說得很清楚：

廈門事件突然中止的緣由已大概明了。並未出現外交上的抗議，畢竟此次變化實在是太過恐慌的失敗。甚是遺憾。再舉一說，如前面電文所述，內閣並無勇氣實施。○上野領事將於今日乘船歸任，詳細情況將由本人向您細說。

就這樣，再舉之說在不知不覺中夭折了。這段時間其實是山縣內閣決定最後命運的重要時機。因為，如果不可能東山再起，那麼將沒有任何理由讓兒玉總督收回辭職的想法。並且，如果兒玉總督背負廈門出兵問題的責任主動辭職的話，真正的責任者——山縣內閣將不可能繼續悠然地坐於廟堂椅子之上。

頃刻之間，山縣內閣陷入了窘境。九月十一日上午十一時半，後藤伯爵給兒玉總督報告道：

山縣總理大臣送來親筆信通知下官稱今日下午將親赴內閣。如此一來，事情應該可以得到解決。同時還可以看出些許內閣瓦解的徵兆。如果不能改變總督的意志，那麼內閣將會馬上瓦解。

　　在山縣內閣瓦解——這個最後瞬間，首相山縣有朋採取的決斷是萬事傳達天聽，請求天皇做出裁斷。這是九月十一日的事。

　　九月十二日下午二時，後藤伯爵在給兒玉總督的電報中這樣說道：

　　昨日山縣侯將情況上奏天皇，天皇說需一兩日考慮，於是乎停留在了內部傳達。現如今，諸事不順，內閣一籌莫展，下官亦不知所措。

　　最終，還是依靠明治天皇的決斷快刀斬亂麻地解決了波瀾重疊、迂迴曲折的廈門事件。對於這個情況，後藤伯爵在對兒玉總督的密電裡如是說：

　　請您一定嚴密保守此封電報。陛下煩擾聖慮，命令米田侍從調派十八日的船隻，又立即將下官從侍從職召進皇宮參內謁見，並賜下官如下詔文：

　　聽聞兒玉身體抱恙，但觀眼前局勢，還望兒玉靜養之後繼續通勤為是。

　　下官退下後，又派岩倉侍從長告知下官，陛下已從總理大臣獲悉了情況，讓下官勉勵發奮以助您一臂之力。同時示意本官此事僅傳到米田侍從，絕不可為報紙等所知。總理大臣甚至禁止下官跟您匯報此事。〇下官將乘十八日之船返回台灣。

　　聽聞內情的橫澤次郎在追憶此事時，作了如下表述：

　　兒玉將軍很久之前就說過甚是擔心日本外交的不作為，面對此次關係到我日本帝國將來的突然變故，無論如何也無法收回辭職的意願。內閣懦弱無能，只能上達天聽，九月十五日乃派宮內省給後藤伯爵發去通知進宮謁見陛下。不曾想到的是，伯爵被傳謁見後，竟被允許直接進入陛下書齋，近在咫尺地瞻仰天顏。陛下甚至不經侍從，親自向伯爵下達了「不允將軍之辭意」的指示。天皇直接向長官下達指

示,這是前所未有的事。其指示的內容我想應是「如因病不能繼續任職,那麼大可以在職靜養,台灣對於帝國的將來至關重要,將軍如能留任,那麼朕就無所擔憂了」云云吧。縱使當初將軍辭職的決心是多麼的堅定,事到如今(陛下親降指示),恐怕也只能是對天恩感激涕零了吧。此外,陛下還特地派遣米田侍從到台灣就是為了向將軍傳達以上旨意。後藤長官陪同米田侍從一起歸台,侍從抵達總督官邸以後向將軍轉達了陛下的旨意。當時,我有幸在一旁目睹了將軍言行謹嚴而又無限感傷的模樣,不由得為君臣的魚水之情而感動得熱淚盈眶。

事已上達天聽,且受優厚聖諭。兒玉想必感激涕零,對聖恩之浩蕩而誠惶誠恐吧。

廈門事件的內政責任就這樣塵埃落定了。

十四、兒玉的後策

所謂的「廈門事件」就這樣結束了。但是廈門問題卻依舊沒有解決。這是因為:不管有沒有發生廈門事件,對岸經營始終都是統治台灣不可避免的舉措,也是帝國經營南方的楔子。

因此,廈門事件結束後不久,兒玉總督就立刻寫下了名為「廈門事件始末及對岸將來之政策」的備忘錄,以期記錄廈門事件真相的同時,制定對岸經營再建設的規範準則。

備忘錄的前半部分主要記述了廈門事件的經過,內容幾乎全為引用,後半部分主要記錄了事件後的對岸經營,兒玉總督開篇寫道:「說起來,對岸閩粵各地經營的目的在於國際關注之外處潛伏我勢力,以收實益」。而對岸經營的基礎工作,主要有廈門專管居留地、東亞書院、醫院、航路、小船渠、沙坡頭七個問題。對此,兒玉總督論述如下:

第一，廈門專管居留地應是實現上述目的的基礎，本府已順利承接該地的填海造陸事業。此項事業雖說是一項大約耗資五十萬元的大事業，但資金方面不必擔憂，本府將在從經濟上確保充分的利息以期成功。

該地填海造陸事業取得成功的同時，還應講究地上空間的利用。即建造一棟高闊壯大的大樓，開設台廈俱樂部，將現今仍在租地經營的三井物產會社、台灣銀行、大阪商船會社等支店以及擁有大量資本卻仍在租地的公司都轉移到此大樓內。此外，設立日本紳商之模範，裝備電話、倉庫等商業上必要的設施，以逐漸吸收商利。

第二，東亞書院設立之時，帝國曾捐贈一萬元，本府則不僅藉以教師還資助了不少經費。設立該書院的目的乃讓地方紳士接近帝國，因此並非播撒恩惠之地。開院伊始之時，盛況空前，豈料北清事件突然爆發，不得已只能暫時閉院。如今雖重新開院，但尚未完全恢復，學生數量方面恐怕難以回覆到舊時水準。

第三，建造醫院的計劃早在明治三十四年的預算案上就已提出。此計劃完全是以慈惠為目的，救護無所依靠的病患，使其感受帝國恩威，同時帶去文明的醫術。因此，並不是一個暫時性的慈善事業。此外，醫院在開闢居留地、促進紳商投資開店方面也是最有必要設立的一個機關。

第四，航路在明治三十二年就已交由大阪商船會社經營，雖然與道格拉斯會社競爭激烈，但後來借政府保護之名，逐漸博得了信用，特別是此次開通的香港福州兩地的航路，首次航行非常順利。今後只需對船體和船員加以充分改革，不出兩三年必定可以壓倒道格拉斯會社，獨占此航路。另外，上海香港兩地間的航路因為船舶不足，運費非常高，而且都是洋人在支配船隻，支那人的待遇非常苛刻。從現在的情況來看，帝國開闢航路可謂迎來了最有必要的時機，且此乃將來在擴張商權時帝國不可或缺的事業，因此需多加勸誘獎勵才是。

另外，還需要以廈門為中心占領汕頭、漳州、泉州、同安等地的小航路。此次占領不知能否同占領廈門其餘地方一樣獲得同樣的結果，但對於掌握廈門的警察權

可謂意義重大。因為廈門維持生計很大部分就是依靠小汽船。然而,因為尚未找到經費出處,故尚未著手。

第五,小船渠只是一個停靠船塢而已,考慮到其收購價格不超過一萬元,因此已提交至本年度的預算案。

第六,大船渠是一個可容納兩千噸附近的大船塢,現在由洋人股份組織經營盈利,收購價格大約在二十萬元左右。由於這是伴隨今後南清航路的必要機關,假以時日一定制定資本計劃以收購之。

第七,沙坡頭一地必須到手。此地面朝廈門島西南方,是陸地上一塊突出的海角,屬漳州府管轄,處於廈門通商港口的區域之外,適宜躲避風害,另外將來作為鐵道起點或其他陸上商業的起點也未嘗不可。如機會合適,可以海軍存煤為由或是以其他名義借入或收購該地。

福州雖說別於廈門地方,與台灣在經濟關係上並沒有那麼密切,但是畢竟是福建省的政治中心,因此不可等閒視之。鑒於此,兒玉總督在備忘錄裡提到了馬尾造船所、銀元局、同文學堂、閩報四項機關,並對其經營論述了一番:

福州同本島的關係一直都僅限於戎克船的聯絡,來台的福州紳士也非常少。也正因為如此福州的百姓最為孤陋寡聞,官尊民卑之風甚是濃厚。此次在福州設立少許事業乃是為求與福州政府方面打通關係而不得已為之。之前派遣後藤民政長官先行開路,並由添田台灣銀行行長嘗試交涉也是出於此目的。

第一,馬尾造船所完全歸法國人管理,這點無須多言。然而,清法條約的期限是本年九月。而清國官員愈發厭惡法國人的專橫行徑,且經費無以為續,因此一直想製造藉口在條約到期後與法國人解約,從而獨占經營此事業。然而,身背法國大約二百萬元的借款,苦於難以償還,故未敢出聲提及此事。此時,吾等向清國官員說明了台灣銀行與帝國政府之間的關係,促使其請求我們成為出資人,同時作為第一步開闢銀券通用之路。作為交涉結果,我們承諾銀券不僅通用,還可用於福州官廳支給和軍隊俸祿給付。不幸的是,恰逢發生了北清事件,因此談判被迫中斷,甚

是遺憾。

第二，銀元局為孫葆縉私設之造幣所，現正鑄造銀幣。該局曾請求在某種條件下一切事務委託給台灣銀行，不幸的是，也因為北清事件而半途而廢。孫氏原是維新黨人，在支那人當中可謂精通內外事情之人。為了給遭遇洪災的福州募集救濟金，今年八月前來本島，當時聽聞其除了募集善款之外還兼有視察本島情況之務在身，於是允許其滯留本島二周。不幸的是，其來台之日恰逢北清最為殘酷之時，雖未能廣求救助，但為了能維持帝國的恩威俠義及將來的聯絡，於是在小範圍內發動義捐，並籌得善款一萬元。儘管孫氏來台時機不佳，但短短時間內仍能籌集到如此大筆的善款，不僅是災民之福，也讓其自身渡台不至於空手而回。每每想起此事，仍十分感動。

第三，同文學堂為福州維新黨的紳士所設立，東亞同文會亦給予了些許資助。其性質和廈門東亞書院並無二致。由於東亞同文會已停止資助，本府將代之繼續提供資助。

第四，閩報是一週一刊的漢字報紙。該報亦與同文學堂保持著聯絡。

兒玉總督的備忘錄在闡述完對岸經營的基礎工作之後，又論及了廈門事件之後的形勢，其表述如下：

總而言之，北清事件給南清經營帶了許多障礙，尤其是廈門發生的變故讓當地的紳士多生疑惑。然而，這些紳士已看破清政府到底不可繼續依仗，與其歸屬異種異文的政府所管，倒不如歸於同種同文的政府治下，對於此點，各位紳士可謂是異口同音。鑒於此，今後計劃實施諸項事業之時，須儘量避開國際上的繁雜形勢，採取同地方紳士合作的方針。同時說服紳士將其資產置於帝國保護之下，最終移籍帝國。當然，帝國必須給予這些紳士足夠的地位。據我所知，廈門附近的紳士在南洋諸島擁有的財產總量在兩億萬元至四億萬元之間。而他們作為支那人卻不得不忍受外國政府的虐待和重稅。時至今日，他們寧可成為日本帝國的臣民，享受同洋人一樣的保護和權利。南清原本為一片貧瘠之地，但其形勢和本島關聯甚大，實際上是

南清政策的策源地。而南清政策不只限於南清，其又是南洋政策。南清政策的成功切不可急於求成，必須等待時機成熟再一步一步穩固實施計劃，觀目前形勢，只能期待日後了。此乃本官當初赴任時之請求，始終堅持，從未改變。也正因為如此，雖說曾經出現過些許流言，但本官從未改變初衷。

以上敘述了北清之亂後廈門發生的事件始末和南清政策。如今北清事件已大抵塵埃落定，吾確信作為平定北清事件的報酬，賠償以及領土割讓、領土不割讓等問題作為對清政策必然會實行，因此本案並未論及此政策。

不難看出，由於遭遇了廈門事件的挫折而不再指望從政治、軍事上打入南清的台灣總督府所採取的對岸方針再次回到了經濟經營上，並且欲在「同清國社會的實際勢力把持者——地方紳士合作方針」的指引下實現其目標。事實上，這個方針也成了廈門事件以後帝國的大方針。

十五、三五公司

北清事件以後，成立了三五公司以為對岸經營的中心事業。作為公司首腦活躍的是日本統治台灣時擔當後藤伯爵經濟方面最高顧問——足智多謀、縱橫捭闔的愛久澤直哉。

後藤伯爵在《台灣總督府對岸經營之由來》一文的文末親自用紅筆作了如下記述：

如上總務一直交由愛久澤直哉專任，現今後任民政長官祝辰已負監督之責，鄙人特任為顧問，以作後策。

那麼，三五公司究竟是基於何種旨趣而設立的呢？愛久澤在後藤伯爵離台之後，於明治四十一年給伯爵寫去書信一封，信的開頭這樣寫道：

且論清國雖名義為國家政府之存在，其實質並非近世所謂國家政府，不過是一種民族團體。故我帝國處理對清問題之方法亦自然應異於其餘純粹國家政府，此為鄙人邇來屢屢上陳之處。而於對岸經營問題之上，則甚有必要遵此主義，嘗試同當地主要民間士紳建融合之交，且利用融合之力應對其之所謂政府。近來中國，尤其歐美各國對清國之覺醒多有評議且稱於急轉直下形勢之下，法治清國行將出現，然其所謂覺醒究竟是為清國國家所為，抑或是民間士紳各自特別利益所為，當下尚不能判定。更何況北京朝廷所採取之諸多改革與清國特有國情多生衝突，最後以有名無實，徒有其表而終了之改革比比皆是。究竟何時能實行改革尚不易知。近年，歐美各國生產力發展已超其度，而作為其供給過剩之結果，各國則不惜擱置百事以求商品銷路，一改往素強權粗暴之態度，一心欲買清國之歡心，誇清國之所長，外交方面亦呈恭謙互讓之風。彼等將屈服於清國不可思議之處理至何時甚有疑念。想來，現今單憑各國對清態度便立馬論斷清國將除內憂外患未免過於草率。倘若事態真至如此，則須藉三五公司素來從事之樟腦業務接近福建民族，且藉鐵道業務融合部分南洋民紳，並持續維持與其之關係，鄙人深信此事絕非無用。清國本不足為懼，但支那民紳之經濟聚集力實屬可畏，故而是與之為敵、抑或與之同道乃為事關帝國百年大計得失最為重大之事。鄙人以為三五公司在實施對岸經營及建設南洋設施之時，當牢據此理行動，且置走馬燈般之政府處理方法於度外，緊扼其民族咽喉，深入其肝肺，不論事之大小及我帝國政府如何變更方針，亦將伸縮自如且符帝國利益，絕無半點損失。希冀早日實行如上旨趣之方針。

上述愛久澤之所言可謂直截了當地擊中了當時清國社會構成之要害。事實上，廈門事件後日本對岸經營的大方針即是在此認識之上樹立起來的，三五公司也正是作為其實行機構而設立。而愛久澤同三五公司的關係則可由其在如上意見書中的下列表述而清楚探知：

後藤男爵閣下：

下官於明治三十三年承蒙閣下舉薦掌管總督府對岸經營事務以來已有八九年時日，期間雖因才疏學淺，而多遭批判誹謗，但將軍及閣下乃予以下官無盡恩遇與支援，祝、中村二君亦多費勞心於其中進言斡旋，始終未渝，故而時至今日仍未鑄成

大過,(每每念及於此)下官仍是感激涕零。然雖得如斯寵遇,得如此厚援,卻依舊未能奏功,期間虧損巨款數次,所得反不及所失,終招致極大之流言誤解,下官乃懼牽連不測之累於恩人摯友,又覺自身才識不足,不堪慚愧苦悶之情,且數度產生舉賢身退之意,然知遇之恩及事務性質不容下官中途挫折退出,遂自我

鞭策,夜以繼日盡下官之所能,以期重整庇護者面目之日早日到來。

三五公司表面上雖然是日清合辦的事業會社,但正如前述所言,事實上它是為實行台灣總督府對岸經營方策而帶有強烈國家色彩的機構。而其事業中心則是樟腦事業、潮汕鐵路的經營,另外還涉及新加坡植林事業、法屬東京采貝業務、源盛銀行、東亞書院、龍岩及福建鐵路、汕頭水道事業等,如若順利發展,則可像滿洲的「南滿洲鐵道」般成為殖民會社。

那麼三五公司是怎樣的公司呢?又開展了怎樣的活動?由以下作業報告書可知一二:

三五公司作業報告書

(明治三十九年十二月至同四十一年五月)

一、樟腦業務作業

在清樟腦業務本季盛衰最為激烈,於公司作業收支之上亦帶來甚大影響。明治三十八年年末腦價漸次高漲,當時公司觀腦務作業基地——福建省以外地區之腦務亦漸趨發達,遂於明治三十八年四五月之交,派遣負責人至廣西、廣東、湖南、江西、浙江等地,調查當地實況之同時,制定各地腦務作業創設之計劃。福建省內之腦商、腦丁亦遣其一同前往分配至產腦各地。其後腦價依舊奔騰飛漲,香港市價百斤樟腦已超一百七十元,及至明治三十九年末四十年三月之交,其月產出已達二三十萬斤,行將動搖台灣及日本內地專賣制之基礎。期間公司於上海設立收購所總部並配以腦油再製所,且於江西省贛州府、吉安府、建昌府、九江及浙江省石浦、海門鎮、溫州府、處州府、衢州府等設置收購所,其間又增設代辦所十數處,同福州

總部遙相呼應，使各省所產樟腦盡數收於我手。然同年四月初，伴隨美國商界驚惶報告之一度散播，腦價一時狂跌不止，每百斤約跌落七八十元，台灣專賣局亦不得已調低收購價格，而其結果則使腦價愈加暴跌，幾無停止之勢。非但實況如此，因總督府下達抑制生產之密令，公司遂暫時中止往素以來之積極方針，於地方則詳陳生產過剩之危機，減縮制腦者產出額；於市場則細說清國產腦之一時情形使其周知。

邇來至今，樟腦狀況極為沉靜，銷路不盡如人意，腦價亦未曾停止跌落，以至於最近已有提議百斤樟腦以八十元左右收購。將之與昨年最高價格相比，約差百元，此落差之大甚為驚人。想來此次腦價大變動應是歐美各國見本國商況不振及清國產腦一時劇增而深感驚惑之所為。假以時日雖必然漸次恢復如初，但近一二年清國製腦年產量應僅為兩百萬斤左右。

望公司盡快收整福州、上海兩主要部門以專理腦權。

公司服務從業者中有日本人五十八名，附屬清國人百十餘名。

本季公司收支狀況已示於試算表及明細書內。明治四十年度公司損失達十八萬五千餘元，其中自該年度起徵收營業資金利息，而該年度四萬五百餘元（營業資金利息）亦已計入試算表收入之中。另，因腦價漂浮不定，為謀下年度之安全，故而折舊出售二十五萬餘元之一點五成殘留品，最終增加八萬元左右之損失，而餘下十萬餘元損失之中，匯兌差額、社員薪資、及諸項雜費三萬餘元已計入新加坡植林帳目，故而該年度樟腦作業純損失約為六萬餘元。

一、潮汕鐵道作業

潮汕鐵道建設作業自明治三十七年六月初著手以來，已歷經兩年半之長久歲月，並於明治三十九年十一月告稱完成。竣工遲來之理由已於日前報告，故容下官不復重申。

該公司財政及建設費如附頁公司報告書所示，建設費及附屬諸費總計達三百零

四萬八千餘元,因超出既定資本額二百萬元,故而實為一百零四萬八千餘元。現將其主要增資項目列舉如下:

用地費:四二八、零零三、七一四

收購用地諸費:二三九、零零五、二二五

葫蘆市暴徒事件費用墊付金:一五一、四九四、七二二

護兵費:五七、一一四、五八三

政府派遣技師詹天佑一行之解職補助

暴徒事件北京費用及完工慰勞金:一五五、一二二、三九零

　　用地總面積約為一千三百畝(一畝為一百七十六坪),故一畝平均為一百三十元。且說汕頭之地,成功移民外國之人歸來後競相購置田園,其地價之高,比鄰雖多但未見可與之相較者。一畝上田大致二百元,下田亦不下百元,故而平均每畝一百三十元實屬甚為妥當之價格。然為購求該地所花用地收購諸費二十三萬九千餘元則多用於支付用地所在都市村落之數百名縉紳及差旅官吏、吏員、兵員等贈賄強借及鐵路公司本支局總理負責人所用諸經費及其特殊收入。其性質雖並非正當,但如若不予支出,則勢必無法展開事務,收購土地一事不能決行,鐵道施工亦將半途而廢,故此乃無據之經費項目。

　　而關於葫蘆市暴徒事件費用墊付金,政府當局雖約定令鐵路公司暫時墊付該費用,爾後再從暴民處索取賠償,但政府自暴民處掠取巨款之後,至今尚未償還款項於鐵路公司,且日後其是否將交付此款亦甚為可疑。本項費用一如護兵費、北京費,皆為暴徒事件所生款項,且同政府派遣技師解僱費一般,於鐵路公司而言可謂甚為憫然之虧損。總而言之,因無擁有鐵血謀略及翻雲弄雨方策之政府後援,於清國現狀之下,若欲遂行本種事業,則勢必須料及此種冗費。而先前未料及此費用則實為下官毫無經驗所致,甚是慚愧。

鐵路公司所增加之支出情況如上,乃生一百餘萬元之缺額,其間雖曾進行募股,但僅募得四十四萬餘元,其餘不足之處則憑總理張京堂之信用,由銀行或他處籌得借款填補。其金額實已達六十八萬餘元。

營業作業則於此種狀態之下於明治三十九年十一月十六日開始,舉全體營業,每年給以銀十五萬元而將之託付於三五公司,且鐵路公司總局及香港支局亦規定每月預算約為三千元。除去公司營業之外每月竟須花費三千巨額款項實在有失妥當,但無奈公司還須供養清國政府所命兵員,且遵從清國一般慣例、完備公司董事。然公司非但身背此種扶持純粹營業所用人員外之形式冗員之義務,近日因利權回收熱之流行,(清國政府)竟欲令公司行此裝弄之事。該經費項目詳見附頁預算書,現正逐步嘗試於下年度(將此項費用)節約至二千元左右。

營業概況較為良好,最初每裡平均收入九元左右,年度末——明治四十一年十一月則已然達到二十五六元,貨物最初全無,年度末則可見百噸以上。詳情已附於別頁報告。

鐵路公司本季(光緒三十二年十一月至光緒三十三年十二月)營業收入為二十二萬三千零九餘元,其總支出為三十九萬零九百四十一餘元,相減可得十六萬七千六百三十一餘元之缺額。此部分缺額如別頁明細書所示,乃為意溪支線費及其他新設工事所需費用。

本季新募股票三十二萬餘元,如別頁明細書所示,股金已達二百七十七萬二千七百七十元,借款方面雖有新建事業費用之支出已降至四十七萬三千三百七十元。眼下仍頗費苦心致力於募集新股以削減借款金額。

次年度,鐵路公司乃思有必要完成意溪支線,遂於明治四十一年五月令三五公司著手工事。想必本工事落成之後,取得往返潮汕貨物約四十萬噸之四分之一亦將為期不遠。

鐵路公司同三五公司日本員工關係頗為圓熟。惟利權回收之風潮驅使局外清國國民或官憲動則欲興排斥日本之事,就如何防禦一事,下官甚為困惱。想必早晚皆

須採取果斷處理方法。

一、新加坡植林業務

關於本業務，邇來已就其實地完成種種研究，且自昨年明治四十年度始，遵照附頁所示收支預算備忘錄開始作業。所見支出增額主要源於所購用地，內未開墾地一千二百八十英畝之伐木開拓，而收入減少則因預料將來橡膠市價跌落，原為一擔三百法郎之物，保守估算為二百法郎，且肉蔻樹之根因雜草而日漸萎縮以致產果銳減，不得已削減產出預算，但眼下就其改善一事，業已摸得頭緒。本業務之明細已詳述於別冊收支表，故而不在此贅述。而就同地所在金礦一事，至今未得餘裕以充分調查，且如若他日著手發展該業務，則恐失橡膠林作業之統一，故而眼下止於權利確認即可，充分搜索及試掘之事且容日後再談。

一、法屬東京采貝業務

明治三十九年末便已令日本潛水器及日本潛水員從事采貝業務，及至明治四十年末約已進行一年試采。而當初法國駐在官憲投以猜忌之目，多加干涉並帶來種種不便，其後法國人又借「麥耶」之名成為采貝名義人，並多僱傭東京土人，多少得以減輕妨害。而實地探查之結果證明確實存有珍珠貝及黑唇貝，但其所在區域為東京十八馬島至安南沿岸綿延百數十里海域，簇生於諸處，故若欲從事貝殼採集之事業則須首先於事前探查其大部分簇生區域，爾後再行計劃。然此項事業終非僅憑些許資金便能成之事，言語轉譯不便又增大作業經費，恐難致收支相抵，遂暫且中止此項事業並派遣負責專員從事土語風俗之研究，待三五年後，準備齊全之時，便可再行著手採貝。本項事業收支明細已添附於別表。

一、源盛銀行

該銀行業務漸趨盛大，主要交由吳理卿料理。光緒三十一年至光緒三十三年間每年均有一成分紅。

一、東亞書院

雖曾冀望東亞書院成實業學校組織,然清國氣風未穩,現今仍非良機,故暫且順延其實行。而本季度則主要教養三五公司所用清國人及日本人。觀本季,經由本校且現今從事於潮汕鐵路公司業務之人有清國人二十名,日本人四名,而在學學生之中則有粵漢及潮汕鐵路委託生清國人二十七名。龍岩煤礦及福建鐵路方面亦不曾怠慢規劃,然胡國廉遲遲未至廈門以致尚不能求得良好方法,甚為遺憾。胡氏雖約定本年七月來廈相會,但其究竟是否前來仍不得而知。福建鐵路邇來置於陳寶琛監督之下,但觀廈門港附近三里之地均在建造倉庫之半途,眼下正處於休業之中。下官乃聽聞,其已花費七十餘萬元,現完全缺乏資金。依眼下狀況,盼其完成恐將為遙遠未來之事。

一、汕頭水道事業

本事業邇來已成潮州汕頭二紳團競相爭奪之作業,其間雖有清官介入仲裁,卻依舊競相比拚出資之多,未曾和議,至今仍呈資金充沛卻不能起業之奇態而任由時光荏苒,公司則介於二者之間意欲促成協議。

十六、福建省之樟腦事業

三五公司欲完成對岸經營大業所選二大事業為福建省樟腦事業及潮汕鐵道經營。那麼,三五公司為何著手樟腦專賣事業呢。據後藤伯爵「台灣總督府對岸經營之由來」一文可知,其原委如下:

台灣總督府已然察覺若欲發展帝國殖民政策,則於對岸經營一事上不得草率,且早欲開啟對岸經營之企劃,明治三十四年八九月之交,探得福建省竟有樟腦專賣之舉動,遂設法奪得該專賣權,且通過二項決議即一、保障帝國樟腦專賣制;二、令其(福建)成為對岸經濟殖民基地。鑒於第一目的尚未充分達成,為達第二目的,乃派遣愛久澤直哉主當其衝,於帝國駐廈上野專一領事協助之下,由同年十月至翌年三十五年六月間同駐福州福建總督府及北京總理衙門進行多番交涉,終於同

年六月四日我帝國真正達成奪得該專賣權之目的，且於相關契約上簽字完畢。及至同年八月，愛久澤直哉率部員以福建省廈門為中心，依據該契約開始著手實施樟腦專賣制。

然而，帝國剛在福建樹立樟腦事業的霸權，便瞬時引得列強發動猛烈的反對運動。

因此，就清國官憲一事，日本和列強之間爆發了複雜的三角紛爭。前述的「由來」一文緊接著這樣記述到：

然駐福建省之各國領事，尤其英國領事竟稱我帝國意欲透過此舉以讓國人壟斷貿易上之利益，且與各國駐北京公使串通一氣，曲解通商條約之條規，就此事已向清國官憲提出抗議。聽聞此言，我帝國遂回應此舉乃法理之所存，並令清國官憲對這般抗議予以答辯，確保不為擔心彼等抗議而中止專賣制之實行。起初清國官憲亦遵守官腦契約之條款，排除他國抗議而庇護我帝國，然各國領事之抗議頗為頑強，我等法理爭議之上雖有制勝之理，但覺無實踐之力，且彼等（各國領事）竟用種種陰險手段，驅使無賴清人違反專賣條規從事密製樟腦之事且予之不法庇護以對抗清國官憲。伴隨腦務之擴張，紛爭亦日漸趨多。而各國領事以此為口實，紛紛抗議以致清國官憲煩累不堪。

見此形勢，帝國政策隨即改變方針即一改往日固定於形式專賣權的做法，而是集中努力聯合地方豪族，掌握樟腦事業實權。之所以行此變更一來是因為對前文所述支那社會構成的認識漸次加深，二是由於福建省支那政府的更迭不利於與清國官憲間的聯繫。《由來》一文這樣續寫道：

且察創業後一年有餘之實驗可知，清國政府官憲及人民社會之組織性質多異於我帝國。其地方督撫與地方人民之關係一面雖號稱無所限制之專制政治，但另面又稱絕對自治制。故而對此種社會之民紳單憑一道法令而盼其實施專賣制實屬至難之事，收支相抵亦幾乎無望，早晚須變更腦業方法。其後明治三十六七年之交，清國官憲同各國領事之紛爭愈加激烈，及至最後，當初攜正義而堅持抵抗之閩浙總督許

氏以下大官盡數遭免，而後繼者則一心廢棄腦務專賣杜絕各國抗爭之源以致無暇分斷是非曲直，爾後竟倚靠各國公使領事聲援，對邇來協力禦侮之我帝國以專橫非法之名義排斥相加且完全無視腦務專賣契約之存在。此種現象於他國身上絕無可能發生，姑息偷安之清國官憲所作此舉可謂無理無據。然既事已至此，則我帝國須捨棄一味依賴清國官憲之愚見，而應同地方豪族協作行動。邇來一年有餘各項準備漸趨完畢，及至三十八年八九月之交，其方法亦漸次完整，確信廢棄腦務專賣契約後仍能掌握腦務實權後，隨即於同年十月接受福建官憲之冀望，收得賠償，廢棄邇來紛爭根源——專賣契約。

此次實權主義的確立實際上標誌著我帝國的勝利。因為爾後雖然列強的反對及清國官憲的迫害從未停止，但三五公司的樟腦業務在此期間得到顯著發展，及至明治三十九年末即後藤伯爵離開台灣之時，公司已在福建建立不可動搖之根基。《由來》這樣記述道：

其後依三聯單之方法，得以平穩繼續我樟腦業務。產出額漸次增多，及至三十八年末年產量已達三四十萬斤，而從業之日清人數則以千計；翌年三十九年樟腦事業愈加呈現活力，大有年產八九十萬斤之勢。然不守信義之清國官憲見我事業盛況，預見莫大利益，乃於專賣契約廢棄後不足數月之時，忘記前日紛爭所受苦痛，再興腦務專賣制，且以福建官腦局之名義行事，任之處理，試圖奪取我帝國煞費苦心所建腦務之利益。明治三十九年四月發生此事後，各國領事再次提出抗議，終於再演前度紛爭。我帝國深知為清國所為，便未進行強硬抗議，而是任其所為且依舊聯合地方豪族，創機宜之方法而繼續腦業。及至三十九年十一月，福建官腦局因虧空數萬巨資而不得已閉局，如此一來，我帝國自由腦務之妨害便得以安然除去。依眼下情狀，屬我帝國處理之本年度福建產腦約八九十萬斤，與此同時，去年著手之浙江、江西、廣東、湖南各省產腦亦漸次增加。

總而言之，創立福建腦務契約一事因各國妨礙及清國官憲之不守信義以致未能如預期斷然實行專賣制，但經過數年經營，我帝國業已基本達成掌握該省腦務實權之目的，此棄名取實之方略實乃帝國遭逢近年清國利權回收熱而不得已採取之計策。

如此一來，當初確立之「以福建腦務作為對岸經營根基」第一目的已然就緒，及至三十七年之時，第二目的亦得啟開端。

十七、潮汕鐵道

三五公司兩大事業其二之潮汕鐵道是在後藤伯爵指揮之下，愛久澤的奔走之中得到廣東省汕頭至潮州間的鐵道鋪設權後興起之事業。當然建設經營之上，因為受限於外交財政及其他內外關係，並無合適的經費項目，方便起見，於是從台灣罹災救助金內撥出七十萬元借給林某，並且以林的名義使其接受股金。該事業在明治三十七年六月二十八日通過閣議決定後得以立即實行。閣議內容如下：

就鋪設汕頭鐵道一事之閣議

前年以來外務大臣及台灣總督所掌握汕頭鐵道鋪設之商議進行程度，及依此商議所定本國負擔及特權之相關條件，一如附頁台灣總督申告書所陳。依此條件，該鐵道鋪設權事實上已盡歸我帝國之手。能否取得該權事關我帝國利益線之擴張，故而極有必要速速實行本商議之結論。而實行之時，由帝國親自經營、抑或交由民間會社等經營應是最為妥當之方式，但此事因牽涉外交財政及其他諸多內外關係，時至今日依舊未達定下最終處理方法之時機，眼下暫且實行如下計劃：

一、本邦應付七十萬元股金依如下手續所得，作為其使用方法，可將之充於台灣罹災救助基金內。

1.令林某成為名義上之承借人，令其交付所需金額。

2.林某接受上述金額之股金，而（帝國）提供全部股金以作承借金之擔保。

3.上述股票分紅全部納入台灣罹災救助基金內。

4.股東權利名義上由林某行使。

二、台灣罹災救助基金現金不足所需金額之時,須買入所屬該基金之公債證書於國庫存款部。

三、承包鐵道建築工事所得利潤須暫時納入台灣罹災救助基金。

四、台灣總督須稟告各省大臣且委以實施此事之責任。

五、如上事項為眼下應急之臨機處理方法,永久處理方法日後再尋適宜時機決定。

現在看來,潮汕鐵道的禍根其實就在於當初的出發點所定下的姑息手續。因為如上閣議雖然明確規定「如上事項為眼下應急之臨機處理方法,永久處理方法日後再尋適宜時機決定」,但「永久處理方法」並未輕易實現。

不過,話雖如此,後藤伯爵於台灣在任時,潮汕鐵道的經營其實比較順利。且在明治三十九年十一月之時,建設工程竣工並得以開業。前文所提及《由來》一文這樣記述道:

廣東省汕頭至潮州府間潮汕鐵路計劃,其鋪設事宜全部委任於我帝國,邇來兩年有餘,其間雖遭遇種種妨害與障礙,但終於三十九年十一月竣工且開業。而就此鐵路日後經營問題,依據特許名義人與愛久澤直哉間所締結祕密契約,實際已交由帝國專理。眼下該鐵道主要員工漸次悉數使用國人。本鐵道開通以後甚為景氣,近來更有擴張之提議,且該地清人正同愛久澤直哉協商之中,而汕頭水道布設一事亦隨之提出。眼下台灣總督府已派遣技師進行實地探測。

如上,雖然有前述姑息處理方法,但潮汕鐵道的經營依舊得以排除所有妨礙和故障,最初制定的目的猛然躍進,此皆因為其指揮者——台灣總督府內的後藤民政長官謹慎控制事態發展。之後隨著後藤伯爵榮升至南滿洲鐵道離開台灣及民政長官繼任人祝氏的突然逝去,潮汕鐵道頓時失去了團結一心排除萬難的實力。在內,痛

失確保南清經營大方針的首腦,在外,受到清國朝野的反抗,頃刻間陷入了無法言忍的困境。此困境透過以下愛久澤寫給後藤伯爵的意見書內所作記述便可清楚察知:

潮汕鐵路事務邇來排除眾多妨礙,終得今日良況,如若能削減冗費以謀收利則完全有望營業收支相抵。然北京政府郵電部全為眼下利權回收熱所迷失,輕信浮浪學生之輩蜚語,置現狀不聞不問,實乃危害清國主權之舉,且命令該鐵路公司排斥國人一事昨年以來已不知是第幾回。

至今(帝國)僅制定應急之策,但今日也許已至採取果斷處理之季。對此,鄙人當初曾於企劃中有所陳述,即如若清國政府加以不法干涉,則以危及股東——台灣籍民林氏資產為由,請求政府後援,此為最佳手段,但近來我帝國政府鑒於各國對清態度,是否能決行此事尚未可知。邇來如愚見所陳,對清國政府及民眾須有強弱硬軟之主見,若其外強中乾倒不如起初便屈從於他。何況若此事牽連至我帝國合作者張京堂則甚為棘手,故絕不可輕舉妄動。倘若不能採用籍民保護之方法,則於下次問題出現之時,或以張京堂違反契約之名,索求我資金賠款、抑或我方作大讓步,避開外部形勢紛爭,依照清國政府主張將該鐵道主管權歸於清人之手,我等則坐於外部監督,放任其行,惟圖我等資金安全,只能二者擇一。但如此行事將對鐵路造成顯著危害且陷我等資金於危殆境地,故而作為責任者,鄙人不能忍之。且說還須顧及張京堂之心情,張氏雖為清國國民,但暴民暴亂所生冗費全部由其承擔,其責任支出甚至為我等資金支出數倍,非但如此,其對我帝國常表好意與信賴。僅因清國政府無理主張,便讓如此之人為我帝國背上賠款厄運或叛國之冤,非但於情不忍,且對達成三五公司本來目的亦無益,僅會在將來帶來更多障礙。

自此之後,南清鐵道經營的相關方針徹底陷入了支離破碎的困境,帝國不僅失去了潮汕鐵道,甚至三五公司亦為廢止。後藤伯爵的苦心也好希望也罷,最終化為了泡影。新元技師如下回顧道:

伯爵常將台灣作為南清、南洋之策源地,其亦必定以為台灣之生命力亦在於此,故而創立日清合辦會社——三五公司,且令之建設汕頭與潮州間之鐵道。其目

的在於將之延長至江西省,以同揚子江沿岸取得聯絡。而此方針非但是鐵道,汕頭、潮州等地之電燈、水道等均在其經營方略之內。所幸,潮汕鐵道在伯爵監督之下順利竣工,之後其便撤至內地。吾繼承其遺策,時常一有良機便欲踐行其意志,多年來從未懈怠注意。之後吾亦曾赴江西省以調查鐵道線路。且說不割讓福建省本是中國同支那於條約上所規定之事,雖能維持該權利,但鐵道通往何處,外務當局並未查明。吾輩以為潮汕鐵道之延長乃為台灣經營最為重大之事項,遂銳意努力以期其實現之日,怎料其後時勢變遷,最終失去良機,後藤伯爵之希望盡成泡影。潮汕鐵道亦終從三五公司之手全然歸為支那國所有。即便今日,每每念及此事仍覺甚是遺憾。

如上所述,非但廈門事件因中央政府的優柔寡斷而遭遇大挫折,甚而經濟上之對岸經營亦不得後繼者而中途斷絕。難道真無一日本人站出繼承桂、兒玉、後藤之遺策,實現南進日本之經綸?吾輩豈要永久放任盎格魯-撒克遜族人於南太平洋猖狂跋扈、為所欲為?

(鶴見佑輔:《後藤新平》,陳小沖、曹金柱譯)

貳　《日本外交文書》1900年廈門事件資料

　　編者按：日本外務省編輯出版的《日本外交文書》，是一部龐大的近現代日本對外關係史料集。其中有關1900年義和團運動時期以日本東本願寺遭焚燬為導火索而爆發的廈門事件，在廈門近代史上具有劃時代的重大意義，又該事件同時涉及台灣與廈門兩地，故亦為廈台關係史中不可或缺之一環。《日本外交文書》中著錄了該事件的詳細檔案資料，其中披露了不少廈台關係不為人知的細節，如廈門人民對台灣抗日運動的支持，割台後大陸義士收復台灣的呼喊。同時我們還看到，日本侵略、占領廈門是如何的迫不及待，火燒東本願寺又是如何的疑雲重重，等等。以下為相關資料摘譯。

南海警備

附　廈門東本願寺傳教所燒燬事件

八七九

六月二十四日　廈門在職上野領事　發

青木外務大臣　收（電報）

日本兵將從台灣來廈傳言之報告

六月二十四日　上午十一時　發送

下午一時　抵達

81

青木外務大臣

在廈門　上野領事

清國人風傳不日三千日本兵將從台灣來廈，本官已將此事電告台灣總督。

八八零

六月二十四日　廈門在職上野領事　發

青木外務大臣　收（電報）

針對廈門防備領事會之決議及一般僑民切望我軍艦泊廈事宜六月二十四日　上午十一時　發送

下午二時三十分　抵達

青木外務大臣

在廈門　上野領事

六月二十三日舉行的領事會會議做出以下決議：

本地雖暫無橫生動亂之徵兆，但著手一朝事起之時保護外國人的防備之措施乃當今最為緊要之事。有鑒於此，為了建成必要設施，美國領事及本官被推選為委員。眼下廈門除了日本軍艦外再無他國軍艦。故外國領事及僑民皆前來委託本官為圖外國人安寧，請求帝國軍艦永久碇泊廈門港。

八八一

六月二十八日　廈門在職上野領事　發

青木外務大臣　收（電報）

廈門警戒情報

六月二十八日　下午八時　發送

下午十一時四十分　抵達

青木外務大臣

在廈門　上野領事

各國領事為保居於內地的傳教士安全，已下達返廈之訓令。在廈重要清國商人則勸告地方官廳為求保持秩序應及早組織團練。

八八二

六月三十日　廈門在職上野領事　發

青木外務大臣　收

廈門警備狀況報告

機密第二十一號

七月十六日　接收

北清事變的新聞、電報逐漸在支那人間傳開，尤其大沽伏擊戰、天津北京間交通癱瘓、在京的德國大使被殺云云謠言紛至沓來。當地流浪之徒欲煽起敵愾之心，或是藉機起事為外國人添亂。有鑒於此，二十日前後，僑居本港的英國商人等多生危懼之念紛紛向本國領事請求派遣軍艦，抑或抨擊本國領事態度冷淡。爾後二十三日，英國領事前來拜訪本官，將北清之種種情報悉數告知於本官，且云時至今日，

83

派遣英國軍艦泊廈已然無可能，既得日本軍艦停泊本港，廈門安定自不待言，乃有必要商談應對萬一事變之對策，如果首肯（商談），將請求首席領事（現為西班牙領事）開會共同商討協定對策。本官聽罷，當日即應其所言請求首席領事通知各國領事，且出於方便考慮定於當地俱樂部商定對策。英國領事首先陳述了開會理由，在座各領事均表意贊成。爾後，本官發言：預先商議對策之必要性毋庸置疑，此次事變非同於一地的土民暴舉，故須充分避免輕率舉動，並採取慎重態度。參照以往事例可知，如在此時露出狼狽之相，必定為土民看破底細，加速其發動騷亂之動機。為避免此種狀況，懇請各國領事共同商議縝密對策，且嚴守協議決定事項之機密。各國領事一致贊成之後，多數領事隨即表態希望本官同美國領事定為委員。我等二人應允，並與反覆商討後提議：觀今形勢，倘若他日一朝突變，而人人各自為戰，難保不會誤事且為租界帶去非常危害，及至那時恐人人有責。故無各國領事指示，切不可單獨行動。且萬一發生動亂，首先應讓婦女兒童逃至近岸方便之處避難，同時各國領事無分彼此儘量協調，相互照應。在座均無異議。查各國領事及普遍外國人之意向，眼下僅有二艘我帝國軍艦——和泉、築紫停泊廈門港，危急時刻，除依靠中國軍艦之外，別無他法，故向本官傳達倚重帝國之意願。以上情況，前日於電文中略有言及，近日特此詳細報告其始末。

敬上

明治三十三年六月三十日

在廈門

領事　上野專一（印）

外務大臣子爵　青木周藏　殿

八八三

七月十四日　廈門在職上野領事　發

貳 《日本外交文書》1900年廈門事件資料

青木外務大臣　收（電報）

清官對傳教士態度之情報

七月十四日　上午九時四十分　發送

下午三時十分　抵達

青木外務大臣

在廈門　上野領事

　　據西班牙領事密言，海關道稱，為保證仍居於內地的西班牙傳教士之安全，望其著清國服裝，即刻將之召回廈門。據此西班牙領事立刻書信一封送往傳教士處命其撤回廈門。依本官所見，眼下內地居民對外國傳教士所持態度不甚良好。

八八四

七月二十日　廈門在職上野領事　發

青木外務大臣　收（電報）

將築紫艦停泊於廈門租界附近的提議始末報告

機密第三十一號

七月三十日　接收

　　北清事變尚處朦朧之中未得聽聞真相，而正值洋人心懷不安憂慮之時，恰逢廈門與鼓浪嶼兩地頻繁有人張貼針對洋人之檄文，令人頗為苦惱。時至今日，常有此事原本在預料之中，但家族、財產皆在廈的西洋人風聲鶴唳，強烈要求揭去檄文，其萬狀驚恐可見一斑。爾後又逐漸將妻女送往香港等地避難。眼下已有不少洋人開

始做避難準備可查見其恐慌模樣。如前所述，現如今洋人之唯一依靠全在帝國軍艦。然和泉艦日前已赴澎湖島，只剩築紫艦將錨地置於鼓浪嶼北端，泊於稍稍偏離鼓浪嶼同廈門中間地帶之地。若有前兆性恐慌爆發，洋人定會因為艦艇停泊於鼓、廈兩地中流而倍感有所依靠。前日本地商業會議所長弗朗西斯・凱斯將該會議所決議傳達於本官，細說了上述意向並稱近日雖內心愁苦，但尚能高枕無憂，全拜帝國之力云云，足見其已將帝國軍艦置於何等強大可依的地位了。此外彼等還經由首席領事及英國領事等親自迎接本官並請求帝國軍艦停靠至租界附近，且承諾艦艇於本港中央拋錨而遭遇不便之時，不論商船方便與否，不論何位置，皆依照艦長喜好停靠，預先為商船所備之浮標皆可為該艦所用，悉聽尊便。本官聽罷，即刻告知築紫艦長該消息，即協議成立，（各國領事已表明）全憑我艦來意自行進駐，今日上午之內將軍艦泊於鼓、廈兩地要沖即海關與廈門「賓館」的中流地帶。聞此消息，一直沉鬱的洋人如釋重負，倍感安心。以上便為洋人如何倚重我帝國軍艦之始末，詳述於此，請予參考。

敬上

明治三十三年七月二十日

在廈門

領事　上野專一（印）

外務大臣子爵　青木周藏　殿

八八五

七月三十日　廈門在職上野領事　發

青木外務大臣　收

就台灣土民及英國屬民取消內地旅行一事同英國領事協議之報告　附書　七月

二十九日延道台所發照會抄本

　　機密第三十七號

　　八月九日　接收

　　拳匪騷亂以來，內地人心惶惶、謠言百出，昨日（二十九日）本地延道台發來照會（見附書）請求暫緩日本籍的台灣土民及英國屬民前往內地旅遊的護照發放。延道台就此事同英國領事協議之後，雙方決定暫停發放內地旅行護照。望您知曉此事。另後附照會中所記英國屬民及日本台民之人，帝國在內地的國民自不待言，各國國民亦在上月之內搬離內地，故時至今日，應再無深入內地之人。此外，由於台灣籍人民或是英國屬民即新加坡以及其他南洋一帶之國民其語言風俗難以與支那人相區分，萬一發生動亂，將給保護行動上帶來困難，故暫且推遲以上國籍國民的護照發放。詳陳前述事宜同時，另附照會文抄本於文末，特此報告。

　　　　　　　　　　　　　　　　　　　　　　　　　　　　　　　敬上

明治三十三年七月三十日

　　在廈門

　　領事　上野專一（印）

　　外務大臣　青木周藏　殿

　　（附書）

　　大清欽命布政使銜、本任延建邵道、調署分巡興泉永海防兵備道延為錄批照會事、案照本道分文詳報、英國屬民、暨日本台民等、遊歷請給護照案、內奉總督部堂許、批、已據詳會同分咨矣、現值北匪擾亂、人心惶惑、謠言甚多、嗣後前項護照、應俟大局定時、再行給發、以昭慎重、仰福建洋務局、移行知照、仍候將軍批

示檄等因、奉此、除分別照會外、合就照知、為此照會貴領事、請煩查照、是荷、須至照會者

右照會

大日本欽命駐劄廈門兼管汕頭辦理通商事務領事官上野

光緒二十六年七月初四日

（中國為七月二十九日）

八八六

八月二日　廈門在職上野領事　發

青木外務大臣　收

關於召還各地本國僑民及請求清官保護漳州、泉州二地大谷派分教堂、邦人經營栽棉實驗所一事始末之報告

附書一　上野領事書與漳州道台、泉州知府請求保護本願寺分教堂之委

託書抄本

附書二　六月二十八日上野領事書與同安縣知縣請求保護邦人經營栽棉

實驗所之委託書抄本

附書三　七月一日同安縣知縣答覆書抄本

附書四　泉州知府答覆書抄本

機密第三十八號

八月十日　接收

　　收得本官提醒之後，居於廈門附近內地之帝國僑民已暫時回廈，此事日前已有通報。然思其時以撤離或搬離等責任言辭用於實地恐失妥當，遂告誡本邦人單身返廈，地方官則借夏季休養之名撤離，待秋涼後再重返任地，建築器物原封不動放置即可，但漳泉兩地之大谷派本願寺分教堂處建築之外另有佛具，位居同安縣之栽棉試驗所（井上甚太郎計劃中之物）則有農具置於所租房屋中，乃思忖有必要向當地地方官求請求保護，遂分別向漳州道台、泉州知府、發去保護本願寺（附記甲號抄本）、向同安縣知縣發出保護栽棉試驗所（附記乙號抄本）之請求書。同安縣知縣回覆如丙號抄本，泉州知府則回覆如丁號抄本，二者皆承諾給以保護。其後據本地本願寺所報兩地之情報乃知，泉州暫無異常，漳州道台處雖暫無回覆，但據傳十分重視下官請求，已交遊擊首煥林（相傳此人住居於本地分教堂門前）充保護之任，此官受命後即刻於分教堂內樹立將旗，並派兵員五六人晝夜守衛。同安縣之情況雖無處得知，但既已從知縣得承諾保護之回覆，乃推測應無異常才是。具報如上，以奉參考。

　　　　　　　　　　　　　　　　　　　　　　　　　　　　敬上

明治三十三年八月二日

在廈門

領事　上野專一（印）

外務大臣子爵　青木周藏　殿

（附書一）

甲號抄本

逕啟者、頃所在貴治之大谷本願寺分教堂（龍山水谷）等抵廈述及渠等在貴治常川承荷照拂為得人教相孚、心殷感謝、本領事一盼之下、曷勝欽服、茲據渠稟、現屆伏天、氣候炎熱、人地未宜、擬暫留鷺門、俟近秋涼、再赴棠邑、所有教堂、佛型、器具一切、安置排列如原、業經俾一二貴國教徒、暫充留守、伏祈眷注照料、是為至盼、專此布請、並頌

升祺

名另具

漳州道台

泉州知府

宛各通

（欄外注記）

「龍山為漳州水谷為泉州」（附書二）

乙號抄本

逕啟者、頃井上君甚太郎、所委種棉農夫三名抵廈、述及渠在貴治、傳種棉花、多奏成效、其棉叢之暢發美茂、已高數尺、雖由膏腴之區、土性相宜、故浦人意乃爾、是亦貴縣洞察本原、知棉花大有益於土民、且和睦情敦、深喻本國傳種棉花、寔因邦交念切、無分畛域之美意、始終結寔照拂、遍諭黎元、俾遠邇鹹知、踴躍耕作、方能如此相孚、本領事無任欽服感激之至、為是現屆伏天、氣候炎熱、人地未宜、　知（擬？）且寄留鷺門、俟近秋涼、再赴棠邑、所有該農人租住房屋、一切耒耜諸器皿、暫寄在內、以免搬運往返之勞、請煩貴縣飭差照料、至棉業之蒼蔚、自必日見敷榮、伏乞貴縣深加保護、諭令眾作居民、務須以時汲灌盡力耕鋤、庶獲三倍西成、是固貴縣與本領事之所厚望也、專此鳴謝、並頌

升祺

名另具

六月二日（中國六月二十八日）

（附書三）

丙號抄本

徑復者、本年六月初四日（中國六月三十日）接準貴領事函開以井上甚太郎、暨農團三人、現擬暫住廈門、所有留存之耒耜、器皿、函請飭差照料等因、查種植棉花、原為地方要圖、勸諭利導、有司之責、乃蒙貴領事藻飾有加、何以克當、至如貴領事之不分畛域、與夫井上甚太郎之不辭勞瘁為本邑興與此利源、此情此義、誠是不可以言語形容、唯有中心藏之而已、除飭令地保、將所存耒耜器皿、妥為照料、並諭令種棉之家、務須如法灌溉、以期收成豐稔外、合先函覆鳴謝、並頌

升祉

名另具

初五日（中國七月一日）

（附書四）

丁號抄本

徑復者、昨接來函、以在敝治大谷本願寺分教堂水谷等、現留鷺門避暑、所有教堂‧佛型‧器具交敝國教徒看守、囑為照料等因、準此、經已飭縣照約、妥為保護、不致疏失、相應函覆貴領事查照、專復、順頌

升祺

鹿學良

八八七

八月十二日　山本海軍大臣　發

青木外務大臣　收

電訓高千穗艦長出航廈門之通報

附書　如上電訓抄本

海總機密第二百一十八號之四

已致高千穗艦長如附頁所示之電訓。特此通牒。

三十三年八月十二日

海軍大臣　山本權兵衛（印）

外務大臣子爵　青木周藏　殿

（附書）

電訓（密碼）

第二百零二號

　　高千穗艦乃為保清國境內帝國僑民安全而派遣於清國沿岸之艦，請即刻命此艦駛抵至廈門，繼承日前授與和泉艦長之訓令，且保證高千穗、和泉、築紫三艦中有一艦駐廈。

明治三十三年八月十二日　上午十一時五十分

　　　　　　　　　　　　　　　　　　　　　　　　　海軍省

佐世保

高千穗艦長

收

八八八

八月十三日　山本海軍大臣　發

青木外務大臣　收

電訓和泉艦長泊築紫艦於川石山之通報

附書　如上電訓抄本

海總機密第二百二十五號之二

已致和泉艦長如附頁所示之電訓。特此通牒。

明治三十三年八月十三日

海軍大臣　山本權兵衛（印）

外務大臣子爵　青木周藏　殿

（附書）

據報英國軍艦「利扎爾德」（音譯，Lizard）號將於八月十二日之前駛抵川石山

且以保護海底電線之名泊於該處。請貴官迅速派遣軍艦築紫號同借保護海底電線之名泊於該地，以應不時之變。

　　明治三十三年八月十三日　發電

　　海軍大臣

　　和泉艦長　收

　　八八九

　　八月十四日　山本海軍大臣　發

　　青木外務大臣　收

　　就兵員登陸廈門措施電訓和泉艦長之通知

　　附記　八月十四日青木外務大臣發與上野領事之電報

已電告泊於廈港之和泉艦長如該地遭逢必要之時，須同帝國駐廈領商議派遣若干兵員登陸廈門以保帝國僑民安全，切勿錯失良機。特此通知。

　　明治三十三年八月十四日

　　海軍大臣　山本權兵衛（印）

　　外務大臣子爵　青木周藏　殿

　　（附記）

　　八月十四日青木外務大臣發與上野領事之電報

貳 《日本外交文書》1900年廈門事件資料

就兵員登陸廈門措施電訓和泉艦長之通知

上野，

廈門。

帝國駐廈軍人之指揮官已獲令如有必要可令海軍登陸廈門以保帝國在廈利益。爾等則須全力配合行動。

青木

一九零零年八月十四日　發送

八九零

八月十四日　山本海軍大臣　發

青木外務大臣　收

電訓大島艦長與築紫艦輪換以加強廈門警備之通報

附書　八月十三日所發如上電訓之抄本

海總機密第二百二十六號之四

已致大島艦長如附頁所示之電訓。特此通牒。

明治三十三年八月十四日

海軍大臣　山本權兵衛（印）

外務大臣子爵　青木周藏　殿

（附書）

　　現解除大島艦韓國派遣任務，變更為巡航清國南部沿岸以保僑居清國之帝國臣民安全。該艦須經由上海駛抵閩江川石島，同築紫艦輪換泊於該島以應不時之變。同時務必轉告築紫艦重執舊任。

明治三十三年八月十三日

海軍大臣

大島艦長

八九一

八月十四日　杭州在職若松領事　發

青木外務大臣　收（電報）

為保護洋人英國軍艦已駛抵寧波之報告

八月十四日　上午十一時五十五分　發送

下午四時四十分　抵達

　　據可靠報告，浙江巡撫於八月十一日收到寧波海關道電報，電文大意為二艘英國軍艦已駛抵寧波，且為同地方官商議保護外國人一事，意欲派遣海軍軍官各一名登陸南部各通商港口。

八九二

八月十六日　廈門在職上野領事　發

青木外務大臣　收

請求清國官吏保護泉州府東本願寺始末之報告

附書一　上野領事八月六日發與廈門道台及同安縣知縣之東本願寺分教

堂保護請求書抄本

附書二　廈門道台八月七日所回答覆書抄本

附書三　同安縣知縣八月十五日所回抄本

機密第四十七號

八月三十日　接收

　　本月六日廈門大谷派東本願寺主任（住持？）發來申請書曰：對該派泉州府同安縣分教堂懷恨在心之二無賴漢陳仁、葉聯，召集其黨眾共計千人欲對該分教堂實施不軌陰謀，該分教堂為圖自保，乃不得已召集教徒防衛。孰料同月五日竟收到兩回急報，特請求同當地官廳交涉以在起事前鎮撫暴徒。本官當日暫且向廈門道台及同安縣知縣發去附頁甲號抄本所示請求鎮壓暴徒及保護教堂之照會，廈門道台於翌日七日、同安知縣於十五日分別發來如乙、丙抄本所示回覆，獲得二者承諾。查探後知悉，陳、葉二無賴漢乃是當地有名匪徒，擁有眾多黨眾，且陳本為該分教堂教徒，之後更成為教堂董事，然其後恃其黨徒眾多飛揚跋扈，該分教堂無奈將其逐出教門。此後二者之間頓生巨大鴻溝。昨年，此二無賴漢召集烏合之眾對該分教堂施與暴行，或拋石毀其房室、或注石油縱火門扉。當時本官屢次照會當地官廳予以嚴重處分，雖皆獲承諾，但實際該地方官乃懼於其黨徒眾多，遲遲未肯下手，故眾暴徒依舊肆意妄為。今次徵求該地方官（同安縣知縣）回覆之時，雖亦承諾予以彈壓，但無非玩弄「何敢聚集匪類復與為難」等言辭，與先前無異，繼續放任二無賴漢。總之，該分教堂已至大局破裂之時，能否保至拂曉亦為未可知。該分教堂雖名為分教堂，但終究為租借之房且為本地教徒看守而無一帝國本土之人。另，廈門兩

本願寺之分教堂與當地天主教堂無異，依舊未得多數人民之博愛、同情。且此幫匪類紛紛散布流言稱一旦時機出現必定燒燬全部教堂云云，而道台雖屢次發布保護外國人及教堂之告示，但實際仍未對兩分教堂施以任何保護。此次本官雖不斷提醒，但清國官吏言行不一之行為已無需懷疑，故而難以安心。望大人知曉上情。

如上具報

敬上

明治三十三年八月十六日

在廈門

領事　上野專一（印）

外務大臣子爵　青木周藏　殿

（附書一）

甲號抄本

緊要飛啟者、本國真宗本派本願寺同安東門外教堂、客年被匪首陳仁葉聯、或拋石毀房、或灌油燒門、當經疊次照會請煩貴道、轉飭貴縣保護彈壓在案、想應嚴拘陳葉二匪、到案究辦、詎料刻接該教堂飛稟、據稱陳葉等、現脫法網、盤踞祥路頂鄉地方、竊謀向教堂為難、危機已迫、不測旦夕等因、詳悉一切、查事是屬大患切請貴道、迅飭同安縣、貴縣火速派員一面保護、一面彈壓匪類、以防禍於事前、免釀巨案、為至盼、專此布請並頌

升祺

名另具

八月六日

（附書二）

乙號抄本

　　徑復者、頃接來函以匪首陳仁等、現脫法網、集匪千餘人、謀向教堂為難、請迅飭縣、保護彈壓等因、查該犯陳仁葉聯二名、前於憚前道任內、接準照會當經飭縣查拏未獲、如果現復糾匪謀向教堂為難、實屬藐視法紀，除飛飭同安縣會營彈壓、竭力保護並嚴拘究報外、合國函覆請即貴領事查照為荷、此復即頌台祺、惟照不一

延年　七月十三日（陽曆八月七日）

（附書三）

丙號抄本

　　徑復者、昨準貴領事函、開以同安東門外教堂、客年被匪首陳仁葉聯毀燒、當經照會保護彈壓在案、刻接教堂稟稱、陳葉等現盤踞祥路頂鄉地方、嘯集匪類千餘人、謀與教堂為難、囑即保護彈壓等因、準此、鄙縣查、該處教堂已於去年十一月十六日據貴國教務林達稟稱、該處教館、嫌其淺狹、現擇於本月二十四日、遷移東門內等情、業經鄙縣出示曉諭並屆期差派移營協同彈壓各在案、是教堂既已遷居城內、即在同安營參府署之後、陳仁等何敢聚集匪類、復與為難、茲準前因除飭差查明、妥為彈壓保護外、合先函覆貴領事查照、專此順頌

升祺

鐘國華（月日不詳）

注

本文已於上月十五日通知

八九三

八月二十四日　廈門在職上野領事　發

青木外務大臣　收（電報）

從英國領事處所獲廈門排日動向之情報

八月二十四日　下午五時十五分　發送

下午十二時五十分　抵達

青木外務大臣

在廈門　領事　上野領事

　　今朝英國領事來訪，告知本官廈門實存眾多排日黨眾，其首領更密送請願書於日前經過本港之俄國運輸船，祈求俄國協助該黨收復台灣。

八九四

八月二十四日　廈門在職上野領事　發

青木外務大臣　收（電報）

廈門東本願寺燒燬一事以及我軍登陸、僑民撤離準備之始末報告

附書　上野領事發與廈門道台書信抄本

因廈門形勢日趨動亂故而派兵登陸之通知

貳 《日本外交文書》1900年廈門事件資料

機密第四十九號

九月十六日　接收

　　今日凌晨零時半，地處廈門山仔頂街之大谷派本願寺遭暴匪縱火，廟宇一堂盡數化作灰燼。早前便耳聞此幫匪徒於漳州各地方飛揚跋扈，縱火教堂、殺戮教徒，實屬慘不忍睹。頃間竟突至廈門。亂黨之中，簡大獅殘部約占大半，動則狂呼收復台灣。昨晚深更本願寺終罹火災。觀目前形勢漸趨動亂，與高千穗、和泉兩艦長商議後乃決定為保僑民安全，於上午四時派遣水兵一小隊（和泉艦）進駐至領事館，爾後更派遣部分偵察隊入廈門。如附頁所附抄本所示，本官於照會廈門道台遣兵一事的同時，又為僑居本地的各國領事發去通牒。且通告一般僑民（含台灣籍民）當前形勢不穩，危急之時可即刻前來本國領事館避難，而帝國本土臣民則須撤至鼓浪嶼。鑒於眼下已有人開始陸續撤離，乃推測於明日前除二三人外其餘可悉數撤離。

　　暫且具報如上。

　　　　　　　　　　　　　　　　　　　　　　　　　　　　　敬上

明治三十三年八月二十四日

在廈門

領事　上野專一（印）

外務大臣子爵　青木周藏　殿

（附書）

　　大日本欽命駐廈門兼管沙（汕）頭辦理通商事務領事官上野照復事、昨接貴道照會、內開縱兵到岸、萬一民間鼓惑、激成事端、本道勢實力難保護、迅即撤兵回船、以免有誤大局等因前來、準此、本領事查廈門形勢日趨不穩、帝國臣民正瀕危

殆叵測、本領事即飭派水兵、自行保護、撤兵回船之事、當俟時局稍定照辦、相應照復貴道查照可也、須至照復者

右照會

大清國欽命布政使銜、本任福建延建邵道、調署分巡興泉永海防兵備道延

明治三十三年八月二十六日（原文如此）

八九五

八月二十四日　武井高千穗艦長・廈門在職上野領事　發

山本海軍大臣・青木外務大臣　收（電報）

因暴徒縱火燒燬東本願寺布教所而派遣陸戰隊一小隊之報告八月二十四日　上午八時十分　於廈門發送

下午六時二十分　抵達海軍省

外務大臣

海軍大臣　上野領事

收　武井高千穗艦長

廈門之東本願寺會堂於今日凌晨零時三十分為暴徒所燒燬。當地附近本已海賊出沒，又加之漳州府地方暴徒蜂起。清國已派遣官兵予以鎮壓，可知當今形勢依然不穩，為保護帝國僑民遂從和泉艦派遣陸戰隊一小隊進駐領事館。煩請轉此電於外務大臣。

八九六

貳　《日本外交文書》1900年廈門事件資料

八月二十五日　武井高千穗艦長‧廈門在職上野領事　發

山本海軍大臣‧青木外務大臣　收（電報）

廈門東本願寺布教所燒燬後人心不穩故增派陸戰隊一小隊之報告

八月二十五日　下午七時三十分　於廈門發送

八月二十六日　下午十時　抵達

海軍大臣

高千穗艦長

外務大臣

上野領事

　　東本願寺燒燬以來，人心動搖，大有形勢日益不穩之兆。恐危及僑居廈門帝國人民之生命財產安全。私以為保護僑民勢在必行，故本日又於高千穗艦增派陸戰隊一小隊登陸廈門市街。高千穗艦泊於鼓浪嶼（我帝國領事館所在地，與廈門隔岸相對之小島）之西北側外港，和泉艦則已入內港。煩請轉此電於外務大臣

。

八九七

八月二十七日　高千穗艦長　發

山本海軍大臣　收（電報）

為保廈門、東亞書院之安全特從高千穗艦派遣委員之報告

八月二十六日　下午七時十分　於廈門發送

八月二十七日　上午十時十五分　抵達

海軍大臣

高千穗艦長

聽聞為確保我領事館監督下之東亞書院安全，將派遣支那兵進駐於內。遂在此之前，派遣我軍二小隊先行入內駐守。煩請轉此電於外務大臣。

八九八

八月二十七日　駐俄國小村公使　發

青木外務大臣　收（電報）

詢我帝國水兵登陸廈門之說之真偽

彼得堡，1900-8-27　下午11：55

接收，1900-8-25　下午6：50

青木，

東京.

第127號.傳聞帝國海軍業已登陸廈門以保護當地僑民免於暴徒侵害。

請立即回電告知該傳聞是否屬實。

小村

八九九

八月二十八日　上海在職小田切總領事代理　發

青木外務大臣　收（電報）

詢我帝國水兵登陸廈門傳言之真偽

八月二十八日　下午五時四十八分　發送

下午十一時五十五分　抵達

青木外務大臣

在上海　小田切領事

第二百一十七號

　當地諸報皆在報導約三百名帝國海軍將攜大砲兩門登陸廈門，公眾紛紛關注此事。以上傳言不知是否屬實。如若屬實，則事出何因以致遣兵登陸，煩請來電告知。

九零零

八月二十八日　山本海軍大臣　發

青木外務大臣　收

因廈門形勢不穩故派軍艦來航訓令之通報

附書一　常備艦隊司令官所收電訓之抄本

105

附書二　大島艦長所收電訓之抄本

附書三　築紫艦長所收電訓之抄本

海總機密第二百五十號

八月二十八日　接收

業已向常備艦隊司令官及大島、築紫兩艦長分別發去電訓。內容如附頁所示。特此通報。

明治三十三年八月二十八日

海軍大臣　山本權兵衛（印）

外務大臣子爵　青木周藏　殿

（附書一）

電訓

鑒於廈門方面形勢不穩，火速於高雄派遣至廈門。屆時須聽高千穗艦長之指揮以擔保護僑居該地之帝國臣民之重任。

三十三年八月二十八日　上午十時四十五分

　　　　　　　　　　　　　　　　　　　　　　　　　　　海軍大臣

遠藤常備艦隊司令官　收

（附書二）

請火速派遣貴艦至川石島（シャープピーキ），已命築紫艦駛抵廈門。

三十三年八月二十八日

　　　　　　　　　　　　　　　　　　　　　　　　　　　海軍大臣

大島艦長　收

（附書三）

貴艦已無需等待輪換，請火速駛抵廈門。

三十三年八月二十八日

　　　　　　　　　　　　　　　　　　　　　　　　　　　海軍大臣

築紫艦長

收

九零一

八月二十八日　山本海軍大臣・青木外務大臣　發

武井高千穗艦長・廈門在職

上野領事　收（電報）

我登陸海軍作為領事館護衛兵入駐之訓令

八月二十八日　發送

在廈門領事

青木外務大臣

高千穗艦長

海軍大臣

請貴官立即撤離守衛東亞會堂之海軍，將之作為領事館護衛兵駐紮該館。

九零二

八月二十八日　青木外務大臣　發

廈門在職上野領事　收（電報）

詢英德美領事抗議帝國海軍登陸廈門一說之真偽及其理由

八月二十八日　發送

在廈門　上野領事

青木外務大臣

無號

雖聽聞英德美三國領事抗議我帝國海軍登陸廈門之說，但至今未獲貴官通告。煩請電告其抗議理由及實際情況。

九零三

八月二十八日　廈門在職上野領事　發

青木外務大臣　收（電報）

拒絕英美德領事望帝國海軍撤離廈門請求之始末報告

八月二十八日　下午九時四十五分　發送

八月二十九日　上午二時五十分　抵達

青木外務大臣

在廈門　上野領事

英美德三國領事言於本官稱海關道聲明已做好萬全保護之準備，絕無猶豫躊躇，而帝國海軍及大砲之登陸將橫生危及廈門僑民之生命財產等最為危險之後果，欲以此為藉口妄圖請求我帝國撤兵。然依本官所見，帝國海軍登陸後騷亂狀態並未見停息之勢，且漳州暴亂以來，清人中多有涉及台灣之危險排日運動，故斷然拒絕以上三國領事之提議。至於此事原委且容後再報。

九零四

八月二十八日　青木外務大臣　發

駐英國林公使及駐

法德美各本國公使　收（電報）

帝國海軍登陸廈門之理由通報於各出使國政府之訓令

八月二十八日　發送

在英　林全權公使

　　　　　　　　　　　　　　　　　　　　　　　　　　大　臣

第二十九號

因廈門及其附近區域近鄰台灣,屢屢成為醞釀對台不軌陰謀之根據地,帝國多為其所憂。且近來該地爆發排外之暴舉(日本寺院燒燬一事無須諱言),帝國政府為保領事館及眾僑民之安全,乃派少數海軍登陸廈門。煩請貴官將此事實通報於所駐國政府並代為轉告駐於法德美各國之本國公使。

九零五

八月二十八日　青木外務大臣　發

上海在職小田切總領事代理　收(電報)

將帝國海軍登陸廈門之理由通報於上海英德美領事及西摩爾中將之訓令

八月二十八日　發

在上海　小田切領事

　　　　　　　　　　　　　　　　　　　　　　　　大　臣

近日廈門及其附近發生排外暴舉,本國寺院慘遭燒燬,帝國政府以為為保領事館及僑民安全乃有必要派遣少數兵員登陸,僅此而已,不想英德美三國領事竟對此舉措存有異議,故懇請貴官即刻將上情通報於在滬三國領事及西摩爾中將

。

九零六

八月二十八日　福州在職豐島領事　發

青木外務大臣　收(電報)

稟申帝國海軍登陸廈門得失並請示福州警備措施

八月二十八日　下午七時五十五分　發送

八月二十九日　上午二時十分　抵達

青木外務大臣

在福州　豐島領事

第一十八號

帝國政府於廈門之政策事關重大，且看眼下廈門多生恐慌，恐致成騷亂。本官雖與當地（福州）地方官共同致力維護秩序安定，但萬一事起之時不知採取何種措施，故需仰聞貴訓，特此發電來詢，靜待回覆。

九零七

八月二十九日　青木外務大臣　發

福州在職豐島領事　收（電報）

將帝國海軍登陸廈門之理由細說於任地清國官憲之訓令

八月二十九日　發送

在福州　豐島領事

大　臣

無號

關於第一十八號貴電,乃需貴官轉告於福州各地方官:帝國海軍登陸廈門之舉乃是因為近日廈門興起排外暴舉且日本寺院慘遭縱火燒燬,念及當前形勢如此不穩,故而須遣兵保護領事館及外國僑民之安全,別無他意。

九零八

八月二十九日　廈門在職上野領事　發

青木外務大臣　收(電報)

要求已登陸廈門我海軍撤離之內情及駐屯兵員必要性之報告

八月二十九日　上午十一時四十五分　發送

下午九時　抵達

青木外務大臣

在廈門　上野領事

無號

關於八月二十八日所發貴電,本官懷疑(針對帝國登陸廈門之)抗議乃起因於美國領事及少數海關官員之排日運動,彼等欲橫加干涉我帝國行動。有鑒於此,望閣下能知悉其中真相。本官以為實有必要於東亞會堂駐屯我護衛兵,而遣海軍防護之最為緊要。且我帝國有商人八九百名居廈,能否給予保護乃為關係帝國威信之大事。台灣總督有念於此乃認為對其施與保護對於統治台灣最為緊要,故屢次提出保護之請求,加之廈門為多數台灣逃匿暴徒藏身之地,恐有匪徒乘此事變發起暴亂且為害台灣良民,故當前最為緊要之事當屬保護台灣良民。然保護重任僅靠於領事館駐屯海軍遠遠不夠,遂以東亞會堂為中心向廈門分派海軍。對於不從廈門撤兵一事還望得閣下準允且順告美國領事抗議我帝國登陸廈門一事純屬虛偽之舉。

九零九

八月二十九日　廈門在職上野領事　發

青木外務大臣　收（電報）

希望帝國已登陸廈門海軍撤離請求之真相續報

八月二十九日　下午一時五十分　發送

下午十一時二十五分　抵達

青木外務大臣

在廈門　上野領事

無號

已查明英美兩國領事所提抗議實乃少數英人發起，彼等英人首先請求於英國領事，但英國領事逡巡躊躇，不置可否，遂轉向美國領事。

九一零

八月二十九日　上海在職小田切總領事代理　發

青木外務大臣　收（電報）

與英美德領事及盛宣懷細說我帝國海軍登陸廈門理由之始末報告八月二十九日　下午七時　發送

八月三十日　上午一時　抵達

青木外務大臣

在上海　小田切領事

第二百二十號

已將貴電意旨轉告於駐上海英美德三國總領事，且已請求英德兩國總領事通牒於眼下泊於廈港之本國海軍指揮官。南部諸總督皆驚愕於帝國之舉，紛紛發電駐清日本公使欲請求與帝國政府交涉。本官已面見盛宣懷及海關道言明帝國海軍登陸廈門目的僅為保護當地外國僑民，別無他意，且警告彼等如若福建清國官吏做出不當之舉，恐招致不幸後果。上海《MERCURY》報雖為美國機構，但數日以來其社說一欄反覆評論日本在廈舉措。

九一一

八月二十九日　青木外務大臣　發

駐俄國小村公使　收（電報）

我帝國海軍登陸廈門理由之通知

小村，

彼得堡.

第109號。回第127號貴電，日本帝國海軍登陸廈門一事屬實。此舉皆因眼下排外暴舉盛行且日本寺院為暴徒縱火燒燬等不穩形勢所致。帝國之目的在於保護領事館及外國僑民。

青木

一九零零年八月二十九日

九一二

八月二十九日　清國公使　發

青木外務大臣　收

閩浙總督請求推遲帝國兵員登陸廈門之來電遞送

閩浙制台許

兩江制台劉

李　傅　相　來電

湖廣制台張

福州將軍善

　　聞廈門有日兵登岸、未知何故、此次各國聯兵入都、承日政府先有保護兩宮之言、中國臣民實戴日皇厚誼、今日兵忽在廈門上岸、或因上年立界舊釁、欲以兵威壓服土人、但界已議定立約、自無異說、或武將邀功致有此舉、惟力保東南和平、似未可稍見兵端、致啟各國覬覦、請切商日政府、暫令止兵、和平商辦、仍希速復、鴻‧坤‧洞、癸、善聯、支、八月四日（中國八月二十八日）

（欄外註釋）

「八月二十九日晚李公使親手遞交」

「同月三十日李公使來訪，就此事與外務大臣面談」

九一三

八月二十九日　英國代理公使　發

青木外務大臣　收

詢問我帝國海軍登陸廈門之理由

（譯文）

普通照會

　　　　　　　　　　　　　　　　　　　一九零零年八月二十九日

　　　　　　　　　　　　　　　　　　　　　　　　　　於東京

　　在廈英國領事報告稱，日本軍艦派遣武裝兵員攜大砲登陸廈門港，而該港道台此前曾承諾保護外國僑民生命財產安全、無人對日本僑民做出任何不當舉動之跡象，縱火云云之報導顯然缺乏事實根據。且於附記中云日軍登陸一事引起土民激憤，恐危及歐洲人。至今行事無可指摘之道台亦聲言時至今日已不知如何保護外國僑民是好。

　　聞此報告，「索爾茲伯裡」侯爵隨即下達訓令於英國代理公使，命令其友好詢問日本帝國政府在廈行動之性質及其旨趣。

九一四

八月二十九日　青木外務大臣　發

英國代理公使　收

我帝國海軍登陸廈門理由及從廈撤兵準備之回覆

普通照會

日本國皇帝陛下之外務大臣業已接收大不列顛國皇帝陛下代理公使於千九百年八月二十九日所發之普通照會。據傳「懷特海德」氏受「索爾茲伯裡」侯爵之命就近日日本帝國海軍登陸廈門理由及其旨趣向日本國皇帝陛下之政府提出友好質疑。日本帝國外務大臣念及廈門興起排外暴舉，更有日本寺院遭縱火燒燬等事實，故而派遣兵員若干登陸廈門，此舉目的乃是保護領事館及外國僑民，絕無他意。

　　另，青木子爵欲於此附言：而後帝國政府於廈門來電獲悉清國官吏已向日本國領事保證將充分保護外國僑民之生命財產安全，遂下令撤走本為保護廈港支那街上日本國營建築設施之海軍。且該港恢復安寧秩序之時，帝國政府將撤走剩餘海軍。

　　明治三十三年八月二十九日

於外務省

九一五

八月二十九日　青木外務大臣　發

駐英國林公使　收（電報）

駐法德美各本國公使

通知出使國已登陸廈門帝國海軍撤軍意向之訓令

八月二十九日　發送

在英　林全權公使

大　臣

第三十一號

關於本大臣第二十九號電報，鑒於已接自廈發來之電文——其後清國地方官已向在廈本國領事館承諾充分保護外國僑民生命財產安全，遂下令撤走為保護在廈日本國建築設施而分遣之海軍。且待該港恢復安寧秩序之時，將撤走餘下海軍。煩請貴官將此消息通報於所駐國政府且一併轉電駐於法德美各國之本邦公使。

九一六

八月二十九日　青木外務大臣　發

上海在職小田切總領事代理、

福州在職豐島領事　收（電報）

遣廈帝國海軍撤軍意向之通知

小田切，

上海。

豐島，

福州。

關於本大臣所發電報八月

二十八日

二十九日

，帝國政府業已接收。（與林公使去電31號同文）

　　　　　　　　　　　　　　　　　　　　　　青木

一九零零年八月二十九日

九一七

八月二十九日　後藤台灣民政長官　發

桂陸軍大臣・青木外務大臣　收（電報）

稟申延遲帝國海軍登陸廈門之危情

八月二十九日　下午三時四十五分　發送

八月三十日　上午八時四十五分　抵達

致桂陸相

　　小官昨朝來廈，乃見艦長領事等已準備周全，但不幸（美國領事等）企圖干涉，歪曲事實，其策略業已動搖中央政府，使我帝國錯失良機。今後恐再無此等良機。加之青木、山本兩位大臣發來訓令曰（撤兵）將危及在廈台灣人民之安全，故不堪沉默，欲發下文所示電報於外務大臣以告其下官親眼目睹之實況。煩請大人予以翻譯轉達。為圖貫徹愚見，還需大人相助。

　　此乃台灣之大事，帝國之大事，而中央情況如何深感疑惑，特乞密電告知。

後藤新平

　　青木外務大臣：乘清國暴民之舉，台灣土匪紛紛隱遁廈門，恐其附近暴徒將密謀加害僑居廈門之八百餘台灣人，故台灣人多向總督請求保護，小官昨朝來廈，乃觀領事艦長決心漸堅，不久即可坐觀其效，豈料事前安插於洋人間的一偵探來報稱美國領事等意欲破壞帝國計劃，以討清人歡心。不久該消息便成事實，即政府下達東亞書院陸戰隊撤退之訓令。如此一來台灣人恐將失去帝國之保護。東亞書院本為保護台灣居留民樞要之地，有鑒於此提督遂於此設下駐軍。然恐新招募之清兵不守

紀律，橫添事端，故駐屯陸戰隊，此舉全無不當之處。孰料（美國領事等）歪曲事實且訴之於中央，致使中央下達撤兵之訓令。下官深感疑惑，一洋人竟能如此猖狂，應是此地實況未達中央所致。下官欲透過領事陳情以期大臣重新考慮此事。此舉非但為讓台灣新版圖之人民服從帝國統治，且於帝國外交之上亦有必要查清事實，遂決定另發電文以期中央明察實情，識破洋人奸計，收回東亞書院陸戰隊之撤軍計劃。上情皆為下官據實所言，切望如上。

後藤

九一八

八月三十日　山本海軍大臣青木外務大臣　發

武井高千穗艦長　收（電報）

廈門在職上野領事

已登陸廈門之帝國海軍火速撤軍之訓令

（電文文案）

領事

收

外務大臣（花押）

艦長

海軍大臣（花押）

八月二十九日後藤發於外務大臣之電報業已接收。但後藤所提請求難以準允，

請將此轉告之。為保護東亞書院而派遣登陸廈門之陸戰隊尚未撤離,請於收到本電文後立即撤兵。

(欄外朱記)

三三、八月三十日於總理大臣官邸確認(內田康哉印)

九一九

八月三十日　青木外務大臣　發

廈門在職上野領事　收(電報)

再命已登陸廈門之帝國海軍駐屯領事館之實施事宜上野,

廈門.

相信貴官定能理解本官於八月二十九日所發電報絕不影響本官同陸軍大臣於八月二十八日所發電報立即付諸實施。

青木

一九零零年八月三十日

九二零

八月三十日　廈門在職上野領事　發

青木外務大臣　收(電報)

關於外國軍艦廈門警備之情報

八月三十日　上午九時三十分　發送

下午三時　抵達

青木外務大臣

在廈門　上野領事

英國軍艦「愛西斯」於八月二十九日自香港駛抵廈門。海關道前來拜訪且談及英國領事已通報如遇必要場合將派遣護衛海軍若干人登陸廈門英居留地，而德美兩國軍艦不日亦將抵港。另，為數不少之暴徒已自內地集聚於廈門

。

九二一

八月三十日　廈門在職芳澤領事代理　發

青木外務大臣　收（電報）

關於英國海軍登陸廈門英居留地之情報

八月三十日　下午七時五分　發送

八月三十一日　上午二時三十五分　抵達

青木外務大臣

在廈門　芳澤領事代理

八月三十日下午三時在港英國軍艦「愛西斯」派出海軍約60名攜大砲一門登陸廈門英居留地。

九二二

八月三十日　上海在職小田切總領事代理　發

青木外務大臣　收（電報）

詢問自台灣遣兵廈門之說是否屬實

八月三十日　下午二時六分　發送

上午五時十五分　抵達

青木外務大臣

在上海　小田切領事

第二百二十三號

據報帝國已從台灣派遣兵員一千三百人至廈門。此言不知是否屬實，如若屬實，則事出何因才致此舉，煩請來電告知。

九二三

八月三十日　上海在職小田切總領事代理　發

青木外務大臣　收（電報）

已將帝國海軍登陸廈門理由及撤兵意向通牒至英德美領事之報告八月三十日下午六時五十四分　發送

下午十時三十分　抵達

青木外務大臣

在上海　小田切領事

第二百二十五號

接得貴官八月二十九日所發關於廈門騷亂之第二電案,而後將電文通牒至英德美三國領事。而美國領事已將本官所通牒之第一貴電移牒至美國政府及駐廈美領事。

九二四

八月三十日　福州在職豐島領事　發

青木外務大臣　收（電報）

向清國官憲說明帝國海軍登陸廈門理由之始末及福州道台為調停此事所做出差準備之報告

八月三十日　下午四時五分　發送

下午十一時三十五分　抵達

青木外務大臣

在福州　豐島領事

第十九號

關於本官所發第十八號電報,本官曾於八月二十八日私下面會本地清國官吏且細說帝國海軍登陸廈門之理由,且該官請求本官通報帝國駐廈領事閩浙總督認同帝國海軍登陸廈門之必要,對滯留該港亦無異議,且業已電訓廈門兵備道為不致恐慌

應於當地發布諭告。

陳道台於八月三十日拜訪本官曝閩浙總督昨日收到在滬盛宣懷應派遣（福州）道台至廈門調停此事之電訓。道台受命不日將啟程出發。

九二五

八月三十日　駐德國井上公使　發

青木外務大臣　收（電報）

德國報紙對帝國海軍登陸廈門一事所持論調之報告

八月三十日　下午五時五分　發送

八月三十一日　下午四時十分　抵達

青木外務大臣

駐德　井上全權公使

第一百一十五號

八月二十九日發行《本地萬象》（Lokal-Anzeiger）報紙就廈門問題所刊載之評論

日本國在廈突然開始單獨之舉動對相關列國猶如晴天霹靂。其乃欲效仿俄國於牛莊所為，於清國中部建立一足以牽制支那海至黃海間海峽之根據地。本國於外交上對於日國之此般舉動注目已久。想來日本國乃是因為本國寺院為暴徒縱火燒燬釀成一時騷亂，且顧及可能危及外國僑民才決意遣兵登陸廈門。直至今日亦未見根據證明日國心懷永遠霸占廈門之意志。只是，如若日國長期定於該地，則本國乃至擁有更大利害關係之其餘諸國必定首先反對之。對此危險問題，德國應不好占主導者

之地位。

九二六

八月三十日　駐法國栗野全權公使　發

青木外務大臣　收（電報）

與法外相詳說我軍登廈之緣由及法外相對時局所見談話之報告

八月三十日　發送

九月三日　上午三時五十五分　抵達

青木外務大臣

　　　　　　　　　　　　　　　　　　駐法國　栗野全權公使

第六十三號

　　對我軍登陸廈門一事，法國外相質疑帝國此行動之性質及目的，有鑒於此，下官乃解釋道：遣兵行動僅為保護我帝國領事館及臣民免於危難而所採取之暫時措施。另，承接貴官第三十七號電報，為探知法外相之意見，乃談及清國問題且問曰：時至今日，聯軍之直接目的業已達成，歐洲列國間是否已就此般事件最終協定之將來行動方針達成了某種協議？法外相答曰：各國間無任何協議，且今後所行之事實在簡明，僅是賠償或安全保障而已，只是此次事件責任非在清國政府，故無理由令其（賠款或保障安全）；法國將始終堅持保全清國之政策，對於此點列國至今無一提出異議，美國亦同法國持同一意見，英國雖態度不明，但恐將不會違背同一方針，至於俄國則向來持堅定態度，保全清國一事之上與法國保持一致步調，且常與其他列國共同行動，提出切合清國國力之要求。本官乃告於該外相法國公布之政策日本甚為滿意，且試云近來其對德所持未來之態度似多懷疑慮。法外相聽罷稍顯

躊躇之後乃云對本問題,依法德兩國間內密關係(一語不清)乃無權懷疑德國心懷不軌陰謀,且德國若不與列國協同一致而自我孤立單獨行動必將遭遇相當困難。本官乃提示道:德國深知如此之舉定會舉步維艱,故而是否會勸誘俄國執統一政策亦未可知。豈料該相乃斷言俄國向來頑固,當不會因外界之誘惑而變更其和平政策。由其談話之語氣可知,法外相對德國多少似持憂慮態度,而對俄國則堅信不疑。

如若俄德兩國單獨行動,則法國將陷於極端困難之境地。乃因為法國欲實施其歐洲政策,眼下乃不能同俄國決裂,且於遠東方面若俄德兩國結定親密關係,則必為法國帶去不利。若事至此態,則法國必定努力勸誘俄國。想來,割地對法國絕非有利,乃因為法國曾宣不論何國,如有違反共同行動方針之傾向,則必定挺身專心調停。詳情還請參照本官第二十九號(第三百七十一號文件)及第三十二號(第三百九十八號文件)電報。

註:八月二十五日青木外務大臣之電報(第一千零二十四號文件)

九二七

八月三十一日　廈門在職芳澤領事代理　發

青木外務大臣　收(電報)

帝國登陸廈門海軍已撤至領事館之報告

八月三十一日　上午十時五十分　發送

下午四時四十分　抵達

青木外務大臣

廈門在職芳澤領事代理

派遣至東亞書院帝國海軍之中,十名業已遵照貴官八月二十八日及八月三十日

之電訓撤至領事館，其餘則於八月三十日夜悉數撤回軍艦。

九二八

八月三十一日　廈門在職芳澤領事代理　發

青木外務大臣　收（電報）

對廈門東本願寺燒燬一事，英領事提議海關道對日道歉之請訓

八月三十一日　下午十時三十分　發送

九月一日　上午七時三十分　抵達

青木外務大臣

廈門在職芳澤領事代理

英國「愛西斯」艦長拜訪高千穗艦之時乃提議由日英兩國艦長及領事邀海關道至日本領事館或英國領事館問其是否真有鎮壓暴徒之意及鎮壓之力，且應讓清國就東本願寺燒燬一事對帝國致歉。該提議雖有海關道為發起之嫌疑，但依鄙人愚見，若在廈不能單獨行動，則以藉此良機與各國協同一致為上策。本官業已經由高千穗艦長告知英艦長九月一日日落之前必定答覆是否接受此提議。

九二九

八月三十一日　上海在職小田切總領事代理　發

青木外務大臣　收（電報）

轉達劉、張兩總督對帝國出兵廈門舉措之謝意

一九零零年　八月三十一日　下午二時二十一分　發送

下午六時四十分　抵達

青木，

東京.

第二百二十六號

劉坤一、張之洞致電請求本官轉達對帝國政府處理廈門暴亂中所取友好舉措及護送其子孫至上海之謝意。

小田切

九三零

八月三十一日　上海在職小田切總領事代理　發

青木外務大臣　收（電報）

北清日報對日英兩國出兵廈門舉措所載報導之報告

八月三十一日　下午二時五十八分　發送

下午七時二十分　抵達

青木外務大臣

廈門在職芳澤領事代理

第二百二十七號

登載於本日發行北清日報號外之某廈門所發電報稱：原住民惶恐不堪，陸續有人離廈，眼下人口已走大半，市街已形同空虛，商業停滯，盜賊橫行。此種情況全因日本不當舉措所釀成。且抵廈英國軍艦得清國官吏許可已然登陸廈門。英國此舉或能恢復土民信任，而日本之舉動則始終未得理解。

九三一

八月三十一日　福州在職豐島領事　發

青木外務大臣　收

稟申對我軍登陸廈門問題之愚見

附書　八月二十八日駐福州之陸海軍軍官及豐島領事等發與大山參謀總長及青木外務大臣之意見申告書

附註　青木外務大臣發與豐島領事之第十一號密電

外機第二十八號

九月十三日　接收

八月二十七日，在廈高千穗艦長發來如下電報：

已決定以下協議：

一、眼下尚不能確認清國添加兵備於炮台，然從其遣軍艦二艘入港、一般增兵之模樣、清國士官要求保護帝國居留民之部分陸戰隊撤去等諸事實可查其敵對意思。

二、為應對上述危險局勢，單憑而今陸戰隊恐難以成保護之實，故而通知各地方官及各國領事將從台灣遣兵至廈以保護我帝國居留民。

三、請求台灣總督於陸軍整備完畢後即刻命其出發。

四、依據第一項事實,是撤去炮台兵備抑或交付炮台已要求(清國)在我方所定時間內予以答覆。如若不然,將視之為無視我方要求,屆時我方將以武力強制占領炮台。

五、占領炮台方法日後再探。

承接以上電報之時,頓覺驚愕於廈門一帶局勢變化之突然。誠然先前已從廈門領事及高千穗艦長所發電報獲悉因東本願寺遭燒燬,帝國出於保護居留民之慮已派遣海軍登陸廈門,然不曾想情勢劇變居然已至此種地步,故即刻擬電文向廈門領事詢前述之五條件是否僅為領事及艦長間之決議還是收到訓令業已開始實施,至今未得回覆。又從當日從廈歸來之駐福州佐野海軍大尉處得知此事全為政府之命令。想來帝國於廈所施方針即為於福建所施方針,故而廈門一旦起事必然波及福州,關於此點想必已不需本官贅言。然今次發生如此大事,本官卻未曾接得任何訓令,實屬不可思議,而帝國政府如若能斷然採取措施,則當前駐福州之本官將需如何行動為宜,不勝疑惑,特發附書第一號抄本所示電報(第九百零六號文件)請訓。同時,經與駐本地之帝國海軍軍官協議之後乃商定不論廈門所發何事將盡力保福州免於波及,本官深感此舉之必要,遂又以個人之名義探訪當地洋務局局長及次長並告知其帝國政府遣兵登廈絕無他意,僅為保護居留民生命財產之安全,豈料該地地方官無故要求海軍立即撤離,事態頓成難解之勢。言罷,洋務局二人皆稱此事目前別無他法,帝國海軍若覺有必要登廈則可一直駐於當地以期順利了結此事,而後更詢問於本官善後措施該採取何種舉措為宜。

然而,本地美國領事稱接得該國駐廈領事之私信特前來拜訪且曰廈門事件全無土匪襲擊之跡象,本願寺失火之時,乃目擊清人日人協同滅火、關係親密,如此這般卻依舊命日本海軍登陸廈門實屬不可思議之舉,又云駐本地法國領事亦接得該國駐上海總領事之電報稱須確認此事真相且於夜半拜訪美國領事。俄國領事來館訪問之時僅委婉聲稱須互相協助保地方安寧。因他事前往拜訪英國領事之時,該國領事乃云日軍登陸廈門當屬失策,對此本官答曰:廈門一地素有排日之風且當地清國官

民間盛傳廈門本願寺失火之兩三日前，日本僧人已將器具悉數移至他處且不說，失火原因亦有證可循其可疑之處。

　　但反觀本地地方官今時意向乃察覺其對照眼下帝國處理北清事變之威武與好意，深感若欲保全清國，除依靠敵國外別無他法，這點可從其一味依賴日英美之言行中查證。如今帝國政策要求占領廈門一角實有必要，且同地方官商議之後乃思和平租借並非難事。只是，若以上述無法確證之事為口實且未察列國之意向即胡亂施以炮火占領之計策只能引來清國反感，更引來列國猜疑，今後對福建之方略且不談，此舉將對東洋大政略橫生何種妨害實屬難計。鑒於此事嚴重，下官隨即與駐本地帝國軍官闡述愚見，爾後擬出如附件第二號抄本所示之四人聯名書陳之於閣下及參謀總長海軍大臣。

　　之後，又接得第三號（第九百零六號文件）及第四號（第九百一十六號文件）抄本所示之貴電才知此事並非帝國政府之主張，遂又詳盡告知本月三十日來訪之洋務局局長陳同書曰帝國政府絕無其他歹意，其聽罷後亦現出頗為喜悅之意。另，本國駐上海總領事代理在同江南總督商談之時乃獲悉為維持南清地方穩定，在滬盛宣懷特電訓本地許總督令其派出委員前往廈門順利了結此事。陳氏被命為委員後即刻召回泊於廈門之砲艦元凱號，航抵本地後隨即乘該艦駛往廈門，詳見附頁第五號抄本所示之電文。如歷來屢屢通報可知，陳同書乃是時常阻撓帝國利益之人，今次北上之後於局勢有何感想，其在當日的談話中如此說道：行政警察方面清國恐須遵照日本所定之方針以尋求日本帝國人民之助力，且以朝鮮作為日清俄間之獨立國加以保護最終不得已同清國開展之舉時至今日看來乃佩服日本帝國見識之深遠，同時亦足以看清清國政府愈加頑迷之態；觀今清國頹勢，已無法匹敵日本，若欲同日本一道維持地方穩固，則需採取同日本統一之步調，不得推拒；要求登陸廈門之日本海軍撤離之舉乃是地方官未得外交要領之由；日本海軍留駐廈門亦無任何不妥之處（下官特意不告知其貴電所提及之海軍撤退一事），只求廈門領事顧及地方安穩切勿再行增兵。下官深知以上言論多為性情變幻莫測之清國官吏所懷一時奸策下之甜言蜜語，但竊以為多少可察一般地方官之意向。

　　以上便為本官對廈門事件所持愚見，具報如上。

貳 《日本外交文書》1900年廈門事件資料

敬具

明治三十三年八月三十一日

領事　豐島捨松（印）

外務大臣子爵　青木周藏　殿

（附書）

附頁第二號

誠請將此抄本送達參謀總長及外務大臣。

當地權重之地方官多無意抗議帝國在廈之用兵，對照帝國於北清之好意舉動後更深信帝國政府並無歹意。竊以為欲達占領廈門之目的，其實大可不必炮火相加，平和交涉繼輔以軍隊壓力即可成功，且深信此計符合帝國之利益。

呈報上述愚見。

眼下當地土民洋人皆風傳本願寺燒燬一事乃帝國故意為之，並無暴徒蜂起之事實。

八月二十八日　發送

四人聯名

（附記）

機密文件　第十一號

在福州　豐島領事

外務大臣

（貴官）就帝國在廈軍事行動一事於上月三十一日所發第二十八號電報中屢屢陳申之意，本大臣業已瞭解，且認同貴官之意見。彼時貴官對於福州地方官之處理切合時宜恰到好處，本大臣亦十分欣賞貴官之勞，且望今後徹底貫徹帝國政府之旨趣，以保當地地方官對我帝國之信任。只是，此次貴信所附四人聯名電文抄本之意，當時本大臣乃認為帝國在廈軍事行動並無任何障礙且占領該地符合帝國利益，同貴官此次詳細稟申之意完全相悖。彼時貴官並無提出已收得高千穗艦長所發電報之事實，亦未採取措施以明確陳申貴官之所信，乃發出看似同貴官精神相左之前述聯名電文，現今看來，本大臣仍深感遺憾之極。另，第十八號貴電（第九百零六號文件）亦過於表意不清，無法明了其到底基於何種事實之上。本大臣並不知曉高千穗艦長已發電報之貴官處，乃推察為我軍少數陸戰隊登陸廈門一事，遂於二十九日發送電文訓示。以上之事，還望今後多加注意為要，特此一併陳報如上。

註：本文書並無日期，已標註為三十三年九月十八日所發現。

九三二

九月一日　福州在職豐島領事　發

青木外務大臣　收（電報）

任地清國官憲及洋人方面對廈門騷亂之觀測情報

九月一日　下午六時三十五分　發送

九月二日　上午一時三十分　抵達

青木外務大臣

在福州　豐島領事

第二十號

帝國海軍之撤退使當地清國官吏及外國人紛紛深信廈門騷亂乃細微之事，且台灣總督府牽涉其中之猜疑亦已消除。

九三三

九月一日　福州在職豐島領事　發

青木外務大臣　收

地方實力派人物陳寶琛對廈門事件觀測之情報

外機第二十九號

九月二十九日接收

在廈港各國領事及地方官聽聞帝國政府已撤離駐廈海軍之後紛紛傳曰此次廈門事件僅為雙方當事者之誤會，帝國政府絕無他意。其中當地紳士陳寶琛（此人乃是將軍總督於地方行政上之重要參謀）更慈顏於本官言道：廈門騷亂乃雙方一時之誤會，且早已預料此事變棘手之前必能順利解決，從多有往來之台灣諸官言行乃可查探日本絕非對清國存有異心。既得此人如此之言，即便有若干地方官懷有疑心，他日帝國政府講究善後計策之時，其雖不明了帝國目的何在仍將於半信半疑中了結此事。對此已毋庸贅言。以上內容皆附頁抄本所示電報言及之事。

明治三十三年九月一日

在福州　領事　豐島捨松（印）

外務大臣子爵　青木周藏　殿

（欄外注記）

「此報告之旨趣後為九月三日所發第三十號電報所否定」

九三四

九月一日　青木外務大臣　發送

廈門在職芳澤領事代理　接收（電報）

同意向海關道就廈門東本願寺燒燬一事要求謝罪之提議

九月一日　下午四時　發送

駐廈　芳澤領事代理

青木外務大臣

　　同意貴官按英國軍艦艦長之提議行動，故請貴官相邀海關道於日本領事館商議此事。然須注意，今雖讓其（清官）就日本寺院燒燬一事謝罪，但並非就此便了結賠償問題。（賠償問題）需今後再行商議。

九三五

九月一日　廈門在職上野領事　發送（在台灣）

山本海軍大臣　青木外務大臣　接收（電報）

請求暫緩令海關道就廈門東本願寺燒燬一事謝罪之要求

九月一日　下午一時十分　發送

下午十一時三十分　抵達

外務大臣

於台灣總督府

海軍大臣

上野領事

下官乃由領事官補通報得悉英國「愛西斯」軍艦艦長提議要求道台就本願寺燒燬一事赴領事館接受日英兩艦長詢問之消息。下官將於本日由基隆啟程離台。竊以為本官上京之前暫緩如上訓令方合帝國之利益。

九三六

九月一日　桂陸軍大臣　發送

青木外務大臣　接收

我帝國喪失在廈威信之詳報

陸機第十一號

兒玉總督所發電報

九月一日　上午　一時五十分　台北發送

七時三十分　抵達

三十一日廈門來報

（八月）三十日，英國領事於廈門諸處張貼布告稱因日軍登陸廈門引起人心惶恐，故派遣英國陸戰隊登陸。對此文告，我帝國副領事至今決心未定，且受外務大

臣之命,駐東亞書院之兵全員皆已撤退。另傳聞美國領事已向道台表明將遣陸戰隊登陸之意,美法俄軍艦亦將於今明兩日之內漸次入港。觀今日,帝國在廈可謂威信掃地,且外交之上亦無可擔當之人。

九三七

九月一日　駐德國井上公使　發送

青木外務大臣　接收（電報）

帝國駐廈海軍撤退情報之照會

抄本

九月一日　下午六時　發送

青木外務大臣

駐德　井上全權公使

第一百一十八號

本官乃由德國外務次長處得知,德國駐廈領事電告其日本國撤退海軍之舉乃為日英兩國軍艦艦長協議之結果。以上消息不知是否屬實。

九三八

九月一日　青木外務大臣　發送

廈門特派室田辦理公使　接收

派遣貴官至廈門之訓令

明治三十三年九月一日　發送　完畢

機密文件第十二號

外務大臣子爵　青木周藏

辦理公使　室田義文　殿

今次派遣貴官至廈之使命如下，望領會之。

一、告於清國內外之人帝國海軍登陸廈門旨趣乃是保護領事館及帝國新舊臣民，除此之外別無他意。

因北清局勢動盪，南清之事亦變幻莫測，貴官務必細察形勢之趨向且隨時報之。

一、表面上，同清國官吏及各外國領事之交涉應由帝國駐廈領事擔當之，然此事事關重大，乃以為貴官助力領事，貫徹帝國政府之旨趣，保全我帝國在廈利益乃為周到之策。

一、暫且不論將來局面如何變動，觀如今形勢，帝國政府已確立「與列國協同一致行動」為處理當前時局之方針，請貴官據此旨趣行事。

九三九

九月一日　青木外務大臣　發送

廈門在職芳澤領事代理　接收

特派室田辦理公使至廈之通知

明治三十三年九月一日　發送

機密文件第八號

廈門芳澤代理

外務大臣

今次特派辦理公使室田義文至廈,且其使命亦已訓示,詳見別頁所附抄本。望貴官周知且予以該人諸事方便,同心協力,勵精勉之而無誤算。特此訓示。

發與室田函件之抄本

九四零

九月一日　廈門在職芳澤領事代理　發送

青木外務大臣　接收(電報)

英美軍艦入港及登陸兵員撤退之情報

九月一日下午七時四十五分　發送

九月二日上午一時二十五分　抵達

青木外務大臣

駐廈　芳澤領事代理

英艦「萬霍克」(音譯)及美艦「卡斯汀」(音譯)已於九月一日入港。同日,下官會見英國領事,英領事乃云如果日本海軍悉數撤離廈門,則英國海軍亦將撤退。

廈門秩序雖已開始恢復,但市民普遍憂慮如若我帝國海軍全員撤退,則難保有

暴徒欲行大惡之事。

九四一

九月一日　駐美國高平公使　發送

青木外務大臣　接收

帝國於廈門遣兵撤兵始末之通牒及美國輿論對此通牒之報告

機密文件第三十三號

九月二十六日接收

　　上月二十八日經由駐英公使接得訓示電文，要求本官告知美國政府，帝國派遣海軍登陸廈門乃是因為廈門港及其附近地方因近接台灣，已成清人計劃對台島實行不義舉動之根據地，加之近來排外運動於各地蜂起，該地愈加動亂，竟至暴徒縱火寺院之地步。有念於此，帝國政府為保我領事館及一般外國人之安全，遂遣海軍若干登陸廈門。本公使接得電文之後即日便將如上電文交付於國務長官代理，該代理隨即回複本公使已知其中旨趣（takecog-nizance）且將立刻稟告美國總統。

　　美國政府對如上帝國海軍登陸廈門一事表面雖不懷疑念，但將前述電文之大意刊於報紙之上，引來評論稱帝國此舉乃是效仿德國占領牛莊之反動行動或是依各國舉動而欲占領廈門之企圖。時隔一日即上月三十日，再次經由駐英公使得悉因有證言稱清國官廳已承諾保護外國僑民人身及財產安全，故已撤回駐於支那市街之兵員，且派遣於外國租界之兵員亦將待廈門回覆安寧之時一併撤離。得悉如上經緯後，本官迅速電告於國務長官代理，該官則特意以公文回覆稱業已收得電文，而世間之批評輿論亦終得消逝，將帝國海軍登陸廈門之舉視為暫時應對時局之手段。

　　如上詳報。

敬具

明治三十三年九月一日

駐美

特命全權公使　高平小五郎（印）

外務大臣子爵　青木周藏　殿

九四二

九月三日　廈門在職芳澤領事代理　發送

青木外務大臣　接收（電報）

任地警備、就東本願寺燒燬一事謝罪同清官交涉始末及應對各國強要帝國完全撤兵之請訓

九月三日下午十時十分　發送

九月四日上午五時四十分　抵達

青木外務大臣

駐廈　芳澤領事代理

　　接得貴官九月一日所發之電文，九月二日本官便面會英國領事及艦長，但其答曰此番集會恐不能將他國艦長、領事置於事外。遂於翌日九月三日邀日英美三國領事、艦長各一名於英國領事館召開會議。其時，本官陳言曰各國撤回海軍之時，須令海關道於各處遣兵以保外國人生命財產之安全，且為順達此目的，還需採取其他諸般措施。各出席代表對本官所言皆表認同。固然本官已接得海軍大臣九月一日所

發關於即刻從廈門方面撤兵之電訓,但以為眼下仍不可將駐守帝國領事館之海軍撤離,遂又陳述道:如若海關道適當踐行承諾,則即刻撤離帝國海軍,但如若察覺海關道並未確實執行承諾之時,則恕帝國政府不能撤軍。各出席者聽罷此言後,紛紛表示反對,主張各國應同時由各地撤兵,最終讓本官對此事再做考慮。另,就東本願寺燒燬之謝罪一事,海關道乃承諾帝國海軍一旦撤離,其將立馬訪問帝國領事館,呈上辯解書。現如今,就本官撤走駐於廈門各地海軍之時,是否連同領事館內之海軍一併撤離一事,各國之猜疑可謂激烈。美國軍艦亦將於明日之內遣其海軍登陸廈門。特求電訓指示。

九四三

九月三日　上海在職小田切總領事代理　發送

青木外務大臣　接收(電報)

傳達閩浙總督對我帝國於廈門事件之中所採取措施之謝意

九月三日　上午十一時四十分　發送

三時十五分　抵達

青木外務大臣

駐上海　小田切領事

第二百三十三號

閩浙總督於電報中委託本官轉達其欲向閣下表達對帝國政府於廈門事件中所持友好態度之謝意。且其在該電報中言稱已命在廈文武百官極力保護在廈外國僑民。

九四四

九月三日　青木外務大臣　發送

廈門在職芳澤領事代理　接收（電報）

請求任地英國領事撤回布告之訓令

九月三日發送

駐廈　芳澤領事代理

大　　臣

　　據報八月三十日英國領事發布布告稱因日本遣兵登陸廈門引起該地人心激昂，遂亦遣兵登陸。如若此為事實，務必即刻回電，且告知英國領事日本海軍登陸廈門旨趣在於平息排日運動及日本寺院遭縱火燒燬之騷亂事態，保全體領事館及外國僑民安全，除此之外，別無他意，要求英國領事立即撤回布告。如英國領事不予允諾，則貴官需立刻布告如上旨趣。

九四五

九月三日　福州在職豐島領事　發送

青木外務大臣　接收

向清官闡明帝國遣兵廈門真意之報告

外機第三十號

九月十九日　接收

　　如本官於本年九月一日所發外機第二十九號電文中所稟，當地地方官及各國領事對台灣總督府在此次廈門事件中別有目的一事已漸無猜疑。但其後探查乃知，當

地總督府及將軍衙門等地方官仍有人頗為懷疑如若帝國政府的確別無他意，則全無必要以此小事為藉口遣兵登陸廈門。此為自然之結果，但如帝國政府已定方針示之確無他意，則需審慎同地方官詳說旨趣；如帝國政府確有目的，至少應保留駐廈門領事館之海軍，懇切說明東西現狀，言明英國派遣印度兵登陸平穩無事之上海以顯其在揚子江岸勢力範圍之實，帝國登廈之舉實乃列國所示之同樣措施。無論如何，竊以為現今乃為即刻派遣本邦相當文武高官至本地並同地方官認真談判之好機會。

總之，今次廈門事件多少有傷及清國地方官感情確為事實，然同時帝國政府乃可向他國顯示帝國從未放鬆對福建之警惕，如有機會便不贊成割讓之決心。故依愚見以為，變禍為幸亦非不可能。

謹述愚見如上。

敬具

明治三十三年九月三日

駐福州

領事　豐島捨松（印）

外務大臣子爵　青木周藏　殿

九四六

九月三日　廈門在職芳澤領事代理　發送

青木外務大臣　接收（電報）

請求英國領事撤回告示、團練總局表明好意及美國領事態度三事之報告

附記：九月六日青木外務大臣回電

九月四日　下午九時　發送

九月五日　上午二時　抵達

青木外務大臣

駐廈　芳澤領事代理

　　答九月三日之貴電，英國領事僅於英國租界內張貼布告乃為事實。本官於八月三十一日面會英國領事之時，求其解釋，其乃答曰因日本海軍登陸，人心惶恐，多有人逃離廈門，但並非因帝國海軍登陸而帶來全局之騷動。又遵閣下訓令於九月四日再會該領事請求為避免清人誤會而撤回布告，該領事乃答曰帝國海軍撤退之時方能撤回布告。而團練總局方面已發布告示稱日本海軍登廈實乃保護商民，別無他意，商民可安心營業。依本官所見，得團練總局如此好意說明帝國海軍登陸之事，閣下訓令之目的已然達成，是否仍需本官發布告示？

　　美國領事九月四日訪問本官之時稱如日本欲占領廈門，則該領事將以本國政府之名極力反對，且英國亦將贊同美國之抗議。本官聽罷乃答曰：我帝國政府是否需要占領廈門尚未確知，本官僅遵政府訓令行事而已。報告如上。（附記）

九月六日青木外務大臣回電

九月六日　發送

駐廈　芳澤領事代理

　　　　　　　　　　　　　　　　　　　　　　　　　　　大　臣

　　答九月四日貴電所陳之事，貴官無需發布告示

　　。

九四七

九月四日　福州在職豐島領事　發送

青木外務大臣　接收

駐福州英國領事及洋務局長陳同書舉動之報告

外機第三十一號

九月十九日接收

英國政府對福建之策略或為反對我帝國政府,如遇良機則適時將福建收入其勢力範圍之方針,抑或僅為維持中央南部清國各省平穩之必要性考慮。下官細察英國領事於當地之舉動乃知其不遺餘力討地方官之歡心已是事實。先是七月十四日當地各國領事及地方官間成立外人保護條約之時,英國領事帶頭極力於其中斡旋,又於八月初旬由印度孟加拉地方派遣隊長科爾納爾(音譯)軍官至本地,該軍官至今仍滯留福州(報紙有載此事。此人乃為英國政府派至清國各地方軍官之其中一人,業已拜訪駐當地之各國領事,然仍未拜訪當地地方官。對外稱來當地僅為觀光)。且有傳言稱英國領事或外務書記生將與洋務局長陳同書一道趕赴廈門,遂詢問於英國領事,乃查清此為全無根據之傳聞,但既生此種風言乃可證明地方官對英國政府之依賴。又,美國領事於陳局長出發前告於本官曰陳曾請求當地英人海關長同道赴廈,不料該海關長以若無上海方面許可,不可擅自奔赴他地為由依舊未予回覆,但廈門事件本為日清兩國之事,他國橫加干涉本為不妥之舉,故而下官立刻相問於當地洋務分局長,乃知陳拜訪下官之時,亦同時拜訪了海關長,席間談起同道赴廈之事,爾後陳更以書文勸之,但(海關長)終答覆無法同去。此舉雖頗不得陳之意,但此刻想必陳已無必要同他國人同道之必要。如其感必要,據先後順序推測,應前來詢下官才是。下官業已口頭勸告留守洋務局長楊文鼎氏今後切勿再行此般舉動。

總而概之,廈門事件之後當地地方官頓生依賴英國領事之傾向,故而即便英國政府無對抗帝國政府之方針,英國領事討地方官歡心一事且不論作為領事職責同時

作為權宜之計亦屬可為之事。今後若欲挽回地方官對本邦之依賴心，恐頗耗時日及手段。

英國領事一面向本官公然表明其好意，早前派遣砲艦至川石島以保海底電線之事便於該艦駛抵前通知於下官，另就如何處置廈門事件一事，又如別頁所附抄本所示率先詢問本官意見，可謂頗能玩弄手段之人。

稟申如上，謹作參考。

敬具

明治三十三年九月四日

駐福州

領事　豐島捨松（印）

外務大臣子爵　青木周藏　殿

附頁省略

九四八

九月六日　上海在職小田切總領事代理　發送

青木外務大臣　接收（電報）

就美國總領事勸告帝國在廈海軍撤退一事之報告九月六日　下午三時五十分發送

下午九時五十分　抵達

青木外務大臣

駐上海　小田切領事

第二百四十四號

　　駐上海美國總領事處發來鄭重勸告稱日本兵駐屯廈門恐於土民中激起不安之念，迅速撤離之方為上策。另，據該領事所言，駐廈英美德各國領事均持上述意見，而其中美國政府雖已訓令駐廈美國領事視局勢之需要，可派遣海軍登陸，該總領事已勸告駐廈領事暫且推遲海軍登廈。

　　廈門及當地列國領事態度如上所述，觀當今局勢，應以迅速從廈撤離我帝國海軍為要，靜候閣下訓電。

九四九

九月七日　駐英林公使　發送

青木外務大臣　接收

我帝國海軍登陸廈門之事

附書一　接八月二十八日第二十九號電訓而向英國政府請求之事

附書二　接八月二十九日第三十一號電訓而向英國政府請求之事

機密第三十一號

十月十一日接收

　　廈門及其附近地方因近接台灣而屢成對台島不正企圖之根源地，常為我帝國添不淺憂慮，今次又欲發動排外騷亂，以至縱火燒燬中國寺院，帝國政府為保中國領

事館及外國僑民之安全,乃感派遣少數軍隊登陸廈門實為必要之舉。閣下於上月二十八日發來第二十九號電訓後要求將上述旨趣通報於英國政府,下官遂將該電訓如附頁抄本所示稍作變更後交付於巴奇氏。然其後又由駐廈領事報告得知,清國地方官廳已向駐廈領事承諾將給予外國僑民生命及財產相當保護,帝國政府遂下令本為保護日本建築物而遣於該市之海軍迅速撤離,且承諾待認定廈門回覆安定之時,剩餘海軍亦一併撤回艦內。閣下遂又於八月二十九日發來電訓要求下官轉告上述旨趣於英國政府,下官遂又速擬附頁乙號抄本所示文本交付於巴奇氏。

關於此事,聽聞林巴裡伯爵方面乃極力主張帝國政府措置不當,且未曾停止責難。又得悉有香港報紙刊載稱因帝國政府登陸廈門激起該地民心騷動,英國終派本國海軍登廈,各國亦紛派本國軍艦駛抵廈港。雖有帝國政府舉措實同俄國占領牛莊如出一轍之流言,但外務次長助理巴奇氏對本官無任何不滿之詞,且報紙所載其言論亦無非難帝國之處。此為眼下日英關係最為密切之時,對待清國問題一事上,實有必要協同一致共進退,但私以為(英政府)正在躊躇是否應發表為故意引起帝國政府不快之言論。

如上具報。

敬具

明治三十三年九月七日

駐英

特命全權公使男爵　林董(印)

外務大臣子爵　青木周藏　殿

(附書一)

甲號

貳 《日本外交文書》1900年廈門事件資料

廈門港及其附近地方因近接台灣而屢成對台島不正企圖之根源地。今次又有好事之暴徒發動燒燬中國寺院等騷亂以致危及外國僑民安全。

觀此危急形勢，帝國政府為保中國領事館及外國租借之安全乃決定派遣少數軍隊登陸廈門。

請將上述事實告知於女王陛下政府。

（附書二）

乙號

青木子爵　致　林男爵

一九零零年八月二十九日

念及清國地方官廳已向帝國駐廈領事承諾將保護外國僑民生命及財產安全，帝國政府遂下令本為保護日本設施而遣於該市之海軍迅速撤離，且承諾待認定廈門回覆安定之時，剩餘海軍亦一併撤離。

九五零

九月七日　廈門在職芳澤領事代理　發送

青木外務大臣　接收

一併發送英國領事已撤回告示及團練總局告示二抄本之事

附書一　八月三十日任地英國領事告示抄本

附書二　廈門團練總局告示抄本

151

機密第五十號

九月二十二日接收

英國領事撤回告示之事

　　接本月三日所發電文乃得悉閣下訓令，即英國領事已於八月三十日發布告示，稱英國遣兵登陸廈門，實乃因為日本海軍登廈之舉引起人心激昂所致。若此為事實，則須對外言明我帝國海軍登廈乃是念及廈門排日運動及本願寺遭縱火焚燬所致騷亂，而欲保中國領事館及各外國僑民安全之行動，並要求英國領事撤回前述告示。如若其不予允諾則讓本官另出告示以彰上述旨意。承接貴電之後，鑒於前述告示（附頁甲號）貼出之時，言辭不甚穩妥，乃質疑於英國領事，英國領事聽罷乃答曰：告示僅欲說明廈門局勢動盪成為日本遣兵登陸之動機，而其登陸又激起人心惶恐之意而已，絕無半點加害日本之惡意。爾後又接得貴電訓示，遂又面會、質疑英國領事，果然如先前一般重複措辭，至於撤下告示一事則全不允諾，而就我帝國登廈兵員之事，雙方業已稍成一致，本官乃云（英國領事）大可在我帝國撤兵之同時，撤回如上告示。之後經查證方知，告示原文竟說是日軍登廈才招致騷亂，同英國領事之解釋可謂大相逕庭，但英領事依然堅持前述口實，不予撤回告示，且狡辯稱漢文洋語間多少存有差異，而撤兵之事需於規定期限完成，故而在帝國撤兵後再行撤下告示方為良策。（經再三磋商）雙方終達成協議即於撤兵同時撤下告示。另，就需下官於廈門廣而告之帝國遣兵登廈真意一事，日前團練總局已發布附頁乙號抄本所示之通告，竊以為此通告已充分解釋帝國之合理舉動，故而業已無需本官再發告示，但出於慎重之慮，仍於四日之時摘其要而請訓之。究竟英國是否會於帝國撤軍之曉而撤下所有告示眼下仍不得而知。就前後電訓之始末，大略詳述如上。

敬具

明治三十三年九月七日

駐廈

領事館事務代理領事官助理　芳澤謙吉（印）

外務大臣子爵　青木周藏　殿

（附書一）

甲號抄本

大英欽命駐紮廈門辦理本國通商事務領事館滿為

　出示曉諭事，照得現因日本兵上岸，人心驚惶，甚多搬走移避，為此出示曉諭各英商屬民，凡在鼓浪嶼廈門居住，仍舊地方官協同本領事保護，因為此舉並非他意，所以派撥本國兵丁在於租界之內巡視，以資保護，盡可放心各安生業，毋須懷慮，特諭。

　西曆一千九百年八月三十日　給

（附書二）

乙號抄本

團練總局示

日軍登岸巡行　聲稱保護商民

爾等鋪戶居民　照常不必憂驚

往來如遇日兵　切宜靜氣平心

聽候上憲施行　特此告誡凜遵

九五一

九月七日　廈門在職芳澤領事代理　發送

青木外務大臣　接收（電報）

在廈日英海軍撤退及海關道就東本願寺燒燬一事所撰謝罪書之接受事宜

九月七日下午五時四十分　發送

九月八日上午一時　抵達

青木外務大臣

駐廈　芳澤領事代理

駐於廈門及領事館內之我帝國全員海軍已於九月七日同英國海軍一道同時撤離。且本官九月六日業已收得海關道就東本願寺燒燬一事所撰之謝罪書。經長時論談，本官望海關道發出如下通牒：

教堂為數惡徒縱火焚燬，本官有失監察之處，甚為遺憾。

詳情請參信文

九五二

九月七日　廈門在職芳澤領事代理　發送

青木外務大臣　接收

海關道就東本願寺燒燬一事所撰謝罪書抄本之送付事宜附書　謝罪書抄本

機密第五十一號

九月二十二日　接收

　　接得九月一日電訓，本官遂同當地道台展開談判，望其就東本願寺燒燬一事提交謝罪書，道台期欲借「教堂監守之人失火，本道深為抱歉」寥寥數語而了結此事。但如若照其所言，則有失事實之真相，且反倒於帝國不利，故嚴詞要其予以修正，歷經數次談判，終得附頁所示之修正文稿。下官雖不甚滿意，但暫且收下。縱然該「謝罪書」價值不甚充分，但終究為當時時局所限，別無他法，故暫且認定其為「謝罪書」而接收之。如若今後仍有訓示，則本官可令其再以修正，屆時仍望仰仗貴官之指揮。具報始末如上。

敬具

明治三十三年九月七日

駐廈

領事館事務代理

領事官補　芳澤謙吉（印）

外務大臣子爵　青木周藏　大人

（附書）

　　逕啟者，面交前信，更改幾字，以教堂被何等壞人焚燒，本堂缺查，深為抱歉。業經飭查分別認真辦理在案，所有廈島及鼓浪嶼等處分扎洋兵已承允飭回飭（艦？）船，感激之至。惟定於本日何時撤退，務祈先為示知，俾可飭令兵勇前往，以資保護，而安閭閻。專此順頌

升祺不一

各（名）另具

九五三

九月七日　青木外務大臣　發送

上海在職小田切總領事代理　接收（電報）

帝國登廈海軍撤離完畢之通知

小田切，

上海。

回第二百四十四號貴電，帝國登廈海軍業已撤離完畢。

青木

一九零零年九月七日　發送

九五四

九月八日　青木外務大臣　發送

駐英國林公使　接收（電報）

帝國登廈海軍撤離完畢及業已接收海關道就東本願寺燒燬一事所撰謝罪書之通知

九月八日　發送

駐英　林全權公使

青木外務大臣

第三十六號

　參照本大臣第三十一號電文，鑒於廈門已回覆和平秩序，且該地地方官確證將充分保護外國僑民生命財產安全，已於九月七日撤離剩餘日本海軍。另，該地地方官已就東本願寺燒燬一事作出謝罪。望貴官將上文轉電於帝國駐德法美三國公使。

　九五五

　九月九日　上海在職小田切總領事代理　發送

　青木外務大臣　接收（電報）

　閩浙總督所作保護外國人之承諾及英國政府對德國侵入長江流域所持態度之報告

　九月九日　下午二時四十分　發送

　下午五時　抵達

　青木外務大臣

　駐上海　小田切領事

　閩浙總督於電報中向本官承諾：已嚴命在廈清國文武百官多加注意保護外國僑民，維持當地秩序。

　另，本官從「泰晤士」報通信員處得知，德人企圖侵入揚子江流域，英政府業已通報德國策動侵入之後所造成之騷亂後果將由德人一併承擔。

　本項屬密言。

九五六

九月十一日　廈門特派室田辦理代理公使　發送

青木外務大臣　接收（電報）

就帝國駐廈海軍撤離之後，我艦停泊位置之稟申

九月十一日　下午二時　發送

下午七時三十五分　抵達

青木外務大臣

駐廈　室田辦理公使

第一號

　　上野領事承接閣下訓令，而（本官）又從上野領事處接得歸港之電文。訓令要領還望告於本官。誠如本領事館事務代理日前所稟，駐守帝國領事館之衛兵已於本官抵廈之前全員撤離。眼下各國領事館及其他日本商館已駐有清兵。然本官思量撤退清國守兵乃為良策，目下正於勘考之中，日後再行電信稟報。

　　眼下廈門港內泊有本邦軍艦四艘，英法美俄軍艦各一艘。竊以為本邦若干軍艦暫時撤至當港不遠之處為佳，以此便可觀察清國人之一般意向及外國軍艦之舉動。我帝國艦長皆贊成愚見。靜候回電。

九五七

九月十二日　廈門特派室田辦理代理公使　發送

青木外務大臣　接收（電報）

貳 《日本外交文書》1900年廈門事件資料

隨時通知下官北清狀況之請求

廈門 一九零零年九月十二日上午十一時三十五分 發送

一九零零年九月十二日下午六時三十分 接收

青木，

東京。

九月十二日第二號 請電報下官如帝國軍隊登陸上海等近來北清動亂中已發生或即將發生之不尋常之事。

室田

九五八

九月十二日 廈門特派室田辦理代理公使 發送

青木外務大臣 接收

廈門商況及在港各國軍艦態度稟申

機密第一號

十月一日 接收

我陸戰隊之後，英國海軍亦相繼登陸廈門，其時廈門變相萬端，而其中清國人自不待言，居廈台民多數已將婦女及財產轉至他地，各處店鋪閉鎖，商業停滯。據傳碼頭處苦力勞工（約有苦力七八百人）、船伕等人可得平日數倍之酬銀，乃察彼等已悉數從事避難者貨物搬運而拒絕各貿易品之運送。非但英國及各國共同租借地內置外國商店多受其害，三井物產會社、台灣銀行支店等皆深感其利害，其中尤以

159

台灣銀行支店為最，該銀行發行之銀券於數月之前發行漸趨博得信用，廈門及周邊地方流通之銀券幾達十餘萬　，豈料突發此事，瞬時紛紛前來交換正貨，其價亦於寥寥數小時內漲至八萬餘　，加之奸商乘機放出種種謠言，竟欲以六十錢附近之價格買收購台灣銀行支店一　券。且平素於該銀行儲蓄之市民突欲將錢財取出，該銀行之信用可謂一時全毀。小官抵達當地且探查一般情況後，乃以為割讓台灣以來，當地附近部分清人對中國民多少懷抱不良感情，以至發起排日運動或收復台灣等種種謠言以逞一時之快。然彼等並非懷有抵抗帝國之實力，多數與普通清人無異，甚至反之，多有祈求平安無事之傾向。故而本願寺（租來之房）燒燬前雖無從查知騷動之形跡，但（當地）畢竟歷經前述蕭條結果後，仍於陸戰隊撤離之時重回舊時人氣，碼頭苦力船伕亦重執舊業，現今已同（東本願寺）燒燬前別無二致，且暫移他地避難之人亦相繼返廈。台灣銀行支店之存款日呈增勢，紙幣信用亦回歸舊貌。如此視之，當地情況可謂已恢復如初，現今廈門港內泊有帝國軍艦四艘（高千穗、和泉、高雄、築紫），俄法英德軍艦各一艘，此等外國軍艦均為我帝國陸戰隊登陸之後相繼入港之艦，觀其情況可知各國乃為觀察我帝國泊於港內數艦之動靜而刻意泊之。換言之，各國軍艦乃是不得已與帝國軍艦相伴。有鑒於此，如若我帝國軍艦當中一艦留守港內，其餘遣至電線接續附近之地暫且迴避，則各國軍艦必定解纜啟程，如此一來，必定為我帝國觀察而後狀況提供便利。參第一號所發電文乃知如上種種之事，據報如上。

敬具

明治三十三年九月十二日

出差至廈

辦理公使　室田義文（印）

外務大臣子爵　青木周藏　殿

閣下

九五九

九月十二日　青木外務大臣　發送

　　　　　　　　　　　　　　　　　　福州在職豐島領事　接收（電報）

監視德國軍艦於馬尾行動之訓令九月十二日　發送

駐福州　豐島領事

　　　　　　　　　　　　　　　　　　　　　　　青木外務大臣

無號

有來報稱德國泊於馬尾之軍艦日前勸誘閩浙總督協同一致行動。請貴官即刻著手探查其勸誘之目的且密切注意其一切言行。另需貴官常同閩浙總督交好，得其信任，今後如遇類似今次之事，敦其排斥德國於帝國不利之計劃。

九六零

九月十二日　青木外務大臣　發送

駐清國西公使　接收（電報）

通報我帝國海軍登陸廈門真相之事宜

西，

北京。大沽炮台

第五十號　回第十六號貴電，八月末之時，我帝國確有派遣若干海軍由在港軍艦登陸廈門。帝國此舉乃全念及近來廈門及附近地方之暴民興起排外騷動，更有我

日本寺院慘遭縱火焚燬,為保帝國領事館及各國僑民,特遣兵登廈,除此之外,別無他意。且說廈門恢復安定平穩及當地地方官承諾將充分保護外國僑民生命財產安全,並呈上就東本願寺燒燬之謝罪書後,帝國海軍已於九月七日全員撤離。

青木

一九零零年九月十二日

九六一

九月十三日　福州在職豐島領事　發送

青木外務大臣　接收

各國軍艦之行動及任地官民對我帝國海軍登陸廈門之感情報告

附書一　九月十二日電訓

附書二　同日法國領事之答覆

附書三　九月十三日情況報告電報

外機第三十三號

德國軍艦「施瓦爾伯」號招待福州總督流言之真偽及當地官民對廈門事件所持感情之相關事宜

已承接如附頁第一號抄本所示之九月十二日閣下所發電文,即要求下官鑒定德國泊於馬尾港之「施瓦爾伯」號軍艦招待閩浙總督前往該艦傳聞之真偽,且須盡力保持同閩浙總督間親密交往。該德艦乃由廈門駛出,且先行照會當地地方官後方於本月九日泊入馬尾港。鑒於其為北清事變之後第一艘入駐馬尾港之軍艦,故下官亦不敢怠慢警戒,終覺實屬可疑,遂相問於德國駐當地領事代理其目的何在,該代理

答曰僅為普通入港,且今後亦將如日常般進出。當地方官亦如是回答。然,於時局觀之未免過於巧合,當地土民間遂謠言四起,或稱施瓦爾伯艦長身懷不明目的而招待閩浙總督至該艦。下官經不斷探問乃察此流言純屬亂造,不可信之。該艦艦長未曾同總督等地方官交替互訪,無特別可疑之處,故決定暫不發電報告之時,該艦竟於本月十三日毫無事由駛出馬尾轉而駛向漢口。當地素來同本邦關係最為密切,因而針對本邦之謠言亦甚多。譬如長門炮台一守兵便戲言帝國軍艦入港之時必先炮擊該炮台,據傳亦有人信之,但參照當時情狀,下官深信絕無此可能。此事亦暫不稟告。觀眼下,有流言稱德艦最先駛入馬尾港,日英兩國為德國捷足先登有損帝國威嚴,殊不知帝國為保川石島海底電線早已泊於該處,已無需再入馬尾港。竊以為即便德艦最先駛入馬尾亦無損我帝國政府在福建之威嚴。

此外,法國軍艦竟未入港實屬難料,但又風聞法艦即將來港,下官疑惑遂將流言虛實相問於法國駐當地代理領事,得其答曰並無入港一事,詳情參見附頁第二號抄本。又委婉問於俄國領事(俄艦是否入港),其乃云冬季陰冷為避寒而偶爾來港亦為未可知,但眼下俄國軍艦應無事需抵馬尾。且說當地內外官民對廈門事件懷有疑心,此為自然之結果,其中本月十二日許總督更特派洋務局長楊文鼎親赴當地英美兩國領事處就英美兩國領事於廈門事件中所費之勞心表達清國謝意。且觀民間,暫延東文營(學)堂之再開業等跡象亦可佐證當地官民對本邦感情已不容樂觀。反觀英美領事則不斷博得地方官之信任,此亦為自然之結果,今後下官恐須不時拜訪當地權重之官,詳陳帝國政府真意及列國大勢,或於本年天長節之時,列盛宴誠邀當地重臣。如再不實行懷柔之策,當地官民對我帝國之惡感一時難以排除。電報所能言及之事請參見附頁第三號抄本。

申報如上。

敬具

明治三十三年九月十三日

駐福州

領事　豐島捨松（印）

外務大臣子爵　青木周藏　殿

（附書一）

一九零零年九月十二日　接收

青木外務大臣　發送

有來報稱德國泊於馬尾之軍艦日前邀請閩浙總督至該艦以期協同一致行動。請貴官即刻著手探查其邀請之目的且密切注意其一切言行。另需貴官常同閩浙總督交好，得其信任，今後如遇類似今次之事，敦其排斥德國於帝國不利之計劃。

（附書二）

法國領事館

福州

一九零零年九月十二日

豐島先生：

鄙人初次聽聞法國軍艦即將來港。恐是廈門或上海之若干砲艦欲來馬尾，但縱使如此，亦應是正常訪問，且鄙人未曾接得指示。

日前曾收一郵包寄於此地一海軍軍官，但此軍官所在之巡洋艦卻從未來港。

A. Dore（簽名）

（附書三）

情況報告電報

九月十三日下午五時二十分　發送

九月十四日上午五時四十五分　抵達

青木外務大臣

駐福州　豐島領事

第二十四號

　　德國軍艦招待閩浙總督一說純屬無稽之談，艦長從未拜訪閩浙總督，且其艦本日將駛離當港往北。德國領事亦告知下官其餘德國軍艦將逐次入港，今日起一週內將有另艘德艦抵港。

　　維持與閩浙總督之密交一事，本官自當盡力為之。但日前所起廈門騷亂不幸致使當地官吏及紳士等對帝國心生厭惡之感情，欲恢復舊狀，恐須耗費不短時日。

　　楊道台已於九月十二日拜訪駐本港英美兩國領事，並就兩國駐廈門領事於平定廈門騷亂之時所給予之懇切援助轉達閩浙總督之謝意。

九六二

九月十三日　青木外務大臣　發送

廈門特派室田辦理公使　接收

歸途出差至福州及清官懷柔之事宜

（半公信）

明治三十三年九月十三日　發送

駐廈　室田辦理公使　大人

　　　　　　　　　　　　　　　　　　　青木外務大臣

　　拜啟　貴官抵廈後所發第一號及第二號電報之旨趣業已承知。而就第一號電文，眼下正同海軍大臣協議之中，貴官收得本信前本官已發電報數封以期其予以準允。據數日前之報導，廈門已稍復平靜，而我帝國海軍已全員撤離歸艦。且上野領事不日亦將歸任，如此視之，於廈將再無需勞煩貴官之事項，恐須貴官他日擇良機親赴福州，多經介紹而結識閩浙總督及其他當地權重之臣，且一如日前電文所述需籠絡總督討其歡心，讓彼等諸事依賴於我，求我之歡言，如上事項還望貴官盡力為之。本邦駐清國公使日前面會本官之時乃稟申曰該省內暴徒蜂起單憑清兵恐難以鎮壓，故清國需依仗帝國，其時再行派遣當地附近之日兵助力該總督平息動亂可謂良策。相信該公使業已同總督傳達如上旨趣。今後如當地興起何種事變，應讓清國官員主動前來求我帝國之支援。倘若能得今次般總督親自前來求援則更佳。另據暫留當地之橋本大尉來報，德國軍艦日前已招待閩浙總督以期協同一致。因其目的及就何事「協同一致」尚未判明且不知德人究竟包藏何種禍心亦變幻難測，假若他日該國提出於帝國不利之提議，貴官務必盡力讓總督斷然拒絕之。總而言之，當地跟我邦關係最為特別，帝國政府已懇切明示須盡力輔助當地清官，不得躊躇，還望貴官努力替其分憂與其安心以期其始終信任、依賴我邦。如上事項，冀望貴官盡力為之。

　　　　　　　　　　　　　　　　　　　　　　　　　　　敬具

九六三

九月十四日　青木外務大臣　發送

　　　　　　　　　　　　　　　廈門特派室田辦理公使　接收（電報）

就帝國警備艦港外碇泊位置一事海軍大臣所發電訓之通知

九月十四日　發送

駐廈門　室田辦理公使

青木外務大臣

無號

回第一號貴電，因高千穗艦長已報導同樣之事，海軍大臣業已發出準允之訓令且已下令一艦留守廈門。詳情請咨於高千穗艦長。

九六四

九月十五日　廈門特派室田辦理公使　發送

青木外務大臣　接收

廈門東本願寺燒燬問題善後策之稟申

機密第二號

十月一日　接收

　　本願寺布教所遭縱火一事，其實情暫且不言，當年割讓台灣之時淪為我軍俘虜之清兵或逃出台灣祕密潛入廈門。眼下棲於當地附近地方之暴徒又放肆云曰因割讓台灣而受直接或間接之損害，且數月之前已有巷議稱清國人欲乘北清事變之良機放出種種流言抑或倡導排日運動、收復台灣，蠱惑愚民。因已可見一絲廈門不穩之形跡，故而在本願寺縱火事件發生之時，帝國領事率先親臨火災現場且通牒清國地方官即廈門道台同赴。清官抵達後乃讓受害之人陳述現況，與之同時，領事則於道台言明廈門不穩之形跡，且限其在一定時日以內緝拿兇徒並質問其今後將以何種手段

保護居於廈門市內之六七百名新舊帝國臣民之生命財產安全，其後更發照會示之。此外，領事亦面會英美德三國駐廈領事詳陳本願寺焚燬之情狀且細說質問道台之要點，且預告於各國領事帝國意向即因不知清國官民今後將採取如何之行動以保廈門市及各國共同租借內人民之生命財產，將從軍艦遣出若干水兵登陸廈門。道台方面，限其於時期內緝拿兇徒自不待言，但終不可期待其作出今後於監管執法之上令帝國滿意之明確答覆，屆時將倍加責其未踐職責，並引其至領事館令其發表謝罪之辭，倘若可能則再命其撰下謝罪書等以作他日證據之用。如其後再徐徐採取海軍登陸之手段，恐將無今日之結果。然不勝遺憾，帝國尚未行此手段便接得縱火通報，與之同時，海軍開始登陸而出差至廈市以教導海軍登陸之領事館警部首先抵達火災現場，在此之前領事以下之巡警則未嘗實地搜檢，反倒是道台接得火災報告後迅速奔赴現場命其兵勇保護被燒之地；而英國領事則於我帝國海軍登陸前抵達現場就起火原因親切咨問於近鄰之人。時至今日，我帝國海軍登陸及撤退可謂是一時威嚇之舉動，而此事得過且過也就作罷，撤兵之時道台所送之謝罪書亦實屬單薄，今後若至就此事談判之時，帝國恐將缺乏確鑿證據。眼下補救雖難免顏面不佳，但可溯源求本，令受害人——本願寺代理僧以當日之日期書訴狀，另參當夜宿於布教所之僱員——本邦人及清國人之口供，附上警部搜檢書，命領事發照會文於道台要求其緝拿兇徒、嚴厲偵訊並予明確答覆兇徒基於何種意志而行此暴舉。下官以為，如此一來，他日觀形勢之時便可敦促其遵照此照會之答覆行事而不得怠慢。先行具報如上。

敬具

明治三十三年九月十五日

出差至廈門

辦理公使　室田義文（印）

外務大臣子爵　青木周藏　閣下

九六五

九月十六日　福州在職豐島領事　發送

青木外務大臣　接收（電報）

同閩浙總督及將軍會談之事

九月十六日　下午四時十五分　發送

下午八時三十分　抵達

青木外務大臣

駐福州　豐島領事

第二十五號

　　接本官第二十四號電文。本官為查閩浙總督及將軍於帝國胸懷何種感情乃親訪二官，而二官尤其將軍遠超本官之預想相繼表達日清間親密友情，二人態度亦十分溫和。懇談間，本官詳陳道近來帝國於廈門之所為別無他意，但覺德國舉措甚為可疑，二官（閩浙總督及將軍）聽罷竟反問於本官德國對清國究竟包藏何種企圖。下官雖覺諷刺，但依舊乘機答曰：從外國諸報得悉，德國應是為保同西洋各國之均衡而欲於南清建立海軍之根據地。詳情已附於郵件。

九六六

九月十七日　福州在職豐島領事　發送

青木外務大臣　接收（電報）

閩浙總督及福州將軍意向之情報

外機第三十四號

十月四日接收

　　下官於本年九月十三日所發外機第三十三號信文中曾簡要稟申當地官民於帝國之感情，而後為確實查探彼等對帝國政府所懷何種意向，下官且向總督許應騤及將軍善聯表達訪問之意，二官乃答曰「恭迎來駕」，得其答覆如此，遂於本月十五日先至總督衙門處，期間更有洋務局局長楊文鼎及陳同書列席陪坐。下官見此良機，乃言道：

　　當地平穩無事全拜貴總督保護有方，我等外國人均欲表達謝意。而今次廈門事件僅為一時之誤解，雖一度將演變為大事，但終得順利解決，深感大幸。然此次貴總督特派陳道台專程至廈且命楊道台向當地英美領事轉達謝意，多費心勞，下官深感於心不安。想必閣下已知悉帝國今回之舉並無他意，但倘若貴總督就廈門事件於帝國政府有任何意見，還望相告於下官。下官將謹承轉達於本國政府。

　　總督聽罷，答曰：

　　今次廈門事件實屬意外之事，且驚聞該地竟有百餘名男女土民於避難途中溺死，實屬難測之意外。而於得悉日本政府別無他意之後，已無特別意見需貴領事代為轉達。

　　此時，身在旁側之陳道台亦言道：

　　楊道台此番訪問英美駐當地領事乃是因為英美駐廈領事於廈門事件調停之中頗費心勞，邦交禮儀之上需其代為傳達謝意而已，並無他意。

　　言罷，其又談及廈門事件之種種風傳，下官遂陳述道：

　　原本廈門便有別於福州，其過半為外來人民，素有排日念想。日前劃定日本專管租借之時，便傷我駐當地領事館館員二名，上野領事乃思恐有土匪蜂起，又逢其時為最需謹慎之秋，終派遣若干海軍登陸廈門。

陳道台接話曰：

非也。上野領事心懷隱憂緣由非在於土匪，乃是新入籍之新日本人竟放大流言矇蔽該領事。此為廈門道台同日本領事館某官員之真切談話。然幸得日本政府善辨真偽，特將上野領事召回本國（囑咐其對策），而後藤長官早前亦速至廈出差，其中多有勞其進行種種周旋，最後終得控制騷動未演變為大事。對此，我清國官民均需表示感謝。

竊以為如上內容應是陳道台向總督覆命之時部分所言，且尤感意外其竟得知後藤長官為調停今次事件而差旅至廈一事，遂暫且將此事匯報於後藤長官。

爾後話題移至種種雜談，楊道台乃面向總督言披露已接得電報曰李鴻章已於本月十四日（清曆八月二十一日）乘法艦駛離上海而北上，而當總督問及當地同北清間之電報為何種線路之時，陳道台又加以詳說。總督聽罷乃言道近來因有電報，故而多有聽聞種種煩雜之事，不如去之（電報）。下官聽罷乃笑稱此時還是不見不聞為佳。彼等對下官可謂毫無疑心。一如本年八月三十一日外機第二十八號所述，下官以個人之名義會見陳、楊道台，且告知其帝國政府別無他意，已然緩和其對帝國之感情，而總督、將軍亦再三感謝下官之好意。次回拜訪將軍之時，又談及相同之內容，將軍乃言道日清兩國務必協同一致，尤其廈門別於福州，多有聚集無賴之徒，故而上野領事亦頗費心勞。本官聞罷亦適時陳述意見，及至話終之時乃云：

我帝國政府對貴邦絕無包藏禍心，對此想必貴將軍早已瞭解。只是萬一其他列國染指廈門自不待言，如若其染指福建某部之時，為維持亞洲大局及台灣形勢，帝國政府將不能坐視不管而必然採取防禦之策，對此亦望將軍同樣予以瞭解。此話僅同貴將軍言之。

將軍聽聞後乃答曰充分瞭解，且德國於清國之企圖甚為可疑，乃相問於下官如何視之，下官遂言曰：近日由外國各報得悉德人乃欲效仿英國之九龍地方、法國之廣州灣，於南清地方尤其福建或浙江省租借一海軍根據地，於此多事之際，還須多多警戒才是。總而概之，總督、將軍二人對下官之言辭舉動甚為親密，且下官可斷

言其已充分瞭解帝國政府同流言相反，對清國毫無異心。但清國人素來巧於辭令，如上二官言行下官暫視之為表面虛飾，話雖如此，依愚見卻亦可判定當地地方官於帝國政府之意響應在半信半疑之間。今後遠征北清之時，帝國舉動應同至今所為一致，即示好意於清國，且一有良機則派本邦高官或本官傳達帝國政府真意於當地地方官。倘若如上善後之策執行得當，則前述清國官民對帝國「半疑」之意向將冰解溶消，而廈門事件亦可成帝國政府展示對列國決心之良機，為帝國政府施行對福建之方針提供便利。如上內容亦陳於附頁抄本所示之電文中（省略注、第九百六十五號文書）。

申報如上。

敬具

明治三十三年九月十七日

駐福州

領事　豐島捨松（印）

外務大臣子爵　青木周藏　殿

九六七

九月十七日　京都府知事高崎　發送

青木外務大臣　接收

大谷派總寺對廈門東本願寺燒燬一事處理之意向通報

附書　真宗大谷派所書告示抄本

附記　大谷派教長大谷光瑩於九月七日發於西鄉內務大臣之稟請書

高甲第四百八十四號

九月十九日接收

　　北清動亂餘波至廈，廈門教堂為暴徒所襲且遭縱火燒燬，大谷派本願寺對此事卻頗為冷靜，未作類似要求之舉動，反而將一切處措委託於帝國政府，全無主動之言行。現今相問於大谷派布教局僧人及福建布教師乃知，素來清國之外教徒布教方法僅為不斷增加信徒，結果便是玉石混淆在所難免，其中更有無賴漢之信徒。此等信徒多外披宗教假面，實則多行不義。話雖如此，然多數外國傳教士仍不加告誡，非但不逐出宗門，反而掩護其逃離而縱情加害其自然對手——普通良民。大谷派近來亦大有陷入該漩渦之勢，念及於此，總寺遂銳意改良信徒選拔及布教方法，眼下已在策劃之中。另，不無湊巧台灣匪首簡大獅今春逃竄至廈門，總督府某警部為緝拿之亦相繼來廈且借宿於大谷派教堂，最後終查得簡大獅藏身之所且順利逮捕之返歸台灣。下官臆斷大谷派乃此次緝拿行動之媒介，而對外國教徒心懷怨恨之人則為乘北清動亂之機四下蜂起燒燬教堂之暴徒。而今次之損害因僅為大谷派總寺所配備之器具、布教士之衣物、雜具等，觀其總價不超一千餘　，故而總寺亦不效仿外國傳教士所為，僅守僧侶之本分，不提過分之要求，且決意一切處置全然委託於政府。此外，又恐清國布教使誤解總寺之真意，遂發布附頁抄本所示之訓告，且為公布事變真相於社會，亦應編撰始末書廣為發放於世間。

　　密報如上，謹供參考。

明治三十三年九月十七日

京都府知事　高崎親章

外務大臣子爵　青木周藏　殿

（附書一）

訓示　第四號

此次廈門說教場慘遭縱火焚燬，諸子素日拮据經營一朝化為烏有，深感最為痛惜。此事雖本為不解事理之暴徒所為，然回首視之，吾等亦不可保證是否因布教方法不當或欲速奏功，偏愛、保護皈依之信徒而有失中正，抑或言語不熟、地方狀況不清以致無賴之徒混淆教中仍不詳其究竟為何人，只知其既已皈依我教，則需庇護之。豈料此類信徒皈依我教後毫無悔悟前非之形跡，反而有多逞不義舉動之嫌疑，終危及當地所在良民之感情，而使（布教所）成良民憎惡之處亦不無可能。如若存有疑似以上之處，即便僅有一點，則責任之一半在於我方，誠然並非確實存在疑似之點。且君子皆欲窮盡責己而恕他之意，此為各位痛心苦慮之處。因而今時今日則應嚴遵宗門本來之旨趣，切不可貿然心生復仇之觀念，日益招致良民之憎惡，上則違背佛意，下則將害今後布教傳道陷於困境，甚而危及兩國之密交，故務必注意此類不祥之事。我佛教徒應以慈悲柔和為本，胸懷謹慎之態度，勵精布教傳道。

如上訓示

明治三十三年

總務　大谷勝緣

（附記）

大谷派教長大谷光瑩於九月七日發與西鄉內務大臣之稟請書

九月十八日　接收

明治三十三年九月十一日　主要調查人　第一科長（宗正）（印）

宗教局長印

大臣（西鄉）印

總務長官（小松原）印

外務大臣（青木）花押

總務長官（淺田）印

政務局（宮岡）印（阿部）印

稟請書

真宗大谷派教長大谷光瑩

就日前清國廈門之真宗大谷派說教場為暴匪焚燬一事做如下稟請，此稟請書並非類似指令之物，僅供日後參考，望能原樣保留之，靜候裁決。

（貼紙）

紅字

「應保存此評議書及附書之抄本」

「須令清國政府及地方官充分承知本願寺申告之旨趣」

稟請書

北清動亂逐漸波及南清，就今次鄙派於廈門之說教場遭縱火焚燬一事，鄙派業已發布今後之訓告於駐清國之布教師等。且說胸懷復仇觀念本非佛教之本來面目，因而絕無損害賠償之要求。且日後在清布教之實效乃期塑造效忠本國之臣民，別無他爾，故借事故之機而圖私利之事夢裡亦未曾想見，反倒將來需倍加注意，為報損害則大可以德化緩和清國人民之感情，同時勤於布教傳道，以資兩國間親密國交。政府一方，必定對南清事件採取相當措置。此為外交之事，鄙派雖無權無理評論之，但此事源起鄙派，故而暫申所思。如若採取過嚴之處分，則反而助大動亂，於國家則多添憂慮之事，於鄙派則違背教宗本旨，念及於此，還望對此事予以寬大處分。稟請如斯。

明治三十三年九月七日

真宗大谷派

教長　大谷光瑩

內務大臣侯爵　西鄉從道　殿

九六八

九月十八日　福州在職豐島領事　發送

青木外務大臣　接收

就廈門問題同布政使及按察使會談之事

外機第三十五號

十月四日　接收

　　拜訪當地總督及將軍一事已於本年九月十七日外機第三十四號電文中所稟申，其時（十七日）下官亦曾拜訪當地布政使張曾　及按察使周蓮氏以探知其對帝國政府之意向，乃查二官皆已充分瞭解我帝國政府之真意，布政使更是與下官開襟暢談，席間其咨問道：

　　聞得流言稱廈門本願寺乃為上野領事策劃故意焚之。該領事究竟為何種人物？

　　下官聽罷乃答曰：

　　上野領事為人極為溫厚篤實，明白事理，非但為下官深信之人，亦是當地周按察使之不二密友。此等無法無天之舉絕非該領事所為。

貳　《日本外交文書》1900年廈門事件資料

待下官詳陳理由之後，該布政使霎時面露頗為滿意之色。

爾後我二人乃談及當今亞洲可謂之為國者惟日清兩國，但眼下清國遭遇如此事變，單憑日本恐無法立足於歐美列國之間，維繫亞洲命脈亦將成困難之事。布政使陳述如下：

一、今時今日若日本覺有必要派遣海軍登陸廈門，則可效仿英國遣數千兵員登陸平穩無事之上海時所為，即只需同當地總督等詳陳利害並予以照會，則吾等將無任何異議。吾已送私信（此私信由下官轉交於後藤長官）於當時在廈之後藤長官，且於信中委婉表明如上旨趣。

一、此次日本欲出兵北京，立足於清國及歐美列國間，吾乃推察欲謀此地位甚為困難。

一、日本國軍隊受張、劉總督之托，完好保護了北京之宗廟。其時俄國將官主張焚燬之，但日本將官斷然拒絕，且所到之處皆愛撫清國百姓。日軍如上事件早已承知，感謝之言不知從何說起。

一、清國形勢已是景況日非，其原因在於朝廷用人不甚賢明，且在位大臣皆頑迷年老。

一、北清事件事發之時，余協同當地將軍、總督立即發電至北京申報征伐義和團之時，然其時電線不通，故而吾等意見未達朝廷，實屬遺憾。

如上內容之外，該布政使之種種憂國言語皆發自肺腑，觀其舉動發言沉著謙遜，實屬清國官吏中少有之人。且言及清國危殆形勢之時，幾度哀嘆，以至眼中含淚。

其次，按察使亦是素來力挺日本之人。就今次廈門事件，其一直深信帝國政府別無他意，甚至言道：若自身身在廈門將無此次意外發生。爾後更挽留下官於書齋內享用午飯。

總而言之，當地地方官大抵瞭解本國形勢日漸危殆且放眼亞洲僅有日本帝國尚能依靠。惟當地總督年老頑迷且貪念巨深，此情狀下官已數度申報。現如今將軍已不同其議事，布政使、按察使則非但不從其命，反而事事反對之。日前總督欲將洪災捐款挪為他用之時，便已同布政使激辯，總督氣急乃云「唯有一死」，豈知該布政使竟責難答曰：今時此刻即便是皇上陛下一死亦不足以全其責。又，就今次廈門事件，該總督乃主張縱然無法亦需同日本開戰，而將軍、布政使及民間之陳寶譜（琛？）氏全力反對之。此亦為確鑿事實。而下官拜訪之時，該總督竟稱因有電線而不得已聽聞種種繁雜之事，私以為此言論實在不應從總督之口說出。如斯可見，其人實屬無用，以厚利誘之暫且不說，即便同其親密交際亦有感於我帝國毫無利益而言。竊以為北清事變平定後需讓閩浙總督之類於日本有利之人替換現任總督方符帝國之利益。且說將軍深受張之洞氏之薰陶，布政使則為張之洞氏家族之人，此二人皆較為明白事理，依下官愚見，帝國實有必要同此二官及按察使締結密交，因該三地方官於地方位高權重、勢力龐大，且同其他列國領事間往來並不頻繁。譬如美國領事若非日前需締結當地外國僑民保護條約同各國領事及地方官相聚於廣東俱樂部，便未曾會見布政使及按察使。幸得下官介紹才算結識。

　　申報如上。

敬具

明治三十三年九月十八日

在福州　領事　豐島捨松（印）

外務大臣子爵　青木周藏　殿

（欄外注記）

「許總督對電報不悅一事前號報告已有提及」

九六九

貳 《日本外交文書》1900年廈門事件資料

九月十九日　廈門在職芳澤領事代理　發送

青木外務大臣　接收

為保護漳泉兩地教堂而交付（於地方官）一事清官發來照會之請訓

機密第五十二號

十月六日　接收

　　上月二十九日（清曆八月初五日），負責福建全省洋務事宜之楊、陳二人來報稱外國人管轄之各地教堂、醫院多為暴民所破壞。念及今後尚且危險難測，恐需暫時統籌、制定漳州、泉州兩地所存教堂之數量、位置、租借契約有無、家具等目錄清單，制定完畢後將此清單及各教堂一併交付於當地地方官。眼下，該地地方官已發來照會稱可代為保管。下官以為地方官就此事必定發送同樣照會於各國駐本地領事，遂前往咨問英美領事之意見，英領事乃覺如上照會實在不便，將斷然拒絕之，更欲發送對該照會之批評意見於福州總督。美領事方面雖業已發送目錄，但要求削減教堂醫院交付條約上之權利，且即便交付於當地地方官，日後必定多加困難，故應難以承諾（交付）。

　　原本條約已賦予清國官廳全力保護位於清國內地帝國臣民所屬寺院、學校之責任，清國官廳究竟是否盡到實際保護之責任暫且不論，其官廳確有時常竭力保護（我帝國在清設施）之任務。故而，帝國政府實無必要將寺院、學校等引渡於彼等之下。下官欲將如上旨趣答覆於閩浙總督，還望盡快予以批示。特此稟申。

敬具

明治三十三年九月十九日

駐廈門領事館事務代理

領事官補　芳澤謙吉（印）

外務大臣子爵　青木周藏　殿

九七零

九月十九日　廈門特派室田辦理公使　發送

青木外務大臣　接收

關於英領事之排日行動、謝絕清兵保護領事館及我軍登廈理由告示之三事稟申

附記　不需張貼我軍登廈理由告示之本省意見

機密第三號

十月十一日　接收

日英兩國海軍撤離之後，清兵取而代之守衛廈門市及鼓浪嶼兩地，我海軍登陸問題暫且於此告一段落，而當時英國領事所發自讚排他之告示則是百般非難我帝國行動，實屬卑劣，就此告示一事，已遵照閣下訓令由我帝國領事代理前去請求英國領事予以撤下，彼等竟食言不應，及至我帝國海軍歸艦後，方漸次除卻告示。此情況相信閣下已接得領事代理之報告而充分承知，然其後小官乃聽得傳聞稱，英國於張貼告示之同時亦有分發回文（英文）於本國人，且放肆告之本願寺布教所火災並非暴徒所為，各英商大可安心從事其業。如此一來，如上告示及回文則非但限於英國人，可謂已深印於住居於廈門市之國內外人之腦海。且如第二號密信之中所申，我海軍撤離之前廈門道台發於我領事處之謝罪書過於簡明，絲毫未盡我之意志。因而他日須擇時機令該道台明確解釋並布告我海軍登廈之真相，即：因廈門之拳匪四處張貼檄文或惡意散發謠言以致釀成本願寺布教所遭焚燬之不穩結果，帝國領事念及道台眼觀騷亂興起但又無保護彈壓之實力，不得已為盡保護普遍外國僑民之大任，遂向停泊港內之軍艦請求海軍登陸並見證登陸決行，且騷亂並非為帝國海軍登

陸所致。如此一來，便可悄然擊退英國領事之告示回文。同時令道台再行修正謝罪書使之更加明確則是關係日後最為緊要之事。眼下配置於鼓浪嶼各領事館及廈門市我帝國商品陳列所、東亞書院等其他各商舖之清兵在我海軍撤離談判起便處於反覆更換之狀，我方恐難以長久接受如此不完全、不規律之清兵保護。英國領事已謝絕清兵駐守於其專管租借之內，本邦將早晚效仿英國謝絕清兵守護且愚見以為連同各國領事館一同謝絕最為妥當。然配置清兵一事乃是當初領事會議上所定之決議，若想撤銷恐須重開會議，但觀眼下情狀乃可推測各國領事必定對此提案毫無異議。

另，聽聞道台因內密派兵正處於經費窘迫中，此時可一面同各領事密議撤兵之事確認其意向，一面以撤兵之事為藉口要求道台發布前述告示，此時提出此要求想必已不難實行。是否可於今後尋覓良機實行上述之手段，請預先訓示於帝國駐廈領事。密報如上。

敬具

明治三十三年九月二十五日

差旅至廈

辦理公使　室田義文（印）

外務大臣子爵　青木周藏　閣下

（附記）

各國領事及艦長碰頭會中，海關道乃發起提議各國海軍撤離之時，將往廈門各處配置兵力以保外國人之安全，大家皆允諾之而撤走本國之海軍。故道台之配兵乃是基於我方以為確有派兵守護必要之舉，若此刻由我方提出撤去配兵恐有失妥當。且，近日南方大有不穩之形勢，此刻萬一發生意外則必將對我帝國不利。故應等候道台發起提議令其自負責任方為上策。另，就帝國海軍登陸廈門真意之告示一事，念及此前洲門團練總局已貼出令我等滿意之告示，帝國政府認為既然已有此物，則已無必要再撰告示以對抗英國領事。總之，現已無需令道台再作告示以供不合時宜

之配兵撤離問題所用。

(阿部)

九七一

十月一日　廈門在職上野領事　發送

青木外務大臣　接收（電報）

縱火東本願寺犯人之處罰請訓及室田公使前赴福州之出發準備報告

十月一日　下午二時三十分　發送

十月三日　上午十時四十五分　抵達

青木外務大臣

駐廈門　上野領事

　關於東本願寺燒燬一事，僧侶及其他人員之取證事宜一如室田公使於機密第二號信文中之報告，終得告一段落。不知是否須同海關道就處罰暴徒一事進行交涉，靜候電訓。

　聽聞室田公使已數次面見廈門提督及海關道，而此二官始終與我方親密無間甚而開襟暢談，最後海關道更提議欲與室田公使及本官進行祕密會面，不日室田公使便同其約定相會於本領事館。室田公使於此會面結束後便即刻趕赴福州。

九七二

十月四日　青木外務大臣　發送

廈門在職上野領事　接收（電報）

不對東本願寺焚燬一事請求賠償之通知及犯人處罰事宜之回訓十月四日　發送

駐廈門　上野領事

青木外務大臣

無號

回十月一日所發貴電，東本願寺以慈善為教旨，故而今次將不請求損害賠償。但對罪證確鑿者需貴官採取嚴厲處罰之方法。

九七三

十月五日　廈門在職上野領事　發送

青木外務大臣　接收（電報）

廈門東本願寺燒燬問題之再請訓

十月五日　下午十時　發送

十月六日　下午三時　抵達

青木外務大臣

駐廈門　上野領事

第三號

回十月四日所發貴電，本官於十月一日電文中所述室田辦理公使之勸告內容

為：為達成日後協議,需添附僧侶所提出之申請及警部報告書於文件之中一併送與海關道,且因本願寺慘遭焚燬一事毋庸置疑乃是排外思想下(一語不明)之暴徒所為,海關道須通告立即著手緝拿兇徒之事。以上即為我帝國應採取之妥當手段。

本官現今毫無要求賠償之意向,靜候回電。

九七四

十月八日　青木外務大臣　發送

廈門在職上野領事　接收(電報)

東本願寺燒燬問題之回訓

十月八日　發送

駐廈門　上野領事

大　臣

無號

回第三號貴電,貴官可依所提請求行動。

九七五

十月九日　青木外務大臣　發送

廈門在職上野領事　接收

對清官所發為保護漳泉兩地教堂移交方案照會之應對措施回訓明治三十三年十月九日　發送

機密文件第十四號

駐廈門　上野領事

外務大臣

　　福建全省洋務事宜告曰漳、泉二道管轄區內之外國教堂，恐不知何時將為暴民所破壞，危險難測，當地地方官已發來照會令將教堂及相關明細目錄一併交付於地方官處由其代為保管。就如何回覆該照會一事，芳澤事務代理已於上月十九日機密第五十二號有所請訓，清國地方官有當然之（保護）義務，故而未如要求交付如上教堂等，全按貴官所提建議答覆之即可。特此回訓。

九七六

十月十日　山本海軍大臣　發送

青木外務大臣　接收

電訓通牒高千穗艦長同和泉軍艦輪換、歸國之事宜

附書　十月九日山本海軍大臣發與武井高千穗艦長訓令之抄本

海總機密第三百一十八號之二

十月十日　接收

如附頁所示已電訓高千穗艦長，特此通牒。

明治三十三年十月十日

海軍大臣　山本權兵衛（印）

外務大臣子爵　青木周藏　殿

（附書）

第二百七十七號（電報）

貴官解除保護帝國臣民之任務且須歸國，故而須讓和泉艦長繼承貴官所接訓令，而和泉、宮古二艦之增兵須同貴艦增兵一道搭乘貴艦歸國加入佐世保海軍團。

明治三十三年十月九日

海軍大臣

高千穗艦長　收

九七七

十月十三日　廈門在職上野領事　發送

青木外務大臣　接收

進呈廈門東本願寺教堂燒燬之相關文件

附書一　九月十九日上野領事發於廈門道台之信件抄本、焚燬東本願寺犯人之處罰請求

附書二　八月二十四日廈門領事館所附警部日吉又男所提交相關人士之訊問書抄本

附記（一）（二）（三）（四）

機密第五十三號

十月三十日　接收

關於廈門東本願寺布教所為兇徒燒燬一事，依閣下電訓指示已彙總為一冊文件，另就緝拿兇犯一事業已照會本地道台，詳情請參以下文件，還望知悉。附頁已添附抄本，特此申報。

敬具

明治三十三年十月十三日

駐廈門　領事　上野專一（印）

外務大臣子爵　青木周藏　殿

（附書一）

第一號抄本

今以書柬致貴官乃為本年八月二十四日午前零時三十分廈門山仔頂街大谷派本願寺布教所為兇徒焚燬一事。如布教所住持高松誓之申述（見附頁），該火災乃為兇徒所為，想必貴官業已得悉該情況且已著手搜索為害之罪犯，但至今尚未接得任何緝拿罪犯之通知，還請火速開展兇犯搜索之事。出於便利之考慮，特添附其時親赴現場搜查之領事館附警部日吉又男申報書及受害人高松誓、片貝治四郎、貴國國人趙振須三人之口供，特此照會如上。

敬具

明治三十三年九月十九日

駐廈門

大日本國領事　上野專一

大清國興泉永兵備道延年閣下

（附書二）

抄本

申報書

　　就本日午前零時三十分廈門山仔頂街大谷派本願寺布教所遭焚燬一事，下官當場召喚相關人士至領事館進行訊問。詳參附頁所示之口供書之後，下官乃確信今次縱火之人應是日前於龍岩州、漳州附近焚燬或破壞教堂之同出一轍之兇徒。特此申報。

明治三十三年八月二十四日

大日本帝國駐清國廈門領事館附

警部　日吉又男（印）

駐清國廈門　領事　上野專一　殿

（附書附記一）

抄本

口供書

問：報上閣下住所、姓名、年齡、職業。

答：原籍福岡縣八女郡下廣川村大字一條千二百五十二番地士族，當時宿於廈

門鼓浪嶼小島榮藏方,僧侶,高松誓,三十九歲零四月。

問:閣下所在職之布教所位於何處?

答:於漳州布教所及廈門布教所兩處兼務。

問:廈門布教所事發當時誰任住持?

答:住持為本多文雄,但當時其已返鄉,不在之時委託鄙人暫時主持事務,亦將此事口頭告知於領事。

問:為何不居於廈門布教所而居於鼓浪嶼之小島榮藏方?

答:其一因為房間狹窄,但主要緣由在於由漳州返回後身患疾病,居於鼓浪嶼便於療養。

問:請詳述廈門大谷派東本願寺布教所焚燬經過。

答:昨夜於鼓浪嶼有一法事,鄙人與泉州布教所住持水谷魁曜、廈門布教所在職之宮尾　秀從晚上七時半左右開始集合、開始法事,爾後準備佛事供養之餐,用餐結束,時間已大致過十一時。當時居於廈門布教所之宮尾　秀即便歸所也應是深更之時,念及此過於危險,遂令其跟我等一起借宿於之前曾宿之小島榮藏方,其不在時便委託其學生片貝治四郎代為監守。該人在晚間九時半前後闔眼小睡,及至本日零時半附近,四周忽轟然響起喊聲、槍聲,亂作一團,其起身離床乃察覺室內及樓上已全為烈火所包圍,遂立即奔至佛殿,只見佛殿亦四面皆焰火,遂勉強搬出佛像使之尚能供奉,僅以身免出逃。無需贅言,佛殿內所有佛具及各室家具、法衣、貨幣等連同住居於此地之人所有物品、廈門布教所住持本多文雄(其時不在,業已歸國)及先前察南清動亂先兆而逃至本地之泉州布教所住持水谷魁曜、漳州布教所在住留學生龍山嚴正、前述片貝治四郎、山田德市(與片貝同住)、傭人、鄙人之所有物品盡數化為灰燼,無一救出。現場之情狀請相問於片貝治四郎。

問：該布教所為誰房屋？

答：此為租賃之房。

問：既為租賃，則一月需付租金幾何？

答：尚不清楚，且容他日查明再行報告。

問：則該房屋損失幾何是否承知？

答：此問題亦容他日查明再行稟報。

問：是否已調查布教所內器具、雜物及各人損失幾何？

答：此問題亦容他日查明再行稟報。

記錄如上問答而念之，供述人答曰別無相異，故請供述人署名、蓋章。

明治三十三年八月二十四日

大日本帝國駐清國廈門領事館

警部　日吉又男（官印）

高松誓（印）

（附書附記二）

抄本

口供書

問：報上閣下住所、姓名、年齡、職業。

答：群馬縣吾妻郡岩島村字岩下百七十八番地，當時宿於廈門山仔頂街大谷派本願寺布教所內，遊學清國，片貝治四郎，三十歲。

問：為何宿於廈門本願寺布教所內？

答：平素得漳州府城內大谷派本願寺住持高松誓氏之知遇，本年四月初始便居於漳州布教所，上月因北清地方形勢不穩波及漳州，領事館亦多有提醒，高松誓遂暫時撤逃至廈門，其時鄙人亦隨之於七月三日始入住廈門布教所。

問：請詳陳布教所焚燬前夜之情狀及逃出布教所時之情況。

答：前夜即八月二十三日午後因有他事外出，及至六時左右返回布教所，同於布教所通勤之宮尾氏因有佛事需受邀外出，七時前後宮尾出行。鄙人則一如平素獨自晚酌，爾後廣貫堂主人隅田岩次郎來訪，於是交杯互酌，及至九時附近，隅田歸宅，鄙人亦於九時三十分附近就寢。然之後聽聞喊聲槍聲遂起身觀望，只見房屋橫樑業已起火，驚愕之餘迅速趕至佛前，且將佛像拆卸而攜之跑至中庭，爾後打開前門，毫無猶豫跨過門側煉化塀，終出門外，又一路小跑直奔領事館。途中念及僅著洋　襯衣，遂就近跑至水仙宮街廣貫堂，借得浴衣兵兒帶，之後再趕往領事館緊急匯報。

問：醒來之後是否有聽見喊聲或槍聲？

答：醒來之後飛速趕完佛前拆卸佛像，其時布教所正門左側之公共便所方向聽得槍聲及喊聲。

問：其槍響幾發？且喊聲是否為多人之喊聲？

答：當時狼狽至極，加之烈火燃燒之音，故難以辨別究竟槍響幾發，但喊聲應是多人之聲。

問：於門內或門外有無遇見可疑之人？

答：跑至馬路街之前或滑或跌十分狼狽，僅記得公共便所至小道間響有多人之聲。

問：當晚布教所內有幾人？

答：僅有布教所僱用傭人及鄙人二人。

問：傭人及閣下誰先察覺火災？

答：火災初始究竟誰先發覺恐難以分辨，但鄙人中途前去廣貫堂之時，傭人告知鄙人其少頃之前已有來此借租賃舢板之銀錢，現急赴領事館，言罷便小跑離開了。之後，行抵鼓浪嶼後咨問其情況，乃知其逃出布教所之時，見大門已開遂於前門逃出。由此可推，應是鄙人首先逃出布教所，但傭人為當地土人熟悉近道，故而先行抵達（廣貫堂）。

問：閣下之衣物、道具是否皆已燒燬？

答：是。皆已燒燬。

問：前夜之後是否有其他線索？

答：暫無線索，宮尾君外出，鄙人獨自晚酌之後就寢，並無其他線索。

記錄如上問答而念之，供述人答曰別無相異，故請供述人署名、蓋章。

明治三十三年八月二十四日

大日本帝國駐清國廈門領事館

警部日吉又男（官印）（因未攜印章故以拇指印之）

片貝治四郎（印）

問：先前之問答中，閣下有提及衣物、道具是否皆已燒燬，其燒燬損失價格幾何？

答：恕無法當場回答，但歸去後可查清且列作損失目錄書提交於閣下。

於先前問答之後予以追錄，供述人同本官共同署名、蓋章。

明治三十三年九月五日

大日本帝國駐清國廈門領事館

警部　日吉又男（官印）

片貝治四郎（印）

（附書附記三）

口供書

問：報上閣下住所、姓名、年齡、職業。

答：清國泉州府泉州西門外，振須，十九歲，大谷派本願寺布教所傭人。

問：閣下何時開始受僱於本願寺？

答：新曆本年六月二十日附近開始為布教所所雇。

問：請詳陳火災始末。

答：當晚十一時三十分前後鄙人已就寢，少頃聞得噪音轟然不得已醒來，只見週遭已是一片火海，加之聽得槍聲響起，遂立馬奮起起身，然此刻多人蜂擁而進之聲、破壞門扉之聲等混雜，（深感害怕）一度鑽至床板之下，但念及此處並不安

全，稍過片刻後直接奔出門外，爾後欲將此急情告於布教所教師宮尾，遂徑直朝鼓浪嶼奔去，但因無渡船銀錢，故又折至水仙宮街廣貫堂處找其主人借得二十錢渡船錢隨即渡至鼓浪嶼將情況告於宮尾。

問：閣下為轟然噪音驚醒之時，是否聽見槍聲？

答：是。有聽聞槍聲。

問：槍聲在哪個方向響起？

答：房屋內外皆有之。

問：大約有多少人闖進屋內？

答：應有四五人。

問：此四五人有做何事？

答：余觀之來回奔走縱火。

問：閣下逃出之時，是否有目擊門外有人？

答：記得門外約有四五人。

問：此四五人是否未對閣下做任何事？

答：是。

問：是否有看見其手上持有任何物體？

答：未見其手上有任何物體，只聽得「起火啦！」、「救命」等喊聲。

問：閣下住於哪間房？

答：居於進門後左側之傭人房間。

問：閣下逃出後是否再也無事？

答：鄙人從房間出來之時，仍在門內，但見椅子橫飛，途中未遇任何人。

問：前述四五人是否與你說話？

答：未說任何話。

問：片貝與閣下，誰先逃出布教所？

答：片貝寢於內，而鄙人寢於外，故而應是片貝較早逃出。

問：誰更早折至廣貫堂？

答：鄙人抵達廣貫堂之時，尚未見片貝前來。

問：前夜或前日有無任何可疑之處？

答：無。

問：閣下逃出之時，前門是否已敞開？

答：其時，前門已壞。

記錄如上問答而念之，供述人答曰別無相異，故請供述人署名、蓋章。因供述人目不識丁且未攜印章故本官代筆且令其以拇指印之。

明治三十三年八月二十四日

大日本帝國駐清國廈門領事館

警部　日吉又男（官印）

振須（拇指印）

（附書附記四）

抄本

明治三十三年八月二十四日凌晨零時三十分前後，我真宗大谷派位於山仔頂街之本願寺布教所為兇徒縱火焚燬，非但妨害凌辱我教將來之布教，亦使我等一切財物皆化為烏有，還請火速照會當地官廳並予以適當處置。特此懇請。

明治三十三年九月五日

真宗大谷派本願寺廈門布教所住持　高松誓

駐廈門領事　上野專一　殿

九七八

十月十三日　廈門在職上野領事　發送

青木外務大臣　接收

就東本願寺燒燬一事請求處罰犯人之始末報告

機密第五十四號

十月三十日　接收

因本地大谷派本願寺布教所遭縱火焚燬而請求本地道台緝拿兇徒之事宜已於本月十三日機密第五十三號信文中詳盡申報。聽聞如上照會上月十九日小官歸任前已由室田公使呈報於閣下，下官亦承知公使之意見，且與公使相談之中談及是否可依照日前申報而採取舉措，遂於本月一日發電報相問於閣下，四日便接得回電，依該回電之旨趣，下官乃推察我方於本月一日所發電信或有未盡其意之處。慎重起見又於本月五日發去第三號電文，電文內容幾乎為重複室田公使之申報旨趣，今次回電終得「可依電文中所提意見行事」之回訓，遂於昨日十二日，附上事前彙編成冊文件之漢文譯本，照會於當地道台，望閣下承知。具申如上。

敬具

明治三十三年十月十三日

駐廈門

領事　上野專一（印）

外務大臣子爵　青木周藏　殿

九七九

十月二十一日　廈門特派室田辦理公使　發送

加藤外務大臣　接收

赴福州出差而望增補芳澤官補為同伴之稟申

機密第四號

十月三十一日　接收

下官本計劃於本月初旬由廈門出發赴福州出差，但自月初開始患上惡性痳剌利

亞症，臥床兩週有餘，終漸得痊癒，遂於本月十八日由廈門出發並於前日十九日抵達福州。本日已歷訪總督、福州將軍、布政使、按察使等，之後更與將軍及總督相約分別於二十三日、二十四日再於我領事館中會面，屆時可乘機嘗試同其協議我帝國內訓諸事。且業已同廈門當地提督、道台達成密議，視場合恐需告知上野領事當地協議之模樣，在同上野領事商議之後乃決議派遣廈門領事館芳澤領事官補伴我差旅福州，還望予以準允。一併具申如上。

敬具

明治三十三年十月二十一日

駐福州

辦理公使　室田義文（印）

外務大臣　加藤高明　閣下

九八零

十月二十二日　廈門特派室田辦理公使　發送

加藤外務大臣　接收

適當督促道台緝拿焚燬東本願寺犯人及妨礙我台灣施政之賴阿乾等匪徒之稟申

機密第五號

十月三十一日　接收

　　就照會當地道台緝拿焚燬廈門本願寺布教所縱火犯人一事，已於九月五日機密第二號信文中詳陳鄙見。如上行動乃為遵照上野領事之訓示而為之，及至近日終得發送照會文。然，緝拿犯人對清官而言似為至難之事，嘗試敦促之亦恐其敷衍職

責，如先前劃定專管租借之時一般，使用搜捕乞丐之輩充數之卑劣手段。照會文發送完畢後，上野領事乃會見延道台談到縱火犯人之事，領事方面正竭力調查中，還望道台方面以在可及之範圍內搜索犯人，務必緝拿真兇歸案，且並非逼迫其必須於近日完成緝拿之工作。且說割讓台灣之時，從台島逃至廈門之人或素來便居於廈門附近之清國人時常放出排斥日本或收復台灣之謠言，又同台灣匪徒串通一氣或讓其抵抗我帝國於台灣施政，或於台灣納稅期前讓其渡至廈門以策劃掠奪民間儲蓄之資財。聽聞時常妨礙台灣施政之賴阿乾為首之十餘名惡漢眼下正住居於廈門，且有形跡證明焚燬本願寺之事件乃為彼等乘此次北清事變之機教唆人為之。現列其姓名以期悉數逮捕投獄，更應臨機應變敦促道台斷然決行，以掃蕩該群惡黨根底，讓其烏合之輩主動斷其念想，同時讓其不再策動為害台灣之行動。下官深信此為當下最為緊要之事。誠然，下官亦擔憂依廈門延道台目前之實力一時恐難以逮捕賴阿乾等數名惡漢，但下官先前面會提督之時，已親切婉言勸告之，且該提督看似對日清兩國將來之利害點甚為熟稔，故於逮捕惡漢之事上，其必定全力輔佐道台斷然決行。如上內容，還望閣下於審慎評議之後，訓示於上野領事。再申鄙見。

敬具

明治三十三年十月二十二日

駐福州

辦理公使　室田義文（印）

外務大臣　加藤高明　閣下

（省略）

爾後於當地調查所得惡漢人名已添附於附頁。倘若確實採納愚見，還望就人名一事咨問於台灣總督。

（附頁）

賴阿乾　黃文開　林清秀

蘇　力　黃曉潭　王赤牛

蘇　俊　許紹文　吳清秀

陳俊鄉　許木春

九八一

十月二十二日　廈門特派室田辦理公使　發送

加藤外務大臣　接收

謝絕清兵保護及我海軍登廈理由告示之再請訓

附書　我海軍登廈理由告示文案

機密第六號

十月三十一日　接收

　　愚見以為應開啟談判以選擇時機撤回駐守於廈門各國領事館及我商店之清兵，同時敦促廈門道台布告我海軍登陸之真相，揭示廈門附近之騷亂並非由我海軍登陸所惹起。竊以為此乃當前最為必要之事，相關旨趣已詳陳於九月二十五日機密第三號信文之中。眼下已至（布告之）合適時期。倘若採納愚見，則還望閣下訓示上野領事開始前述談判。文末添附敦促道台發表之告示文案。特此具申如上。

　　　　　　　　　　　　　　　　　　　　　　　　　　　　　敬具

明治三十三年十月二十二日

駐福州

辦理公使　室田義文（印）

外務大臣　加藤高明　閣下

（附書）

告示文案

先前廈門及附近地方之拳匪四處張貼檄文且土匪橫行，當地已呈不穩之勢，且日本教堂慘遭焚燬，當地頓時陷入危險之狀態。日本領事為保普遍外國僑民之生命財產安全，遂從停泊港內之軍艦派遣若干海軍登陸廈門，此舉絕無他意。英國登廈之舉亦如是。

其後，本道台乃以為治下之兵足以保護普遍外國人之生命財產之安全，遂同日英美三國領事及艦長商議之後，作出如上保護之承諾，且以我清兵代替日英海軍守備廈門、鼓浪嶼兩島至今。然今時今刻廈門已回覆平穩已無必要駐兵，故又同各國領事等達成撤離我駐守兵員之決議。還望日後注意不為謠言所惑，更不應橫加滋事。

特此布告於治下之民。

年　月　日

道台名

九八二

十月二十七日　廈門特派室田辦理公使　發送

加藤外務大臣　接收

同閩浙總督及福州將軍會談經過之報告

機密信文第七號

十一月八日　接收

　　如本月二十一日機密信文第四號之所申，昨二十六日為止下官乃一直同閩浙總督及福州將軍或於當地領事館或於總督衙門進行會談，且每天幾無休日，次次會面亦均談至四五小時。最初之二次會面，總督雖未責難我政府於廈門事件之舉措，但依然裁定事件之責還在帝國駐當地領事之身，且時而列舉事實，時而發表評論，如泄胸中之不平。對此，小官皆逐一反駁並予以解釋說明。另，就逮捕焚燬本願寺真兇一事，小官乃言明責任在於當地地方官，且詳陳務必展開充分搜索以緝拿真兇歸案之理由。二官聽罷似乎自知本方論據之不確鑿，遂一改先前之態度，轉而與下官開襟懇談。席間，下官乃依長久商議之內訓主旨且懇切開示道：福州地方中國關係不同尋常，因而我政府將毫不躊躇而輔助之，且諸事儘量聽從我帝國之勸告，日後不論當地發生何等事變，大可前來求帝國之支援，此點想必也自不待言。萬一今後某國向總督等提出協同一致行動云云之請求，畢竟不知其內心包藏何種企圖，故而以斷然拒絕為佳。待小官詳細說明一己之見後，彼等似乎已深切瞭解依靠中國乃最為緊要之事。然，僅憑口頭之陳述小官尚難以信任之，今後將再擇時機，以更為明確之方法使彼等表述其意思。

　　以上數次會面，除總督將軍外其餘閒雜之人一律退至門外，惟領事作為會談之翻譯而在座，且與總督、將軍約定所有談話必須相互固守祕密。今後應只需一至二次會面便足以大致貫徹我帝國之旨趣，且說清國人生性好放流言，故而暫無見其顯露惹起一般疑心之模樣。另，面會各國駐當地領事及海關長時，乃察其眼下尚未注意小官之行動。然，每日皆有總督、將軍等如此大官來訪畢竟於當地來說太過罕見，因而倘若此番交涉之結果挑起各外國領事或其他人之猜疑，且恐為帝國帶來不利之時，則需暫緩總督、將軍表述意思之計劃，而小官亦將立刻撤離當地，踏上歸國之途。

報告如上,特此具申。

敬具

明治三十三年十月二十七日

駐福州

辦理公使　室田義文（印）

外務大臣　加藤高明　閣下

九八三

十月三十日　青木外務大臣　發送

廈門在職上野領事　接收

關於各國撤兵後清兵所發起保護外國人提議及我遣兵真意告示得失之回訓

明治三十三年十月三十日　發送

機密文件第十六號

駐廈門　上野領事

外務大臣

　　已知悉日前室田辦理公使事先向貴官請訓是否可要求撤去配置於廈門市及鼓浪嶼之清兵,且以撤兵為口實要求道台明確布告帝國海軍登陸廈門之真意。（配置清兵一事）乃是先日各國駐當地領事及艦長會合之時,由道台所提出之提議即如若撤回外國海軍,則將配置清軍保護外國僑民。其時我帝國已應允,日英兩國海軍一撤

203

離道台便已取而代之配置清軍。畢竟配置清軍符合以兵力保護我帝國臣民之必要，故如無充分理由而於今時提出撤離清兵配置之提議實在有失妥當。且提出該提議恐將給道台一個他日萬一之時不能保護我方之口實。有鑒於此，眼下唯有等待道台自身發起提議，屆時我方只需參與審議即可。另，關於我帝國海軍登陸廈門之旨趣一事，既得團練總局所發充分明了之告示，則已無必要特意借清兵撤離問題為口實而求道台發布告示。

訓示如上。

九八四

十一月六日　廈門特派室田辦理公使　發送

加藤外務大臣　接收（電報）

同閩浙總督及福州將軍會談始末及歸廈準備之報告

福州　一九零零年十一月六日下午六時　發送

一九零零年十一月六日下午十一時四十分　抵達

十一月六日第四號。關於下官於十月二十七日所發之機密第七號信文，閩浙總督及將軍均已深切瞭解下官所言，更送信文一封表述其所思。今晚下官將至馬尾且於明天啟程返廈，屆時將滯留廈門數天以同提督及道台會面，爾後再行回國。另，芳澤領事官補已於十月三十一日返廈。

室田

九八五

十一月十二日　山本海軍大臣　發送

加藤外務大臣　接收

就南海警備而訓令遠藤司令官之通牒

附書　十一月十二日所發如上訓令之抄本

海總機密第三百六十二號

　　　　　　　　　　　　　　　　　十一月十三日　接收

已如別頁所示電訓遠藤常備艦隊司令官，特此通牒。

明治三十三年十一月十二日

海軍大臣　山本權兵衛（印）

外務大臣　加藤高明　大人

（附書）

請貴官適時巡航於上海以南廈門以北之海域，且應派麾下艦船出港而進行射擊等演習，但須留一艦泊於上海，鎮西號則適當留之於長江一帶。

明治三十三年十一月十二日

海軍大臣

遠藤司令官

九八六

十一月十七日　廈門在職上野領事　發送

加藤外務大臣　接收（電報）

就謝絕清兵護衛一事接令

十一月十七日　發送

十一月十八日　抵達

加藤外務大臣

駐廈門　上野領事

第十一號

　閣下於十月三十日所發機密第十六號信文已於十一月十七日接收。我帝國政府已掌握進一步攫取中國利益之方法，而閣下所持「海關道提出撤兵前暫且滯留清國護衛兵於當港內」之意見則與下官意見相一致。

九八七

十二月十日　廈門特派室田辦理公使　發送

加藤外務大臣　接收

廈門‧福州出差覆命書

附書一　義和團告示

附書二　閩浙總督來函

附書三　閩浙總督牒文

附書四　廈門領事館附警部報告書

附書五　相互保護條約

清國出差覆命書

　　視察廈門事件之始末，其始之時乃先見該地本願寺布教所煙火瀰漫，我帝國領事館員見狀先是感嘆當地社會人心惶惶，又奔赴實地忙於偵察而毫無閒暇，最後乃迅速向泊於港內之帝國軍艦請求海軍登陸。至於事件原委則可參見別頁第四號廈門領事館附警部所撰申報書。

　　廈門之住民目睹伴隨布教所遭縱火焚燬而來之帝國海軍登陸廈門之舉動，便已揣測臆斷事端已然爆發戰幕即將於廈拉開，霎時男女老少之狼狽已不可用言語形容——搬家具、閉店門、紛紛逃往內地，當地商業幾近完全癱瘓，且人心已騷亂不堪。不久，事情終得判明，我海軍亦適時從該地撤離，人心漸趨安定，時局亦首次回歸平穩。且說此本願寺布教所縱火之事實，最初抵達現場調查之人乃是英國駐廈門領事，次之廈門道台亦在著手調查後斷言此事並非支那內地屢屢得見之暴黨匪徒所為，且立即派遣數名清兵至火災地予以警戒。而我海軍突然於此刻登陸導致地方官及一般市民無法理解登陸之理由，帶來非常之驚愕亦不足為奇。早前割讓台灣之時已成我軍俘虜之支那士兵或於台灣戰敗後潛逃回廈而居於附近地方之人亦素來對本邦人民胸懷不快之念，時常散播排斥日本或收復台灣等種種流言，今次伴隨我海軍登陸廈門，遂乘廈門動亂之際，多有煽動愚民而欲製造更多混亂，此已是毫無爭議之事實。而此等不逞之徒雖勢力甚微，自操干戈而又無抵抗中國人之勇氣，但逼得福州總督、廈門提督等大幅增兵於炮台，全然一副與我兵力抵抗到底之勢，幸得我海軍及時迅速撤離，使其未生抵抗之端便已罷手。且說外國人於此間之注意力可謂顯著，廈門事件之前，港內未曾見一艘外國軍艦，（事件發端後）頃間俄法英德美諸國軍艦同時泊入廈門港內以關注我軍之一舉一動。內外疑懼相繼迫近，廈門形勢頓時陷入頗為不穩之境地。而小官正是於此時節抵達廈門。

　　小官剛到達該地，廈門提督及道台等便臆斷日本政府別有異心，頻繁述之於下

官,下官則轉向外國領事及艦長等訴苦,同時抵達後偵察當地情況乃知原本當地受北清動亂餘波之影響,已呈現些許不穩之徵兆。且第一號文書流落民間、福州城內出現焚燒教堂之暴舉。在此動亂背景之下,本願寺布教所突遭縱火焚燬。中國領事此時請求暫時派遣海軍登陸以保護僑民之行動實屬不得已之緊急對策。有鑒於此,下官乃向廈門提督及道台等懇切詳陳如下旨趣:

中國政府對清國絕無異心,然誠如第一號文書所言,清國人對我邦胸懷敵意且福州城內興起焚燒外國教堂之暴舉。觀此形勢我帝國政府乃擔憂不知何時將危及七百餘名(本邦及台灣有籍者)帝國居廈臣民,故不敢怠慢保護之事,然依舊未防得本願寺布教所縱火案之突然發生。事已至此,派遣海軍登陸廈門保護僑民可謂是迫於形勢之不得已之舉。且海軍登陸後迅速著手調查種種情況,確認應無後續動亂之後立即撤離海軍,此亦是我帝國未懷異心之佐證。如若貴國地方官開始之時便履行自身職責,逮捕縱火兇徒,確證此事非暴徒所為,則恐無海軍登陸之事。但有道云既往不咎,既已至今日地步,則需致力恢復舊時秩序,召還住民,重開市場,令各自安其業。如上舉措應是眼下地方官所努力之要務。

提督道台等聽罷後乃恍然大悟,就先前之誤解而致歉,之後遂官民一致努力恢復當地平和。如斯不過數週,事態便漸次回覆至舊時之狀,逃亡者紛紛歸來,重開商舖。且帝國政府又命中國領事於手續之必要性考慮,為查清縱火之事實遂召喚本願寺代理僧、借宿於布教所之本邦人民及清國人錄製口供並附上領事館附警部所寫申報書於要求道台迅速緝拿真兇、查明縱火目的之照會書中讓領事代為發送;另一方面乃同道台親切面談告知其曰:雖難以要求必於今日之內緝拿真兇,但請求務必切實逮捕之,如若使用譬如搜捕乞丐之流而加以處罰之慣用手段,則恕斷然不能原諒。中國領事將盡力偵察,一旦發現可疑之人即密報地方官以期為地方官之緝拿提供便利。又對提督言曰:如若道台有感力量不足以緝拿犯人,帝國政府將盡力助之。(下官之所以如此言於提督及道台乃因台灣逃往暴民之首領現潛伏於廈門周邊且有十餘人時常妨礙台灣施政,可藉此次良機將此等亂黨暴民作為縱火嫌疑人逮捕投獄,如此一來便可達成斷絕台灣拳匪根源之目的)。此時廈門已大抵回覆如初,外國領事及軍艦等亦日漸放鬆對本邦之注意。

爾後小官又親赴福州，由十月二十日起始逐次拜訪總督、將軍、巡撫、布政使等。彼等皆同時談及廈門事件曰：雖瞭解帝國政府並無野心，但領事所作派遣海軍登陸之舉措實在有失穩妥，乃後更輔以種種事例不住傾吐不滿。小官聽罷乃以日前答覆廈門提督之同一旨趣百般說服，終使彼等承認廈門事件責任應在地方官。僅此會談便已耗時兩日，且每日會面時間可長達六小時，但經此會面，彼等亦日漸瞭解帝國政府之意向而放棄原來主張，如堅冰消融般豁然開朗。此外，小官又嘗試對總督之下官員諄諄詳陳如下之意，望之贊成下官之希望：

　　福建省緊接台灣，他朝倘若福建有事，則台灣必然受其影響，抑或他國若侵入福建省則日本將直接感其痛癢，兩者關係緊密如此，日本政府於全體支那中可謂最為熱心福建之平和。故貴官在鎮撫當地之際，求援於他國或是釀生內亂皆為日本所不欲。亦正因為日本政府熱心維持當地平和及安全，眼看廈門發生事變即派遣海軍登陸，於此便可明察帝國熱心之形跡。現假若當地騷亂蜂起，此時如僅憑貴官獨力，不論有多少人都恐將難以鎮壓。以此觀之，此時貴官同下官建立可充分安心之設施乃為雙方眼下甚為緊要之事。然，儘管如此，此時如欲同全福建締結某種契約，且不論各位貴官思維如何即刻決斷，但求胸襟釋然而瞭解依賴中國之事理。為表其實，還望同意下官如下之提案：

　　如放任近日之小康，則難保他日廈門將再生禍亂。而一旦遭此不幸，則必然產生派遣帝國軍隊登陸之必要。然，廈門炮台若對帝國軍隊登陸持遏制之態度，則將帶來民心騷亂，商業停滯之不利後果。故而，此時廈門地方官應竭力採取保人心平穩之策，而中國軍隊應盡力避免開進人口稠密、道路狹窄之市街或城內，帶來人心動搖（因市街及城內多濕且不潔，風土病甚為流行，日前中國海軍登陸之時派遣至該處之許多兵員罹患「麻剌利亞」熱，將來我軍實有必要避開該處，特於此說明）。此外，支那兵還須同日本兵聯合一致駐屯於全島沿岸要塞，隱然守護島內，鎮壓暴徒，防備他國之侵害。如此一來，周圍四十里、人口四十萬之廈門則得以永遠維持和平，日前廈門市民前往內地避難之事實完全消散，甚而將招來內地人民前來廈門島內避難。其時，毋庸置疑，廈門島內之和平非但不為所害，且將帶來商業繁榮之結果。故，如若貴官明辨事理而贊同下官之意見，還仰裁決下官傳達上意於廈門提督且期其實行。

總督以下之官員聽罷後皆已深切瞭解下官之意見。而暫時同將軍協議之後，其乃答應諸事上將滿足下官之希望且又取出訓告廈門提督牒文之草案。下官取捨之後乃請求道望其公然發送牒文，且牒文謄本需以公文之形式由總督發送於小官。第二號及第三號文書即總督發送於小官之來函及牒文謄本。聽聞寄送此牒文謄本之時，諸官間有些許異議，但總督斷然不為所動，排除異議而致於下官，足以窮知總督對下官意見確信之程度。

　　下官與總督以下之官員開啟如斯談判之時，除英國泊軍艦二艘於川石島及馬尾之外，並無他國軍艦來泊，然陸上俄英法德美等各國領事則密切注目下官之一舉一動，且流言百出，或稱下官此次前來之目的乃為接收福建。想來，總督將軍相伴日日拜訪帝國領事館，且會談每每長達五六小時或是小官前去總督衙門進行數小時之會晤，如上情況於當地乃是未曾有過之罕事，亦難怪吸引各列國領事之注目且流言百出了。其時恰逢天長節，小官遂乘機前後數次宴請招待各國領事、軍艦士官、僑居當地且舉足輕重之外國人、勢力龐大之清國商人等，嘗試竭力避開世人耳目，且彼等就保護軍艦一事同下官持同一意向，故而又再行招待。在諸般努力下，同總督之談判終於兩週後開啟，且談判亦同預期目的一致，取得順利結局即如第二號及第三號信文所示，總督以下之地方官已然信任帝國且欲舉廈門一帶地方完全置於帝國指揮之下。如此，支配當地和平之實權可謂已完全回歸我帝國手中。

　　小官結束如上談判後乃重歸廈門，先是面見提督且問及總督是否已發送命令書，提督答云已領會命令之意，其後更吐露如下實情：

　　當初廈門事件興起日軍登陸之時，總督乃命下官極力抵抗日軍，而下官雖明知毫無勝算，但仍嘗試抵抗，直至不敵日軍方下罷手之決心。所幸日軍迅速撤離使雙方未開戰端，此舉乃為兩國之利故而應為最需慶祝之事，而今次事情之順利和解則符合雙方將來之利。而對已承接之總督命令，下官乃服膺贊同之，故而已做好其充分實行之覺悟。若他日遇事貴國需遣兵登陸本地，下官將歡迎貴國將士於適當地點登陸，竭力協同一致得其援助而藉之鎮壓禍亂。

　　見提督言辭頗為明晰且決心為深切，下官遂繼續陳說道：

既得貴官如此深切之決心,則彼我間不應再懷他意,而為表同心一致之實,還望貴官準允小官實地檢驗炮台最為牢固處之內部,以供他日實施防備之參考。且現今恰逢我帝國和泉、宮古二艦泊於港內,煩請準允該二艦艦長等一同參與檢驗。

提督聽罷毫無猶豫之色便予以允諾。翌日於炮台附近之練兵所衙門設午宴招待小官一行,因而小官便與和泉艦長成田大佐、宮古艦長八代中佐、參謀本部所派土井陸軍大尉、海軍軍令部所派佐野大尉及上野領事一道臨場,爾後對方又開放炮台,且炮台司令官等眾將士紛紛出列歡迎小官一行,並一一指示武庫、火藥庫及備用炮之作用等。由此可見,提督以下之官員於接得總督命令後顯然已做好依賴我帝國之覺悟。

小官乃確認總督及提督別無他意後,乃於先前離開福州及今次離開廈門之際對二官及帝國領事懇談如下:

既已得雙方互開胸襟且提督深表其實,還望今夜總督等地方官於職責之外視帝國駐福州、廈門兩地之領事為顧問、摯友,相互協商、相互扶持,於此般時局或遇他國就福建省內事項而欲密議之時,同帝國領事周密商議而不致誤事。

總督及提督聽罷皆欣然允諾。

如上所言即為今次小官出差廈門之時,作為廈門事件善後之策而面會清國地方官,竭力促成妥協協議之始末概要。

想來,廈門一帶地方與我台灣相對,二者關係甚為密切已自不待言。如若本邦人欲開拓南清貿易,則必先於此地求得立足之地。且台灣統治秩序已與廈門地方之治亂盛衰實有莫大關聯。但查居廈之本邦人經營事跡,乃感其愈加忸怩。本來廈門福州兩地為五十年來英國投下巨資、排除百難所造之盛域,然查本邦人於此南清要地所收成績僅如下文所示:

於廈開辦商店之本邦人僅有九名,其中除台灣銀行支店、三井物產會社支店(兼大阪商船會社代理店)二店,剩餘七名本邦人之資本總額僅為一萬餘　　。而居

廈開店之台灣人則有八十餘名，其資本總額約為七十五、六萬　。當然，其中多有人為逃釐金稅而入台灣籍。然於廈門一年總額可達兩千萬兩之貿易大抵已入英國之手，美國德國次之，本邦人則資金薄弱不值一談，於《馬關條約》所獲之專管租界任憑拋擲而空放之，毫無經營之跡象；且媾和條約第八條第三項明確記載「可於通商港口附近之各市場租借倉庫」之所得權利亦至今尚未行使。與之相反，英國人依照利益均霑之原則，大肆享受該權利，譬如於石碼鎮（位於距廈門數十里處之河邊，居於廈門同昌（漳）州府中間，與昌（漳）州府一樣均可稱作廈門之原料市場）租賃倉庫，貯藏貨物，大獲條約所帶來之利益。

此外，於福州英俄德法之商人亦擁有相當財力且大興經營商業，掌握當地商權。對比之下，本邦人於此開商舖者僅有十四名，且資本總額僅為九千　上下。而居於當地之台灣人雖僅有九名，但其資產總額約有六萬二千　。當地專管租界亦至今閒置無人著手用之於一事。

事態如斯，無論福建省抑或廈門全島，如欲收之於我帝國版圖，則首先應投其財力，並於商業交通之上樹立帝國勢力而後再行慢慢計劃。若像今次一般直接做出威嚇之舉動以圖占領當地，德義上暫且不談，從其舉動本身而言已甚為不妥，故而絕非上策。然，所幸小官此次出差至當地乃同總督提督等進行談判，結果順利與之締結盟約，既已得於此打開對福建同盟之端緒，則絕不可等閒視之，且須於日後仍需隨時警戒注意。想來，視必要場合而踐行此盟約雖極為容易，但眼下仍須盡力與盟約之國建好交情，漸次擴大盟約之範疇乃至輻射至整個福建省或浙江省，以圖該地方一帶之永遠和平，並讓其屈服於我帝國威力之下。日前有一福州當地巨賈在小官滯留當地之時，前來拜訪稱希望能於帝國專管租界內開辦商店，並託付其生命財產於中國租界行政規則之下，但求能安全營業。當地清民於北清事件後聽聞我帝國軍隊紀律嚴明，愛撫清人，故仰慕帝國國威而欲立於帝國治下。竊以為此乃不應錯過之大好時機，依照前述盟約而於當地扶植帝國威信實乃今時今日最為緊要之務。有謠言稱本邦人內外相應出沒於南清各地，且祕密同孫逸仙等人相互聯繫似在籌劃某事，且康有為等亦關聯其中，大概欲以暴舉而奏奇功。

查南清人之秉性乃知其與北清人稍稍相異，往往可於部分人士與學者間之慷慨

之談中聽見南清人對滿洲人之不滿,但終究是僅有其意,而無其勇,故而缺乏可舉事奏功之人物,即便偶興騷動,亦僅僅是一群烏合之眾一時興起所為,從無首領,亦無目的,每每遇事便歸於我帝國誘導及煽動。清國人對帝國之怨恨素來於國際上釀成大害,但視情況亦可利用此等烏合之眾而助帝國之暫時方策,但亦須注意彼等無賴漢及亡命之徒……措置為重中之中而欲奏將來之大功,可謂與等待黃河於百年之後清澈見底之舉並無二致,如若欲得漁翁之利,則務必防範禍亂於未然,且好好把握今時今日之良機而不使其逸失,此外還需充分加強警戒。倘若當地之和平一時為人所攪亂,則廈門乃至整個福建之盟約及伴隨盟約之將來之希望將皆化作泡影。且福建省自古以來便為清國和平之中心,長毛賊之亂興起之時僅福建未受其害,但現今萬一當地數百年來之和平狀態為人所破壞,則維持對岸一帶之政策將只剩絕望了。

　　文末特添附福州總督來函及該總督發送於廈門提督之牒文謄本。上陳下官愚見,謹作覆命。

敬具

明治三十三年十二月十日

辦理公使　室田義文（印）

外務大臣　加藤高明　閣下

追白　特附如下文件,謹供參考。

一、福州總督來函中所載之本年夏天相互保護條約譯文

二、僑居福州廈門兩地之本邦人之姓名及其資產表

以上

（附書一）

第一號

```
助滅
清洋
```

　　義和團為天地正氣，受術於神傳之於人，刀戟不入、槍子不中，挈雲御風，進退自在，芟除洋人，殲滅洋教，由北迄南，所向無敵。此次團友，數百千人，捧神來此，大征同志。台灣割據，神人所怒，恢復把握，在此剎那。爾等投信，迅來秉兵，倘且遲疑，天刑立至。

光緒二十六年七月二十九日

```
助滅
清洋
```

（附書二）

第二號　閩浙總督來翰

逕復者，刻接台函，日前貴欽差轉述貴國政府之意，係為兩國特別輯睦，彼此互保平安，均已朋悉，茲將所至地方官函稿抄送，即希查閱可也。專此奉復，並頌

升祺

名另具　九月十二日

（許應騤）

（附書三）

第三號　閩浙總督　牒文

擬致水師提台楊軍門函稿

　　仁兄軍門閣下：敬啟者，昨有日本駐墨西哥公使室田君由廈門來省，談及廈門地方刻下甚為安靜，中國地方官竭力保護，固屬無虞，但恐將來或有匪徒聚眾滋事、擾亂地面，中國一時未克撲滅，則日本不能不派兵船前來，以期保護日本寓廈商民，兼防他國有借端侵擾之意。是以特為商明，如果日本派兵來廈上岸時，只在該島沿岸地方暗中防範，不上街進城，驚擾居民，所有中國駐紮廈門之兵，可與日本兵丁聯絡一氣，其帶兵官亦可與貴提督晤面，和衷商辦，彼此保平安。但此系預防將來以外變亂之事，倘廈門地方並無實在危急情形，中國地方官力能保護彈壓，而各國亦無別項舉動如目前安靜光景，則日本斷然不遽行派兵來廈，免致民間驚惶，囑將此意即函告貴軍門知照，毋庸猜疑等語。弟查此次室田公使所商各節，實係誠心為好，並無別意，與本年夏間互相保護條約之意相符，中日兩國邦交輯睦，彼此共保平安，最為有益。相應函達貴軍門，請煩查照為荷。再聞康有為暨各種逆犯遣其黨羽散布廈門一帶，勾結匪徒實為可慮，應由貴軍門多派將弁，嚴密訪拏究辦，勿稍大意至要。專此敬頌

　　台安

不具

（附書四）

第四號　廈門領事館附警部報告書

　　明治三十三年八月二十四日凌晨一時二十分，宿於廈門山仔頂街本願寺傳教所之片貝治四郎前來緊急通報曰：現有暴徒正於本願寺布教所縱火，彼處現已是一片火海，本人亦勉強由虎口脫險。聽罷後小官乃先問其大致情況且稟告該事於貴官，而後為調查實情，又立刻率領巡警上原寅太郎奔赴火災現場。途中於領事館碼頭偶遇正在戒嚴之和泉艦小汽船當值……乃咨問其確切狀況，對方答曰一小時前目見本願寺起火且伴有十數聲槍響乃察覺情況異常，但正欲報告於領事館之時，火竟瞬時熄滅且亦再無槍響，遂決定推遲通報。聽罷其描述後，小官乃思一如由現場逃出來之通報人所言，此次火災絕非尋常。而後更斷定此次事件應是近日由龍岩州流竄至漳州附近並大肆破壞、燒燬教堂之同群暴徒所為。另，市區之模樣亦與平素有別，遂暫回領事館且將於軍艦小汽船上所聞及市區情況一併告之於貴官。約一時五十分，受命攜大人所擬文件，率領巡警上原出發前往高千穗艦，二時二十分抵達後隨即遞交文件乃知高千穗艦與和泉艦皆須原地待命。之後又立刻趕往和泉艦，二時三十分之後一直於該艦艦長室待命。三時三十分，同水兵一分隊、軍官一名一道由和泉艦出發且於廈門港仔口街碼頭登陸，以小官為嚮導，途經木履街、二十四崎頂街、走馬路街，於四時抵達位於山仔頂街之東本願寺布教所。乃見該布教所已化作灰燼，所剩之處僅門內兩側傭人所住房間而已。然所幸僅布教所遭焚燬，兩旁房屋雖為其近鄰，但火勢並未蔓延。爾後只見門前有燈籠兩盞，上書「練永左哨六隊」及「練永左哨七隊」字樣，且有兵丁十餘名。上前問其狀況，彼等亦只知系惡漢縱火，趕至現場之時，縱火之人早已無影無蹤。又觀察附近居民之模樣，乃見眾人皆驚恐萬狀之表情，對我等一行人亦面露懼色，本欲咨其情況，竟紛紛迴避不願跟我等接觸，同時緊閉門窗，足不出戶。無奈只有先行打道回府報之於貴官。參照事件初始前來領事館緊急通報之片貝所述之情況、同和泉艦小汽船當值水兵之對談以及現場清兵所言，竊以為此案應是近日在龍岩州、漳州一帶大肆破壞、燒燬教堂之同群暴黨所為。以上即為案件發生當晚情形及現場調查取證之大要，一併報告之。

　　明治三十三年八月二十四日

　　大日本帝國駐廈門領事官附

警部　日吉又男

領事　上野專一　殿

（附書五）

相互保護條約

今將本

將軍部堂

與各國領事議定互相保護約章八條開列於後，計開：

一、現在兩江、兩湖、兩廣、安徽各督撫與駐紮上海各國領事商定彼此互相保護辦法，業經各國領事電達外部照允立約簽字，今福建亦照此意與兩江等省一律辦理。

一、寄寓福建各國官商以及傳教洋人所有生命財產，中國地方官情願竭力保護，不便有損，廈門一體照辦。

一、福建地方，倘有匪徒造謠，意欲傷害洋人中國地方官即行認真拿辦，絕不縱容。

一、此次立約，係為互相保護中外人民商務產業各無相擾起見，應聲明以後不論北方如何變亂，福建地方均守此約辦理。

一、福州地方甚為安靜，中國地方官如能力任保護，則各國領事官自應均允詳請各本國水師提督現在不必派兵船進口，以免民心驚疑，滋生事端。至尋常遊歷兵船暫時來往，仍可照例辦理。

一、所議各款應請各國領事電達本國外部存案，以昭慎重。

一、此次約款應繕華

英法

文各兩紙本將軍本部堂與各國領事簽字後,領袖

領事署存一份,洋務局存一份。

一、約款字義如有未明晰之處應以華文為準。

大清欽命署理福州等處將軍兼管閩海關稅務兼理船政兼總理各國事務大臣善

大清欽命兵部尚書閩浙總督部堂兼管福建巡撫事兼總理各國事務大臣

許

大清欽命福建等處承宣布政使司布政使加十級記錄十次

張

大清欽命二品頂戴福建等處提刑按察使司按察使統轄全省驛傳事務

周

大清欽命福建分巡寧福海防督糧兵備道記錄二十二次

啟

大清欽命二品頂戴兼辦理福建全省洋務事宜鹽法道

楊

大我欽命駐紮福州兼辦丹國通商事務總領事官

寶

大美欽命駐紮福州管理通商事務正領事官

葛

大日本欽命駐紮福州辦理通商事務兼管三都等處領事官

豐島

大英欽命駐紮福州管理本國通商事務領事官

佩

大法欽命駐紮福州管理台廈各國通商事務領事官

杜

大荷國領事官

高

大德欽命駐紮福州兼辦瑞國通商事務代理領事官

溫

大清光緒二十六年六月十八日

西曆一千九百年七月十四日

註：在廈本邦人營業者一覽表、資產表等省略

（日本外務省編纂：《日本外交文書》第三十三卷北清事變上別冊一，陳小沖、曹金柱譯）

參　廈門台灣公會資料選

編者按：甲午戰爭後，隨著喪權辱國的《馬關條約》的簽訂，台灣被割讓而成為日本的殖民地，台灣人成為所謂的「日本臣民」。身分的變化使得日據時期再次來到廈門的台灣人披上了日本籍的外殼，於是有了台灣籍民的存在，並衍生出種種問題，這是近現代廈台關係史上無法迴避的一頁。台灣公會成立之初衷類似於同鄉會的互助組織，其後隨著日本領事館的強力介入，性質有所變化，某些公會主腦者亦涉及不法事業。不過，公會本身仍具備鄉誼互助作用，其與台胞及廈門市政府就各類事項多有交涉。以下介紹若干台灣公會相關資料，供廈台關係研究者參考。

一、台灣公會沿革及相關條例

（一）本會沿革概略

台灣民族性質，素以閉守為習慣，商品所需，恆仰給於泊來品，若輸出之商業，則無論近海口岸，及台北台中台南各商場，皆甚少數，此為二百年來之民俗如斯。泊帝國領台，風氣一變，習俗頓更，對外對內，交通日臻便利，凡屬台民，商旅學識，逐漸增加，商品貿易，無遠弗屆，不特中國境域，華南北各口岸，各商埠，常見台民僑居貿易於其處，即遠如歐美，與夫南洋群島，台民之商旅於其地者，尤不知凡幾，此皆帝國四十年來，教育薰陶，商業觀感，有以灌輸其新學識使之然也，試觀台民之僑居廈地者，其人口之增進，事業之發展，及商旅往來之日盛一日，不亦可以窺見其一斑歟。

顧以地理言，全廈兩島，原與台澎對峙，一夜扁舟，可通來往，自鄭成功離全

廈撫有台澎之後，凡屬航海渡台者，類多漳泉民族，由今思昔，既二百八十餘年矣。然而昔日之渡台者，既皆漳泉民族，而今日由台來廈之僑眾，何莫非漳泉民族血統之遺，所以台廈習俗相同，言語相同，往來酬應，婚喪禮節，亦罔不相同，由來既久。然此僅足以表示台廈地理之接近，及民族之相同而已，二者之外，尚有商業相沿之密切，及經濟交通之關係，為台廈雙方民族，不能須臾離者也。夫既台廈民族，本同聲氣，台廈地理相親相近，而商業與經濟，又如水乳之交融，其對於旅廈台民創立中心機關，對內圖謀僑胞之幸福對外藉以調和兩方情感，此又必要之設備者也。

明治三十九年九月僑商施君範其，殷君雪圃，莊君有才，莊君文星，王君子堅，黃君爾學，朱君樹勛等有鑒及此，乃發起組織廈門台灣公會，暫假布袋街芳記洋行，為臨時辦事處，呈報駐廈日本領事館立案。當時台僑寓廈僅以百數，營洋行商業者，亦僅數十家，且事在初創，進行會務，自非易易，此為公會發起組織之時期。越明治四十年春，領事瀨川淺之進莅任，公會方修訂會則，選舉各役員，及廣招會員等事，適江君保生，自台來廈，創辦《全閩新日報》，施君時以會務進行，及草訂會則，請為襄助，江君亦以事關公益，多所貢獻，俾得呈報附案，迄是年五月，內部組織，完全就緒，乃假寮仔後天仙茶園為式場，開成立大會，柬請廈中文武長官，及紳學商界，各諸名流莅會，瀨川領事，及館員等均到，廈門興泉永兵備道，劉觀察慶汾，對於公會之組織，本極贊成，是日臨場演說，尤為懇摯，自時厥後，公會機關，遂披露於社會，而會務之進行，亦於焉開始，乃專租洋樓於寮仔後，特設事務所，辦理各事務，此為公會成立時經過之大概也。

當時選舉，以施君範其為首任會長，殷雪圃君副之，議員十二名，此為公會幹部，第以僑民無多，會員數不滿百，會費所收，不供敷衍，會中費用，施君獨自犧牲者，為數不少，且事務所應用家器等件，多由施君捐助，以壯觀瞻，越明治四十一年春，公會事務所移寓於和鳳宮右畔洋樓，規模略有進步，是年六月中，施君辭退會長，議員會以副會長殷君雪圃為臨時代理者，不數月改選莊有才君為會長，蔣樹栢君副之，約年餘，莊又辭職。至明治四十三年春，領事菊池義郎莅任，注意公會，訪查內部，延期選舉，有欲改良會務之計劃。洎是年秋，乃投票選舉，此時公會較成立時代，會員既有五百名以上，居廈台僑，約有三千左右，開票之日，菊池

領事，躬自臨場，對幹部諸人，及會員等表示所欲改良各要點，結局以周君子文得票最多，為會長，黃君爾學副之，並於正副會長及議員外，復由菊池領事，任命《全閩報》社長江保生君，及曾厚坤君兩名，為公會監查，當會宣布，且所有申請交涉文件，改由公會保證，當時公會威信一震，而責任亦較昔為重。幹部諸人，鑒於台僑抵廈，時時增加，而僑民子弟，未得享受帝國之良好教育，引以為憾，在前領事森安三郎任內，既提出書類，要求台灣總督府，府準設置學校，及補助經費各手續，乃延至菊池領事到任後，復得其援助之力，始於是年終，而有旭瀛書院之實現，由台灣總督府，任命小竹德吉為首任院長，租桂洲堆民房為校舍，開校之初，學生三十七名，類多台僑之子弟。

迄大正二年秋，院長小竹氏，因病歸台就醫，不幸在台病故，會長周君子文，商請菊池領事同意，將書院教室移於小榕林，同時公會辦事機關，亦合併其處，自是以往，小榕林之教室校舍，既成為旭瀛書院之重要母校，是年十二月督府再委岡本要八郎先生，來廈繼任院長職，公會幹部諸人，並推舉岡本院長為顧問，凡會務所關，得院長之相助為理者不少，計周子文君，任會長職相繼四年有加，迨大正三年春，周君臨時辭退會長，幹部開會，推選繼任者，乃以監察曾厚坤君為臨時會長，屆正式選舉時，曾復中選會長任，由大正三年起，在職三年，大正五年乃改選阮君順永為會長，以江君保生副之，是年冬欣逢先皇踐祚大慶典，公會幹部諸人，會同岡本院長，募建大禮紀念事業，賴僑胞人等，熱誠公益，各自量力，應募巨資，購地建築城內及外清兩處校舍，幸進行順利，又得督府俯準補助，乃於大正六年十月城內分院落成，七年二月，外清分院相繼竣工，該書院得由七十餘名學生，推廣而至於七百餘名，且於外清城內兩分院外，鼓浪嶼亦增分院一處，豈偶然哉，此可謂公會三十年中最重要之任務者也。

大正八年，復行改選曾君厚坤，仍繼任會長職，自大正八年至十三年，相繼六年中皆以曾君連任會長，若副會長一席，則互有改選，如蔡世興君，林木土君，廖啟埔君，陳長福君，皆先後被選為副會長，廖君且以副會長兼任名譽理事職三年。其監查職務，則自明治四十三年起，每屆選舉，皆依例推選二名，大正十一年，承藤井領事，諭令廢止監查職責，增加議員名額，由十二名改為十八名，合正副會長兩名，共二十名，每有選舉，概以館令公布，亦以大正十一年為先例。但二十名

中，民選者十六名，領事官選者四名，所以然者，因在大正七年秋，寓廈台僑，鑒於僑胞年年增加，居處澳散，報入公會會員，又未甚普及，大有聯絡感情之必要，乃請準領事館，而有台灣同鄉會之設立，創辦後成績頗有可觀。迨十一年一月，藤井領事，以其主張，表示於當時同鄉會會長江君長生，及副會長陳君春亭，鄭有義君等，謂同鄉會肯合併於公會，既得諸人同意，乃以館令取消同鄉會，而同鄉會所有事務書類，概歸公會引繼，並於此時重修會則，原定會長議員任期二年，改為一年，每屆一年，選舉一次，合併後，會員陡加至千餘名，所以增加議員額數者職是故也，即公會辦事處，依附於小榕林旭瀛書院範圍內者，十年有加，亦於十二年秋，始另租五崎樓屋，為事務所，而獨立辦公焉。

大正十四年改選陳君長福為會長，而以何戊葵君副之，大正十五年正副會長，俱皆連任。至昭和二年，改選阮君順永為會長，而以謝君龍闊副之。昭和三年，四年，五年，仍以曾君厚坤連任會長，而副會長，即以謝龍闊君，陳春木君，廖啟埔君，逐年分任，而本會顧問旭瀛書院岡本院長乃於昭和三年十二月二十日昇任台灣總督府視學官，然先生因其年老恐不勝任，立即提出辭表，呈請辭職，旋蒙照準，遂即退歸本國故鄉休養。同時總督府改委莊司德太郎繼任院長，本會亦即聘請莊司新院長兼任本會顧問，此間公會幹部及議員諸君，鑒於旅廈僑胞，數達萬餘，而加入本會為會員者，亦既逾千，會務進展異常，認有集資建築公會堂之必要，遂由議員會議決透過建築案，賴僑胞熱心公益，捐助四萬餘元之巨資，購置民國路空地一段，於昭和三年十一月十日即今上天皇御即位奉祝日，舉行奠基式，興工著手建築，及至昭和四年十一月間，建築業已粗略完竣，乃於同月十五日，由五崎事務所，先行遷移新事務所辦公，越昭和五年四月二十九，即天長佳節之日，盛大舉行，本會公會堂，旭瀛書院大禮堂，書院長宿舍等之落成式。迨昭和六年改選吳君蘊甫為會長，廖君啟埔繼任副會長，而昭和七年亦由吳廖二君連任，昭和八年、九年均選陳君長福連任會長，而副會長一席改由陳君學海、張君友金，分別任之。當時領事冢本毅，鑒於僑胞旅廈人數日增，乃以館令改革本會規則而將會員制度撤銷，規定旅廈僑胞，執有獨立生計者，俱要負擔本會課金，而課金種類，即分為所得，資產，營業，公安補助費等類，並將從前之庶務、財政、學務、調停等四部之外，再加產業一部，共成五部，且各部均置委員長一名，加以事務上亦分為五課，各課置課長一名，又蒙特派領事館外務主事豐島中先生兼任本會理事長指揮監督事

務之進行。換言之即參酌，在華各埠之日本居留民團，及居留民會，暨台灣市街莊制度，大改本會組織，以期實現僑胞唯一自治團體之實也，昭和十年，又將二十名之議員增至二十五名，其中五名為官選，二十名為民選，而副會長一席即定為二名，是年改選林君木土為會長，陳君學海，簡君士元為副會長，越昭和十一年適逢本會創立達三十週年之期，乃由議員會議決自二月二日起至二月十二日止為紀念本會創立三十週年，由各熱心家捐助經費五千元創辦廈門產業展覽會，會場計分三處，有產業館、文化館、考古館等，在此十日間，入場觀覽者，計達七萬餘人之眾，可謂廈埠空前未有之盛況，又於二月十一日，即紀元佳節之日，舉行本會卅週年紀念式，柬請中外官紳商學各界惠臨，亦極一時之盛典也。旋至本年三月一日，復蒙領事山田芳太郎發布館令按昭前任冢本領事，改革會則之精神，並又參酌台灣最近所頒布以始政四十週年為一階段之市街莊自治制度，首將台灣公會名稱，改為台灣居留民會，次將議員二十五名改為二十名，將其半數定位官選，半數定為民選，終將各部委員會改為咨問機關，截然分別決議機關及執行機關，充實內部實力，以副自治團體之實，同月改選陳君長福仍任會長，又以簡君士元副之，以迄今日，此公會三十年來沿革所關之大概情形也。至於會務之進行，三十年以來，事甚繁冗，巨細畢詳，修編不易，抑亦太費時間，謹擇其稍為重要者，分類而載之，庶三十年來之會務情形，亦可以得其要領耳。

（二）紀念式記事

昭和十一年二月十一日紀元佳節午前十一時，舉行本會三十週年紀念式，就旭瀛書院三樓大禮堂，鋪設式場，是日來賓出席者，中國方面，廈門市長代表市政府參事陳宏聲，廈門要港司令林國庚代表要港司令部副官長蔣英，公安局長沈覲康，工務局長楊廷玉，財政局長周敬瑜，禾山特種區長王儒霖，地方法院長嚴啟昆，中國銀行長黃伯權，華僑銀行長洪朝燠，中興銀行長葉恂如。日本方面，駐廈日本領事山田芳太郎，副領事水元恆八，副領事矢口麓藏，外務主事豐島中，警察署長田島周平，分署長冢田道元，旭瀛書院長莊司德太郎，《全閩新日報》社長澤重信，等四十餘人。本會出席者，會長林木土，副會長陳鹽，副會長簡士元，顧問施範其，及各議員職員一般居留民等計達千餘人。首由會長林木土致開會詞，並報告本會沿革略謂，今日本會舉行三十週年紀念式，叨蒙各界人士，撥駕惠臨，曷勝銘

感,本會實系本年九月,方屆卅週年,原應於是時始舉紀念式,因恐屆時或有事務上之阻礙,乃議決乘此廢舊新春,大眾較暇之時,提前舉行,藉增興味,一面提倡振興產業,以作本會紀念起見,於二月二日起舉行廈門產業展覽會。查台灣與廈門僅一衣帶水之隔,台灣同胞之祖先,多數出自漳泉二屬,若以地理的、歷史的、人種的、文化的、經濟的各種關係論之台廈民族,可謂同文同種之兄弟,是故彼此務須緊密握手,以共存共榮之精神,促進中日親善,經濟提攜,藉謀亞東和平,增進同胞之幸福,方為適合吾人之天職者番為本會唯一之紀念事業,在於台博閉幕後,舉行廈門產業展覽會,其宗旨不外乎此,然因籌備期間短促,鋪設多有未周,蒐羅弗得盡致,第以僑廈台胞,三十年來努力於各部門之工作,一則可以集其精華於一堂,展示於內外,以作將來之參考,二則聊將四十年來台灣產業各部門之技術的閱歷,貢獻於廈市人士,借作他山之助。幸賴廈門市政府,總商會及駐廈日本領事館極力協贊,對於產業、文化、衛生、教育、交通、金融、農牧、山林、工業、礦業、商業、電氣、建築等方面,略具雛形,稍可差強人意耳,會期雖以明日為限,但截至本日止參觀人數,統計達七萬五千四百五十六人,足見地方人士對於展覽會頗有興味,此乃在座監督官長及各位役員職員熱心協助之結果也。

本日欣逢紀念式爰將展覽會上述概況合併報告。次述本會沿革略謂本會創於明治三十九年九月間即西曆一九〇六年,初創之時會址在布袋街芳記洋行,會員不過數百,首任會長為施範其君,嗣經數次遷移,及至六年前,由各會員,熱心努力,踴躍捐助巨資,現會堂之建築方始告竣,現在居留民之數既達一萬餘人之眾,而公會名稱,亦經領事館以館令改革,自本年三月起改為台灣居留民會,以副自治團體之實。

際茲世界各國,盛唱自治之時,本會當以此次紀念為一階段,對於將來自治,務望一般僑胞,各自振起精神努力奮勉,藉謀僑胞幸福,而資貢獻於東亞和平,是所至禱。

至於本會會長先後計有八名,即施範其君、莊有才君、周子文君、曾厚坤君、阮順永君、陳長福君、吳蘊甫君及鄙人等,其中周、曾、阮三君業已逝世,餘五人皆健在,在此卅年間,能得進步達此宏大規模,實乃先後幹部努力之結果,語云三

十而立,四十而不惑,本會既閱三十年之久,則今日可謂處在壯年之期,鄙人等職責所在,自當倍加努力奮鬥,以期將來發展,而慰既故諸先任各會長在天之靈。

次表彰本會功勞者,首由山田領事授與勳續廿七年功勞者,施範其、王子堅二名之褒狀,由施範其代領;次由會長林木士授與本會創立發起人褒狀,計施範其、殷雪圃、莊文星、莊有才、王子堅、黃爾學、朱樹勳等七名,由施範其代領;又次授與二十年以上勳續功勞者之褒狀,計江保生二十四年,岡本要八郎二十二年,吳蘊甫二十二年,蔡世興二十一年等四名,由江保生代領;又次授與十年以上勳續功勞者褒狀,計朱樹勳十四年,莊有才十三年,林木士十三年,陳監十三年,黃爾學十二年,陳長福十二年,陳寶全十二年,吳萬來十二年,李啟芳十二年等九名,由吳萬來代領;又次授與五年以上勳續功勞者之褒狀,計何興化九年,莊瑞麟九年,張龍波八年,劉壽祺七年,林滾七年,莊司德太郎七年,何戊癸七年,陳春亭六年,王昌盛六年,殷雪圃六年,鄭德銘五年,郭漢泉五年,張有機五年,謝龍闊五年等十四名,由劉壽祺代領;又次授與十年以上勳續職員功勞者褒者周清照十年一名,五年以上勳續職員功勞者褒狀施純銳九年一名;又次授與旭瀛書院職員五年以上勳續功勞者褒狀,計黃六二十年,王建安二十年,蔡世興二十年,盧文啟十九年,王生十七年,陳耀西十六年,徐榮宗十二年,余樹枝十一年,加治左慶二十年,劉壽祺十年,楊北辰九年,莊司德太郎八年,吉田國治八年,溫水連七年,黑瀨榮三六年,後藤馨五年,楊水生五年等十七名,由黃六代領;又次授與捐助區保事務所經費功勞者褒狀,計汪不、林豬哥、鐘尼姑、鄭有義、廖河、張維元、陳廷萍、陳作模、葉天賜、方炳輝、林阿石、葉番、陳鑒水、洪榮宗、張國齊、陳春木、阮開發、陳水塗、郭水生、李良溪、陳木土、吳天賜、簡石能、王海生、陳金傳、林清埕、黃鴻翔、曾金蝟、黃福成、吳通周、陳闊嘴、曾保足、蘇河、官龍金、戴熙年等三十五名,由張維元代領;又次授與八十歲以上高齡者褒狀,計洪隆洗八十八歲,林許氏法八十四歲,陳坑八十一歲,葉宗海八十歲,陳俊卿八十歲,李沙八十歲,陳李氏白八十歲,方林氏會八十歲等八名,及七十歲以上高齡者褒狀,計王方氏炮七十九歲,郭林氏貴妹七十九歲,呂周氏城七十九歲,葉吳氏順妹七十八歲,李楊氏美七十七歲,蘇清選七十七歲,林淑清七十七歲,王子堅七十六歲,趙黃氏崁七十六歲,陳揚氏錦治七十六歲,楊柱七十六歲,白慶榮七十六歲,詹倫七十五歲,周杜氏於七十五歲,李炳福七十五歲,張九七十五歲,何阮氏枝七

十五歲，王金發七十四歲，張氏環七十四歲，柯陳氏鴛鴦七十四歲，謝王氏吉七十四歲，陳郭氏蓮七十四歲，許葉氏瑪瑙七十四歲，李林氏來發七十四歲，陳碧七十四歲，洪禮珠七十三歲，張細弟七十三歲，周鐘仁七十三歲，張林氏冷七十二歲，陳溫氏腰七十二歲，林陳氏冕七十二歲，曾陳氏春七十二歲，許傳七十二歲，蘇炳晃七十二歲，周富七十二歲，周陳氏鳳七十二歲，李林氏叢七十二歲，林陳氏擔七十二歲，翁連氏富七十二歲，蘇再七十二歲，吳蘊甫七十一歲，莊文星七十一歲，蔡沈氏樣七十一歲，吳洪氏剪姊七十一歲，陳忠七十一歲，林根七十一歲，蔡氏牽七十歲，趙永康七十歲，葉蘇氏結綢七十歲，蔡壽石七十歲，王氏螺七十歲等四十九名，均由蘇炳晃代領；各項表彰授與畢，由理事王名純代讀各界祝電及祝詞。

又次由山田領事訓辭，由理事林德榮翻譯廈語，略謂：今日為日本帝國建國節，並為廈門台灣公會舉行三十週年紀念式之日，余得列席甚覺光榮，公會業已經過卅年之久，此卅年間並非平常之經過，實系經歷許多之困苦，然因關係幹部熱心努力，能獲擴充至今日之規模，誠甚同慶，為欲公會將來能永久存續，更加發展，必須一般居留民及幹部諸君，倍加努力，始能發揮公會之價值，如會長所說三十而立，即公會既達壯年時代，在此壯年時期，恰好奮發從事，努力於中日親善，並謀一般僑民之幸福，現際中日關係好轉之時，無論地理的、經濟的、文化的關係，皆屬不可分離，處在此間，諸君向被中國人士認為摯友，自當振起精神做事，以達親善目的。蓋諸君之祖先，大多數系福建人，可見諸君比較日本人更加深悉中國實情，是故僑廈諸君，對於中日親善，負有重大使命，並立在特別有效之地位，余甚希望諸君，奮發努力促進公會發展，公會能發展，則中日親善，自能達到目的，諸君處此地位，所做諸事，本非為個人利益，必須顧及一般社會公益，方合諸君之使命，況且公會亦從本年三月一日起，改稱為台灣居留民會，即公會以此三十年之歷史，告一段落，此後須以自治團體之立場從新努力工作，發揮自治精神，以期早日達到親善目的，是所至盼，今日雖屬雨天，然而中國方面各機關要人，多數列席，余以監督官之地位，順向諸位來賓道謝云云。

又次由來賓市政府參事陳宏聲代表市長致祝詞，由林理事翻譯日語，略謂：余今日能得參加如此盛大之公會三十週年紀念式甚覺榮幸，福建與台灣系一衣帶水之隔，自古以來彼此往來甚密，以地理的、歷史的、經濟的、人種的、文化的各種關

係論之,均屬非常密切,在此中日關係好轉之時,福州廈門兩處之台僑,努力於中日親善之工作,是非淺鮮,況且諸君之祖先,多系出自福建,諸君與廈門市民,本屬同胞兄弟,對於親善工作,諸君之努力,實為最有效也。此次林會長舉辦廈門產業展覽會,分產業館、文化館、考古館等,可見林會長之用意,欲將台灣過去發達之產業及各方面技術,展示於廈門同胞,藉謀彼此產業上之發展,而期中日親善之實現,去秋台灣博覽會開會時,福建省政府,熱心勸誘一般商家出品,結果出品貨物甚多,而且售出貨款亦巨,當時省政府陳主席及廈門前市長王固磐,均組織台博觀光團前往參觀,余亦參加前往,見及台灣四十年來之發展,實堪欽佩。福建產物雖屬不少,但是諸多缺乏新進之技術,若以台灣之產業的技術作為參考,則獲益之處非淺,此次公會開之紀念產業展覽會,廈門一般人士獲得參觀能助於中國之產業建設者固不待贅,余甚感激,如山田領事所說,諸君之努力,非為私利起見,當以社會一般公益為前提,乃屬余所同感,余甚希望諸君,以三十年來之過去經驗,對於將來中日親善,倍加努力,則亞東和平自可確保者也。

又次廈門要港司令部副官長蔣英代表司令林國庚宣讀祝詞,詞云:澎湖多士,鷺島群英,同心協力,締造經營,取法鄉約,尊重裡評,興學布化,樂育諸生,篤善愛眾,解紛持平,三十載紀曆,享有美名,自茲以往,累積功程,盛歟懿歟,敬致頌誠。

又次旭瀛書院長莊司德太郎代理日本居留民會長原田幸雄讀祝詞,略云:今日值紀元佳節,廈門台灣公會舉行創立三十週年紀念典禮,余能得列席,甚覺光榮,願此三十星霜,實非短少之時日,其間貴公會所經過程,又非平坦,有踏荊棘,有攀險峻,始達今日境地,以不撓不屈之精神,奮鬥迄今,貴會諸君之努力,實非淺鮮。廈門與台灣僅隔帶水,且當大陸之要道,貴會諸君多年立在商戰之第一線,刻苦精勵,奮發工作,尤甚欽佩,現逢華南中日關係好轉之時,余甚希望貴會諸君,團結一致,倍加努力,則貴會之前途未可預量也。

又次台灣台北市會議員法學士律師陳逸松致祝詞,略謂:余於昨十日始由台北來廈,本日能得躬親參加公會三十週年紀念典禮,殊屬榮幸。對於公會之祝詞,業經監督官及各位來賓,詳細述及,余實無可致詞餘地,唯是山田領事所言,台灣居

留民對於中日親善之重要立場,及李市長代表所謂,中日親善現逢好轉時期,無論物質精神,均須犧牲努力各節,余甚表贊同,蓋因兩國提攜乃東洋和平之緊要事也,余藉此紀念典禮,切望諸君,以二位所言各點為宗旨,將來益加努力,以期公會發展,而謀中日親善,確保東洋和平,是所至要。

又次施範其代表受表彰者致答詞,略謂:今日為公會舉行三十週年紀念典禮,鄙人等欣蒙領事及會長,追念多年服務,寵錫褒章,在此典禮行授與式,實足銘情五內,第鄙人等僑居廈島,對於公會進行之業務,略效微勞,原為國民應盡之義務,乃竟受此崇重榮褒,尤不勝慚愧之至,茲僅代表受表彰者一同,恭致謝詞,且鄙人等對於公會將來業務,在各人力量所及範圍內自當倍加努力,以副監督長官,及來賓各位暨會長諸公之盛意。

於是式終,所有參加典禮之居留民與來賓等計千餘人,齊集書院運動場會餐,餐後散會,誠近年來未曾有之盛況也。

(三)紀念展覽會概況

甲、開幕式

台灣公會卅週年紀念舉行廈門產業展覽會,得廈門市政府、市商會、日本領事館等之後援,於本年二月二日上午十時在第一會場舉行開幕式,是日因場所狹隘不邀請外賓,唯內部役職員及出品者等列席,首由會長述開會辭,大意謂:台灣公會為紀念卅週年,始發起廈門產業展覽會,本會之目的為提倡產業,幸蒙廈門市政府、廈門市商會、駐廈門日本領事館協贊,及諸出品者踴躍參加,諸役職員晝夜兼程努力硬幹,雖短時間之籌備,而能有今日盛大之開幕,深為感謝。次宣傳委員長李慶紅報告經過,略謂:產業展覽會會場分為三處,第一會場產業館即本處(浮嶼角)陳列農牧、山林、工業、商業、電器、建築等各種出品,出品人數一百十三名,種類五百二十六種,點數計數千點;第二會場文化館,在南星樂園,陳列衛生、交通、教育、礦物、台灣特產計二百餘點;第三會場考古館在台灣公會,陳列書畫、古董等,此次籌備展覽之役員及實際擔任事務人員共二百餘人。又展覽會財

政，系由會長副會長顧問參議議員及諸有志樂捐巨大金錢，始得進行，順此報告。

　　再次，台灣總督府特派員澤重信代表來賓致祝詞，謂台灣公會三十週年紀念舉行產業展覽會實深欣喜，台灣公會自創設迄今已經過三十年，此三十年間系因歷任各役員及各職員苦心努力及與各界融和親善，始能發展至今日，尤其是此次三十週年紀念能舉行如此盛大之產業展覽會更加可喜，蓋產業展覽乃極有意義之事，提倡產業建設，乃為圖（國）計民生之經濟根本，此不獨台灣居留民，實全廈民眾生路得宣揚引導於健實之經濟生活，故極其緊要，所以台灣公會此次發起產業展覽會即蒙各界讚許，以此為契機，此後當更力圖共存共榮，庶此後廈門產業經濟可望更加發展無疑，云云。續洪大川為出品人總代致祝詞，申說感謝會長役員職員之努力及各機關之協贊，然後攝影紀念即共驅車參觀第一、二、三各會場。

　　乙、會場類記

　　紀念展覽會之會期自二月二日起至二月十二日止計十一日，會場分三處，第一會場設在浮嶼角開明戲院對面，第二會場文化館設在甕萊河南星樂園之四樓及五樓，第三會場考古館設在台灣公會內，入場料每人五仙，得通用於三會場，並可兼作抽籤　之用，當簽分頭彩壹百元一張，二彩參拾元二張，三彩拾元四張，四彩壹元廿張，五彩五角一百六十張，會期中有旭瀛書院生之學藝會日本舞文化劇等之餘興，大博人眾好評，開幕以來入場者每日平均約七千餘名，可謂空前未有之盛況，茲將各會場出品列開於左。

　　　　　　　　　　第一會場

出品者氏名	種類	件數	摘要	
福建農牧公司	甘蔗	三一	農林牧	三
開元製糖廠	同	二三	同	三
謝振德	同	一五	同	一
陳作模	芭蕉	二	同	一
廈南墾牧場	蔬菜	七三	同	一二
禾山墾牧場	同	六	同	三
興農農場	同	三	同	一
朝陽公司	橄欖	八〇	同	一四
嘉興農產公司	砂糖	三	同	三

出品者氏名	種類	件數	摘要	
中和牧場	牛	二	同	一
同	飼料	一〇	同	一〇
三民商事	木材	二〇	同	四
金墩洋行	大甲帽、席帽表製造	一	工、機、電	一
黃成源洋行	機械用品	一〇〇	同	二〇
南大儀器公司	測量機	五〇	同	一〇
新明電業公司	電氣器具	一一	同	一一
南大公司	自轉車用品	一三〇	同	一七
東西洋行	磅	一	同	一
時新徽章製造廠	徽章種類	六〇	同	五
百發公司	白釉製造原料	四〇	同	二〇
馥泉酒廠	製酒原料	三八	同	一五
台灣公會	廈門島模型	一	建築	一
唐英	火爐	三	工、機、電	一
北村技師	建築材料	一〇〇	建築	一五
新南州花磚公司	花磚	一四	同	一四
信吉公司	漆壁粉	五〇	同	六
源發洋行	水漆粉	四〇	同	二
四達粉漆公司	漆壁粉	六〇	同	六
新發洋行	旭瀛書院模型	一	同	一
東西洋行	洋灰	三	同	三
台僑海陸物產組合	海產物	八〇	商、食料品	三三
榮興洋行	味之素	二〇〇	同	二
振南實業公司	美味之素	一五〇	同	二
天珍公司	味清	二〇〇	同	二
陶化大同罐頭公司	罐頭類	一五〇	同	二〇
黃金香興記	肉乾肉醬	一〇〇	同	五
共同罐頭公司	荔枝	五	同	一
錦記	鹽酸甜	一〇〇	同	一〇
義華糖果公司	果子種	五〇	同	一五
中國製餅公司	同	一五	同	一五

續表

出品者氏名	種類	件數	摘要	
和美	福丸	一	同	一
離樂園	魚皮落花生	二	同	一
同慈茶莊	銘茶	一八	同	二
萬春茶莊	同	四八	同	五
奇苑茶莊	同	一二	同	三
堯陽茶莊	同	一〇	同	三
黃香圃茶莊	同	四	同	二
義和茶莊	同	四	同	一
賜福堂	酒類	一二	商、酒	二
萬全堂	同	一二	同	二
大勝洋行	同	二四	同	一
復元洋行	同	七	同	一
普源酒廠	同	七二	同	一
德隆酒廠	同	一二	同	一
甘泉堂	同	一〇	同	三
大東汽水	汽水	一六〇	同	五
麒麟寅記	菸類	一〇〇	商、菸	八
慈心堂	藥品	三〇	商、藥品	一
泰豐堂	同	七二	同	二〇
裕興洋行	同	四	同	四
正和行	同	八	同	三
寶仁堂藥廠	同	一〇〇〇	同	三
東西藥房	同	七二	同	二
益豐參行	同	七二	同	一二
孫博孚	同	四八	同	二
上海英法製藥廠	同	四〇〇	同	一八
永安堂	同	一八八	同	四
振德堂	同	一五〇	同	一〇
新合美洋行	名香	五〇	同	一（賣）
洪大川	同	四四	同	九（同）

續表

出品者氏名	種類	件數	摘要
利民堂	蚊香	一〇〇	同　　四（同）
隆順洋行	綿布類	一五	商、綿布　五
廈門東洋綿布組合	同	一六	同　　九
蘇全發機織廠	織物類	二〇	同　　一〇
集美公司	樂器	八〇	商、樂器　一〇
明星蓄音機公司	同	五〇	同　　五
永安鐘錶	同	六	同　　三
義順商事	月星牌樹乳靴	六〇	商、雜器　八
黎華洋行	捲菸紙	五七	同　　七
義成洋行	玻璃器具	七八	同　　一八
合祥貿易部	玻璃	二五	同　　一〇
通美	賬簿	一三	同　　一三
永和泰	雨傘	四	同　　一
華光美術社	山水鏡	一二	同　　二
廣文堂	印刷	一	賣店
中和牧場	牛乳牛油	一	同
麗文公司	自來水筆	一	同
閩鼓麵包店	麵包類	一	同
謙裕公司	葡萄酒	一	同
新竹麵粉宣傳部	新竹麵粉	一	同　　一

計　八十七店　五四一種　五、〇二四件

　　　　第二會場

出品者氏名	種類	件數	摘要
清德齒科	齒科用品	一九	
隆順	白洋布	三	
華達公司	岩石及礦物標本	一五〇	
陳清波	大甲及林投席帽	一三	
豐南公司	各國流用補助貨	七	
思明銀莊	香港紙票	七	
發記洋行	海產類	二四	

續表

出品者氏名	種類	件數	摘要
旭瀛書院	通草製品	七七	
同	刺繡品	七八	
謝逸智	沙眼掛圖	三	
洪培煙	芭蕉	二	
郵票店	郵票	三〇	
義泉洋行	飛行機	一	
丸田屋	日用雜貨	一三五	
北川	建築青寫真	五	
陳逢儒	養殖珍珠	五	
林木土	芝加哥博覽會全景	一一	
旭瀛書院	樟腦及專用桌	五	
清德齒科	古錢及日本郵票	二	
東協興洋行	布	一〇	

計 二十點 五八七件

第三會場

出品者氏名	種類	件數	摘要
郭漢泉	書畫	二三	
馬亦錢	同	四	
陳鑑水	同	五一	
王選閩	同	五	
何賜卿	同	六	
楊世玉	同	一	
蔡庸奴	同	二	
陳水	金石	一	
王德馨	書畫	一	
王氏嬌鴛	金石	三	
陳廷萍	書畫	四一	
林水土	金石	三	
水元恆八	同	二	
陳廷萍	同	七	

續表

出品者氏名	種類	件數	摘要
陳源泉	同	一	
同	書畫	一	
加藤達雄	同	一	
何怨卿	同	五	
家田道允	金石	一	
林履信	同		
陳春水	同	五	
薛眉齋	同	二	
水元恆八	同	一	
殷雪圃	參考品	五	
陳捷松	書畫	一	
黃孫榮	盆景	一	
陳捷松	金石	一	
王選開	同	一	
陳豆粒、李永發	同	一	
譚景孫	書畫	一	
莊漫生	同	二	
柯炳富	金石	三	
王成典	同	二	
徐鵬	同	一	
周公和	同	一	
永興	同	八〇	
江汝舟	參考品計時	五	
鄧子明	歷代古錢	五、二六三	
許寶珍	金石	一〇	
陳豆粒、李永發	同	八〇	
曾和成	同	六〇〇	
空法師	書畫	一五〇	

計　四二點　六、三七七件

（四）教育事業沿革

明治四十二年僑廈居留民感於有在廈門設置籍民子弟教育機關之必要，乃由有

志者負擔設立學校費用，以為本會事業。於同年十月向台灣總督提出派遣教員之申請，越四十三年得其認可，即於是年八月就市內山仔頂桂州堆租賃民屋設校，定名為旭瀛書院。十一月五日舉行開院式，大正二年八月移轉校舍並宿舍於李厝墓小榕林，本會會長周子文氏之所有業也。時本會事務所尤在和鳳宮街，因並遷入焉。大正三年院中經常費改由本會負擔，大正四年由有志者寄附計畫新築書院校舍，以作大禮紀念事業。同年買收外清城內兩分院土地，並即著手建築。六年十月城內校舍落成，七年二月外清校舍落成並舉行各分院開校。大正十二年一月建築小榕林新樓宿舍，同年十二月城內增築三層新樓並整理城內分院外觀。十四年二月為便利鼓浪嶼在留籍民之子弟，將鼓浪嶼商業學校預定地開設鼓浪嶼分院，同年買收小榕林舊樓一部。昭和元年十二月收買城內分院對面土地為建築書院長宿舍之用。昭和二年五月因市區改正城內分院略事改築。昭和四年十月書院長宿舍落成，同年十一月本會議員吳蘊甫氏獨力寄附壹萬四千元建築城內分院三樓大禮堂，為昭和大禮紀念事業。昭和五年二月改城內分院為本院，小榕林本院為分院。同年三月新設中等教育機關之修業年限三學年之商業科。昭和九年二月小榕林分院廢止。昭和十一年八月城內本院增築校舍一部落成，規模加擴、設備彌周。前後二十六年間，得以蒸蒸日上者，皆官憲提攜之力與僑眾熱心贊助之所賜也。

（五）本會慈善事業

1.新舊墓地創設之經過

本會共同墓地之設置，因自大正十年以後我居留民逐次渡廈者日見增加，乃由張有機氏自動將所自置在白鹿洞下之山地，向廈門台灣同鄉會長江長生氏言明，欲寄附為旅廈台僑之墓地。於大正十年四月十四日締結贈與受贈之契約，同年十一月十八日提出領事館認可，翌年同鄉會合併本會所有，繼續給與台僑埋葬。至昭和二年該墓地已近無地可容，因此議員會議決推舉故廖啟埔氏與獻地者張有機氏，會同從事整理。該兩氏鑒及地勢傾斜，岩石散布矗立，整理費用必超過新買地之數，不得已將要施設及保存上之必要事項稍事修整，使成一墓地形式，俟日後再議購買新地。本會念及人事變幻風雲難測，為欲補救在廈居留民安生慰死起見，再三考慮擴張墓地實為急務，因於昭和三年五月十七日議員會提議此案，議決再募集寄附金，

規定購買新墓地，擴張本事業，同時議決推舉廖啟埔、阮順永、林滾、江保生、蔣啟仁五氏為委員，聘請和久井署長為顧問，計劃結果，將新欲購之地為埋葬地（此乃碧山岩墓地創設之起因），而舊有墓地即改為埋葬骸罐。昭和二年歲末發出通告，通知一般緣故者前往拾骸，而應命前往者少，實為團體事業整理之上遺憾，將來須由本會命令各自至急前往拾骸改葬，否即本會當直接雇工代其整理改為合葬，此一般緣故者所宜注意也。一方面關於新規墓地購入事項，經委員林滾及陳鏡山兩氏奔走物色，在本市接近之碧山岩腳，有面積約八百方丈之山腹土地，提出委員會議決定購，對於寄附金一事，由委員長廖啟埔氏負全責，奔走募集結果，得銀六千六百元，為現今碧山岩下新墓地之購買代價，交付業主締結契約，事後再由本會另再雇工開墾數段為埋葬地。昭和八年五月開放與一般台僑使用，今又已四年矣，而日積月累昔之廓然有容者，又將有無餘地之患。本會與思及此，極力推進火葬，因舊慣上尚未瞭解者居多，不得不再考慮第三墓地之設備。於是由昭和十年起於逐年預算內多少積立，以資擘劃，觀成之期當不遠也。

2.歷次賑災概況

大正十一年四月　中華民國江蘇省水災賑恤銀二百元

大正十二年九月東京大震災賑恤金一萬圓

昭和九年四月

日本函館火災義捐金六百二十六圓四錢

昭和九年十月

關西地方台風被害慰問金一千三十八圓七十二錢

昭和十年四月

新竹、台中大震災義捐金八千二百八十五圓三十五錢

3.歷年衛生設施

本會衛生事業由本會議員中之醫師義務負責,每遇各種流行病發生時,依醫師之報告,由本會設備預防醫藥品。對居留民一般暨其同居中國人施行無料注射及種痘,萬一其中有不幸染疫而死亡,或平時有染傳染病者,本會提供消毒藥品,派遣職員會同分署員一同前往該居住處所施行消毒。因欲促進一般防疫思想起見,遇有舉行預防注射及種痘時,即廣告於新聞紙上,同時另再印刷防疫注意事項宣傳單,分發於居留民喚起其注意。近年來廈門人士稍亦注意防疫事業者,未始非本會屢次宣傳之力也。茲將歷次舉行防疫事項列左。

本埠素以衛生不良之地著名,當市區尚未改正,矮屋毗連,公共衛生毫不注意。一入夏季,街市穢氣迫人,而種種疫病,隨之而起。大正八年夏,本市鼠疫虎疫繼續流行,本會即由領事館代對總督府請求預防注射液,舉行初次預防注射。至大正十四年再發生虎疫,本會再至急施行預防注射,故居留民染疫患者甚稀。嗣後年見平靜,而市區又改正,衛生亦漸向上。不意昭和七年夏季,因鄰省口岸發生虎疫,波及本埠,視前數次更為猖獗,犧牲人命不少,在此華洋雜居之地,吾人實難避免其傳染,故疫行全期之中,竟至犧牲我僑胞十二名。事雖可嘆,要亦因自避預防注射者居多,以致減殺其抵抗力,卒歸於死耳。差幸此間日華官憲,同心戮力,施行積極的防疫之結果,方能於短期間撲滅,是亦不幸中之大幸也。茲將本會對此次防疫經過情形略述如左,可知當時蔓延為禍之烈矣。

先是本會先後接到領事館通知,台灣總督府業已指定上海、廣東汕頭為虎疫流行地,時本會即已有戒心,及至是年七月十二日,本埠並亦指定為流行地,發現是疫波及,時我當道即時召集本會及日本居留民會在領事館開官民防疫會議,結果關於我僑民之防疫,鼓浪嶼方面由日本居留民會員負責,廈門方面由本會負責,於我官憲監督指導之下,積極進行防疫事宜。同時並由小川署長徵詢廈門醫院長之「個人的虎列拉預防心得」送交本會翻譯漢文,分送全體僑民,俾知預防。而本會亦即於七月十四日設置臨時防疫事務所,由加藤分署長專責監督,平山及鄭警官暨日本居留民會吉永英夫及本會職員周永亨、周清照、施純銳、莊欽銓為系員,開始防疫事宜,並於是日起聘請醫師並受廈門醫院應援派遣醫師在該事務所內施行第一期免

費注射。二星期間，每人二次。然因受注者尚未十分普遍，是以小川署長於七月二十日蒞會，對吳會長及會顧問等訓勉加急普遍施注，因此特於翌二十一日召集議員開催防疫會議，結果決議於本會外再於本埠各要處分設注射所十四處，並聘請醫師約二十餘名，於委員應援之下，廣施注射，此為第二期之免費注射。至所用注射藥液先由廈門醫院寄贈一千五百人份，後由三浦領事官向於總督府請求到廈藥液中，分贈足供四千人用量與本會使用，其過有發生病患者則由平山系員及本會職員引率防疫夫前往患家實施防疫消毒，以期早日撲滅，此其經過防疫之大略也。同時並發出防疫簡報以資居留民之參考，至其要略附述於左：

（1）注射期間　自七月十三日至二十六日、又二十九日至三十一日，共十七日。

（2）注射藥液　實用四千人份（官廳及醫院寄贈）。

（3）注射人數　一六、〇二二名（折合每人二回約八千人）。

（4）注射場所　廈門、鼓浪嶼、禾山計十五處。

（5）注射施行醫師　計二十餘名。

（6）防疫費　開支一千一百八十八元七角。

（7）患者數　全廈染疫者初發生以來至八月二十八日止，計一千一百五十名。其中調查遺漏數及禾山方面合計約一千七八百名，死亡者約一千名，內僑民死亡者：日本居留民一名、台灣居留民十一名，計十二名。

（8）消毒回數　計十五回。

（9）使用防疫人夫　三人（使用期間二個月）。

（10）參加防疫工作人員　醫師、警官、議員、會員、職員計四十名。

（11）發出通信　印送公告傳單、簡報等八次（公告四次，注意書一次，月報三次）。

（12）隔離所　本會設在白鹿洞腳達觀園內，嗣因當時林代理公安局長與中山醫院長為顧全廈市衛生起見，對我領事館通知若有發生疫病者，可直接送往該院，以無料收容，因受此好意，本會即將所計劃之隔離所中止。

歷來之防疫事宜以此為最大施設，對於此次開支之防疫費，一部分由領事館補助八百二十二元九十仙外，本會有志者寄附六百四十元，計一千四百六十二元九十仙。對於開支所殘銀額二百七十四元二十仙，保管為本會衛生費。此外如種痘，自本會創立以來亦已施行數次，至昭和八年二月間適天花（俗名鳥珠）流行於華南各口岸，本會將昨年所保存之防疫費，至急托博愛會廈門醫院代向台灣總督府中央研究所購定痘苗，實行施種。種痘處除本會外，再分設廈門、鼓浪嶼、禾山計十二處，亦近年來之盛大防疫也。

4.救恤事項

救恤事項為本會經營事業中之一重大事業。蓋廈門台灣間僅一衣帶水之隔，土地風俗又同，且為最有關係之商埠，所以在廈之居留民及時常往來者較別商埠為多，同一抱有海外發展之同胞，其中因受環境所迫而發生不幸者，亦隨之而時有。本會雖有救恤之宏願，而限於經濟之薄弱，不能有所匡濟。時適我在廈僑民承辦（辦）禁煙取次所，因此本會議將禁煙取次所欲寄附本會之款項撥出為救恤事項之資，以實行救恤僑胞之貧病，迨昭和四年禁煙取次所解散，對於本事業之使命遂全歸本會支持。昭和四年五月十七日第一回議員會將本案提議議決，暫時募集寄附金以為補充，並將救恤項目大別如左。

（1）對於乏費歸台之同胞，須提出領事館之手續書類，以無料代書及保證外，又給與歸台川資實費。

（2）對於遭受災難之同胞者，除給以金錢外，並相當代其設法處置善後事宜。

（３）對於疾病之同胞，若乏治療費者，本會代其介紹各病院施療或給與醫藥費。

（４）對於死亡無力處理喪葬者，或行旅死亡者，本會給與棺木及一定限度之喪費，並代其處置善後事宜。

（５）其他意外發生救恤事項。

茲將由昭和四年以降本會救恤件數如左

年別	歸台旅費救恤件數	諸救恤件數
昭和四年度	二四件	二一件
同　五年度	二〇	一八
同　六年度	七	三三
同　七年度	一一	二五
同　八年度	一五	四〇
同　九年度	三八	四七
同　十年度	四八	五〇

前述以外之意外發生救恤事件，如昭和七年五月初旬，漳碼共產事變時，僑居漳州石碼之僑胞遭受禍難，星夜逃避來廈，急待安置。同時又恐波及廈地，因此本會至急開支千餘元，準備急變時避難之設置，並對於漳碼逃難來廈者，給與衣食住，並給與川資，使其歸台。一面申請領事館對台灣總督府當局交涉，由本會發給避難證明書，經領事館加印，使其簡便得以歸台，以供避難，是其例也。茲將該時由漳碼避難來廈登錄者，及本會發給證明書歸台之居留民統計如左。

避難來廈登錄者			給避難證明書歸台者		
男	女	計	男	女	計
四八名	二九名	七七名	八五名	一〇六名	一九一名

（六）本會購置會所及建築之經過

本會會所之建築,始於大正十一年七月議員會之議決,但仍未著手。至大正十四年五月議員會,乃由林木土氏再行提議,擬定銀三萬弗之建築案。經眾認可,其建築所在地擇定新馬路地方(即現浮嶼方面)並著手進行募集建築基金。嗣後因經濟不況及時局變遷,遂告停頓。昭和三年五月九日議員會由故曾厚坤氏提出以前項事件為重要議題,以御大禮紀念為目的,將數年懸案積極進行,並將舊定建築地改在城內旭瀛書院之對面,以現任議員為大禮紀念事業委員,並募集建築寄附金。昭和三年五月二十五日議員會將更建築計劃及其理由目的當眾報告,同時由坂本領事官提議將大正十四年五月廿三日第一回建築委員會議事項:「(一)建築案以林木土氏所提議之建築基金參萬弗以上土地二百方丈見積價格七十二弗為基本案;(二)委託阮順永、傅書院、陳鹽三氏為土地買收及交付附金之責任者;(三)建築設計案依別紙林土木氏所提出之圖面。」以上三項認為實行不可能之狀態,議決依昭和三年五月九日所議進行。同年六月一日議員會議決以大正十四年之案為精神,照前回議決積極進行外,並將大正十四年度以降之舊議員追加為大禮紀念事業委員,組成一大委員會實行著手建築。由委員中舉事務分掌委員,將本案移在委員會進行。同年六月二十三日發表大禮紀念募建台灣公會啟事,托建築技術者林新民、楊群華兩氏設計建築圖面。同年十月十八日由委員會召集請負人蔡、康、楊協和、華廈建築公司等投標,結果以華廈建築公司銀額為最低當標,負建築之責。是月三十日與建築請負人締結契約,十一月十七日請日華官紳蒞臨舉行盛大之昭和大禮紀念台灣公會奠基式,著手興建。嗣因華廈建築公司請負工事發生缺損及工人發生勞銀問題,工事幾將停頓,本會不得已由曾會長及陳副會長命事務當局周永亭、周清照、施純銳、莊欽羚書記等直接負全責解決,及監督其殘餘工事繼續進行。至昭和五年四月始告竣工,於同年四月二十九日天長佳節舉行落成式,輪奐聿新,規模宏大,來賓蹌濟,盛極一時。蓋自大正十一年提議至昭和五年而完成,費時殆將十載,糜金幾及四萬,亦可謂極艱難之締造矣。

　　(七)本會改稱居留民會之原因

　　本會自創立於茲,已閱三十載,因歷代役職員之努力任事,及監督官廳之監督得宜,著著發展,造成萬餘同胞之一大團體,洵海外發展上大可喜慰之現象也。但公會之名稱乃類似同鄉會或親睦會之集合,不無缺乏自治之性質,本會諸役員鑒於

時世之潮流及民智之進步，認定有改組為自治機關之必要。爰於去年十二月間幹部諸員齊集於領事館，與山田領事共相討論，結果雖不能一時改為完全之自治團體，亦須倣法居留民團，先由形式上之改易，繼以精神上之邁進，庶名實相符，非同泛泛。是以本年一月十三日以館令第一號，將台灣公會改為台灣居留長會，此本會名稱改換之原因也。

（八）廈門台灣居留民會規則

昭和十一年一月十三日

昭和十一年一月十三日館令第一號

廈門台灣居留民會規則

漢譯

第一條　本會以僑居廈門及其附近地方之台灣僑民組織之。

第二條　本會稱為廈門台灣居留民會，事務所置於廈門。

第三條　本會在法令及條約所許範圍內辦理公共事宜。

第四條　本會為開支辦理前條事務應需之經費對僑民得賦課徵收課金，課金以本會條例定之。

第五條　本會置議員二十名，其任期自四月一日起至翌年三月三十一日止一年間為期，議員系名譽職。

第六條　議員定員二分一之額數以選舉定之，剩餘額數之議員由領事官指名之，對於前項之議員概不適用第九條之規定。

第七條　年齡滿二十五歲以上之僑民，具有獨立生計，僑居達三個月以上並經

完納本會課金者執有選舉權。

第八條　左開之人概無選舉權。

（一）被處過六年以上之徒刑或禁錮之刑者

（二）被處過未滿六年之徒刑或禁錮之刑而其執行未了或未蒙準免予執行者

（三）破產者而未經確定復權者

（四）禁治產者及準禁治產者

（五）曾被禁止居留而於滿期再次渡來後未經二年間者

第九條　按照本規則執有選舉權之男子概有被選舉權，但於左開之人均無被選舉權。

（一）在職官吏

（二）本會有給職員

第十條　會長每年務須按照二月一日現在人數作成選舉人名簿，聲請領事官之認可後，自三月一日起七日間將該名簿置於本會事務所以供僑民縱覽。

第十一條　議員之選舉每年於三月間行之，選舉期日地點及其他為選舉議員必要之細則，概由領事官指令之。

第十二條　領事官由本會顧問中指出選舉長，而選舉長應請監督官廳立會開閉選舉會，併負其取締之責。領事官由選舉人中指出四名至十名之選舉立會人，選舉長及選舉立會人均屬名譽職。

第十三條　選舉以五名連記無記名式投票行之，投票限於一人一票。

第十四條　議員之選舉系由獲得有效投票最多數者順次決定中選，以至定員，倘若所得票數相同，則以年長者為中選。

第十五條　議員中如有缺員則由領事官指名選任補缺，補缺議員之任期以前任者之殘任期間為期。

第十六條　議員在職中倘若喪失被選舉權者當然失其議員資格。

第十七條　議員除於領事官認有正當理由外概不得辭任。

第十八條　議員按照無記名投票互選會長一名、副會長一名或二名，但須申請領事官承認，副會長之定員由領事官定之。會長副會長均屬名譽職，其任期依照議員之任期，但會長副會長雖於任期屆滿後，如系未經選出後任之人者，自應繼續其職務。會長副會長除於領事官認有正當理由外概不得辭任。

第十九條　會長系代表本會並辦理本會事務，副會長輔助會長，而會長有事故之時代理其事務。

第二十條　會長每三個月應行召開議員會一回，但由議員半數以上提出請求之時，應開臨時議員會。領事官認有必要時得令其召集臨時議員會。

第二十一條　會長擔任議員會之議長，會長副會長均有事故之時，得由出席議員中互選領事議長，使其代行議長之職。

第二十二條　議員會如非議員定員半數以上之出席不得開會。

第二十三條　議員會須請領事官顧問及參議臨席，領事官得提出議案於議員會。

第二十四條　會長至緩須在議員會開會之五日前，將其時日地點及議案通知各議員。

第二十五條　議員會之議事由出席議員過半數決之,倘若可否同數之時,由議長決之。

第二十六條　須經議員會議決事項之概目如左：

（一）本會條例之制定及改廢

（二）歲出入預算之決定及決算報告之承認

（三）預算外之支出

（四）寄附金之募集

（五）本會所有不動產之處分

（六）其他重要事項

第二十七條　議員會議決之事項須經領事官承認。

第二十八條　遇有緊急事項未能預先得到議員會之議決者,會長得請領事官之承認施行臨機之處置,但於次回之議員會須當時請其追認。

第二十九條　會長每年須於四月間開居留民總會一次,報告會計及其他會務。領事官認有必要,或議員定員三分二以上提出請求並經領事官承認之時,會長須開臨時總會。總會須於開會之五日前公告之,但於緊急之時不在此限。

第三十條　本會置左開各部委員會：庶務部、財政部、學務部、產業部、調停部。委員會除調停部之外系應會長之咨問。委員由會長選任之。各部委員之定員以本會條例定之。

第三十一條　本會置左開職員。

（一）理事長　一名

（二）理事　若干人

（三）會計主任　一名

（四）書記　若干名

第三十二條　理事長、理事、會計主任、書記由會長及副會長協議選任，後經領事官之認可定之。欲免其職之時亦同。領事官認有必要時，得行前項職員之任免。

第三十三條　理事長輔助會長掌理本會事務，理事長對於總會議員會或委員會均得出席發言。

第三十四條　理事會計主任及書記應受理事長之指揮，分掌本會諸般事務。理事、會計主任及書記為說明其分掌事項起見，得出席於總會議員會及委員會。

第三十五條　會計主任每月須於五號以前作成前月之收支明細書與證憑書類，合併提供會長檢閱。會長須將前項收支明細書於每月七號以前提出領事官。

第三十六條　本會置顧問若干名。顧問之任免由領事官行之。顧問就任議員之時其在任期間內當然喪失顧問之資格。顧問得出席議員會發言，但無議決權。

第三十七條　本會置參事若干名。參事系由領事官就舊議員著有功勞者中指名任之。參事得出席議員會發言但無議決權。參事之任期以一年為期。

第三十八條　本會居留民地區分為數區，每區得置區委員一名，使其輔助本會會務之進行。區分為數保，每保得置保委員一名，使其補助區委員。區委員及保委員均屬名譽職，由會長任免之。

第三十九條　領事官認有必要時得隨時檢查會計。

第四十條　除本會則所規定外，為處理本會事務上有必要之事項，以條例定之，條例須按各年別注以號數。

附則

本令自昭和十一年三月一日施行之。

昭和九年館令第二號自本令施行之日廢止之。

廈門台灣居留民會規則施行細則

第一條　僑居廈門及其附近之台灣居留民須要稟報本會，家族系由家長報之，此項稟報手續另以條例定之。

第二條　本會規則第四條所規定之課金系對獨立生計者、會社及其他營業主體徵收之，但按其生計狀態得豁免之。前項課金分為所得課金、營業課金，及公安維持費補助課金三種，其賦課率另以條例定之。所得課金系對於本人及其家族之收入課之，營業課金系對於資本或收入課之，公安維持費補助課金系酌準廈門市公安局警捐課之。

第三條　課金系由本會議員所互選選定之課金查定委員會查定之。右開查定委員長應將前項查定額通知於納入者。右開委員會委員長系就本會副會長中由會長指名之。本會理事長及理事得出席右開委員會陳述意見。對於第一項之查定執有異議者，由其接受通知起一星期以內，得具理由向本會會長提出查定變更願，本會長認該所請理由為妥當之時應即令其再審。

第四條　選舉人名簿每年須於二月二十日以前調製提出於領事官，選舉人名簿須記載選舉人之原籍、現住所及生年月日。

第五條　不能書寫文字者，暫時之間得使領事官所指定之代書人為之代書投票之。

第六條　遇有適合本會規則第十九條第二項而副會長二名之時,則由領事官就中指出一名令其代理會長。遇有適合本會規則第二十一條會長有事故而副會長二名之時亦照前項。

第七條　本會會計年度系自四月一日起至翌年三月三十日為止。

第八條　本會預算及決算之格式如左（格式省略之）。

第九條　關於諸積立金、產業基金、墓地會計、旭瀛書院費及產業事業費等,均得設置特別會計。特別會計之預算、決算之格式準照前條。

第十條　公費及預備費之支出須於事前受領事官之認可。

第十一條　本會各部委員會各置委員長一名,各委員長系就各部委員中由會長指名之。委員長可召集委員會並為委員會之議長,委員及委員長非有正當之理由不得辭任之。

第十二條　各部委員會得應其必要組織分科委員,令其審議特殊事項。分科委員會委員長系由該部委員會委員長指名之。

第十三條　庶務部委員會系對左開事項以應會長之咨問。

（一）關於居留民之異動事項

（二）關於總會及議員會事項

（三）關於衛生之事項

（四）關於共同墓地事項

（五）關於救恤之事項

（六）關於本會會報之事項

（七）關於條例內規之事項

（八）關於諸願屆書類之代書及保證事項

（九）關於對外交涉之事項

（十）關於居留民實況調查之事項

第十四條　財政部委員會系對左開事項以應會長之咨問。

（一）關於本會財產管理之事項

（二）關於本會預算及決算之事項

（三）關於本會一般會計之事項

（四）關於寄附金之事項

（五）關於調度之事項

（六）關於徵收課金之事項

第十五條　學務部委員會系對左開事項以應會長之咨問。

（一）關於旭瀛書院之事項

（二）關於學齡兒童調查之事項

（三）關於育英及宣傳之事項

（四）關於青年子女之指導啟發事項

第十六條　產業部委員會系對左開事項以應會長之咨問。

（一）關於金融及授產之事項

（二）關於經濟調查之事項

（三）關於貿易及產業之指導事項

（四）關於陳列館、博覽會、共進會、展覽會、品評會之事項

（五）關於同業組合、產業組合、金融組合及其他實業團體之事項

第十七條　調停部委員會辦理左開事項。

（一）居留民間係爭事件之調停

（二）居留民對外國人間係爭事件之調停

（三）關於係爭事件調查之事項

第十八條　本會置庶務部、財政、產業及調停五課以資分掌事項。理事長統轄，各課置課長一名以理事充之，書記分屬各課及區事務辦理事務。

第十九條　本會區委員之主要補助事項如左：

（一）本會指示事項之傳達周知

（二）本會課金之徵收

（三）區內居留民之戶口調查及移動報告

（四）區內之狀況報告及突發事件事急報

（五）對於不虞至天炎事變之警戒、消防，傳染病之預防及其他為期居留民之安寧幸福所必要之本會事務之援助

（六）對於區內居留民之褒賞或救恤之申請

第二十條　區及保之地域另以條例定之。

各區系之境界如有疑問之時，須由關係區保委員及本會職員同勘查，然後協議決定之。

第二十一條　本會會長得召集區保委員會開會議。

附則

本細則自公示之日施行之。

昭和九年九月一日廈門台灣公會規則施行細則自本細則公示之日起廢止之，此布。

昭和十一年三月七日

廈門台灣居留民會會長林木土

（廈門台灣居留民會編：《廈門台灣居留民會報參拾週年紀念特刊》）

廈門台灣公會條例

漢譯

條例第一號

本會各部委員定數條例如左：

一、庶務部

六名

一、財政部

四名

一、學務部

四名

一、調停部

六名

一、產業部

十名

一、課金查定委員會

四名

右公告

　　　　　　　　　　　　　　　昭和九年十二月一日

　　　　　　　　　　　　廈門台灣公會會長　陳長福

條例第二號

本會課金賦課率之條例規定如左：

第一條　所得課金之賦課率如左：

一、根據資產程度之賦課率：

資產銀額　每月課金銀額

壹萬元以上拾萬元未滿，每壹萬元壹弗

拾萬元以上貳拾萬未滿

拾弗

貳拾萬元以上參拾萬元未滿

貳拾弗

參拾萬元以上伍拾萬元未滿

參拾弗

伍拾萬元以上陸拾萬元未滿

伍拾弗

陸拾萬元以上柒拾萬元未滿

六拾弗

柒拾萬元以上八拾萬元未滿

七拾弗

八拾萬元以上壹百萬元未滿

八拾弗

壹百萬元以上

壹百弗

二、根據收入程度之賦課率：

月收銀額

每月課金銀額

五拾弗未滿

貳拾仙

壹百弗未滿

伍拾仙

壹百五拾弗未滿

壹元

貳百弗未滿

貳元

貳百弗以上壹千弗止，每增壹百元加收壹元。

第二條　營業課金之賦課率如左：

資本銀額

每月課金銀額

壹千元未滿

壹弗

壹千元以上五千元未滿

貳弗

五千元以上壹萬元未滿

參弗

資本銀額壹萬元以上者，每增加未滿壹萬元加收銀壹元。

與外國人共同經營者增加五成。

第三條　公安維持費補助賦課金之賦課率如左：

（一）對家屋所有者之賦課率：

貸　家

每月收入厝租總額百分之四

自己居住

每月評定厝租總額百分之二

未出租或建築中者，準作自己居住家屋計算。

（二）對營業者之賦課率：

須納營業課金十分之五以上之公安維持費補助課金

但依照營業狀態得增減之。

（三）對住戶之賦課率：

每一戶每月大銀三角。

但依其生活狀態得豁免之。

（四）前列三項之課金未滿三角者，作三角計算；一角未滿者，作一角計算。

（五）住戶之厝業系營業場所或自己之家屋時，則豁免其住戶之課金。

右公告

昭和九年十二月一日

廈門台灣公會會長　陳長福

條例第三號

本會所取扱諸願屆書類之代書及保證手數料等規定條例如左：

第一條　欲委託本會製作諸願屆書類者須納左記之手數料：

一、翻譯書類

每一枚大銀一元

每增一枚再加五角

一、執照下付願

一件大銀五十

一、營業許可願

一件大銀四元

一、交涉願、認證願

一件大銀一元

一、請書、疏明書

一件大銀五十仙

一、不動產申告書

一件大銀五十仙

一、調停調書謄本

一件大銀一元

一、海外旅　下附願

一件大銀一元

第二條　代非僑民作制書類其手數料照左記徵收之：

一、翻譯書類

每一枚大銀一元

每增一枚再加一元

一、渡台證明願

一件大銀二元

一、認證願

一件大銀二元

一、請書、疏明書

一件大銀一元

一、調停調書謄本

一件大銀一元

第三條　對於本會所製作之書類如要保證者,應納如左之保證手數料:

一、執照下付願

一件大銀二元

一、定住證明願

一件大銀二元

一、無旅　歸台證明願

一件大銀二元

第四條　對於本會僑民之貧困者可以豁免手數料。

附則

本條例自昭和九年十二月一日施行之

右公告

昭和九年十二月一日

廈門台灣公會會長　陳長福

條例第四號

本會共同墓地管理條例規定如左：

共同墓地管理條例

第一條　僑民之屍體（遺骸）遺骨或遺發欲埋葬於共同墓地者，應向本會申請允準後，受本會所定之指示，依照第四條之規定完納墓地使用料，然後使用之。

第二條　每一人之埋葬一穴定為長九尺、闊五尺以內，依照請願人之希望，得使用至三穴為止。其墓與墓之間相隔一尺亦算在內。

第三條　墓穴之深須要四尺以上，但有左開之情形者不在此限：

（一）依土地之地勢難達四尺以上者。

（二）埋葬遺骨遺發者。

第四條　埋葬地之使用料，不拘期間之長短規定如左：

（一）一穴

銀八弗

（二）二穴

銀三十二弗

（三）三穴

銀八十弗

第五條　非僑居之籍民，因僑民之紹介，以五年以內之期限，希望埋葬者，如無障礙時，經理事長之承認，受所定之指示，依照第四條完納使用料可得使用之。

第六條　依照前條之使用者，應納大銀五十元作為保證金，本保證金不算利息，與使用廢止同時償還之，然對於滿期後繼續使用者則不償還之。

第七條　墓碑須用不燃質而有耐久性之物，但若明知將來欲行改葬者不在此限。

第八條　墓地之修築及無緣墓地之修理，由本會為之。

第九條　火葬場之使用料規定如左：

（一）成年者

銀十五弗

（二）未成年者（十二歲未滿）

銀十弗

第十條　對於貧困僑民無力完納墓地使用料及火葬料者，豁免其使用料。火葬實費，得由本會以救恤金支出之。

第十一條　對於非僑居之籍民，欲使用火葬場者，受本會之承認，完納第九條之料金後，仍可使用之。

第十二條　本會常備之靈柩車、齋場用具等使用料規定如左：

（一）靈柩車

銀二十弗

（二）天幕及齋場用具

銀十五弗

但一、二號工賃包含在內。

第十三條　對於非僑民欲使用本會常備之靈柩車及齋場用具者，如無障礙，受理事長之承認，完納前條所定料金，亦得使用之。

第十四條　因不可抗力所致，發生墓地及墓碑之損壞者，本會不任其責。

第十五條　本會置有墓地看視人，使其看顧墓地及整頓地域內等。

第十六條　本會如認定墓地有整理必要之時，對於埋葬經過五年以上者，得命其洗骨易地改葬，前項之際，除無緣故者外，其費用由當事者負擔之。

第十七條　既納之料金，一切概不償還。

第十八條　墓地委員每月須要一次以上前往巡視並監督看視人。

第十九條　本會應編列墓碑番號於碑石，建立完竣後，須明記於墓碑台帳。

第二十條　遺骨遺髮如合葬，在合葬場時，於一星期內，應將死者之姓名彫刻

墓碑之上。

第二十一條　屬僑民之家族而無國籍者，準作僑民辦理之。

第二十二條　本會每年於春分及秋分日，兩次舉行物故僑民之祭奠。

第二十三條　前開各條之埋葬、火葬、改埋、葬骨、洗骨等，均須呈請領事館之認可，然後將該認可證提出於本會，但外國人不在此限。

附則

本條例自昭和九年十二月一日施行之

右公告

昭和九年十二月一日

廈門台灣公公會長　陳長福

條例第五號

本會獎學資金補助條例規定如左：

獎學資金補助條例

第一條　獎學資金須補助有左開之資格者：

（一）由旭瀛書院出身，品行方正，學業優良，且身體健全欲留學於台灣或日本上級學校者。

（二）卒業時之名次由一名起，居於七分之一以內者。

（三）認定為家計不裕，學資支出困難者。

第二條　對於獎學資金欲新補助之人數，每年以二名為限。

第三條　欲受獎學資金補助時，應經由旭瀛書院長提出願書於本會。

第四條　本會會長收受第三條之願書時，應將願書交學務部委員會審查決定，然後報告於議員會。

第五條　學生每一名每月補助金額如左：

（一）中等學校

每月十元以上二十元以內

（二）專門學校以上

每月十五元以上三十元以內

第六條　受補助金之人卒業就職後，應於相當期間內提出與被輔助同等之金額，寄附台灣公會，作為獎學資金，但寄附方法一時或分數回亦無妨礙。

第七條　本會應備置獎學資金補助者台帳。

附則

昭和九年五月　日之本會獎學資金內規自然消滅之

右公告

　　　　　　　　　　　　　　　　　　　　　　　昭和九年十二月一日

廈門台灣公會會長　陳長福

條例第六號

本會青年修養講習會條例規定如左：

青年修養講習會條例

第一條　本會為指導僑民青年子女，故設青年修養講習會。

第二條　本講習會以徹底皇國精神施設、公民的訓練及有適切海外生活之國民的修養為目的。

第三條　本會以會長為講習會會長，統轄一切。以學務部委員理事長及學務課長為幹事，輔佐講習會長處理一切。

第四條　本講習會以廈門旭瀛書院為會場，但遇必要時於其他之場所亦可創設分會。

第五條　本講習會之講習科目如左：公民科、國語科、外國語科、實科、體育科、音樂科。但各科講習要項及其時間額數揭示於後。

第六條　本講習會之講習期間一回為四星期，每日授業三時間。

第七條　講習員須具有左開各號資格，由台灣公會役員及旭瀛書院長推薦，本會會長選拔之。

（一）有台灣公立公學校卒業以上學力，品行方正者

（二）年齡滿十六歲以上之青年子女

第八條　講習員之人數逐次由會長裁定之。

第九條　本講習會講習員不徵收會費。

第十條　本講習修了之時，經成績考查後，得給與講習證書。

第十一條　講師由本會會長招聘之。

附則

本講習會條例自昭和九年十二月一日施行之。

右公告

昭和九年十二月一日

廈門台灣公會會長　陳長福

（《廈門台灣公會會報》續第三期第六號）

（九）本會調停部概況（附表一）

　　本會之有調停部實為調和僑胞間之感情，解除台廈間之誤會，敦睦日華兩國間之邦交而創設。當本會成立之初，雖有調停部之設，然因居留民人數尚少，是以無甚調停可言，而先前當地因有華洋被（裁）判所之設，總商會亦附設有調解處，是以本會受付調停為數甚稀。華洋裁判所有受理台僑之案件，本會會長均有前往列席，即總商會之有接受台僑案件，亦必通知本會派員列席。至本會受台僑涉及於中國人者，亦通知總商會派員來會列席，但事不經見耳。迨華洋裁刊（判）所廢止，始稍有就本會調停部而調解者。大正十四年四月十日第一回議員會，由副會長何戊癸氏提議四項改革調停部之意見於議員會，得議員會議決，經領事官之認可，照下列四項改革進行：

　　（一）凡僑胞間有發生事件時須先經本會之調停，至不得已時，然後提出領事館，以求裁判。而本會對於所受付之案件，如認有呈明領事官及請其立會之必要

時，可呈明領事官並請其立會；

（二）凡台廈人間有發生事件，無論何方，皆可請本會調停，而本會於所受付之案件，如認有呈明日華兩國官廳之一方或雙方之必要時，可得呈明之。認有須請日華兩國官廳之一方或雙方立會之必要時，並得請其立會；

（三）凡有團體之事件以及有事關於團體之利害關係者，得以本會團體名義直接交涉之；

（四）對於中國官廳於適宜程度請領事官付與本會以直接交涉之權。嗣前項議案廢止，於昭和九年十二月一日公布調停條例，依條例執行事務，是年四月調停部委員長何興化氏提議招調停部委員謝阿發、陳春亭兩氏及會員魏榮泰氏等自動捐助調停市內裝飾用品，以壯觀瞻。

昭和十一年一月十三日館令第一號改正台灣公會為台灣居留民會及規則時，本會各部委員會均改為諮詢機關，而本部則可見凡所調停足資取信，絕不為左右袒也。

民事調停事件

年度	受理 舊受	受理 新受	受理 計	已濟 調	已濟 不調	已濟 取下	已濟 其他	已濟 計	未濟	備考
大正六年	一	六	六	四	一	一	二	六	一	
同七年	一	一一	一一	七	二	二	一一	一一	一	
同八年	一	二	二	一	一	一	一	二	一	
同九年	一	六	六	四	一	一	一	六	一	
同十年	一	四	四	四	一	一	一	四	一	未濟之件經已移入次年辦理
同十一年	一	六	六	三	一	一	一	五	一	同
同十二年	一	一一	一二	三	二	一	五	一〇	二	同
同十三年	二	一三	一五	六	三	一	五	一四	一	同
同十四年	一	四一	四二	一八	八	二	六	三四	八	同
同十五年	八	二五	三三	七	一	五	二一	三三	一	同
昭和二年	一	一二	一二	四	一	一	二	八	四	同

三十年中先後領事一覽表

官 名	姓 名	就職年月日
領事	福島九成(陸軍少佐)	明治九、四、八
事務代理	吳碩(外務一等書記生)	同九、八、二

續表

官　名	姓　名	就職年月日
領事	福島九成	同一〇、一、九
館務取扱	富山清明（外務二等書記生）	同一三、三、五

（明治十三年七月關閉上海總領事館兼轄）

名譽理事	∨外國人	明治一七、四、三〇
領事代理	外國人	同一七、七、五

（自明治二十年三月至同二十九年三月福州領事館兼轄）

二等領事	上野專一	明治二九、三、七
一等領事	上野專一	同二九、一一、八
事務代理	芳澤謙吉（領事官補）	同三三、八、三〇
領事	上野專一	同三三、九、一九
事務代理	芳澤謙吉	同三四、一〇、一
領事	上野專一	同三四、一一、一一
事務代理	山吉盛義（外務書記生）	同三六、一一、一八
領事	上野專一	同三七、一、九
事務代理	吉田美利（領事官補）	同三九、八、一四
領事	瀨川淺之進	同四〇、五、二七
事務代理	大杉正之（外務書記生）	同四一、五、二二
同	森安三郎（領事官）	同四一、六、三〇
領事	菊池義郎	同四三、三、一五
事務代理	矢野正雄（領事官補）	同四四、四、四
領事	菊池義郎	同四四、一〇、一五
事務代理	船津文雄（外務書記生）	大正二、二、四
領事	菊池義郎	同二、四、一四
事務代理	秋洲郁三郎（外務書記生）	同六、一、一〇
領事	矢田部保吉	同六、四、三
事務代理	市川信也（外務書記生）	同七、一二、一四
領事	藤田榮介	同八、七、一四

續表

官　名	姓　名	就職年月日
領事代理	鈴木連三(領事官補)	同九、一〇、一一
領事	藤井啓之助	同一〇、四、二〇
領事代理	河野清(副領事)	同一一、一二、一二
領事	佐佐木勝三郎	同一二、五、二六
同	井上庚二郎	同一三、八、二八
領事代理	高井末彥(副領事)	昭和二、一、一一
領事	坂本龍起	同二、七、二六
同	寺島廣文	同四、二、二五
事務代理	增尾儀四郎(外務書記生)	同五、二、一
領事	寺島廣文	同五、三、三
同	三浦義秋	同六、九、七
同	家本毅	同八、四、一
事務代理	武勝眞喜(外務書記生)	同九、四、一〇
領事	家本毅	同九、六、一〇
同	山田芳太郎	同一〇、八、六

三十年中先後警察署長一覽表

官　職	氏　名	年　度
警部	吉澤美治	明治二十九年
同	日吉又男	同三十二年
同	內藤弘	同三十七年
同	河野民域	同三十八年
同	橫尾勇太郎	大正二年
同	內田吉	同三年
同	瀧島德郎	同四年
同	是枝幸吉郎	同同七月
同	江口善海	同五年
同	新坂狂也	同六年
同	古山又之丞	同九年

續表

官　職	氏　名	年　度
警視	境田駒藏	同十一年
警部	下田彥太	同十四年
同	和久井吉之助	昭和二年
警視	小川要之助	昭和六年同九年十二月十七日迄
同	田島周平	同九年
署長代理，警部補	森信一	同十一年七月
警部	清水文炳	同年八月

本會現任役員一覽表

會長　陳長福

副會長　簡士元

參　議
江保生
陳保全
劉壽祺
李啓芳

顧　問
施範其
王子堅
吳蘊甫
庄司德太郎
蔡世興
澤重信

議員

何興化	黃　六	陳　鹽	林木土	林　滾	何金塗　洪培煙　施添壽
陳　基	王昌盛	吳萬來	蘇水秀	蔡清德	蔡祖述　江文鐘　王友芬
蔡吉堂	李兩加				
查　定	學務部	財政部	庶務部	調停部	產業部
委員長	委員長	委員長	委員長	委員長	委員長
簡士元	黃　六	何金塗	洪培煙	何興化	陳　鹽

委　員	委　員	委　員	委　員	委　員	委　員
何興化	林　滾	林木土	王友芬	江保生	林木土
王昌盛	蔡吉堂	蘇水秀	蔡祖述	王昌盛	黃福成
陳　鹽	施添壽	蔡清德	李兩加	施範其	陳作模
陳　基		蔡吉堂	江文鐘	吳萬來	陳寶全
何金塗			陳　基	李啓芳	蘇嘉和
					黃　六
					李兩加
					洪培煙
					施添壽
					鄭德銘
					蔡清德
					何金塗
					何興化
					陳　基

區委員

一區	二區	三區	四區	五區	六區
汪 不	鄭有義	王傳薪	廖 河	張維元	林阿石
保委員	保委員	保委員	保委員	保委員	保委員
一保洪榮宗	一保陳宣方	一保林豬哥	一保簡永清	一保柯闊嘴	一保蘇 河
二保林國彥	二保陳木土	二保林朝阿	二保吳通周	二保黃鳳翔	二保官龍金
三保陳鑒水	三保陳水塗	三保鄧 屋	三保曾金蝟	三保王 興	三保戴熙年
		四保尤象祖		四保曾保足	
		五保吳子健		五保林平正	

本會歷代役員一覽表

明治三十九年

會長　施範其

副會長　殷雪圃

議員　黃清標　莊有才　李啟陽　鄭毓臣　郭春二　璜（黃）天性

倪碧如　洪汝輝　黃爾學　曾片玉　王碧若　楊熊臣

顧問　奧山章次郎　坂野

明治四十年

會長　施範其

副會長　殷雪圃

議員　黃清標　阮順永　莊有才　江保生　郭春二　璜（黃）天性

倪碧如　洪汝輝　黃爾學　朱樹勛　王碧若　李啟陽

顧問　奧山章次郎

明治四十一年

會長　施範其

副會長　黃爾學

議員　江保生　曾厚坤　阮順永　郭漢泉　莊有才　周子文

璜（黃）天性　莊有理　洪汝輝　倪碧如　郭春二　李啟陽

顧問　奧山章次郎

明治四十二年

會長　莊有才

副會長　蔣樹栢

議員　朱樹勛　蔡世興　阮順永　周子文　曾厚坤　郭春二　黃清標

莊文星　莊瑞麟　黃爾學　殷雪圃　謝金水　李啟陽　曾片玉

江保生　林麗生　王子堅

明治四十三年

會長　周子文

副會長　黃爾學

監查　江保生　曾厚坤

議員　黃清標　莊有才　莊瑞麟　郭春二　王子堅　朱樹勳　蘇君明

陳山　倪碧如　曾片玉　黃乃澤　阮順永

顧問　小竹德吉

明治四十四年

會長　周子文

副會長　黃爾學

監查　江保生　曾厚坤

議員　莊瑞麟　莊有才　王子堅　曾片玉　朱樹勳　阮順永　施範其

顧問　小竹德吉

明治四十五年至大正元年

會長　周子文

副會長　黃爾學

監查　江保生　曾厚坤

議員　莊瑞麟　莊有才　朱樹勳　曾片玉　王子堅　阮順永　施範其

顧問　小竹德吉

大正二年

會長　周子文

副會長　黃爾學

監查　江保生　曾厚坤

議員　莊瑞麟　施範其　朱樹勛　曾朝注　王子堅　阮順永　陳山

蔡世興　郭漢泉　張有機　張濤臣　洪汝輝

顧問　小竹德吉

大正三年

會長　曾厚坤

副會長　蔡世興

監查　江保生　阮順永

議員　莊瑞麟　廖啟埔　朱樹勛　吳蘊甫　王子堅　李啟芳　陳　山

林屏侯　郭漢泉　張有機　張濤臣　洪汝輝　施範其

顧問　岡本要八郎

大正四年

會長　曾厚坤

副會長　蔡世興

監查　江保生　阮順永

議員　莊瑞麟　廖啟埔　朱樹勛　吳蘊甫　王子堅　李啟芳　陳大珍

林屏侯　郭漢泉　張有機　張濤臣　蔡彬涵　施範其

顧問　岡本要八郎

大正五年

會長　曾厚坤

副會長　蔡世興

監查　江保生　阮順永

議員　廖啟埔　吳蘊甫　張有機　蔡彬涵　施範其　李啟芳　王子堅

莊有才　朱樹勛　黃清標　張濤臣　郭漢泉　林屏侯　莊瑞麟

施範其　周子文

顧問　岡本要八郎

大正六年

會長　阮順永

副會長　江保生

監查　莊有才　周子文

議員　曾厚坤　吳蘊甫　施範其　廖啟埔　李啟芳　王子堅　鄭俊卿

朱樹勳　張濤臣　蔡世興　陳大珍　陳朝駿

顧問　岡本要八郎

大正七年

會長　阮順永

副會長　江保生

監查　莊有才　周子文

議員　曾厚坤　吳蘊甫　施範其　廖啟埔　李啟芳　王子堅　鄭俊卿

朱樹勳　張濤臣　蔡世興　陳大珍　陳朝駿

顧問　岡本要八郎

大正八年

會長　曾厚坤

副會長　林木土

監查　阮順永　吳蘊甫

議員　江保生　莊有才　施範其　廖啟埔　李啟芳　王子堅　鄭俊卿

朱樹勳　周子文　蔡世興　陳大珍　陳朝駿

顧問　岡本要八郎

大正九年

會長　曾厚坤

副會長　林木土

監查　阮順永　吳蘊甫

議員　江保生　莊有才　施範其　廖啟埔　李啟芳　王子堅　鄭俊卿

朱樹勳　張濤臣　蔡世興　陳大珍　陳朝駿

顧問　岡本要八郎

大正十年

會長　曾厚坤

副會長　林木土

監查　阮順永　吳蘊甫

議員　江保生　施範其　蔡世興　洪汝輝　莊有才　王子堅　李啟芳

張濤臣　廖啟埔　倪碧如　朱樹勳　黃授卿　莊瑞麟　殷雪圃

王碧若　黃乃澤

顧問　岡本要八郎

大正十一年

會長　曾厚坤

副會長　林木土

議員　廖啟埔　吳蘊甫　江保生　施範其　蔡世興　鐘耀煌　江長生

王子堅　李啟芳　張有機　阮順永　王昌盛　何戊癸　楊北辰

陳鏡山　殷雪圃　陳朝駿　陳春木

顧問　岡本要八郎

大正十二年

會長　曾厚坤

副會長　廖啟埔

議員　陳寶全　吳蘊甫　江保生　林木土　蔡世興　鐘耀煌　阮順永

王子堅　李啟芳　陳鹽　黃乃澤　王昌盛　何戊癸　周玉山

陳鏡山　殷雪圃　蘇逢源　陳春木

顧問　岡本要八郎

大正十三年

會長　曾厚坤

副會長　陳長福

議員　陳寶全　吳蘊甫　江保生　林木土　蔡世興　廖啟埔　施範其

王子堅　李啟芳　陳鹽　黃乃澤　王傳薪　何戊癸　阮順永

陳鏡山　吳萬來　蘇逢源　陳春木

顧問　岡本要八郎

大正十四年

會長　陳長福

副會長　何戊癸

議員　陳寶全　吳蘊甫　江保生　林木土　曾厚坤　廖啟埔　施範其

王子堅　何興化　陳鹽　黃乃澤　王傳薪　傅書院　謝龍闊

陳鏡山　吳萬來　張友金　陳春木

顧問　岡本要八郎

大正十五年至昭和元年

會長　陳長福

副會長　何戊癸

議員　廖啟埔　陳鏡山　謝龍闊　王子堅　程水源　吳萬來　陳金方

陳朝麟　陳鹽　林木土　吳蘊甫　王碧若　陳寶全　紀晴波

王　洪穗　陳春木　傅書院

顧問　岡本要八郎　阮順永　施範其　曾厚坤

昭和二年

會長　阮順永

副會長　謝龍闊

議員　廖啟埔　陳長福　王昌盛　王子堅　程水源　吳萬來　林添錦

周玉山　陳鹽　林木土　吳蘊甫　王碧若　陳寶全　李啟芳

何戊癸　洪穗　陳春木　蘇逢源

顧問　岡本要八郎　施範其　曾厚坤

昭和三年

會長　曾厚坤

副會長　謝龍闊

議員　廖啟埔　陳長福　阮順永　王子堅　陳寶全　吳萬來　林清程

蔡世興　陳鹽　林木土　吳蘊甫　何興化　施範其　吳天賜

何戊癸　蘇溢瀨　陳春木　傅書院

顧問　岡本要八郎

昭和四年

會長　曾厚坤

副會長　陳春木

議員　廖啟埔　陳長福　江保生　王子堅　劉壽祺　吳萬來　黃爾學

蔡世興　陳鹽　謝龍闊　吳蘊甫　何興化　施範其　阮順永

何戊癸　陳寶全　蔣啟仁　林滾

顧問　岡本要八郎　莊司德太郎

昭和五年

會長　曾厚坤

副會長　廖啟埔

議員　施範其　陳長福　江保生　王子堅　劉壽祺　吳萬來　黃爾學

蔡世興　陳鹽　郭漢森　吳蘊甫　何興化　陳春亭　林滾

陳寶全　蔣啟仁　蘇逢源

顧問　阮順永　莊司德太郎　岡本要八郎

昭和六年

會長　吳蘊甫

副會長　廖啟埔

議員　曾厚坤　林滾　何興化　吳萬來　施範其　阮順永　陳春亭

蔡吉堂　蔡世興　陳春木　陳寶全　陳長福　劉壽祺　鄭德銘

陳鹽　郭漢森　江保生　黃爾亭

顧問　岡本要八郎　王子堅　莊司德太郎

昭和七年

會長　吳蘊甫

副會長　廖啟埔

議員　曾厚坤　林滾　何興化　吳萬來　施範其　阮順永　陳春亭

蔡吉堂　蔡世興　陳春木　陳寶全　陳長福　劉壽祺　鄭德銘

陳鹽　郭漢森　江保生　黃爾亭

顧問　岡本要八郎　王子堅　莊司德太郎

昭和八年

會長　陳長福

副會長　陳鹽

議員　林滾　曾厚坤　謝阿發　何興化　王昌盛　施範其　鄭德銘

廖啟埔　陳春亭　柯闊嘴　吳萬來　蔡世興　林土木　葉天賜

蔡憨建　劉壽祺　陳玉全

顧問　岡本要八郎　王子堅　吳蘊甫　莊司德太郎　阮順永

昭和九年

會長　陳長福

副會長　張友金　何金塗

參議　陳寶全　陳鹽　吳萬來

議員　何興化　施範其　林滾　王昌盛　蔡吉堂　陳春木　陳春亭

鄭德銘　謝阿發　陳作模　薛盆　劉壽祺　黃福成　呂紅毛

蔡世興　簡士元　黃六　李慶紅　江汝舟　陳欽銘　林川田

顧問　岡本要八郎　王子堅　吳蘊甫　莊司德太郎　林木土

事務顧問　范忠常

昭和十年

會長　林木土

副會長　陳鹽　簡士元

參議　陳寶全　陳作模　林滾　王昌盛　江保生　薛盆

議員　黃六　黃士高　鄭德和　吳萬來　陳春亭　蔡清德　鄭德銘

劉壽祺　李慶紅　黃福成　何興化　林慶旺　林川田　呂紅毛

陳吳氏居　江文鐘　陳基　何金塗　方炳輝　洪培煙

蔡吉堂　施添壽

顧問　岡本要八郎　施範其　王子堅　吳蘊甫　莊司德太郎　蔡世興

澤重信　陳長福

昭和十一年

會長　陳長福

副會長　簡士元

參議　江保生　陳寶全　劉壽祺　李啟芳

議員　何興化　黃方　陳鹽　林木土　林滾　何金塗　洪培煙

施添壽　陳基　王昌盛　吳萬來　蘇水秀　蔡清德　蔡祖述

江文鐘　王友芬　蔡吉堂　李兩加

顧問　施範其　王子堅　吳蘊甫　莊司德太郎　蔡世興　澤重信

本會經常費今昔比較表

年別	預算額		決算額		摘要
昭和二年度	一三、五八五	六一五	一九、〇八六	二八五	
昭和三年度	一二、六八〇	六四五	九、三七〇	三六五	
昭和四年度	一二、〇〇五	三八五	八、四八四	四八五	
昭和五年度	一八一二九	六七〇	一六、五一六	一一五	
昭和六年度	一六、一〇〇	〇〇〇	一四、八一九	四五〇	
昭和七年度	一六、一〇〇	〇〇〇	一三、五三二	四〇〇	
昭和八年度	一六、一〇〇	〇〇〇	二〇、六〇七	〇〇〇	
昭和九年度	七一、六六〇	〇〇〇	六三、九二〇	五七〇	本年度起因改正規則預算亦變更擴大
昭和十年度	八〇、八五〇	〇〇〇	六一、三一〇	二五〇	

備考：昭和元年以前豫決算因會所累次遷移，書類帳略散失無存，故從略。

（廈門台灣居留民會編：《廈門台灣居留民會報參拾週年紀念特刊》）

二、台灣公會與台胞及廈門市當局往來交涉函件

與台僑往覆函件

致顧問范思常先生函

逕啟者：依據昭和九年九月三十日第六回通常議員會之主旨，選任先生為審查委員會委員長。特此奉達，即希查照為荷。此致

范忠常先生台鑒

昭和九年十月四日

廈門台灣公會會長陳長福

致議員參議吳萬來、李慶紅、林川田、陳欽鋿、何金塗諸位先生函

逕啟者：依據昭和九年九月三十日第六回通常議員會之主旨，選任先生為審查委員會委員。特此奉達，即希查照為荷。此致

吳萬來　李慶紅　林川田

陳欽鋿　何金塗　先生台鑒

昭和九年十月四日

廈門台灣公會會長陳長福

致黃士高先生函

逕啟者：接十月二十五日理由書，以賦課過重，請詳查改定，借輕負擔等由。當經本會提交查定委員會詳查去後，茲據十月二十七日第六回會查定委員會議決，案開黃士高所異議，所得課金委員等認該所得課金系對建源洋行賦課，銀額五十元在內。因該氏系建源洋行代表者，是以特將其個人所得課金每月十元加入，計每月六十元，認為不能異議。除由本查定會函往證明外，不得抗納等詞在案。合行錄案通知，即希查照，勿再違延是望。此致

黃士高先生

廈門台灣公會啟

十一月八日

台北商業會長辜顯榮氏來函（昭和九年十月九日台北商業會長　辜顯榮）

廈門台灣公會會長陳長福殿

敬啟者：時維九月，節屆三秋，遙卜台祺葉吉為欣為頌。茲因聞及此新曆十月十六日便輪，廈埠有組團體約五十餘名，欲來台灣視察全島，若果事實，應表歡迎，藉敦交誼。然未審此行均屬民國之人，抑或內台人亦有參加在內否。因有準備之關係，見草之時，敢煩至急代為查明。倘若十六日果要來台，並望決將一行之總人數（其中民國、內地人、台人各幾名）及出發月日、團長姓名等，以電報示復勿誤，切禱。如延至十月二十三日始要出發者，十六號請以信詳免用電復（若各位之住址職業姓名均並錄下更妙）有瀆清神，容當後謝。專此奉懇，順頌秋祺。諸希統照不備再者該視察團想必有向領事館領取對台灣總督府之介紹狀可料，又及。

復辜顯榮氏函

耀翁會長大鑒：遠承藻翰，循誦再三，惟摯愛之殷拳，乃繫情於海外。雲天高誼，感紉莫名。敝會此次組織觀光團，經駐廈領事署先後呈報台灣當局，原擬十月十六日動身赴台，只以事屬始創，頗費周章。爰復改期廿三日，藉免匆促。在團同志約有二十餘人，中日國籍數略相等。團長一人現正與領事署物色推定姓名履歷，容俟首途之日專電奉達。

諸承綺注，先此復陳。順頌

大安

惟照不備

　　　　　　　　　　　　　　　廈門台灣公會　正會長陳長福

　　　　　　　　　　　　　　　　　　　　　副會長張友金

　　　　　　　　　　　　　　　　　　　　　十月十六日

再復辜顯榮氏函

　耀翁會長大鑒：前奉一緘，想登記室。敝會所主催觀光團，自改定廿三日動身後，即經領事署推定澤重信先生為團長，按照旅程，如期出發。祗以團中份子，間或來自泉漳，不盡居於鷺島，以交通之梗阻，俗冗之糾纏，遂不得不稍稽時日，以相遲待。重勞盼望，至用悚惶。除昨已由電馳達外，用再詳函奉布，敬乞鑒原，勿加責備。一俟行期確定，常再電聞，藉寬綺注，臨時引企。順頌

　秋安

　　　　　　　　　　　　　　　廈門台灣公會　正會長陳長福

　　　　　　　　　　　　　　　　　　　　　副會長張友金

致會員陳基、蔡清波函

　逕啟者：本會課金查定委員會原為在留僑眾常有申請查定課金而設，祗以查定委員對於僑胞狀況間有未獲深悉，凡所查定或未能盡得其平，致滋異議。素稔執事熟悉鄉情，足備諮詢，而資參考。爰定此後遇有便利屋業諸僑胞申請查定事件，擬請執事依期列席，以利解決，而免畸重畸輕之弊。事關公益，當荷贊同，至切至盼。此致

　陳基

蔡清波　殿

廈門台灣公會會長陳長福

十二月六日

與中國各官廳社會交涉公函

為會員陳長庚致廈門特種公安局長王函

逕啟者：據敝會會員大同路門牌二百三十六號勝興洋行行主陳長庚申請書稱，竊原有中國籍勝興號，經八月一日起盤歸長庚經營，改稱勝興洋行，並經呈報領事館發給證書牌照在案。查廈門籍商對於公安局應納各捐稅，向由鈞會代收代繳，該原有中國籍勝興號已停止營業，請知照特種公安局停止徵收，以符手續等由到會。敝會查核所稱均系實在情形，合行據情函請查照，以優籍商，而免騷擾，至紉公誼。此致

廈門特種公安局局長王

廈門台灣公會會長陳長福

十月四日

複查表開路政處積欠各戶銀數種類符與不符清單

姓 名	銀 數	符與不符	備 考
林金錠	二、四七〇〇〇〇	符	查工務局移交收買費未清發數目一覽表，內載收買義學口通頂大人馬路欠發二千四百七十元
周氏招治	一二、八四四〇〇〇	符	查工務局移交收買費未清發數目一覽表，內載收買石門內新區原欠發一萬五千三百五十六元，除發二千五百一十二元，尚欠一萬二千八百四十四元
富 記	一〇、〇〇〇〇〇〇	符	查工務局移交已售未收地價一覽表，內載承購蔘花溪尾山地區六十五號百六十井，共價一萬一千二百元，除已繳六千元外，尚欠五千二百元。又本局收四千元，餘未取，另附注富記承購六十五號一百六十井，因為整理完竣，經准以百井照原價每井七十元，其餘六十井，照每井五十元，計算共應地價一萬元，除已繳六千元外，再繳四千元作為清楚
白高喜	三、〇〇〇〇〇〇	符	查工務局移交收買費未清發數目一覽表，內載收買思明西路新區欠發三千元
白 萬	一、〇七二四八九	不符	查工務局移交收買費未清發數目一覽表，內載收買人和路新區原路政處欠發二千五百零八元五角，本局已發一千四百三十五元九角一分一釐，實欠一千零七十二元四角八分九釐。

293

續表

姓名	銀數	符與不符	備考
詹朝安	四〇、〇〇〇	符	查工務局移交收買費未清發數目一覽表，內載收買第一公墳，丁原欠發三百五十元，除發三百一十元外，尚欠四十元。
王金發	九六九、二〇〇	符	查工務局移交收買費未清發數目一覽表，內載收買義學口通頂大人馬路，原欠發一千零九元二角，除發四十元外，尚欠九百六十九元二角。
林滾	一、一八〇、〇〇〇	不符	查工務局移交收買費未清發數目一覽表，內載收買大使路（非義和街），原欠發一千四百元，除發二百二十元外，尚欠一千二百八十元
殷雪圃	七七、五九八	一〇九	查工務局移交各項借款及利息一覽表，內載股雪圃借額六萬五千元利息一分，路政處移交爲六萬七千零六十六元六角六分，計二十一年九月十四日起至二十三年六月三日止，利息總數共一萬四千八百九十八元九角一分，又本息合計七萬九千八百九十八元九角一分，除已還二千三百元外，尚欠七萬七千五百九十八元九角一分。又備考載，此項借款原額一十萬元，二十一年十月十七日還一千元，二十二年一月十日還四千元，又一月二十四日還三萬元，計利息總數如上數。
陳寶全	一一二、一二、八三六	一六一	不符	查工務局移交各項借款及利息一覽表，內載陳寶全借額一千四百二十元零六角八分一釐，又查工務局專案移交陳寶全預繳外海灘甲二段地價三千四百一十五元四角四分，又查工務局專案移交虎園路十號陳寶全已交地價三千三百元該地整理已妥經立界給管此項數目應取消，又查工務局專案移交陳寶全用陳源蘇名義頂繳石〡門內新區地價二萬八千元，又查工務局移交梧桐埕新區預繳地價表內載興利公司預繳梧桐埕新區一百七十四號至一百八十號地價二萬元，又查工務局移交梧桐埕新區預繳地價表內載合得公司預繳梧桐埕新區一百六十號地價六萬元，以上除虎園路三千三百元一項應消取外，共計一十一萬二千八百三十六元一角六分一釐。

續表

姓名	銀數	符與不符	備考
合計	二二二、一一一、〇七〇	不符	近陳寶全加購典寶街二號左邊餘地二、二四井，共價八百九十六元又開禾路二號攤派費、馬路費一千五百八十元，共計應繳二千四百七十六元，是以本人借款一千四百二十元零六角八分，及陳源蘇名下預繳石門內新區地價一千零五十五元三角二分撥為抵用，是單列借款一千四百二十元零六角八分，應消又預繳石門內新區地價原二萬八千元，應減為二萬六千九百四十四元六角八分，總數共一十一萬零三百六十元一角六分一釐，全單合計共二十一萬九千六百三十五元零七分。

複查表開各戶未領金額符與不符清單

姓名	銀數	符與不符	備考
郭漢森	—	—	此案未經工務局移交
高美	二、〇二六、〇〇〇	符	查工務局移交收買費未清發數目一覽表，內載路政處收買思明西路新區欠發三千五百元，除本局還一千四百七十元外，尚欠二千零二十六元。
張總江	二八四、〇〇〇	不符	查工務局移交收買費未清發數目一覽表，內載路政處收買人和路新區欠發三千六百元，除本局還三千三百一十六元外，尚欠二百八十元。
柯關嘴	—	—	案未經工務局移交
陳金圳	—	—	同上
王田	—	—	同上
王雙鱗	—	—	同上
胡白氏清	五〇〇、〇〇〇	符	查工務局移交未發領單收買費一覽表，內載收買漁仔路頭新區左三一號共價五百元。
陳培瑞	三一九、五〇〇	符	查工務局移交收買未清發數目一覽表，內載路政處收買大王十五崎欠發三百一十九元五角。

續表

姓名	銀數	符與不符	備考
吳蘊甫	一七、〇〇一	六六〇	符	查工務局移交收買費未清發數目一覽表，內載路政處收買思明西路欠發一萬一千二百元，又收買開禾路欠發七百一十四元一角；又查工務局移交未發領款單收買費一覽表內載收買磁街八九號共價一千零零八元；又收買磁街九十號共價二千零三十七元；又查工務局移交欠發期單一覽表內載前路政處移交期單欠發數爲二千五百四十二元五角六分；除本局清發五百元外，尚欠二千零四十二元五角六分；以上共計一萬七千零一元六角六分。
合計	二〇、一三一	一六〇	不符	

致廈門特種公安局工務處處長楊函

逕啟者：廈地自開闢馬路興築新區，對於收用土地、毀拆房屋，大都以命令執行，非盡出人民之自願。間或損及外籍法益，亦無不忍痛接受者，實以改良市政，中外胥受其福，故不惟絕少作梗，且常樂於贊襄。乃當局言與行違，動多延宕，舉凡收地拆業，雖定有給價賠補種種規章，而一紙空文，毫無效用。或完全未給，或給而不清，甚或因騰挪乏術，預以新闢地段招人承購，款已繳納，地不照交，損失之多，非言可盡。迭據各台僑分別請求交涉，而以政局之迭更，擱延遂至於經歲。

貴處長秉承省命來長工務，必能舉前此路政堤工騙延之積弊，一掃而空，用是就敝會台僑所受損失而有待於貴處長之清理者，匯錄一表，計爲數大銀二十三萬六千餘元，附請查閱。究竟未給之款何時可給，未交之地何日可交，統祈一一明白復示，俾免糾紛，而完手續。想貴處長職責所在，當不復有所推諉而漠然置之也。即希見復是荷。此致

廈門特種公安局工務處處長楊

廈門台灣公會會長陳長福

九月二十日

廈門台灣公會台僑被路政處積欠銀數種類表

姓名	銀數		備考
林金錠	二、四七〇	〇〇	厝屋一座在頂大人新區被工務局收買之銀額
周氏招治	一二、八四四	〇〇	厝屋一座在石門內新區被工務局收買之銀額
富記代表 陳長福	一〇、〇〇〇	〇〇	預約買蓼花溪尾新區第六十五號地段,全繳,至今土地尚未交管,請求追還繳款。
白高喜	三、〇〇〇	〇〇	厝屋一座在山仔頂新區被工務局收買之銀額
白萬	一、一〇三	〇〇	厝屋一座在磁街被工務局收買四千五百零三元所殘未領額
詹朝安	四〇	〇〇	田園一所面積一百四十二方丈十九方尺被收買三百五十元所殘未領額
王金發	九六九	二〇	厝屋一座在頂大人新區被工務局收買一千零九元二角所殘未領之額
林滾	一、四〇〇	〇〇	厝屋一座在義和街被工務局收買之額
殷雪圃	九四、八五六	一七	中華民國二十一年九月十四日所立借款合約字之借款及利息八五六算至本年六月止之額
陳寶全	一一〇、一三五	五〇八	民國二十二年被借去市銀一千四百二十元零六占八釐,又海灘甲段二地六十丈,在海尚未壤築,押借市銀三千四百一十五元四角四占,又虎園路未開闢之地十號南段,押借市銀三千三百元,又二十年十二月十六日,石門內新區,押借市銀二萬元,二十一年二月七日,再續借市銀八千元,興利公司二十一年二月三日押借梧桐埕新區餘地市銀二萬元,合得公司二十一年一月二十日押借梧桐埕新區市銀六萬元等,合計銀額。
合計	二三六、八一七	八七八	

再致廈門特種公安局工務處處長楊函

　　逕啟者:九月二十日奉上一函並附被路政處積欠銀數種類表一紙,想蒙查閱。茲承領事館交到郭漢森等十名被欠銀額計三萬四千九百餘元合再列單附呈統煩查照,並希見復是荷。此致

廈門特種公安局工務處處長楊

計附清單一紙

              廈門台灣公會會長陳長福

              九月廿五日

經領事交涉已決未領取金額如左

氏名	銀額	備考
郭漢森	二、六〇〇、〇〇	
高美	二、〇〇〇、〇〇	
張總江	二、五〇〇、〇〇	
柯關嘴	三、〇〇〇、〇〇	
陳金圳	八〇〇、〇〇	
王田	三、〇〇〇、〇〇	
王雙麟	三、二〇〇、〇〇	
胡白氏清	五〇〇、〇〇	
陳培瑞	三〇〇、〇〇	
吳蘊甫	一七、〇〇〇、〇〇	
合計	三四、九〇〇、〇〇	

為兆興洋行代表林發致廈門電燈電力有限公司董事長黃函

  逕啟者：據敝會會員兆興洋行代表林發理由書稱，為請求交涉無理停電致生營業損失確認賠償事。竊發所設之電力馬達經今十餘年，不稔何故，於去月十九日突被電燈公司飭匠剪斷，致逐日營業損失為數不貲。自揣發對該公司並無違背任何契約，究何緣由竟被停電。經發麵詢，亦不得要領。即再具專函向該公司質問，迄今數日，亦置不答覆。惟現時逐日損失無所底止，故敢具情請鈞會援助，據理交涉，即時放電，並確認敝所損失，該公司應負賠償之責，以伸法理等由到會。查該兆興洋行購用貴公司電力，既有十餘年之久，且不違背契約，何得突然飭匠剪斷，致營業上損失不貲，迨經該代表面質函詢貴公司竟不能將理由明白宣示，殊屬有背法理準稱前由，合行函請查照，務希先行放電，以利營業，並希將停電理由從速見復，以憑核辦，至盼。此致

廈門電燈電力有限公司董事長黃

廈門台灣公會會長陳長福

十月六日

為聚豐洋行致廈門特種公安局水上警察隊隊長王函

逕啟者：據敝會會員聚豐洋行范炳煌理由書稱，本號經營海產、肥料、雜貨，推銷漳泉各內地。本年八月二十二日，承廈門輝記行介紹楓亭茂發號、東潘港惠源公司向敝行採辦肥粉五十包，大銀六百九十五元；海產壹十二件，大銀八百九十元八十九仙二條。共大銀壹仟伍百八十五元八十九仙，付配川利電船，於同日下午五時由廈門港出帆，派有押貨店員黃東英、梁玉山、范棋楠，欲往惠北東潘港交卸。越日船至惠安縣轄之峰尾地方，欲在該處起卸他人之貨。不意電船到港內，適潮水退落，船身擱淺觸礁，水欲入倉中。押貨店員見事急，立召附近小船，脫起該貨，之間突有該地峰尾鄉鄉蠻人劉華仁、劉宗禮、劉阿裕、劉番仔、劉盤菜、劉華明、劉阿九等，見船觸礁，有機可乘，喚集鄉民數十人持槍挾械，竟將船中之貨強行劫取搬運上陸，復將電船扣留，勒索鉅款，取贖船員。店夥見勢行兇，不敢抵抗，束手無策。該地又無軍警可報，雖訴諸鄉長，皆其同鄉一族之人，共沾分潤之輩，不但無肯為力，更耗金錢而費口舌不已。諸店員素手歸廈，將情報告駐廈日本領事館。今查得劫取之鄉民劉華明等人，現住在劉合盛帆船，船號九十二號，現泊本港洪本部路頭。劉華明等人在該鄉有參加劫奪，與此案有重大關係，懇請俯念商艱，迅賜通告特種公安局水上分局，速予將該船扣留，拘捕劉華明等到案，按律重辦，追還貨物，以維血本等由到會，正核辦間。旋據范炳煌報由敝會請同貴隊將劉華明拘獲，並將船扣留在案，合亟據情函請貴隊長俯念事關乘危搶劫，迅予律辦，以儆凶頑，而護籍商，至紉公誼。此致

廈門特種公安局水上警察隊隊長王

廈門台灣公會會長陳長福

十月　日

為募集參加觀光團事致廈門晉江龍溪諸商會函

晉江

廈門龍溪

商會諸先生聯鑒　逕啟者：台灣與

泉廈廈門漳廈

向本息息相關，雖地圖早經

色變，而鄉土關（觀）念依然　注於人心，況且改隸以還，一切建設突飛猛進，大足為吾人考鏡之資。敝會為聯絡感情，發展事業起見，用是而有台灣參觀團之組織。一葦可航，兼旬而返，他山借助，或不虛行。茲敬將募集參加簡則及旅行程序鈔錄附閱，敢請俯鑒微衷，廣為傳達。倘荷貴地屬賢、豪商場巨擘，惠然加入聯袂東遊。敝會竊願以識途老馬，為此都人士作前驅焉。臨書引企，祗請

聯綏

計附組織參觀團及旅行程序一紙

廈門台灣公會會長陳長福拜啟

招集台灣參觀團簡則及旅行程序

一、募集人數五十名以內

二、旅費一人銀二百弗（雜費包含在內）

三、特典旅行上諸手續本會負責代辦

四、視察日程十月十六日正午十二時廈門出發

十月十七日午前十時基隆著,同日視察基隆方面,同夜在基隆一泊。

十月十八日午前六時基隆出發,同十一時蘇澳著,視察該地。同日午後五時蘇澳出發,同六時著羅東,同夜在羅東一泊。

十月十九日午前視察羅東,同十一時羅東出發,同十二時宜蘭著,視察該地狀況。午後六時由宜蘭出發,同七時著礁溪,同夜在礁溪一泊。

十月二十日午前七時由礁溪出發,同十二時著九份,出發,同七時台北著,同夜泊台北。

十月二十一日二十二日台北附近視察,並參拜台灣神社。廿二夜八時由台北出發赴高雄。十月二十三日午前八時高雄著,同日視察高雄、屏東兩處,同夜赴台南一泊。

十月廿四日視察台南地方,同夜由台南出發赴嘉義。

十月廿五日視察日月潭地方,然後赴台中。

十月廿六日台中市內外觀察,同夜台中出發赴新竹。

十月廿七日新竹州下視察,同夜由新竹赴基隆一泊。

十月廿八日午前十時基隆出發歸廈。

為會員傅書院致廈門特種公安局第二分局局長林函

逕啟者:據敝會會員傅書院理由書稱,有角尾路店屋三間,門牌一二八、一三

〇、一三二號，由昭和七年間租與劉振芳杉行（即劉水郊）營業，自立簿處起除交外，結至本年九月份止，計欠租金大洋五百四十六元，疊向追討，每藉詞外出，迨至本九月廿二日早，忽將其店中全部傢俬搬移無餘，會員於是派夥詢問，並同時將人物指交當地警士拘留，業經呈請廈市第二分局追討在案，理合應呈報，請為轉廈市公安第二分局，追究清還租金，以恤商艱等由到會。查劉水郊積欠屋租已屬非是，乃又徑將傢俬盡數搬移，顯系存意逃匿，既經敝會會員將人物指交警士拘留，並呈請貴局追討有案，準稱前由，合據情函請貴分局長迅賜依法勒返，以免久延，致生枝節，至紉公誼。此致

　　廈門特種公安局第二分局局長林

　　　　　　　　　　　　　　　　　　　　　　　廈門台灣公會會長陳長福

　　　　　　　　　　　　　　　　　　　　　　　　　　　　十月九日

為台僑許葉氏致思明地方法院院長趙函

　　逕啟者：據敝會台僑許葉氏來會稱，伊與莊和嫂因債款涉訟，早經判決，迭次催請執行，未見實現，乃日前庭訊對方，竟別有藉口，非莊和嫂到案，難期水落石出。經法院定本十月十九日再訊，並飭伊如拘無莊和嫂，可免到案。查莊和嫂現住模範村集友學校對面，門牌四十四號，門口有一水井可認。因伊女婿廖慶良現充該處派出所主任，莊和嫂系與同居故無門牌無戶主名，法警拘傳每無著落，請由會函請法院照此住址拘傳，則莊和嫂必能到案等由。敝會查許葉氏與莊和嫂纏訟已久，案關司法，未便有所幹預，惟念敝台僑許葉氏系孱弱老婦，訟累堪憐，應請貴院長先予照前住所拘傳莊和嫂到案，秉公判決，至紉公誼。此致

　　思明地方法院長趙

　　　　　　　　　　　　　　　　　　　　　　　廈門台灣公會會長陳長福

　　　　　　　　　　　　　　　　　　　　　　　　　　　　十月九日

為台僑陳約翰致廈門特種公安局工務處處長楊函

逕啟者：據敝會台僑陳約翰理由書稱，有瓦屋一座，址在懷德保土名六間厝後，與大走馬路相通，東西四至，載明契內，歷管無異。近年走馬路折卸馬路，去夏曾接廈門路政處通知書，指明翰之厝地，每丈方估價大洋四百元，應歸路政收買等語，業經將本住屋契　全宗呈請領事署證明蓋印，並另繪圖連同路政處通知書於去年七月間繳呈領事署存案。本年九月五日，閱全閩日報載有源美洋行購買店地聲明中云，該行有向裕民公司陳玉棠承買店地一所，址在大中路新區，路政局暫編為第七十二號。其面積方丈，照部照有八丈一十七尺，經儀妥送定，不日行契過銀等情，閱之非常詫異。查裕民公司之地只有三丈五方尺左右，乃在翰厝地之前，照其登報丈方，顯有侵翰之地。迨裕民公司豎立界址，界址果然侵翰地有四六三平方尺之多。竊以路政處未經備價收買該地，尚屬翰之所有權，而路政處奚得賣給裕民公司，殊為不解。除向裕民公司及源美洋行聲明外，理合具情請求鈞會鑒察，準予函知工務處，嚴飭裕民公司，不得越界侵占，以重業權，而免糾紛等由到會。查敝僑陳約翰歷管屋業，雖經前路政處通知收買，而實未給價買收，業權猶在，圖證具存路政處，何得擅行賣給裕民公司，該公司又何得轉賣源美洋行，侵占地段至四六三平方尺之多，準稱前由合請貴處長嚴飭裕民公司，迅將界址撤去，劃清界限，以護僑業，而免糾紛，並希見復至荷。此致

廈門特種公安局工務處處長楊

廈門台灣公會會長陳長福

十月二十三日

為台僑鐘坤輝致廈門特種公安局工務處處長楊函

逕啟者：據敝會台僑鐘坤輝理由書稱，坤輝於本十月二十三日，接到廈門公安局工務處通知書稱，查大悲閣馬路現經本處計劃完妥，即日興工修築，惟該屋前部有關路線，應即照章折縮，以利進行，合行通知該業主遵照。仰於文到一星期內迅即照界自行折讓，以便興工，是為至要。但輝之家屋原在公園南路之支路線，在昭

和三年七月間因市政當局故意移路線，礙輝家屋之左壁，前曾訴請駐廈領事坂本龍起領事官，數次交涉，乃得保留至今。不意公會公安局之工務處忽有此種通知，殊屬令人不解。合亟據情報告貴公會，請速代向工務處請予保留等由到會。查針坤輝屋業既因市政故移路線礙及左壁，經領事署據情交涉，準予保留，雖為時已歷六七年，而案卷不難覆按，今乃忽欲逼令折縮，殊屬有礙僑商法益，準稱前由，合亟函請貴處長查照前案，仍予保留，勿得強逼折縮，致釀糾紛，實紉公誼，並希見復至荷。此致

廈門特種公安局工務處處長楊

廈門台灣公會會長陳長福

十月三十日

致廈門特種公安局第一、二、三、四分局局長謝、林、劉、曾函

逕啟者：查貴轄街道名稱及門牌號數，均經改正編定，仰見勵精整飭，至足欽佩。敝會台僑，僑居貴轄，為數眾多，遷徙往來，又極無定，敝會為欲明了實際，藉副注意治安起見，擬令各區保委員，按照新編地名牌號，調查詳確，報會備考，如有須赴貴署對照舊戶口冊，俾免錯漏之處，敢請俯賜指導，予以利便，至紉公益。此致

廈門特種公安局第一、二、三、四分局局長謝、林、劉、曾

廈門台灣公會會長陳長福

致廈門特種公安局工務處處長楊函

逕啟者：據敝會台僑被路政處積欠款項，前承送到複查清單，分別符與不符，囑即核覆，當經敝會傳集各關係人，各自詳核中。惟陳寶全一名，系未將利息及新買地加入；殷雪圃一名，系有個人及公和公司義之各別，致總數有不符。其林滾、

白萬兩名,則核無錯誤;張總江一名,則已將給領單據轉賣華人,可毋庸置議。總之,彼此數目雖有出入,無難於給款之日,當面核算。當此不景氣之秋,轉瞬年關逼屆,商民待用孔亟,周轉維難,合請貴處長,對於敝僑各戶欠款,迅速設法償給,勿再拖延,至深紉佩。此致

廈門特種公安局工務處處長楊

廈門台灣公會會長陳長福

十一月十日

為台僑曾鴻翔致廈門特種公安局局長王函

逕啟者:據敝會台僑曾鴻翔理由書稱,竊鴻翔現住廈門港火仔鞍緣,舊曆四月間,忽有匪徒十餘猛,於夜間,各持槍械,闖入屋內,強奪大銀六十餘元及器具價三十餘元,經鴻翔密向各處查捕,直至本月七日晨四時許,始有當時在場夥劫匪徒汪林田行經中山路,為鴻翔撞見,即捕交第三分局,現拘留偵緝隊訊問,聞已直認有搶奪情事,似此明目張膽,帶槍行劫,若不從嚴懲辦,則我籍民財產,岌岌可危,懇速函請公安局,務將該匪汪林田嚴辦,以重法紀等由。又據台僑李西瓜理由書稱,竊西瓜現在廈門塔仔街開設兆祥洋行,經營雜貨海產業,素守本分,與人無忤。緣前三月廿五日夜十點鐘,忽有匪徒三名,各持手槍,闖入帳房,向西瓜妻李□□□□□□三十六元,時因西瓜寒熱交作,病臥在床,聞妻呼聲喊救命,即躍下,見匪徒開槍射擊,雇夥即時逃脫,事後經公安局極力緝捕,拘獲洪連忠一名,於數月前由公安局判處極刑;又獲陳興一名(別名小台灣),亦經日領事署引渡台灣法辦,餘匪汪林田一名,於本月七日行經中山路,被我台僑曾鴻翔撞見,因伊於四月間亦曾被其劫奪,即將該汪林田捕交第三分局,拘送偵緝隊訊問。似此疊次行劫,應請迅函公安局,將該汪林田嚴辦以保我籍民財產實感德便等由到會。查汪林田累行劫奪既被敝台僑曾鴻翔拘獲交警送隊,且已訊有口供,自非嚴加懲辦,不足以寒匪瞻而靖民生。據稱前由,合請貴局長俯念除暴所以安良,賜予如請律辦,以飭治安,而宏保護,至深感荷。此致

廈門特種公安局局長王

廈門台灣公會會長陳長福

十一月十六日

為台僑新合美洋行蔡吉堂致廈門海軍造船所函

逕啟者：據敝會台僑新合美洋行蔡吉堂函稱，敝行於去年九月四日，曾售廈門海軍造船所鐵貨一單，計大洋四百一十一元一角三占，明定現款交易，除還來二百元以外，所欠之項，竟延不照付，疊經派伴往收，均置之不理，敝行不得已乃於本九月二十日以掛號函告催，亦不答覆，似此拖欠不還，令人難堪。竊該海軍造船所對外人交易，應保守信用，何得如斯刁難，不知持何法理。為此爰特函請貴會長代為轉函催討追還，俾敝行血本不致損失，以安商業，實為至感等由到會。查商場貿易，既已明約現款，自不容任意欠延，況在官營機關，更宜確守信用，且為數僅二百餘元，乃拖欠至經年之久，殊令商人難堪準稱前由，合請貴所迅即如數找還，以保信譽，而免糾紛至荷。此致

廈門海軍造船所

廈門台灣公會會長陳長福

十一月十九日

為台僑新合美洋行復廈門海軍造船所函

逕復者：接十一月二十二日大函，以所欠敝僑新合美洋行餘款，因前任所長，欠人人欠，不一而足，正擬收回撥還，以清手續云云，所言毋乃不合法理。敝僑系與貴所交易，非與所長交易，若欠款可委諸前任，遲以正擬，是為所長者，盡可任意賒欠，一經解職，商人便無從取討，世界各國，竊恐無此商律。

貴所為官營機關，信譽在所必保，且所欠餘數亦屬無多，何必強詞推諉，貽商人以難堪。準復前由，相應復請查照前函，迅予找還，勿因小事致起交涉至荷。此致

廈門海軍造船所

廈門台灣公會長陳長福

為台僑新合美洋行三致廈門海軍造船所函

逕啟者：十一月二十四日復奉寸緘，請將貴所所欠敝僑新合美洋行餘款迅予如數找還，俾清手續，乃延今匝月，未承示復，殊深佇盼。現際年關逼近，商場諸待結束，迭據該洋行來會催詢，合再函達，如何之處。至祈見復，幸勿置之不理也。此致

廈門海軍造船所

廈門台灣公會長陳長福

十二月二十二日

中國各官廳社會來函

廈門特種公安局工務處公函　字第二八〇號

案準貴會函內開「逕啟者：據敝會台僑陳約翰理由書稱，有瓦屋一座，址在懷德保土名六間厝後，與大走馬路相通，東西四至載明契內，歷管無異。近年走馬路拆卸馬路，去夏曾接廈門路政處通知書，指明翰之厝地，每丈方估銀大洋四百元，應歸路政處收買等語。業經將本往屋契卷全宗呈請領事館證明蓋印，並另繪圖連同路政處通知書，於去年七月間繳呈領事署存案。本年九月五日，閱全閩日報載有源美洋行購買店地聲明中云，該行有向裕民公司陳玉棠承買店地一所，址在大中路新

區，路政處暫編第七十二號，其面積方丈照部照有八丈一十七尺，經議妥送定，不日行契過銀等情。閱之非常詫異，查裕民公司之地只有三丈五方尺左右，乃在翰厝地之前，照其登報丈方，顯有侵翰之地，迨裕民公司豎立界址，果然侵入翰地有四六三平方尺之多。竊以路政處未經備價收買，該地尚屬翰之所有權，而路政處奚得賣給裕民公司，殊為不解，除向裕民公司及源美洋行聲明外，理合具情請求鈞會鑒察，準予函知工務處嚴飭裕民公司不得越界侵占，以重業權，而免糾紛等由到會。查敝僑陳約翰，歷管屋業，雖經前路政處通知收買，而實未給價買收，業權猶在，圖證具存，路政處何得擅行賣給裕民公司，該公司又何得轉賣源美洋行，侵占地段至四六三平方尺之多，準稱前由，合請貴處長嚴飭裕民公司，迅將界址撤去，劃清界限，以護僑業，而免糾紛，並希見復至荷。」等由。準此，卷查裕民公司承購之大中路七十三號地區後部房屋，原系許文連所有，前經估價通知收買有案，茲準來函，相應函復查照，即希轉飭陳約翰先行繳契查驗，再行核辦可也。此致

廈門台灣公會會長陳

處長　楊廷玉

總務課劉畦農代拆代行

商辦廈門電燈電力股份有限公司覆函

逕啟者：接準貴會第三□六號來函，以會員兆豐洋行所用馬達被停止供電，囑先放電並將理由見復等因。準此，查據營業部報告，兆豐行所有應交電力費，計自本年三月起至八月份止，共欠大洋一百九十五元二角八分，經催請理會，未承照辦。迨八月二十七日，又經函催，亦未蒙前來理會。敝公司以事逾半載，何堪再事延擱，情迫不已，始於九月十九日停止供電，嗣於九月二十八日始，準兆豐行來函交涉，對於電費既未來交，函內亦未敘及電費如何，敝公司當即派員面請交費，並聲明如果對於底度有何意見，盡可磋商解決辦法，請將逐月實用度數先行交費，乃未蒙見許，以致此事尚未解決。又查欠費停電，為敝公司營業章程及契約上所明定，在未交費以前，未便放電等情。茲因重以台命，敝公司自應特別通融，先行放

電，至所有應交電費一百九十五元二角八分，務希轉知照交，如對於底度有何成見，盡可徑與敝公司面行理會，或先就實度應交之一百一十二元四角八分於三五日交付，其餘之八十二元八角，再俟面行商決，亦無不可。想敝公司與兆豐行同屬經營商業，諒可互相扶持，如有任何事件，盡可面行商洽，敝公司無不掬誠相見也。緣準前因，相應函請貴會長查照，請煩轉知為荷。此致

　　廈門台灣公會會長陳

商辦廈門電燈電力股份有限公司

董事長黃慶元

　　廈門特種公安局工務處公函　字第二八一號

　　案準貴會九月二十日函送台僑被路政處積欠銀數種類表等由，正核辦間，又準貴會九月二十五日函送經領事交涉既決未領取金額單一紙等由，當經本處檢案核對重新列表面交，貴日領查復在案。旋又準貴會十一月十日函開「關於敝會台僑被路政處積欠款項前承送到複查清單分別符與不符，囑即核覆。當經敝會傳集各關係人，各自詳核中。惟陳寶全一名，系未將利息及新買地加入；殷雪圃一名，系有個人及公和公司名義之各別，致總數有不符；其林滾、白萬兩名，則核無錯誤；張總江一名，則已將給領單據轉賣華人，可毋庸置議。總之，彼此數目雖有出入，無難於給款之日，當面核算，當此不景氣之秋，轉瞬年關逼屆，商民待用孔亟，周轉維難，合請貴處長對於敝僑各戶欠款，迅速設法償給，勿再拖延，至深感佩等由，各準此。除呈請廈門特種公安局核示外，相應先行函覆，查照為荷。此致

　　廈門台灣公會

處長　楊廷玉

總務課長劉畦農代折代行

思明縣政府公函　字第　號

逕啟者：查新制度量衡，前經國民政府頒布權度標準方案及各項法規後，政府機關業經一律改用新制，全國各地方亦已次第遵行，因此項新制乃採用萬國公制為標準，期與世界各國之權度趨於大同，以利工商業之發展，故實行之後，中外商民，莫不稱便。本省劃一期間，系限至本年十一月底止。現奉福建省政府訓令，嚴促推行，依限完成，並以廈門為通商口岸，貿易發達，尤應早日實施，以資內地表率。故改用新制，實屬無可延緩，現定十二月十日起，檢查全縣各商所用度量衡器具，以期徹底肅清舊器，相應函請貴會查照，即希轉飭僑廈各商民遵照，務須一律改用新制，並應服從檢查，藉免糾歧，以利商業，是所至盼。茲附上標準方案及折合簡表各一份，並祈查收見復為荷。此致

廈門台灣公會

附送權度標準方案及度量衡折合簡表各一份

兼代縣長王固磐因公晉京

第一科科長　陸榮簽代行

度量衡標準制市用制折合簡表

標準制	長度				地積		面積			體積			容量						重量					
	公釐	公分	公寸	公尺	公里	公畝	公頃	平方公分	平方公寸	平方公尺	立方公分	立方公寸	立方公尺	公撮	公勺	公合	公升	公斗	公石	公秉	公分	公錢	公兩	公斤	公擔	公噸
折合	三	三	三	三	二	○、一五	○、一五	九	九	二七	二七	二七							一○	三、二	三、二	三、二	二	二○	二○○○
市用制	市釐	市分	市寸	市尺	市里	市分	市畝	市頃	平方市分	平方市寸	平方市尺	平方市分	平方市寸	平方市尺	市撮	市勺	市合	市升	市斗	市石	市秉	市分	市錢	市兩	市斤	市擔	市斤

● 此為單位之記號

中華民國權度標準方案

（一）標準制　定萬公制（即米突制）為中華民國權度之標準制

長度　以一公尺（即米突尺）為標準尺

容量　以一公升（即一立特或一千立方生的米突）為標準升

重量　以一公斤（一千格蘭姆）為標準斤

（二）市用制　以與標準制有最簡單之比率而與民間習慣相近者為市用制

長度　以標準尺三分之一為市尺，計算地積時以六千平方市尺為畝

容量　即以標準升為市升

重量　以標準斤二分之一為市斤（即五百格蘭姆），一斤為十六兩（每兩等於三十一格蘭姆又四分之一）

為度量衡制事件復思明縣政府兼代縣長王函

逕啟者：接準函開定十二月十日檢查全縣度量衡器具，請轉飭僑廈商民，遵用新制，並應服從檢查，藉免糾歧等因，附權度量標準方案度量衡折合簡表各一份到會。查度量衡改用新制，原以便工商業，而資發展，敝會極所贊同，惟事關改革，有無窒礙，對檢查是否不至發生紛擾，敝會未敢擅專，容俟呈請敝領事署示遵，再行函達外，相應先此復請查照至荷。此致思明縣政府兼代縣長王

廈門台灣公會會長陳長福

十二月五日

思明縣縣長及思明縣教育局局長為思明全縣小學聯合運動會請贈獎品公函

查吾國積弱日久,感受病夫之譏,欲求強國強種,振興民族,自非注重體育不可。固磐等有鑒及此,特定於十二月十八日至二十日在中山公園,開全縣小學聯合運動會,分男子及女子,各為甲乙兩組,凡團體或個人優勝者,均定給與獎品,以資鼓勵。素仰執事熱心體育,提倡運動,用特函請惠贈團體優勝及個人優勝獎品,並請於十二月七日以前寄交本會,以便分配,是所盼感。此致

台灣公會

思明縣縣長王固磐

思明縣教育局局長鄭永祥

中華民國二十三年十一月二十九日

復思明縣小學校聯合運動大會籌備委員會函

逕復者:接十一月二十九日大函,敬悉全縣小學定期聯合運動,藉學人之團結,振尚武之精神,勇往直前,定多成績。敝會幸逢盛典,無量歡祝,謹奉銀盾一座,至祈察納,非敢云鼓勵,亦聊以資紀念云爾。此復

思明縣小學校聯合運動大會籌備委員會

計附銀盾一座

廈門台灣公會會長陳長福

十二月十一日

口頭交涉事件

十月十二日,橫竹路益豐合記洋行,為貨件被糖油稅局扣留,來理由書一通,請求索回該貨件。經詹書記前往查問,由糖油稅局以無條件發還本會,交付益豐合

記洋行。

　十月二十三日，洪清和醫院主洪清和，假冒作中國人，向廈門特種公安局請給執照，被公安局發覺，昨洪氏竟被公安局所扣留，其妻到會申請援助。本會即派施囑託前往交涉，據該局云：「本案現已照會日本領事館，若果為台灣籍民，自當引渡於日本領事館云云。」施囑託以事既往領事館交涉中，無交涉之必要，即告辭歸會報告云。

　十一月二十三日午後，施囑託來會報告，新金興洋行被海味營業稅局扣留蝦米二包，經彼數次前往交涉，均不得見該稅局分所主任。茲聞該分所之本局系廈港方秋田氏所領辦，請本會設法交涉云云。本會周書記即已電話托第九區區委員方炳輝氏代為設法索回，嗣接方氏來電話通知，經已準放還，施囑託即以電話通知新金興洋行前往領回云。

　十一月二十六日午前，施囑託來會報告，十一月二十四日午後，彼往海關交涉東西洋行陳作模君之小汽船事件，經該副關長面許侯查清解決，並囑陳作模君自往云云。施認為滿意歸會云。

　十二月八日午後五時，復益洋行主莊時鐘來會，聲稱敝行歷來統一捐概交台灣公會，目下三分署無故將敝店員帶入第三署，請求本會交涉云云。經王理事命陳書記及黃囑託前往交涉，適逢劉署長外出，由紀署員接見，據云本件係警捐總局囑託敝署調查，結果今天釋放云。

理由書

　具理由書，橫竹路益豐合記洋行為貨被非法扣留，懇乞交涉討回事。竊敝號向興化採辦蜂蜜四十六珍，至廈起岸被糖油稅局扣留，指為偷漏餉稅，堅不發還，理合據實請求依法向該機關交涉討回，實為德便，此上

　台灣公會會長公鑒

昭和九年十月十二日

具理由書　益豐合記洋行

　　右事件經本會施囑託前往糖油稅局交涉，遂即將貨件領回交還益豐合記洋行云。

救恤事件

　　本會自昭和九年十月份至同年十二月，救恤諸台僑凡貧苦疾病流落在廈不能歸台者，抑或死亡無力埋葬者，則各依其情形之大小輕重，分別救濟之，或濟以資、或介紹其入博愛醫院治療而代償其醫藥費、或給助以資使自行埋葬、或派人為理喪葬事宜並為負擔喪葬一切費用。茲將本會所救恤者之姓名、事由列左：

受本會救恤歸台旅費者

十月二日救恤黃闖歸台旅費大洋七元五十四仙。

同日救恤黃火木歸台旅費大洋四元八十六仙。

十月二十三日救恤陳聯杉歸台旅費大洋十元。

同日救恤陳汶塗歸台旅費大洋五元四十四仙。

同日補記，本月二日救恤王氏桃歸台旅費大洋四元八十六仙。

十二月三日救恤林雄發歸台旅費大洋六元。

同月四日救恤關氏菊及其長女歸台旅費大洋九元八十仙。

受本會救恤埋葬火葬及入院料諸費者

十月三日救恤張木火火葬費大洋十元。

十月十八日救恤賀連對埋葬費大洋十元。

十月二十七日救恤李大頭埋葬費大洋十四元十仙。

十月二十八日救恤張再生埋葬費大洋十元。

十月二十九日救恤莊意埋葬費大洋十元。

同日補記，同月十二日救恤陳吳氏靜埋葬費大洋十元。

十一月二日救恤李大頭入院治療並其他雜費計大洋四十元五十仙。

十一月二十六日救恤吳茂竹埋葬費大洋十二元。

十二月六日救恤吳清江入院治療費一部分大洋二十元。

十二月十日救恤陳呈材埋葬費大洋八元。

公私人事

十月七日下午五時，舉行各區保委員及助委暨本會職員以及課長等聯席會議。

一、臨席者　塚本領事　森田　渡邊　加藤部長

二、陳正會長　張理事長　各課長　何庶務委員

三、本會職員全體　各區保委員　各區保助委全體

先由陳會長起述開會辭，次張理事長介紹五課長，再次王理事起述開會目的，並說明告示第二十三號之件，又次第四區助委陳乾德氏說明區保應用書類記載法，

又次各課長相繼起述其任務宗旨，最後塚本領事訓示新規則及細則之內容並注意事項等。至七時四十分乃入席夕餐，至九時零始散會。

十月八日午後一時許，民族路發生火警，因有台灣人居住該處，是以本會特派高、詹兩書記前往調查，至二時歸會。

十月九日分署來電話云，黃巡查之息女罹腸窒扶斯之疾，通知本會派員赴現場消毒等因。本會隨即派遣陳書記帶消毒夫前往消毒云。

十月十六日下午四時，林書記往後江埭消毒廖年份次男加冬（本年九歲患腸病）之寢室，至五時半歸會。

同日下午四時，開三回臨時議員會，各參議及各課長均出席，至五時四十五分閉會。

十月二十日午後，張副會長來電話云，澤先生辭觀光團長之職，且觀光團本定於二十三日啟程，現又不果，擬暫延期云。

十月二十一日午後一時許，在旭瀛書院開小竹恩師追思會，本會議員及職員多數出席。

十一月五日下午四時半，在旭瀛書院禮堂舉行青年修養講習會發會式，由陳會長先敘開會辭，繼塚本領事訓辭後，隨即開始講習，臨席者為冢本領事、水元副領事、豐島課長、小川警視、林調停課長、魏先生、後藤先生、莊司書院長、黃學務課長、楊水生先生。至七時閉會。

十一月十日午前十時，在旭瀛書院禮堂開精神作興大會，先由莊司院長致開會辭，繼有塚本領事、陳會長、何金塗氏、吳萬來氏、李慶紅氏、楊棋楠氏、張阿波氏、蔡滄州氏等，先後登台演講，對今日所開精神作興大會之意義究竟如何、為國民一份子應如何覺悟、應如何盡義務，今後深望諸位必須抱具體作興精神，以圖進展云云。至十一時五十分散會。

十一月十八日午後二時，在本會共同墓地舉行秋季祭典，並追悼故前會長曾厚坤氏、阮順永氏、故前副會長廖啟埔氏暨諸故役員及諸故居留民諸氏，赴會者人數約四五百名，來賓之重要者，其芳名如左：小川警察署長、加峰分署長、莊司書院長、豐島氏、澤重信氏、上原氏、中津氏、加藤部長、平山氏、高義氏、吳清秀氏

十一月二十四日午後三時，本會顧問林木土氏在旭瀛書院禮堂演講其遊歷歐州所見聞之事，同日午後六時，在本會禮堂為該氏開洗塵宴，參加者本會諸役員及多數有志者，頗為盛會云。

十一月二十八日午前，澤重信氏引導台北州高等課長警視根井氏，及台灣總督府屬杉田織吉氏來訪本會。

十一月二十九日午，領事館來電話云，午後時頃，第五水雷隊司令官將赴本會宴會，囑本會派員前往安田渡頭為引導。

同日午後六時半，在本會禮堂設宴歡迎第五水雷隊將校，至八時半，賓客始盡歡而散。

十二月五日午前十一時，接領事館來電話云，第三驅逐艦將入港，請正副會長於本午十一時半，到安田碼頭，以便前往歡迎云云。本會陳、張正副會長即依時到該碼頭，前往歡迎云。

十二月七日午前十時半許，范部長引導第三驅逐艦隊司令官海軍中佐平冢四郎氏、汐風驅逐艦長海軍少佐有田貢氏、島風驅逐艦長海軍少佐島居威美氏、汐風驅逐艦少佐中村健夫氏來訪本會。

十二月八日午前八時許，第三區助委陳君來電話報告中華路發生火警，本會據報立派周、施、李、詹四書記及盧僱員到地查勘，幸臨近諸僑胞無恙，至午前十時火始撲滅云。

同日十一時許，平山部長引導汐風艦各將校二十餘名來訪。

又同日午前十一時半，黃巡查引導汐風艦將校三十餘名來訪。

又同日午後二時許，第三區助委陳君來電話報告水仙路發生火警，本會據報即派陳書記及黃囑託前往現場查勘，到地時火已撲滅矣。

又同日午後五時許，平山部長來電話通知本會派員前往分署赤木巡查宿舍消毒，因赤木巡查之子年六歲，患白喉之病云云。本會即派盧僱員前往分署，會同池田巡查前往消毒。

十二月十日午後四時，塚本領事為關於電燈水道盜用取締之事，召集本會正副會長及諸議員、各區保委員並各區書記等，在本會禮堂訓話，後有三清氏之敘禮，又有台灣軍司令部參謀長桑木閣下登台講演，至同午後六時余始散會。

十二月十二日午後三時，在本會禮堂張副會長對新任命之書記十三名，由王庶務課長立會之下，並林課長列席中，舉行辭令授與式並訓話，分署加藤部長亦臨席云。

（《廈門台灣公會會報》續第三期第六號》）

三、廈門市台灣籍民相關資料選

公牘　函交涉署送盧煥恕一犯請轉日領懲辦文

逕啟者：案據第一署呈送車伕孫德厚被盧煥恕毆傷一案。原、被二名到局，當經提訊。孫德厚因傷不能言語，質之盧煥恕，供稱十九歲，台灣台北建成丁五十番戶，現住溪岸一百四十四號。本夜由甕菜河地方，雇坐孫德厚之車往大巷口。到地後，因車價爭執互扭，確有碰著孫德厚之身，伊即倒地不能言語，並無毆他等語。案關台籍傷毆華民，除將孫德厚交保，飭赴地方醫院診治，並將診斷書另行函送外，相應將該台籍盧煥恕一名送請貴署查收轉送日本領事懲辦為荷。此致

廈門交涉員劉

計送盧煥恕一名

廈門公安局　啟

七月廿六日

(《廈門市公安局警務月刊》1928年7月第1期)

公牘　函交涉署附送孫德厚診斷書請轉日領究辦賠償文

逕啟者：案查台籍人盧煥恕傷害孫德厚一案，當將盧煥恕一名送請貴署，轉送日本領事，按律懲辦在案。本月廿七日上午，孫德厚傷勢稍愈，自能言語。當即詢據孫德厚，供稱本廿五日晚約九時，有盧煥恕住甕菜河地方，雇我拉車至大巷口。約定車價小洋一角五占，抵地後該煥恕只給我小洋一角，我向其要求照約給價。伊取大洋給我找，我因乏款對找，彼此爭執。該盧煥恕不由分說，不知手持何物向我胸前猛擊一下，我遂登時暈倒於地，人事不省。後旁觀不忍，將該煥恕獲交警察送案。現我身上傷處痛尚未癒，不能寢食，請求究辦追賠損失等語。並據醫師胡賀京，繕送診斷書前來。查盧煥恕既與車伕孫德厚約定車費，到地後忽而翻異，不肯照給，反敢毆打該車伕，致受重傷不省人事，殊屬蠻橫。除仍諭令孫德厚交由原保在外醫治外，相應將診斷書一紙送請查照轉送日本領事，請其按律懲辦，並責令負擔孫德厚因傷所受之損失為荷。此致

廈門交涉員劉

計送診斷書一份（略）

廈門市公安局　啟

(《廈門市公安局警務月刊》1928年7月第1期)

公牘　函交涉公署照會日領取締籍民林滾等開場聚賭文

逕啟者：案查賭博一項，疊經嚴厲拿禁在案。茲查福鑫館三樓日本籍民林滾，又局口街日本籍民陳春木即倭仔木，又水仙宮義盛洋行日本籍民柯闊嘴者，均有開場聚賭情事，實屬故違禁令。相應函請貴署查照，希即照會日本領事嚴行取締見復為荷。此致

廈門交涉員劉

（《廈門市公安局警務月刊》1928年8月第2期）

公牘　函交涉員請轉函日領懲辦台匪廖某文

逕啟者：案據第三署署長王宗世呈稱，曾姑娘巷門牌二十七號，居民楊順國開設嗎啡館，供人注射，有違厲禁。經飭巡官曹建德帶同探目周永勝等，馳往該館圍捕，當場捕獲嗎啡犯八名，搜出嗎啡針七支、嗎啡粉十數包，正在解送間。突有台匪廖某，手持手槍，率領三十餘匪擁入該館，搶奪犯人證物而去。探警等見該台匪持槍喊殺，恐生重大影響，未忍與抗。似此目無法紀，擾亂公安，理合報請嚴重交涉等情。查開設嗎啡館供人注射，貽害最烈。早經布告嚴禁，並通函各國領事知照在案。華民楊順國違禁開設嗎啡館，探警前往逮捕。該台匪廖某，膽敢挺身代為包庇，持槍率眾搶奪人證，實屬形同化外。廈埠治安近來頗見安謐，該台匪此種舉動，頗系有心破壞公安。除飭探嚴緝在場各犯解究，並將該嗎啡館標封示儆外，相應函達貴署，希即函請日領事迅將此案肇事台匪廖某（查廖某繫住薈巷門牌四十六號戶主系報廖金章）從嚴懲辦，並即押解回籍，永遠不準來廈，以為擾亂公安者儆。此致

廈門交涉員劉

（《廈門市公安局警務月刊》1928年9月第3期）

命令　令第一署查明謝龍闊所辦文化美術社情形具覆文

案據，謝龍闊函稱，竊查歐美先進各國商人及企業家，對於營業上之招牌，認有宣傳貨品招徠顧客之絕大能力。故力求改良，取耐久而美觀者或取艷麗而引起人注意者，使提喚顧客之精神，而注意其商號之貨品。廣告招徠之術，由是得焉。中國墨守舊章，美術招牌付諸闕如。鄙人有鑒於此，創辦文化美術社，聘請專門技士製造各種美術招牌、油畫、布景路燈、廣告揭示牌、廣告銅板招牌，並兼售漆油原料、洗石原料及器具等件，以供社會需要。俾本市之商人及企業家，得有絕好美術之招牌，寫其營業上之廣告，以招徠顧客。茲特租住思明南路支路開張營業，使技士曾煥鎮、賴根、謝瓊等三人，駐社料理營業。為此，相應函請查照，予以相當保護，並轉飭戶籍所註冊為荷等情到局。合行令仰該署長，迅即查明詳情具復，核奪此令。

（《廈門市公安局警務月刊》1928年9月第3期）

命令　令各署偵緝隊查日人祕組亞細亞漁業公司文

為令遵事案準廈門交涉署公函開奉國民政府外交部訓令，開據廈門市黨部籌備委員會暨民眾團體聯席會議代電，稱報載日人與富美公司，祕密組織亞細亞漁業公司，意圖侵奪閩粵權利。請嚴重交涉等情到部。該富美公司經營何種事業，股東是否華商，報載日人與該公司祕密組織各節，是否確係事實，仰即詳查呈復為要。此令等因奉此查廈門地方究竟有無富美公司，以及該公司與日人組織亞細亞漁業公司，是否已經成立，究在何處。奉令前因，除分函思明縣政府查復外，相應函請貴局長查照，即希飭署派警密查，迅速見復，以憑呈報為荷等由。準此除分令外，合行令仰該隊長迅即飭屬密查，限文到三日內，詳細呈復，以憑核轉。切切此令。

（《廈門市公安局警務月刊》1928年11月第5期）

公函　函交涉署送賭犯籍民李錫禧一名請查收轉送懲辦文

逕啟者：本月廿三日，案據第二區署呈稱，本日在新街仔門牌九號內，當場拘獲賭犯，並賭具車馬炮十二枚、籌碼、紙牌等件，送請核辦等情到局。內有李錫禧一名，據稱系台灣台北人。惟據探報，此人系在該賭場內包庇一切，殊與賭禁大有

妨礙，相應備函將該李錫禧一名送請貴署查收，轉送日領從重懲辦為荷。此致

　　廈門交涉員劉

　　計送李錫禧一名

（《廈門市公安局警務月刊》1928年12月第6期）

函廈門交涉員送賭犯台人劉樹木等五名文

逕啟者：本月廿四日，敝局案據第二區署呈稱，本晚七時餘，在開元路門牌七號，同安人吳義田屋內，當場拘獲賭犯三十三名，並賭具天九牌十二枚紙牌等件，解乞核辦等情到局。當經一一提訊，內有劉樹木、陳天送、王根、陶水、柯土等五名，據稱系台灣人民。且據陳天送供稱，該場系由台人張昆玉、劉樹木二人與同安人吳義田，共同開賭等語。足見該籍民劉樹木等故違禁令，殊與賭禁大有妨礙。本局將餘犯連同賭具等件，函送思明地方法院依法嚴懲外，茲將該台人陳天送等計五名送請貴署查收轉送日領，從重懲處，以儆傚尤，並希見復為荷。此致

　　廈門交涉員劉

（《廈門市公安局警務月刊》1928年12月第6期）

函交涉署送台人簡阿旺請查收核辦文

逕啟者：案據第一區署呈稱，本月十一日下午十二時，據駐廈日本領事館館員細川末彥、林火生等二人到署聲稱，日籍台人簡阿旺，在台灣詐騙櫻花啤酒會社貨款三萬元，並將籍民辜顯榮電船駛來廈門，私換船牌，意圖變賣該電船。經領事館於昨日，請水上公安分局扣留。現在該犯簡阿旺逃匿廈門溪沙地方，請予拘究等語。當經飭派員警，馳往溪沙門牌五十三號之二屋內，拘獲簡阿旺一名。理合具文將簡阿旺一名，送請鈞局察收訊辦等情到局。當經訊問，據簡阿旺稱，系台北人，於十月十八日乘自己在台灣向辜顯榮所租金聯興電船來廈，租住賴厝垵已廿餘日。

想在廈做什貨生理,並將所租之電船在泉廈一帶行駛,在台已有繳納相當保證金。至櫻花啤酒會社貨款糾葛,台灣法院我亦有交納擔保金,並無違犯何罪,至我出口之時,並未領出口照,此次領事要拏我,我亦不知。據此,茲特派警將該台人簡阿旺一名函送貴署查收核辦為荷。此致

廈門交涉員劉

寄送台人簡阿旺一名

(《廈門市公安局警務月刊》1928年12月第6期)

局務會議記錄

第二十五次　一月五日下午五時

主席　林局長

出席　祕書王孝徽、科長陳碩謨、陳壽棨、吳春華假,主任許崇岳、代督察長劉崇繩、保安總隊長楊正國、署長譚培棨、蕭炳榮、王宗世,衛生辦事處處長賴朝俊、教練所主任葉樹坤

記錄　祕書王孝徽

主席　宣告開會恭讀總理遺囑行禮如儀

紀錄　祕書讀第二十四次局務會議議決案

議案　(一)取締日籍賭館煙廠案

據第一署署長譚培棨報告:職於昨日偕同行政科科員葉在稷,會同交涉署顧科長赴鼓浪嶼,進見日本駐廈領事。報告本局對於日籍賭館、煙廠之調查情形,並將司法科所制對於日籍賭館煙廠調查表,面遞日領收閱。表內聲明,因求明晰起見,

凡十一月一日以前所開煙廁，謂之舊煙廁。其十一月一日以後所開者，謂之新煙廁。請趕速嚴予取締，以重煙禁而清煙禍云。當經日領答稱，舊煙廁限三月底，一律肅清。至所有賭館、新煙廁及冒牌日籍之煙廁，應提早即行取締，於三五日內有具體答覆，云云。

議決　再候三日重往日領署接洽（下略）

（《廈門市公安局警務月刊》1929年1月第7期）

局務會議記錄

第二十六次　一月十二日下午五時主席　林局長

出席　祕書王孝徽、科長陳碩謨、陳壽棨、吳春華假，主任許崇獄、代督察長劉崇繩、保安總隊長楊正國、署長譚培棨、蕭炳榮、王宗世，衛生辦事處處長賴朝俊、教練所主任葉樹坤

記錄　祕書王孝徽

主席　宣告開會恭讀總理遺囑行禮如儀

紀錄　祕書讀第二十五次局務會議議決案

議案　（一）黨義研究會派定委員案

議決　派葉樹坤、蔡振英、王宗世、譚培棨、李秉綱為本局黨義研究會委員

議案　（二）勤務訓練班職員案

議決　派毛文晟為本局勤務訓練班教務長，陳明武、林祖榮、蔣樹棠為教員，剋日組織籌備上課

議案　（三）冬防最緊要期內職員出勤案

議決　最緊要期內，每夜分三班出勤，每晚六時起至翌早六時止，其出勤輪值表，由督察處制定（每班出勤應帶駁克隊四名）

議案　（四）禁止賭場案

據第一署署長譚培棨報稱，現查局口街一百二十號內，台人報稱聚賭。又水仙宮義盛號、寮仔後福星館兩處，均有賭場應請嚴重交涉。

議決　剋日派員會同交涉署向日領交涉

（中略）

議案（五）教練所第二屆學警實練期間案

議決　本十七日考完放假，在所休養至二月一日起，派出實習。又該所新招第三屆新生之預算案，可先呈局長核閱後議決。

（《廈門市公安局警務月刊》1929年1月第7期）

函交涉署請轉函日領勒令籍民陳福閉歇頂盤鴉片營業文

逕啟者，案據第三署呈稱，據二分所巡官楊鎮中報稱：職於本月十日，同戶口差遣員林為亮，往大溝墘複查。發覺日本籍民陳福在大溝墘三十四號，開設頂盤鴉片營業，謹此報告等語。際茲煙禁森嚴，該籍民膽敢新設頂盤，實屬有意違禁。應如何交涉，呈請核辦等情到局。據此，查廈市煙禁既承日本領事允為協助禁止，乃日籍陳福竟敢故違禁令新開頂盤鴉片營業，實屬目無法紀，相應函達貴署，請煩查照。迅速轉函日本領事，從嚴勒令閉歇，並按律嚴懲陳福以儆儆尤，仍希見復為荷。此致

廈門交涉員劉

（《廈門市公安局警務月刊》1929年2月第8期）

呈解販賣毒品犯楊二嫂、查奎秀二名請察收歸案訊辦

公三字第四九二號

二四，十，七。

據市公安局案呈：竊查蔣紹祺、董遠清攜帶毒品一案，前經請解請轉解駐閩綏靖公署訊辦，並飭緝販賣紅丸人犯二嫂各在案，茲據偵緝隊獲解楊二嫂、查奎秀二名到局，訊據楊二嫂供稱：我於去年六月間，租晨光路勝美錢莊二樓，並租台人黃土籍牌，計每月租金二元，藉以開設煙館。本月八日下午有穿軍服二人到館，由掛皮帶戴眼鏡之人，向我買紅丸，我答無有，遂帶伊到閩南旅社三樓，上海婦人張阿　房買紅丸一包，價洋七元，買後復折回我廁吸食鴉片。至晚十時，我回家睡，該二人有無在廁打牌借宿則不知，至查奎秀系寄住我家，在大江旅社當接水等語。據查奎秀供稱：我在大江旅館當接水十餘年，租住同文路六十九號楊二嫂家，每月租金三元，並無與二嫂姘好，亦無串同開設煙廁賣紅丸之事，請查明等語。除飭緝張阿　等情；據此，案關販賣毒品，理合將楊二嫂、查奎秀二名，具文呈請均座察收，俯賜歸案訊辦，謹呈

駐閩綏靖主任蔣

計呈解楊二嫂、查奎秀二名

（《廈門市政府公報》1935年4月—1936年3月第1至13期合刊）

呈省政府為廈門日籍賭場已準日領限期閉歇其華籍賭徒所需遣散給養各費可否準由省府核實開支抑應如何

案查本年三月間職在特種公安局任內連奉鈞座質阮祕二兩電，查詢日領取締台民開設煙賭是否實在等因，業將辦理經過情形，分別電呈在案。現在市府成立，復

經職迭向日領催促取締辦法,始準答覆,以台籍賭場,決予限期一律關閉,唯各賭場僱傭之賭徒,為數不下六七百人,中間台籍占二百餘人,華籍亦有四百餘人,一旦失業,生活無資,隱患堪虞,台籍賭徒,應由日領署每人日給小洋七角,以三個月為限,其華籍之賭徒,應由中國官廳設法措資安置等語,查此次日領,已決心解散賭場,誠為幸事,不特為廈府解除數年愚民沉溺賭博之隱憂,且可減少未來無數姦盜劫殺之巨案,其補益地方實非淺鮮,究亦仰賴我鈞座在省屢向日當局要人交涉所得之良果,始克臻此。唯是日方對於台籍,籌有相當維持之法,我方對於華籍,似亦不能不謀處置之方,假定華籍以四百人計算,每人日給小洋四角共須一千六百角,為期三個月,總共應為十四萬四千角,折合大洋一萬二千元之譜,此項巨款,若由公家開支,以職府有限之經費,實屬無從撥付,萬一因籌款而發生阻礙,又恐將來不無死灰復燃之一日,交涉前途,殊多抱憾,再四思維,與其因噎而廢食,不如勉力而設籌,當以茲事與地方人民有直接關係,理應就地籌款,方為正辦,遂迭向商會磋商,力陳利害,乃該會僉以商景蕭條,百業凋敝,委系無力籌募為詞,察其所言,亦屬實在,且本市一切警捐,均由各商家擔負,所費已屬不貲,左思右想、乏術點金,此誠午夜徬徨而不能自已者。茲擬再向日領交涉,將華籍賭徒,查開姓名實數,由公安局登記,分別處置:(一)自願回籍者均予給資遣散;(二)願留廈者每人日給小洋四角,以三個月為限,責令速謀正當職業;(三)不願他去,確係不安本分者,立即送交博濟院,學習工藝,俾出院後得以自謀生計。唯以上三項辦法,在在需款,職府既感經費之維艱,勢難墊撥,地方又處不景氣之現象,無力設籌,敢懇俯念茲事關係外交重大,及體恤地方困苦實情,可否準由省庫核實開支,抑應如何辦理之處,理合具文呈請鈞座察核示遵。謹呈

福建省政府主席陳

(《廈門市政府公報》1935年4月—1936年3月第1至13期合刊)

函日本駐廈領事為本市密設賭場中國籍之僱傭業經呈請省政府令準籌撥款項以備救濟及指導之用除令公安局陳參事會商妥善辦法外請查照飭令轉知逕向公安局登記

祕字第二七七號

二四，六，二四。

案準貴領事函略開：以本國籍民在本埠密設賭場，業於五月三十日全部關閉，唯本館以此後賭場之僱傭人之行為最堪注意，甚恐有擾亂當地治安，故本國籍民約三百人由敝國處置，至貴國籍民希亦予相當指導等由，準此，查此次貴國籍民在本市密設賭場，業由貴領事指導之下全部關閉，本市長引為幸事，欽佩莫名，唯是貴國籍民既籌有相當維持之法，則原雇敝國傭人，亦應另謀妥善救濟之方，當今呈請省政府令準籌撥款項並由本府令飭陳參事暨公安局會商妥善辦法，使其有自新之生路，總不忍不教而誅，但恐該華夥等不明敝國官廳體恤善意，關於自向公安局登記一節，難保不生畏懼避匿情事，本市長具愛護之苦心，開誠相與，還希貴領事領令貴國籍民轉告前雇華夥，徑向本府公安局登記，勿得觀望懷疑，轉滋自誤。準函前由除令陳參事暨公安局遵辦外相應函請查照辦理，並希見復為荷。此致

大日本駐廈領事官塚本

（《廈門市政府公報》1935年4月—1936年3月第1至13期合刊）呈省政府關於搶劫豐南匪犯謝俊秀可否先予處判請核示

公三第七三號

二四，五，一。

據市公安局案呈：竊查本年三月十九日正午，鎮邦路日商豐南信託公司，被匪約十餘人，持械劫去鈔洋二萬餘元，局長聞報飛電分局隊，馳往圍捕未獲，復經飭屬購線探緝去後。本月十一日，據偵緝隊隊長劉漢東呈稱：探悉豐南信託公司，主謀要犯謝俊秀潛匿本市東南旅社，或後岸門牌十六號，即晚會同日領館員馳往東南旅社圍捕，搜查無獲，僅捕嫌疑犯孫鴻年、鄭抱一、黃文壽、蘇生、蔡美東、莊院鄭裕嚇、紀永昌、柯藤、沈義廷、楊元、陳分候、港水莊文潮、陸走、陳聯發、蔡福盛、劉美乾、吳小乞、陳歹、林合源、莊清水、吳錐、李乞食、李福、陳日、許

大目、張拱林、扁頭等二十九名,並在東南旅社三樓九號、十號,著匪謝大嘴所住之房,搜獲勒旗仔收據、槍彈帳簿等件,經日領館員帶回,同時又率探員周永勝林炳祥十餘名,馳往後岸十六號,圍捕謝俊秀果匿在內,竟敢開槍拒捕,探員周永勝中彈斃命,林炳祥中彈受傷,謝俊秀乘機逃脫,探員林文海等捨命緊追至思明東路,適有保安警察第一隊警長王同豪、警士王振江、郭寶才巡邏經過,又有一分局特務警長劉用元,思明東路崗警吳文習奮勇協同圍捕就獲,並由謝俊秀身上搜出白郎林曲七手槍一桿,子彈十二粒,金戒指一粒,尚有在後岸十六號,捕獲與謝俊秀同房之吳土柑及住戶陳火之妻陳郭氏淑美、許臭榭之妻許曾氏玉蘭等四名,合將謝俊秀等三十三名,解請訊辦等情;到局,當經職局提謝俊秀等研訊,據謝俊秀供認,派夥李河即李維河、何文明並供給手槍四桿,共同台人洪姓等搶劫豐南公司,事後分贓不諱,據孫鴻年等三十二名,均不認有同謀搶劫豐南公司情事,正在飭緝餘匪,並派員向日領館交涉,索回匪徒謝大嘴槍彈等件間,十六日準日領館派員送還前帶回東南旅社三樓九號房,搜出駁殼槍一桿,駁殼子彈七十三粒,彈套八個,長槍子彈二粒,布旗三十四面,名印三個,壞金表一個,鎖一個,相片二張,帳簿六本,小折三本,船戶交費收據三本,雜單一束,十號房搜出駁殼槍一桿,左輪手槍一桿,鹿角刀一支,駁殼子彈四十四粒,彈套四個,左輪子彈三粒,又一號左輪子彈六粒,名印三個,皮子彈套一個等件到局,十八日又據偵緝隊呈解在簧巷五號,捕獲本案共同主謀要犯,台人洪棟榮一名,即謝俊秀所稱之洪姓者前來;訊據供認共同盜匪十餘人搶劫豐南公司一萬六千餘元,各分贓款一千餘元不諱,查謝俊秀供認共同主謀白晝搶劫豐南公司,並招夥供械朋分贓款,又復開槍拒捕,傷斃探員警士,實屬罪大惡極;洪棟榮供認事前招匪主謀,事後分贓,亦屬罪在不赦,自應分別嚴押引渡,盡法懲治;孫鴻年、吳土柑等雖不認共同搶劫豐南,謝俊秀、洪棟榮等亦無供指,惟歷來內地逃匪常藉東南旅社,為逋逃藪,此次既經會同日領館員集合大隊圍捕到案,且搜獲匪徒勒收船費旗仔收據槍彈等件,應予一併押候拍照分函海澄龍溪同安惠安漳浦等縣查復後,分別釋辦,以免漏網。許曾氏玉蘭、陳郭氏淑美訊與本案無關,且系女流無知,已暫準交妥保兩家候訊,除飭緝餘匪李維河、何文明、李阿獅、王萬益、林燕青、靜嚇河仔陳貓嚇,即福民小跳海嚇等解究,並將因公受傷及轉報省府核示等情;據此,複查該謝俊秀、洪棟榮供認情形,謝俊秀洪、棟榮實犯懲治盜匪暫行條例第一條,十三款之罪,謝俊秀並犯及刑法二

百八十二條之罪,惟洪棟榮系日本籍民,經日領持示路照屬實,除依約引渡外。其謝俊秀一名,可否先予判處,抑或仍候日署辦結後,再行辦理之處,理合具文報請鈞座察核,俯賜指令祗遵。實為公便。謹呈

福建省政府主席陳

(《廈門市政府公報》1935年4月—1936年3月第1至13期合刊)

呈省政府　呈報向日領交涉增加警捐情形請察核

公字第七十六號

二四,五,三。

竊查前此廈門公安局徵收警察捐以來,對於日本籍民應納捐款,向由台灣公會叢收,按月總交一千元,數年來不問長短盈虧,概以此數繳局,職視事後,縝密調查住廈日本籍民,較前增多,而警捐一項仍照舊額,殊嫌過少,遂向日領交涉,增加捐額,始則日領以該捐額系經雙方商定,無有異議,堅執不肯,嗣經職證以年來籍民增多之數,並多方解釋□□□□□□□□□

(《廈門市政府公報》1935年4月—1936年3月第1至13期合刊)

函送售賣毒品犯陳顧一名並嗎啡九十小包請查收訊辦

公三字第二七六號

二四,六,二四。

案據福建省水警第二大隊呈送販賣嗎啡人犯陳顧一名,並嗎啡九十小包到府。當經發交市公安局訊供稱:該嗎啡系向大井腳台人振祿處買來,以為販賣及供自用等詞。案關售賣毒品,除飭緝台人振祿解究外。相應將陳顧一名,嗎啡九十小包,原案卷一宗,送請查收訊辦為荷。此致

福建省第五區行政督察專員黃

(《廈門市政府公報》1935年4月—1936年3月第1至13期合刊)

函覆飭據市公安局報稱拘獲洪棟榮時並無何項贓品鄭乞業已送法院訊辦公三第三二四號

二四，七，六。

案準貴領事六月二十七日第一零零號公函，當經轉飭市公安局查辦去後。茲據該局復稱：豐南被搶案內台灣人洪棟榮拘獲時，並無搜獲何項贓品，無從引渡，至鄭乞一名，誣指葉水土等搶劫行為已送法院依法偵辦，除催偵緝隊再行查緝共犯外，理合報請核轉等情。據此相應復請查照為荷。此致

大日本駐廈領事官塚本

(《廈門市政府公報》1935年4月—1936年3月第1至13期合刊)

函據市公安局報緝辦陳紅花殺人案經過情形請查照

公三第五一四號

二四，九，一。

案據公安局案呈：□□□□□□□□發生刺殺情事，立經飭屬查稽去後。旋據三分局呈報：因奪取鴉片，有陳土水被刺腿部，登時斃命，當場拿獲兇犯嫌疑黃清宗一名解送到局。正訊究間，復據偵緝隊在禾山庵兜地方，拿獲正犯陳紅花一名，呈送到局。經分別提訊，據黃清宗抵認在場勸解，據陳紅花供認，強取鴉片並奪陳土水之刀，刺傷陳土水不諱，質之被害人，台人李金爍指認屬實。案關強盜殺人，除由分局先請法院檢驗，並將陳紅花、黃清宗等二名，陳紅花家中所搜黑色衫褲二件，黃清宗所穿柳條血衣一件，診斷書二紙，依法移送法院從嚴訊辦外。理合將本

案發生及破獲情形，報請察核備案。並轉函日領查照轉知李金爍知照，再查戶籍陳土水即傅泗住百家村二十六號，籍貫安溪人並非台籍合併聲明等情到府，相應將辦理本案詳情，函請查照，希即轉知李金爍知照為荷。此致

大日本駐廈領事館山田

（《廈門市政府公報》1935年4月—1936年3月第1至13期合刊）

函據公安局呈報黃和平家被搶破獲搶犯情形請查照轉知

公三字第五八二號

二四，九，一七。

案據市公安局案呈：查本月八日，民族路六號，和國籍民黃和平家被搶一案。經偵緝隊於本月十二日破獲台籍搶犯汪石頭、劉再興，又內地匪犯潘子華、蘇福來等四名到局。當經分別提訊，均各供認不諱，並傳事主黃戴氏、黃和宗、證人黃秀峰等到局。指認無訛，惟本案贓物，據潘子華稱：系台人大頭輝等攜往變賣等語。除將台匪汪石頭、劉再興等二名，移送日領懲辦，並飭隊嚴緝在逃台籍各匪犯，並查起贓物外。理合報請核轉等情；據此，除函日領請其派員會同查緝在逃台籍匪犯，並起贓外。相應函請貴領事查照轉知為荷。此致

大和國駐廈領事官毛

（《廈門市政府公報》1935年4月—1936年3月第1至13期合刊）函送高利貸偽造私文書私捕傷害籍民吳添即吳深一名請懲辦

公三第三十一號

二五，一，二。

據市公安局案呈：案據第二分局解送葉清溪指交吳添傷害一案，原、被二名，

參 廈門台灣公會資料選

並證物鐵馬鞭一把到局,訊據葉清溪供稱:住後海墘五十九號,本廢歷十一月初五日,我向東南後面海記洋行借日仔利五元,除利息先扣外,實收四元二角,立有紅單,每三日還母款六角,經陸續還七期,尚短一元四角,昨晚十時吳添即吳深前來討取,我已睡,我父葉宗霖向其請緩明早付還,而吳深用鐵馬鞭打我父頭部及右肩,並用手電打我父齒部流血倒地,斯時吳深尚用腳踢我父而逃,遺下鐵馬鞭一條,經提向二分局報告,本早我復赴二分局請拘未獲,詎料十二時許,吳深率十六人到家,要拿我,適我二分局未回;至下午二時我回家,該吳深仍領十六人,並攜槍刀將我拿去後營巷,被毆後復押往海記洋行,途徑思明北路,故報警一併帶送,其餘被逃等語。據吳添即吳深供稱:本年廢歷八月約息分半,由其父葉雨田擔保,昨晚十時奉行東之命,往葉清溪討取前母款,而清溪之父雨田,復諉明早還五元,當向理論,詎料雨田將我推倒,我有持手電打伊唇部,以致雨田即葉宗霖跌倒碰傷頭部,並無持鐵馬鞭毆伊及腳踢情事,且鐵馬鞭非我之件,本日下午二時,我復到清溪家,請伊到海記洋行說明如何理還,並無一再率十六人持槍擄毆,請查明等語。經傳葉清溪之父葉宗霖即雨前到案訊據供稱:當時我子葉清溪向海記洋行借日仔利五元,系我為保,該保單上系簽葉宗霖之名。經我親自畫押前字一字,非借二十元該單偽造的,且各期所還本款,經吳深親自寫一小單交我,該小單內列已還三十八角,昨晚(十二月初五日)吳深到家說已到期,須將二十二角還清,我答請緩明早,而吳深用手電打我齒部流血,並用鐵馬鞭打我頭部及右肩而逃,隨將該鐵馬鞭赴二分局報告,本早我子在二分局未回,上午十二時許,吳深率十餘人到家要拿我子無獲,至下午二時許,仍十餘人前來將我子拿去,當時我即赴二分局報告,請求拘辦等語,質諸吳添即吳深始據供稱:該小單一紙,內書已陸續交還小洋三十八角是我寫的,照算再還二十二角即清楚,至該二十元紅單一紙,我存在身中,系洋東交我備到官廳時抵塞使用等語。案系高利貸,偽造私文書,及私捕傷害,除葉宗霖飭回,葉清溪交保,鐵馬鞭一把沒收外,合將吳添即吳深一名,葉宗霖呈繳、吳深寫交還款小單一張,吳深呈繳偽造二十元紅單一張,解請察核轉送日領訊辦等情;據此,相懇將吳添即吳深一名,葉宗霖呈繳吳深寫交還款小單一張,吳深呈繳偽造二十元紅單一張,備函送請貴領事查照辦理為荷。此致

　　大日本駐廈領事官山田

計送吳添即吳深一名,葉宗霖呈繳吳深寫交還款小單一張,吳深呈繳偽造二十元紅單一紙

(《廈門市政府公報》1935年4月—1936年3月第1至13期合刊)

奉綏署發交人犯楊二嫂、查奎秀二名送請查收轉發監獄依判執行

公三第八三號

二五,一,一五。

駐閩綏靖主任公署法字第七零九號訓令開:案查前據該市前市長先後呈,解毒犯蔣紹祺、董遠清、楊二嫂、查奎秀等四名口,請辦訊一案。業經本署審理終結,蔣紹祺、董遠清共同意圖販賣而持有毒品一罪,各處死刑;楊二嫂幫助販賣毒品一罪,處有期徒刑八年,意圖營利而開設煙館供人吸食一罪,處有期徒刑三年,執行徒刑九年六月;查奎秀共同意圖營利而開設煙館供人吸食一罪,處有期徒刑三年,確定在案。除蔣紹祺、董遠清兩名執行槍決外,合將本案人犯楊二嫂、查奎秀兩名口,連同刑期計算表,一併令發該市長,仰即驗收,轉送監獄執行,此令等因;奉此,除呈復外,相應將人犯楊二嫂、查奎秀二名,刑期計算表一份,備函送請貴院驗收給據,並希發交監獄依判執行為荷。此致

廈門地方法院

計函送人犯楊二嫂、查奎秀二名刑期計算表一份

(《廈門市政府公報》1935年4月—1936年3月第1至13期合刊)函據市公安局報台人江阿俊私捕綁毆陳福清案請拘訊究辦由

公三字第一三八號

二五,四,九。

案據市公安局案呈：本四月四日，據三分局呈稱：本日上午十一時餘，突接有電話自稱姓名阿大云：昨晚有陳福清者，被台灣人扭去，現查該陳福清現在晨光路晨光俱樂部內等語，當經即派特務巡官葉澤霖前赴查詢去後，據復稱：巡官親到晨光俱樂部樓上，查據一台灣人自稱姓名阿螺者云，陳福清系欠伊錢款，現經有人調處等語，旋即轉入後房查視，果有陳福清其人，伏在案頭，據稱：因欠台灣人江阿俊日仔利四十餘元，昨晚被騙到此各等語。後再查該台灣人已不知去向，合將該陳福清一名帶局查究各等情；經由值日局員何孝桱預審，訊據與巡官所查略同，並謂昨晚被台灣人江阿俊綁著毆打，該江阿俊前經在本市開槍襲警等語。附呈詳供，邀免冗敘據此，除仍飭緝該台灣人江阿俊解辦外。理合將該陳福清一名，連同供詞一紙送請訊辦。等情；到局，當經訊據陳福清供稱：去年十二月間，有浮嶼玉華宮茶樓東陳夢珠（石碼人）放高利貸，掛台人江阿俊籍牌，當時我在陳處為夥，至本二月間陳夢珠他住，所有簿據均被江阿俊取去，因簿內我有侵用帳尾四十餘元，詎本月三日晚，江阿俊到我家，騙我欲查問賑款，同行至晨光俱樂部門口，阿俊即唱令數人，將我扭入樓上，用繩捆綁，一時拳足交加，綁至本四日始將我鬆綁，適巡官到地查問，將我帶回，江阿俊逃去請究辦等語。查陳福清縱有欠款情事，依法由陳夢珠舉證訴請法院究追，該江阿俊何得私行捕禁綁毆，殊屬不法，況江阿俊前因賭場開槍案，經日領懲辦有案，此次復取再犯刑事，尤為不知後悔，除將陳福清交保，並查傳陳夢珠外。理合報請轉函日領拘訊江阿俊處以應得之罪等情到府，相應據情函請查照辦理見復為荷。此致

大日本駐廈領事官山田

（《廈門市政府公報》1936年4、5、6月第13至15期合刊）

函覆關於籍民林玉波遺產糾紛案請轉知自向管轄法院狀請核辦由

公三字第三九零號

二五，五，二五。

本月五月二十日，準貴領事第一零零號公函開：據籍民林玉波之代理人律師袁

和藤次即呈,如另附譯文原呈到館,相應檢同原附件隨函送請查照辦理為荷等由;附譯文原呈一件,準此,查核附件本案系關遺產糾紛,應由林玉波依法自向管轄法院狀請核辦,本府無受理訴訟之權,未便干涉,準函前由,相應復請查照,轉知為荷。此致

大日本駐廈領事官山田

(《廈門市政府公報》1936年4、5、6月第13至15期合刊)函覆關於張宗廟案內槍彈等件經交警長林得茂領回請查照由

公三字第四二一號

二五,五,三〇。

本五月二十八日,準貴縣政府函開:關於張宗廟等盜匪案內槍彈等件、請交警長林得茂領回等由;當經飭交市公安局照辦去後,茲據報稱:遵經將張宗廟案內土快槍六桿,快槍二桿,土馬槍一桿,毛瑟槍一桿,子彈三百七十五粒,逐一點交警長林得茂領回,取有收據備查,報請核轉。等情到府,相應復請查照為荷。此致

金門縣縣長李

(《廈門市政府公報》1936年4、5、6月第13至15期合刊)

函送黃飛診斷書一紙請查照辦理由

公三字第六四五號

二五,七,二。

據市公安局案呈:準日領館館員電請檢送前屠宰場副稽查長黃飛診斷書等語。茲經檢出中山醫院所具黃飛診斷書一紙,理合呈請轉送日領,並請其嚴辦主犯陳水等情;據此,相應將該黃飛診斷書一紙,送請貴領事查照辦理為荷。此致

大日本駐廈領事官山田

計送黃飛原診斷書一紙

黃飛診斷書

年二五歲，福州人，屠宰場副稽長

疾狀：傷者顏面蒼白，神智（識）昏迷，呼吸迫促，脈搏微弱，呈虛脫之狀；傷口鮮血淋漓，唇變紫色，左[側]浮肋骨下，刀刺傷一處，穿入腹內寸許，大小腸穿破六孔。

（《廈門市政府公報》1936年7月第16期）

呈　財政廳據財政局呈報屠宰場故副稽查長黃飛最後薪額並繳證明文件請核轉給恤等情轉請察核從優給恤由

財一字第四七六號

二五，七，六。

案奉鈞府省財閩巳魚廳財甲四〇九八號指令，飭將因公殞命已故副稽查長黃飛委任證明文件，及最後薪額數目，一併列單呈繳，以憑核恤。等因；奉此，當經轉飭遵辦在案。茲據本府財政局案呈：據屠宰場呈報該故員黃飛最後薪額月二十元，並繳證明文件二件到局，仍請轉呈給恤等情前來，據此，理合據情備文連同證明文件，呈請察核，俯賜從優給恤，藉慰忠魂。謹呈

福建省政府財政廳廳長陳

計呈繳故員黃飛證明文件二件。（下略）

（《廈門市政府公報》1936年7月第16期）

函送傷害案籍民王陳氏金等二名請查收嚴辦由

公三字第七三八號

二五，八，一。

案準貴領事函：送籍民王陳氏金等登記片一張，請予引渡等由；準此，當經查據公安局報稱：本案王陳氏金等被白宇茹指控刺傷，業經移送廈門地方法院檢察處訊辦，並抄呈白宇茹等供詞三份等情；前來，即經轉函廈門地方法院查照辦理去後。茲準送還王陳氏金、王松川二名到府，除再函請迅將凶刀診斷書函還另送外，相應將王陳氏金、王松川二名，照抄白宇茹等供詞三份，連同原送登記片一張，備函送請貴領事查收從嚴懲辦，並盼見復為荷。此致

大日本駐廈領事官山田

（《廈門市政府公報》1936年8月第17期）

函送收買贓物籍民葉金龍一名請訊辦追贓由

公三字第八一七號

二五，八，二九。

據市公安局案呈：案據偵緝隊呈稱：據開元路美川號東黃大動報告：本月二十三早四時許，失竊電扇一架，刀牌香煙十五盒，汗衫一件，鈔票一元二角，計損失七八十元之譜。經飭探在竹仔街思明東路，先後緝獲陳誠及台人葉金龍二名，並會同警部前往思明東路一四一號葉金龍家查起贓物，已被葉金龍之友台人水嚇移存他處，合將陳誠、葉金龍二名，解請訊辦等情；當經分別訊供，案關竊盜及收買贓物，除陳誠即陳成、謝阿獅因另案尚須押究核辦外。理合將葉金龍一名，照錄陳誠等供詞三份，解請察核轉送日領館懲辦。並究追贓物等因；據此，相應將葉金龍一名，照抄陳誠、葉金龍、謝阿獅即謝貓供詞三份，備函送請貴領事查收懲辦，並希

究追贓物電扇等件,函送過府,以便轉發給領,並盼見復為荷。此致

大日本駐廈領事官山田

(《廈門市政府公報》1936年8月第17期)

函送傷害案犯籍民王陳氏金王松川案內凶刀及受傷人白宇茹診斷書請查收辦理由

公三字第八四零號

二五,九,三。

案準貴領事第一七三號公函開:關於傷害犯王陳氏金、王松川案內凶刀一把,及受傷人白宇茹診斷書送館等由;準此,當經函準法院將該證物送府,相應將凶刀一把,受傷人白宇茹診斷書一紙送請查收辦理,並盼見復為荷。

此致

大日本駐廈領事官山田

計函送凶刀一把,受傷人白宇茹診斷書一紙

(《廈門市政府公報》1936年9月第18期)

函請迅追葉金龍案內贓物電扇等件送府給領由

公三字第八七五號

二五,九,一二。

據市公安局案呈:案據開元路門牌第二六八號美川經理黃大動呈稱:本月二十

三日失竊電扇事件，經報蒙緝獲陳誠、葉金龍二名，請迅追贓給領等情；據此，查葉金龍一名，前經解由鈞府轉送日領館懲辦追贓在案。據呈前情：除批示外，理合具文呈請察核，俯賜轉函日領迅予追贓等情；據此，相應函請貴領事查照，希迅為究追贓物風扇等件，即日函送過府，以便發交公安局給領，仍盼見復為荷。此致

大日本駐廈領事官山田

（《廈門市政府公報》1936年9月第18期）

據市公安局案呈被告恐嚇索詐及搶劫共犯張春加即李奇財請轉函究辦相應函請從嚴訊究見復由

公三第一零三六號

二五，一〇，一六

據市公安局案呈：本月十一日，據二分局呈解指控恐嚇索詐一案，原被陳火、張春加等二名到局。當經分別提訊（供詞另錄）查本局前獲搶劫豐南信託公司案內共犯台籍洪棟榮，曾有供稱：在逃共犯台人李阿獅即李奇財等語。業經錄供呈請轉函日領，請其緝究在案。現據陳火供指張春加即系台人李阿獅之變名，當即電查日領署。旋准派員佐伯積太郎到局，持示李奇財路照。經核對照片，確屬無異，並訊張春加亦據供認本人即系台籍李奇財，惟不承有夥劫豐南情事，查該張春加即李奇財，前次共同搶劫豐南公司，經洪棟榮供指屬實，自不容其狡賴，而此次因陳火獲中央儲蓄會首獎千元，復敢問其恐嚇索詐，其居心險惡，行為不法，實屬無可掩飾，案關指控恐嚇索詐，及搶劫共犯，除原告陳火準予保外，該被告張春加即李奇財一名，已由日領館員佐伯積太郎領回外，理合照抄陳火、張春加即李奇財前後供詞共三紙，具文呈請核轉日領請其從嚴究辦等情到府，相應將原抄供三紙，送請查照，希即從嚴訊究懲辦，並盼見復為荷。此致

大日本駐廈領事官山田

計送原抄供三份（略）

（《廈門市政府公報》1936年10月第19期）

準日領函據籍民魏榮泰呈稱載粟被劫船員彭茅等失蹤令仰查辦具報由

公三字第一四三五號

二五，一〇，一八。

令本市水警第二大隊

案準駐廈日領署第一九九號公函開：茲據敝國人民魏榮泰呈如另附呈件到館，相應函請查照，移牒貴國該管官設法搜查夥三人及粟三百包為荷。等由；準此，除函海澄縣政府外，合行照抄原呈一件，令仰該隊長迅即查明辦理，並將查辦情形具報。

此令。

計抄發原呈一件

附交涉願

本籍台北州基隆市明治町三丁目三十二番地

現住所廈門市民產路門牌五十九號

具呈人　魏榮泰

呈為呈請逮捕海盜，追究船員之名中國人彭茅、彭再發、吳天賜三名及粟三百包（價銀八百十元）事，竊民業商於本年本月二十六日由金德勝號帆船，載粟三百包，由龍溪角尾鄉出帆，駛入廈門販賣，然該帆船應當日到廈。不料至同月二十七

日下午,亦未見到廈時。即使船由角尾附近海上搜查,竟該帆船發見放碇於嵩嶼港江石頭頂,即搜查船內所載之粟三百包,皆被劫一空。但船員三名亦行方不明,該帆船被海盜所劫,但恐該船員被海盜殺害或被綁亦未可料。似此離廈不遠之海面搶劫,實目無法紀,懇請鈞署迅於照會支那官憲,即速逮捕海盜嚴辦,並追究船員三名行方及被劫粟三百包,實感德便,謹呈

駐廈日本帝國領事官山田

(《廈門市政府公報》1936年10月第19期)

準駐廈日本領事函請嚴辦魏昭育江令等二名傷害台人朱阿朝致死案請查照由

公三字第一零七一號

二五,一〇,二四。

案準駐廈日本領事函,以本月七日午後十時許,原籍台北州基隆市明治町三丁目三十番地,現住廈門市思明東路,門牌百三十九號,敝國人民朱阿朝年五十五歲,在廈門市思明北路通至後岸路之靠左街角挑賣麵點。時有住居廈門市局口街七十七號貴國人,魏昭育及江令年約二十三歲,兩人前來食麵,計小銀一角五仙,持給不通用之福建省銀行二角紙幣一張以付麵帳。該朱阿朝向其要求另換該紙幣,因此發生事端,被該魏昭育用拳將其左腹強毆,致昏倒陷於不省人事。該時即延本市思明東路門牌九十五號快安醫院醫師李墨急行調治,但在治療期間,仍未見有效,遂於十月十日午前五時半死亡。同日午後四時至四時五十三分之間,經廈門市公安局司法股長許崇嶽,及貴國醫師章茂林到場,在博愛會廈門醫院將該被害人朱阿朝之屍體付於解剖,驗明致死原因系其左腹被強打,小腸穿孔發起腹膜炎症也,是該朱阿朝已明白被該魏昭育毆打成傷死亡,至加害者,貴國人兩人,業於十月十日已引渡廈門市公安局司法股長許崇岳矣,為此相應函請查照嚴訊處罰為荷。等由;準此,查本案人犯魏昭育江令等二名,業經公安局查訊供詞,移送貴處訊辦在案,準函前由,相應函請查照辦理為荷。此致

廈門地方法院檢察處

（《廈門市政府公報》1936年10月第19期）

函以台僑獸肉組合違反協約復行私運豬隻情形請查照轉飭遵約辦理由

財二字第九六四號

二五，一○，一。

案準貴領事九月十四日第一九一號及九月十六日第一九一六號兩公函略以「台僑獸肉同業組合所販活豬連日被金匯隆公司扣留請查照放還或照開單賠償損害」等由；準此，當即飭據本府財政局呈稱：此案經據匯隆聯記豬牙行聲稱：依據福建省牙稅章程及省政府財政廳所賦予本行之權限，廈門只準開設本行不得再設其他牙紀，乃本市台僑屠商擅自採用活豬，實屬違我法令。今年一月間前思明稅務局曾經一度交涉，由本牙行與台僑獸肉同業組合簽訂協約，此後，「組合，各肉舖凡每日應用宰肉豬隻均須向豬牙行採買宰用，不得任意向外水或豬販私買宰用」，同時準照華商每豬特予優待小洋一元八角，業經前稅務局呈報層峰有案，組合方面諒亦呈報領署有案可稽，敦睦邦交，情誠意善，簽約俱在，雙方宜尊重信用，恪遵保守，乃為日未久該組合復萌舊態，更甚往歲，實屬有違契約，連日各地華業豬販，走私因以日熾，本牙行以稅收關重，自應設法堵截，藉杜漏風，自無不合。等情查稱各節，尚屬實在，理合呈請簽核等情；據此，相應函請貴領事查照，即希轉飭該組合遵守協約，放棄販運，以重協約而敦睦誼。至扣留豬隻，於該事件解決之後，自當妥商辦理也。此致

大日本駐廈領事官山田

（《廈門市政府公報》1936年10月第19期）

函據財政局呈報台僑獸肉組合積欠豬行帳款請查照迅飭清還由

財二字第九六五號

二五,一〇,一。

案據本府財政局簽呈稱:據豬牙行業營業稅徵收員陳承德、紀志芳呈稱:「竊職牙被台僑獸肉同業組合,自本年一月間起,積欠帳款計共國幣六千零元,業經列表呈請察鑒,當茲陰曆秋節迫屆,商場習慣來往帳項,必須清理,台僑所欠,遷延已久,屢經催索,抗不理還,殊失信用,有背契約,為此理合呈乞鈞長察核,俯予咨照日領署轉飭台僑獸肉組合,迅將積欠帳款清還以資周轉,而維信用。」等情;查台商購豬一案,本年一月間,匯隆聯記牙行與台僑獸肉同業組合簽訂協約,該協約第五條內載:「台僑獸肉組合所買豬隻之項議定路豬現銀交易如興化惠安豬者,由買豬之日起翌日先還半數,至第三天止全數找清」之規定,該組合積欠已久,屢催不還,理合簽請鑒核迅函日領轉飭照還等情;據此,查台僑獸肉組合記與匯隆聯記牙行協約有案,雙方自應遵守,不得久欠不還,據呈前情,相應照抄欠單一紙函請貴領事查照,即希迅飭該僑商遵約清還,以敦睦誼。此致

大日本駐廈領事官山田

(《廈門市政府公報》1936年10月第19期)

函送梁章福原抄供一份請將主謀犯黃秋金迅速拘案嚴懲由

公三字第一七八五號

二五,一二,一五。

本月三日,準同安縣政府函送綁劫新華音樂隊,人犯梁章福即梁安又名張安一名。連同查起吳星洲屍骸、樂器等件,請查收歸案究辦等由到局。當經提訊,另錄供詞。查此案前據偵緝隊獲解主謀犯黃秋金即黃金九一名,業經訊供屬實,移送日領。請其依法嚴辦,嗣奉鈞長交下,準日領第一五八號公函,復以黃秋金否認犯罪事實,且無任何可以證明犯罪之物的證據。故於本七月十三日,付以處分不起訴等

由。惟本案，現據同安縣查獲之梁章福供稱主謀人確為黃秋金，並眼見秋金給付陳鈔洋四元，作為僱請新華隊定金等語，且經查起吳星洲屍骸及樂器等件，是已人證物證俱告完備。該黃秋金實難任其翻供狡賴，除已於本月三日派員前赴日領館，口頭商請迅將黃秋金拘案究辦，並將梁章福連同樂器、屍骸等另文呈解訊辦外，理合照抄梁章福供詞一份報請核轉日領等情。據此相應將原抄供一份送請貴總領事查照，希將本案主謀犯黃秋金迅速拘案究辦，並盼見復為荷。此致

大日本駐廈代理總領事官山田

（《廈門市政府公報》1936年12月第21期）

送販賣毒品再犯台人楊飛力一名連同抄供一份請收訊由

公三字第一九八三號

二六，一，二五。

據本府公安局案呈：本月十三日，據三分局呈解代賣海洛英一案，計楊飛力一名，並海洛英少許到局，訊據楊飛力供稱：伊系台灣台北西園町五百六十二番地人，身中所帶海洛英，系定安路兆祥洋行台灣人李西瓜交其代賣，等語。查該楊飛力於上年十月十四日因販賣毒品與人爭執經三分局獲送到局，當將該楊飛力準由日領館李館員帶回，並呈請轉函日領館懲辦在案。茲復再犯，殊屬不合，除海洛英少許，由局沒收外，理合將楊飛力一名連同抄供一份，具文解請轉送日本領事署訊辦等情；據此，查該楊飛力販賣毒品，業於上年十月十六日函請懲辦在案，茲復再犯，實屬憨不畏法，相應將楊飛力一名連同原抄供備函送請貴代總領事查收，希即從嚴懲辦，並將李西瓜一併究處為荷。此致

大日本駐廈門代理總領事官山田

（《廈門市政府公報》1937年1月第22期）

345

據公安局案呈台人陳學陀等私造偽幣售賣他人行使一案請查照從嚴究辦由

公三字第二一七一號

二六，二，二八。

本月二十日，據第一分局，呈解指控行使偽幣案。原告丁艷魁、林依俤，被告吳志球、陳彩良等四名，證物農民銀行十元偽幣一紙，交通銀行五元真幣二紙，到局。經分別提訊錄供在卷，並在吳志球身上，搜獲售賣偽幣數單一紙。據稱是項偽幣，系於去年廢歷十二月間，當我來廈約兩三日時，向台人陳彩良之弟陳學陀購買等語。當於是夜，會同日領館員，在思明南路民生齒科醫院，內拘獲陳學陀即陳西春一名到局。訊供狡賴祗承售賣偽幣數單，確係本人受吳志球之托，用包藥紙代書。至於吳志球所存皮箱內之偽幣，經我移存藥櫃內，被其弟陳西冬用火焚燒等語。案關私造偽幣售賣他人行使，除將交通銀行五元真幣二張交原告丁艷魁、林依俤，各領一張交保候訊，吳志球押候嚴究。台灣籍民陳彩良，即西湖陳學陀，即西春二名，連同抄供交日領館員三谷真澄領回懲辦外。理合檢同證物，農民銀行十元偽幣，及售賣偽幣數單，影片一紙。具文報請，函轉日領，請其從嚴激究。再者尚有案內關係台人黃金獅、陳西冬，已由日領館員帶案研訓，合併聲明等情，到府查此案陳學陀等私造偽幣售賣吳志球行使，已有供認，所列數單為據。事後又敢焚燒，以圖泯證，殊屬不法，相應檢同原影片一紙函請貴總領事查照，希將陳學陀等從嚴徹究，務令供出共同偽造人姓名、場所，立予會拘懲辦，以維金融，並盼見復為荷。此致

大日本駐廈代理總領事官山田

計送原影片一紙

（《廈門市政府公報》1937年2月第23期）

函催台灣獸肉組合積欠匯隆聯記豬行帳款迅飭清還以維信用由財二字第二一一七號

二六,二,一八。

案查本府前據財政局呈以:台灣獸肉組合,自二十五年一月起,暫截至同年九月間止,積欠本市匯隆聯記豬行帳款小洋六千三百七十八元二角三分,前據該業徵收員列單呈請轉函貴領事轉飭照還,業經本府二十五年十月一日及十二月四日兩函並摘錄該組合與豬行購豬付款條約,請飭該僑商清還在案,現尚未據照辦,該行年來金融奇緊,此項欠款,用以應付認課,稅收攸關,未便再任久延,用再備函催請查照,希即迅飭該組合剋日清還,並予見復,以維信用,而敦睦誼。此致

大日本駐廈代理總領事官山田

(《廈門市政府公報》1937年2月第23期)

函請轉飭籍民柯厚禧剋日前來理會關於山海公司占用沙坡尾曠地由

工字第二○四○號

二六,二,四。

逕啟者:查山海公司占用沙坡尾曠地一百七十方丈六十六方尺,搭蓋房屋一案,前由本府公務局派員勘查屬實,曾經通知該公司將占用部分拆卸交還。或繳價承領,以明地權,乃通知書送達之時突有貴國籍民柯厚禧出面拒絕接受,旋準貴領署館員豐島前來本府工務局面洽後,承充通知柯厚禧前來理會,但迄今已久,未據遵辦。查該處曠地,系屬法籍天主堂所有,由前路政處定價收買,本府迭準法國駐閩領事函催辦理前來,衹以地被侵占,無法結案。相應函請查照,務希轉飭該民剋日前來理會,以免久懸,至紉公誼。此致

大日本駐廈代理總領事官山田

(《廈門市政府公報》1937年2月第23期)

函送毒犯楊飛力一名請查收懲辦由

警三字第二二一二號

二六,三,八。

據市警察局案呈:本月六日,據第三分局呈解在賣圭巷拘獲毒犯台人楊飛力一名,並由其身上搜出海洛因一包,吸海洛因小煙槍一枝到局,訊據楊飛力供詞狡賴,查楊飛力屢犯毒案,疊經拘獲引渡日領懲辦,此次復敢再行持有海洛因,實屬有意違犯,除將海洛因一小包,吸海洛因小煙槍一枝,沒收外,理合將楊飛力一名,解請轉送日領懲辦等情;據此,相應將楊飛力一名,備函送請貴領事查收從嚴懲辦為荷。此致

大日本駐廈代理總領事官山田

計函送楊飛力一名

(《廈門市政府公報》1937年3月第24期)

送售吸海洛因毒犯胡鐵海一名請查收懲辦由

警三字第二三一八號

二六,三,二七。

據本市警察局案呈:本月廿四日,據三分局呈解在泉州街廿四號門口,拘獲售吸海洛因毒犯胡鐵海一名,海洛因五小包香煙筒各一個到局,經訊胡鐵海稱:系台北州人,住泉州街廿四號,在晨光路廿六號開設信用煙館,自己亦有煙癮。該海洛因五小包,及煙筒一支,系我父親胡金自己吸食並無售賣他人等語。案關售吸毒品,除將海洛因四小包□□□□□□□□□□

(《廈門市政府公報》1937年3月第24期)

送開設嗎啡館台人林天養一名請查收訊辦由

警法字第二四六九號

二六，四，二五。

據市警察局案呈：案據第二分局呈解在尾角路地方，拘獲施打嗎啡為業台人林天養一名，不全嗎啡針二把，嗎啡一小包，鴉片一小包到局。訊據林天養供詞狡賴，除不全嗎啡針二把，嗎啡鴉片各一小包沒收外，理合將林天養一名，解請轉送日領館懲辦等情；據此，相應將林天養一名，備函送請貴領事查收訊辦為荷。此致

大日本駐廈代理總領事官山田

計送林天養一名

（《廈門市政府公報》1937年4月第25期）

準送台灣籍民王文杰等二名已送日領館收辦請查照由

警法字第二四六八號

二六，四，二六。

案準貴縣政府函送台灣籍民王文杰、謝再明即謝哲人二名，旅　二冊，請查收引渡等由；準此，除將王文杰、謝再明即謝哲人二名、旅　二冊，函送日領館收辦外，相應復請查照為荷。此致

同安縣政府兼縣長夏

（《廈門市政府公報》1937年4月第25期）

據報台人黃梧桐毆傷朝鮮人何命源案請予懲辦黃梧桐由

警法字第二五零九號

二六，五，二六。

案據市警察局案呈：本月十八日，據二分局報：據第二分駐所巡官李達卿報稱；本十四夜四時餘開元路口崗警曾祖生回所報告；頃巡查至南豬行口，聞該處門牌八號越境洋行內有喧鬧毆打之聲，達於戶外，情勢緊張，經警敲門入內，據該行東朝鮮人何命源稱：頃該人入內行竊，被我知覺，竟敢打傷我頭部。警詢該人系名黃梧桐台灣人，乃將其帶所，黃梧桐認用啤酒矸打傷何命源頭部屬實，查本案兩造均系日籍，旋日領館員酒井到所，將被告黃梧桐領回訊辦等情；據此，理合報請察核等情；前來，查黃梧桐深夜侵入他人住宅行兇，致傷事主何命源，若非崗警趕至帶案，必至釀成重大慘劇，據報前情，理合報請轉函日領查照，請將黃梧桐嚴予懲辦，以維治安等情到府，相應據情函請查照，辦理見復為荷。此致

大日本駐廈代理總領事官高橋

此令。

（《廈門市政府公報》1937年5月第26期）

函送吸食海洛因毒犯林濤一名請收訊由

警法字二六零六號

二六，六，九。

據市警察局案呈：本月八日據第二分局呈解持有海洛因毒品犯林松濤一名，並海洛因一小包到局。訊據供稱：年二十七歲，台南永樂町一丁目人，吸食鴉片煙已有七八年近改服海洛因等語。案關吸食毒品，理合將林松濤一名，檢同海洛因樣品小許，具文解請核轉日領請其懲辦等情到府。相應將林松濤一名，海洛因樣品少許，送請查收訊辦為荷。此致

大日本駐廈代理總領事官高橋

計送林松濤一名海洛因樣品少許

（《廈門市政府公報》1937年6月第27期）

（《廈門市公安局警務月刊》、《廈門市政府公報》）

肆 《申報》廈台關係資料選

編者按：1895年之後，隨著台灣淪為日本殖民地，廈門成為當時中國除東北之外的又一個直接面對日本帝國主義侵略威脅的一線地區，因此圍繞廈門、台灣而展開的中日關係錯綜複雜，台灣籍民違法犯罪問題、在廈日本領事館警察權問題以及台灣籍民與廈門地方勢力、廈門軍警的衝突等等，均為近現代廈台關係中的突出現象。而廈門本身在軍閥混戰中統治者的不斷更迭變化更加劇了此一關係的複雜性。《申報》作為一份頗具影響力的全國性報紙，其對廈門的報導及時而深入，有很高的史料參考價值，以下為該報部分與廈台關係相關資料的選編。

1923年

1.日軍艦又駛赴廈門

日海軍駐華武官昨因廈門戰端又起，形勢險惡，僑民生命危險，特電調駐泊之澳門柏、松、杉、榊等四驅逐艦，駛赴該處警備，業已抵港云。（1923年8月12日，第14版。）

2.特約路透電

二十四日北京電，據廈門遲到之電報稱，日水兵五百名已在廈門登陸，以防亂事。（1923年8月26日，第6版。）

3.廈門電

廈門電：保衛團與台灣籍民衝突，各死數人。今晚雙方大決鬥，各柵門緊閉。

每晚六時,廈嶼交通斷絕。(1923年9月20日,第4版。)

4.日兵在廈登岸之反對聲

福建同鄉會昨接廈門來電云:福建同鄉會、《申報》轉各報館暨全國各團體鑒:此次廈門日本籍民與吳姓衝突,日人不問曲直,藉口保護該商民,竟派陸戰隊上岸。騷擾行旅,擅行開槍,中國未亡而主權喪失。現陸戰隊尚盤據廈門不去,商民失業,群情憤激,請一致表示對待。廈公民會。(1923年9月27日,第13版。)

5.廈門通信(蜀聲)

於此閩南戰雲初展中,廈門又有台人逞兇事。記者前函述警廳陳為挑解散市民大會事,謂陳之敢於悍然解散市民會者,因與日領為取締台人橫行之交換條件也。陳氏因日領方面既有妥協,遂積極整理警務,意謂此數月劫搶拐騙之風,當可稍殺,警廳亦可行使職權。乃即嚴厲禁賭,將台人賭場列為一覽表,移請日領設法肅清,並將近來劫案之屬台匪者,編列成表,移請日領解辦。迨十四日晚,陳偵悉台人自衛團金勝者,向在崎宮下開賭,劫匪多出其門,某某等劫案均身與其事,證據確鑿。爰即知會日領,會同日警,親率武裝警察,馳赴賭館圍捕。金方在館內,為所捕獲,押回警廳。不意金黨聞信,立招黨徒八十餘人,攜械分三路急行包抄,冀中途奪回。一由甕菜河出大使宮後,一由小榕林出剖狗墓,一由崎頭宮直趨塔仔街。至剖狗墓時,知金已押入警廳,方在憤恨之際,適總司令部副官楊大明經過該處,遂將楊並其荷槍護勇一名,強擁投梧桐埕日警部去,途遇一崗警,亦被擄去。至鳳儀宮分署前,向內開槍,警均逃避,流彈擊斃一小販。警廳聞楊副官被擄,急以電話報告閩軍副司令朱泮藻。朱立調兵一營,分布於五崎塔仔街剖狗墓一帶,圍搜台人自衛團,欲將副官起出,卒未能得。(一說台人自釋楊出,楊以無故被擄,不允自出,)當下令嚴捕非法強徒。自衛團人員見勢非佳,已逃避一空,團所亦經軍隊占駐,並派范熙績顧問向日領提出嚴重交涉。日領於十五日赴廈,入台民之自衛團內,調查詳情,迄今未有消息。十五日廈門市上滿布軍警,入夜禁止行人,市面頗為惶恐,尚未知如何了結也。(十一月十六日)(1923年11月21日,第10版。)

6.廈門通信，台人強擄臧部副官案已解決（蜀聲）

　　台人橫行久矣，官廳以其所魚肉者平民，向未深究，台人愈益恣肆。不謂此次竟以辱及武人，遂大起交涉。此事因台人誤擄一閩軍第三旅部副官而起，頃晤總部某軍官，知已解決。其肇事原因，系由警廳得某金店報告，途遇一前次劫搶該店之匪徒，請警協同往拿。警廳當派馬巡圍捕押廳，被捕者即台人金成。台人自衛團聞訊，當派人持械三路追劫未遂，適遇閩軍第三旅李崇寅部副官黃某率衛兵數人經過。台人誤以為金成被捕，由黃某指揮，遂強擁以去，意欲以是為質，交換金成也。到台灣公會後，（即自衛團）並加毆辱。李崇寅聞訊，立調兵馳圍自衛團，面詰該會長曾某，力斥其妄，並飭兵搜尋。台人將黃某易地藏匿。李在會拍桌大罵，謂：「汝輩本係中國人，托庇外人下，欺壓本國人。我李某向不怕事。」其時台灣公會四圍皆持槍兵士，會長失色，力賠不是。日警長小谷聞訊，亦馳往勸李暫返，明日再議。翌日，總部一面派兵至台灣公會自衛團圍搜，所有自衛團旗幟牌區，均被收去。途遇台人攜槍械者，盡捕去置台灣公會中。一時全市台人奔避，賭場娼寮，至無若輩蹤跡。並搜檢自衛團隊長台人柯某住宅，一面由總部范顧問熙績赴日領署交涉。日領亦以台人太無理，由釀成重大風潮，偕范過廈，至台灣公會，聲言當負責辦理。當由李芳苢、李崇寅、侯西浦、范熙績及日領在台灣公會與該會會長會議。由李芳苢師長以在總部與各軍官議決之五條件提出：（一）取消台人之自衛團；（二）自衛團應一律繳械；（三）犯罪台人由日領遞解回籍訊辦；（四）賠償黃副官醫藥費及損失；（五）待臧司令返廈，由日領親自道歉。日領均允照辦，當將自衛團取消，並繳械十餘枝，以肩輿由。台灣正副會長親自陪送黃副官，沿途燃放鞭炮返總部，表示道歉，賠償黃副官衣物及醫藥費若干元（數目不詳），撫卹流彈擊斃之小販三千元。此次交涉遂告一段落，並聞以後台人永遠禁止攜帶槍械遊行。此次擄黃之三台人已由自衛團自行逮捕，交李旅長訊辦，不知確否。此次交涉尚差強人意，黃副官送返總部時，商民亦沿途放炮，蓋向受台人凌侮，今得少吐氣，人心為之一快也。（十一月十七日）（1923年11月25日，第7版。）

7.廈門通信，台吳交涉案已解決（蜀聲）

　　台吳械鬥案久懸不絕。經中日官吏士紳數月之調停，至上月二十八日，始雙方

商妥條件。本月一日,在總商商會調印。臧致平、日領佐佐木三郎、商會會長及中日人士,並台人與吳姓兩造百餘人列席。雙方均有演說,不外親善之談,謙抑遜讓,固極一時之親睦。而此震動全國之日水兵登陸保護台人交涉案,竟告解決矣。惟條件終不宣布。就記者探聞所及,即台人死者李昆玉、石潯吳姓死者吳枝,其兇手由中日官吏分別懲辦,各撫卹其遺族。台人林清文身死,既未能指出何人刺殺,則吳姓難負其責,由商會代向各界募捐五百元,助其喪葬費。雙方互相慰問,至肇事禍首,究屬何方,則尚未得其詳也。(十二月四日)(1923年12月10日,第7版。)

1924年

1.廈門罷市風潮(蜀聲)

廈門自官廳以取締市民排日運動,與日領為取締台人不法行為之交換後,市民會消沉無聲,台人自衛團亦正式解散。警廳以外交既經辦妥,於是厲行禁賭。廈門搶劫拐騙多出自賭徒,而賭場實台人為之護符。日領既允官廳以實行取締,遇警廳拿賭,均以日警同往。於是台人之賭場,遂盡關閉。雖暗中不無私賭者,然賭風固已大戢矣。不謂賭徒雖暫斂跡,而劫風則大熾。白晝鬧市搶劫之案,日必十數起。軍警當場多坐視不理。官廳事後又緝匪不獲。商民欲裹足不出,則年關伊邇,豈能置負不索,遂不能不冒險挾金過市,匪徒亦專伺此輩行劫。前數日有某店夥夜九鐘出訪友,匪徒誤以為收帳者,必挾多金,攔住搜劫。某極力呼救,登時被匪槍斃。巡官許某聞聲至,亦被擊斃。而所劫者十八元耳。翌日全市大震,群惴惴以十八元而斃二命,多此者又將何如?本月二十九日午,打鐵街某店,遣夥以現洋四百元償某錢號。途中覺有尾行者,夥懼,至港仔口成美洋行門次,夥急避入。匪竟跟追,以三人守門,二人入屋行劫。夥登樓曆數級,匪牽之下,出槍示威。夥堅持銀裹,強奪之,銀散地。從容俯拾而去。成美號見狀大駭,馳召陸軍警察(即陸軍專以之巡邏市廛者),置之不理。崗警(此是普通警察)亦在場目擊,既不捕匪,亦不鳴警。匪去,且拾散遺路旁之數銀,納之囊中。港仔口者,廈門之鬧市,商業薈萃之地也。當時全街商店以繁盛街市,匪徒竟敢白晝持槍,闖門行劫,軍警又袖手不顧,此後安能營業。於是全街罷市,打鐵街商店聞某店被劫事,亦罷市,要求官廳

緝匪嚴究，並懲軍警之怠職者，並公請總商會籌議善後辦法。總商會已於今日（三十一）開會討論，結果尚不知何如。此事頗引起全市公憤，群謂臧軍數月來所徵取於廈人者，僅公開之收入，月已十二萬，其員役之營私敲剝者，又不知凡幾。而殺人越貨之風益熾，人民已失生命財產之保障，然猶茹痛容忍。今竟在鬧市畫劫，軍警不理。此種現象，實人人自危。舉市洶洶，憤慨已達極點。使臧氏而應付失宜者，不難激成全市罷業之風潮也。（1924年1月6日，第10版。）

2.廈門通信，廈埠之治安問題（蜀聲）

廈門官廳近以市中劫殺之風太甚，查系台人所為，若輩平日攜槍遊行，殺人越貨，視為常事。為維護治安起見，非用強力制止不可。臧致平因於上月三十一日出示云：近日搶案迭出，日有數起。其搶犯率皆攜帶手槍，公然白晝行劫，甚至殺傷人命，肆無忌憚。似此強暴橫行，實屬目無法紀。本總司令負保衛地方之責，得報之餘，痛恨殊深。若不嚴行取締，何以靖地方而安民心？茲定於一月一日起，選派得力軍警，實行嚴密檢查。如遇有攜帶武器及暗藏手槍者在街遊行，無論何人，非經本部特許者，概行逮捕，嚴行懲辦。倘敢當場抗拒，即行格殺勿論，絕不姑寬云云。警察廳長陳為銚復訂查街辦法：（一）偵探奉公搜查行人槍械，如有抵抗者，準當場格殺，並將槍支繳廳存案；（二）路遇二人以上或見類似匪人者，須留意其行蹤，形跡可疑者，當場搜檢；（三）見有二人以上入人家或商店，隨即閉門者，須隨往察視，或開槍制止；（四）遇二人以上攜帶大宗銀錢者，須認真盤詰，如確係己物，始可放行；（五）破獲劫案一起，人贓並獲送廳者，立賞兩百元以下獎金。並添募暗探二百人，各街分段邏查。復由總司令部與警廳向日領提出交涉，最後日領及警長亦贊成實行檢查。乃由總司令部公函日領，請其轉知籍民：廈門官廳將實行檢查攜槍者，宜各守治安國法，以全邦交。並由陸軍警察處及警廳會銜布告，實行搜檢行人。二日下午，偵探分隊搜查，有攜槍而不抵抗檢查之二台人，被逮至警廳，經台灣公會會長保出。有台人李某集徒黨數人，挾槍攜炸彈經石埕街，與軍警遇。警探止之，欲加搜檢。李等即紛擲炸彈，傷一人，並出手槍轟擊。一探中腹部，軍警叢槍還擊，李斃。陳為銚復率馬隊趕至，餘黨始散。是夜，有向設娼寮之台人陳某，偕鄉人李某等五人路行。亦因出槍抗拒檢查，陳被當場擊斃，李受傷逃，回家亦斃。三日繼續搜查，台人紀某開槍拒捕，亦被擊斃。兩日中計斃台人

357

四名。偵探之受傷者三人，全市騷然，行人駭避，商店掩戶，居民惶惑。台人欲大起反抗，經台灣會長制令暫止。日領於三日下午，謁臧致平，請暫停檢查二日，彼將設法遣送台灣莠民離廈，如四五兩日發生劫案，再行繼續檢查。臧允之。乃停止未及二十四小時，四日薄晚，劫案又發生矣。七時左右，局口街大使宮一帶，行人稠密，軍警林立。忽有短衣華服者二十餘人，先布於局口附近，旋即集合，突入蘇某住宅，閉戶搜劫。迨軍警聞訊馳至，匪登屋，鳴槍數響而逃。軍警無如之何也。蘇姓損失約在六七千元。舉市又入慌恐中。總商會招集會議，僉以年關伊邇，各號均須索逋，寧能裹足不出。吾輩月擔軍警餉需八九萬元，而所得報酬如此，誠不如全市歇業為愈。當議決致函總司令部，請徹底緝盜。原函云：本日敝會因接籌餉處來函，召集各界，僉以邇來搶案層出疊見，多系白日於通衢大道中發生。查萬和發商號，日前在港仔口街遇匪劫搶，甫經函轉總司令，嚴飭緝匪在案。乃昨夜局口街遇匪搶劫，似此匪徒明目張膽，於治安上關係實非淺鮮。各運商鹹以籌措款項，接濟軍需，負擔甚重，無非為保護治安起見。設長此地方不靖，將必至營業停頓，收帳者裹足。希迅飭警廳嚴密偵緝，務獲正盜真賊，盡法懲辦云云。總司令部自接此函後，因有飭邢藍田、李玉林、田潤德會辦冬防之舉。就原有保安警察，加派兵士，專辦冬防，並諮詢總商會，條陳完密辦法。而市上仍風聲鶴唳，大商店欲出外收帳，均請陸軍警察處派遣荷槍實彈之兵士數人隨行，然軍警不能人人得而保護之也。於截劫之案仍有所聞。七日下午，許巡官（即前次捕匪被擊斃命者）出喪，經過繁盛市場時，有匪截劫某店夥四百餘元，並鳴槍示威而去。臧致平感於台人之不可治，向日領交涉之終無頭緒也，擬一面繼續飭警檢查行人，一面電駐京日使交涉。八日起，又由軍警偵探分隊繼續檢查。午後，警探十餘人巡邏至山仔頂地方，有由道旁樓上開槍射擊者。警探知系台人，當散伏回擊。子彈橫飛，行人駭避。一時閉市者幾全城之半。雙方對擊約一小時，軍警大隊馳至，台人始由戶後逃去。而是日雖警探出動檢查，市上仍有劫案。此後官廳對付台人究采何種辦法，實堪注意。日領似取放任態度，臧氏雖向之一再交涉，終於不得要領。而廈門交涉員劉某系北京政府所派，與臧氏居於反對地位，全置不問。月來所有外交，均臧部顧問范熙績出任折衝。現范氏赴滬，臧部尚無外交人才，益覺棘手。廈埠治安，恐將不堪設想也。（一月九日）（1924年1月14日，第7版。）

3.廈門電

台灣籍民持械白晝劫掠，日必數起。各國領事亦有責言。總部不得已，出示禁止一般人攜帶武器，旋即派軍警沿街搜檢行人。台民反抗，竟出槍亂擊。有台人數名，聯名電台灣總督，派艦來援。但領事團對台人一致厭惡。日領以輿論不佳，又因總部態度堅決，不願小題大做。（以上十七日下午五鐘）（1924年1月18日，第6版。）

4.廈門日領對臧致平之抗議，為軍警取締台人事（蜀聲）

廈門自臧軍實行搜檢挾槍行人後，台灣籍民因反抗檢查，被當場擊斃者四人。（事見十四日本報）雖日領一再抗議，而臧軍搜檢如故。廈門數月來殺人越貨之風，竟為之一戢。台人不甘，慫恿日領抗議。前數日又發現台人吳某被人暗殺，棄屍側池。台人益憤憤。日領曾到場檢驗拍照。及十五日日艦對馬號、松號抵廈，市上即傳日領將向臧致平嚴重交涉。台人宣傳尤盛，至謂日艦之來，實為交涉之後盾。據記者詢諸日領署人，則謂日艦來廈，確係尋常游弋，不日即將啟碇往粵，並無其他作用。惟日領適於此時致一公文於臧致平，對搜檢籍民事件嚴重抗議，外間遂疑為武裝交涉耳。茲從某方面覓得日領原函，特錄如下：「敬啟者，本月四日，經致公函第三號，以貴部下陸軍警察及陳為銚警察長，借名取締軍器，濫將敝國台灣籍民殺斃數名一案，料想貴總司令必以正大公明查辦責任之人。本署未接準回覆，亦信貴總司令對於此案已十分諒解，無論此後之行動必有嚴重戒飭。而孰知事情反見非是，令人懷疑貴總司令之誠意並不在此。由今考察形勢，似屬陽以維持治安為標榜，陰則肆行惡辣之手段，欺瞞中外人民。若此則貴我平素交誼上誠為遺憾。查近時發生此事，系由陸軍警察及普通警察之主腦者，不將貴意徹底之情形，轉達於部下所致。本領事原以此等善意之解釋，至嗣後此種橫暴，日日重見不休。倘欲如何善意解釋，而不敢云係貴總司令之責任，事更遺憾。但此暴行，敝國籍民若再受此不安，本領事自應出於不得已之處置，別無他法。誠恐貴我交誼難保不無破壞，且現時貴總司令在廈，系握最高之全權，若肯將此事件認真辦理，豈有何等為難之處。總望貴總司令煩為重念維持地方治安，嚴行約束部下，以達保護中外民眾治安之目的，萬無一失。茲將敝國籍民方面受貴國軍警擾害開列於左：（一）昨夜七時，警廳偵探隊及陸軍警察隊約有三四十人，侵入局口行台灣人施金水及鄭木琳家宅，借搜武器，不法行為；（二）五日午後三時，警察廳偵探隊員計有十五六

名,各帶短槍,闖入《廈門商報》內,謂《商報》紀事此次揭載台人被殺事件,關於台人方面甚屬有利,橫行威嚇記者,並將該報館內器皿亂自毀壞。當時該報關係者台灣人江保生遂向警察廳長告訴,詎彼反見拒絕,不肯受理。惟此事情系屬實確,豈容警察任意否認;(三)廈門無賴漢之首領係李清波,所有殺傷台人皆彼之一派。聞清波謂伊被人暗謀,指示台人林清埕之教唆,日前經對清埕送下脅迫書信。而清波之一派,現皆充當警察廳偵探。是以此番台人被殺原因,皆系彼之一派所謂狐借虎威,迭見公報私仇之行動也。惟此清波一派,時常滋生事端,警察廳長茲竟任用其人,維持治安,豈為得策?總之,所列事情即請貴總司令煩為詳細調查,將三項嚴重懲辦。至處置貴國軍警,更希貴總司令大為注意。蓋地方之治安端賴軍警,如有紊亂之處,應將軍警之主腦者先行懲戒,抑或免職,以防再生不法行動是荷。」聞臧氏接到此函,極為鎮靜,現尚未答覆。就日領公文觀之,則此次日艦之來,似含有示威意思。雖經雙方否認,固有可疑也。(一月十七日)(1924年1月23日,第10-11版。)

5.廈門檢查台人案近訊,警廳請拒日領干涉(蜀聲)

廈門軍警當局搜檢台人一案,駐廈日領曾提出嚴重抗議,根據三項理由,要求懲辦軍警長官。臧致平接到公文後,即訓令警廳查復。警察廳長陳兆鏘當即備文呈復,主張要求日領迅將不法籍民凶器消除,並將台民不良分子、妨害治安者,即日驅逐出境,以維廈埠公安。據臧部中人云,前日總司令部曾因此案特開緊急會議,結果議決對於日領來函據理駁復,一面仍繼續取締台人,搜檢槍械,無論日領如何恫嚇,必堅持到底。故連日查街較前益嚴。十六日又擊斃一當場抗拒檢查、出槍擊傷軍警之台籍民一人,可知臧氏對日交涉之仍持強硬態度也。刻下臧氏駁復日領之公文尚未遞出,據聞將來或即根據警廳呈文駁復。茲錄該廳呈文如下:奉鈞座七百零二號訓令開,日領函稱軍警濫斃台人,開列三項,嚴重懲辦等情,令廳查明具復,以憑轉復等因奉此。遵查日領函內第一項稱,偵探侵入局口街台人施金水等家宅搜查云云。查職廳偵探自本月七日奉鈞座面諭,暫緩搜查後,夜間均責令在隊中值勤,不準外出。職廳亦從未令其前往任何處所。警探無分身之術,何能前往施金水等家搜檢。該日領據一面之辭,遽行交涉,殊屬誤會,應請日領徹查,自能瞭解。日領函內第二項稱,探員闖入《商報》威嚇各情。查《商報》系廈門什途郊公

同組織，專以鼓吹商業為宗旨，於民國十一年七月呈請保護有案。該報經理編輯等職，完全均系華民，與籍民毫無關涉。日前登載未盡實在，偵探前往詢問，發生口角，此系情實，並無毀壞事實。當時據報告以後，以該探擅自生事，殊屬不合，業經職廳嚴飭該隊長，重加訓斥在案。唯該報系屬華人自辦，該報如有意見，盡可由經理或編輯人依法來廳申請，無庸日領越俎干涉。至日領函內第三項稱，李清波為廈門無賴漢首領，清波一派現皆充當警廳偵探云云。查職廳偵探之補充，皆有正當之保證，但論其人之是否公正，豈有每補一人，即須四處向人問其屬於何派，而為取捨之理。官廳用人如果如此辦法，將復成何事體？微論李清波此人，職廳現無用其充當偵探。即使果有其事，亦屬職廳自身用人之權，日領如何干涉？中國警廳之偵探，日領曰可用則用之；日領曰不可用則不用之。此種理由，萬國所無。日領明通公允，久所欽崇，對此無理干涉，當亦自笑其過當。總之，此次廈埠治安，擾亂達於極點。匪徒結夥持槍，青天白日於眾目所視之地，到處搶劫，甚至殺傷官吏，中外居民均為波及。職廳負治安責任，欲保護全廈人民，不得不痛剿匪類。欲剿匪類，不得不嚴搜凶器，此系正本清源辦法。前經鈞座函知日領事，並經取得同意在案，始行實地檢查。除李朝川及紀朝兩人當場抵抗，警探正當防衛，方予格殺外，其餘均以文明手續查檢，治安遂見效果。嗣因日領要求停止檢兩日，當晚局口街洽成號及石埕街即發生匪徒搶劫兩巨案，足見搜查凶器，為目前救濟治安唯一方法，應為中外明達人所共諒。乃日領事竟謂借名取締軍器，濫斃台民，此層意解，根本上不無錯誤，職廳深為遺憾。理合具文呈請察核，肯準函請日領事，固念中日邦交，以廈埠治安為重，迅將其不法籍民之凶器消除，並將台民不良份子、妨害治安者，即日驅逐出境，不但廈門立見安寧，即中日親善前途，亦永無阻礙。地方幸甚，商民幸甚。（一月十九日）（1924年1月27日，第7版。）

6.廈門實行公賣鴉片，臧致平公布公賣簡章（蜀聲）

廈門罷市風潮已於迭次通信詳述矣。當時商界僅知為商會副會長蔡雨村與財政局長邢藍田之爭辦雜捐，不願為彼等犧牲，故對罷市後之撤銷雜捐及籌措臧軍月餉，多表示消極，結果乃仍照舊納捐。罷市之犧牲直無絲毫之代價。社會上多譏廈門商民無毅力，罷市開市均屬盲從，而不知此中固大有黑幕在也。據商會某君言，此次罷市實與最近公布之鴉片公賣有密切關係。罷市之動因為市上發現之一紙鐵血

361

宣傳單，已屬閃爍可疑。經商會一紙通告而開市，繼以商會籌餉無具體辦法，又通告各商照舊納捐，此種滑稽的舉動，更足令人疑訝。廈門商界向分兩大派，曰銀行派，曰洪本部派。銀行派以首領黃世金為中堅，事無巨細，均歸一人主持。洪本部派以商會會長洪曉春為領袖，以蔡雨村、曾厚坤（台灣公會會長）、陳少梧為中堅，合台（台人）陳（本地大姓）子弟為長城，（即本地之豪霸流氓）以外人勢力為護符，（因台人借日人之勢）廈人號為「半中外機關」是也。兩派均接近政府。此次銀行派吳某、邱某等，與前思明縣知事現籌餉局會辦來玉林，合股向臧致平包辦廈門鴉片公賣事。公賣價格，每兩煙膏定售四元。而其買入僅一元五角，（閩南內地鴉片極多價極廉）每兩獲利可二元五角。廈門吸煙者至少兩萬人，（閩南吸煙者極眾，十人中至少一人）以每人至少日食三錢，月食九兩計，可獲四十八萬元之巨利。銀行派包辦公賣之議甫成，即為洪本部派偵知，要求銀行派以公賣鴉片之利平分，否則將有最後對待。銀行派拒之，洪曉春、蔡雨村、曾厚坤等大憤。遂由蔡主稿，印刷所謂鐵血團傳單，黲夜分布，以反對苛捐為題，鼓動市民罷市。市民方因苛捐之擾，當然同情，遂相率罷市。銀行派見事已擴大，始允與洪本部派合作，同沾權利。洪本部派以目的已達，應立使市民復業，於是託詞解決雜捐，召集各商，既責以立籌巨款，並定由商會繼辦雜捐，復謂總司令待款，急如星火，表示十分為難，以相恫嚇。而盲從之商人，見雜捐既不撤銷，復需另籌巨款，果知難而止，開市納捐如故矣。現兩派合作，向當局承包公賣，訂明於首月繳大洋一萬五千元，次月二萬元，第三月三萬元，第四月四萬元，以後逐月增加。臧致平已於前日出示布告，鴉片公賣局於二月一日成立，並公布簡章。罷市風潮至是乃全告結束，而廈門官商公賣鴉片，竟於二月一日以地方政府之功令，公然營業於中國通商大港之廈門矣。

臧致平公布公賣鴉片之告示及簡章如下：（告示）「照得本總司令駐兵所在，對於禁煙無不切實厲行。廈埠通商口岸華洋雜處，查禁尤難。致年來此間辦理禁煙，往往過激則牽動多端，過縱則蔓延可慮。前事俱在，眾所共知。當此厲行禁煙之時，非有根本主張，莫副肅清之望。爰采寓禁於征辦法，於本年二月一日，特設專局辦理善後，嚴禁私售，並將前設禁煙查緝處及各機關，一律停止。所有查緝事權，歸併該局改善辦理。為禁煙根本之圖，即為禁煙進行之策，除妥擬簡章大綱交局遵守並通令遵照外，合行通告，閩廈商民一體知悉，務各共體禁煙苦心，凜遵定

章辦理。倘敢故違，本總司令為禁煙計，不恤以嚴法相繩也，切切此告。」（下略：鴉片公賣簡章）（二月一日）（1924年2月10日，第10版。）

7.廈門電

近日謠言復盛，陰曆除夕，戒備特嚴。晚八時後，斷絕行人。沿海一帶，加派軍隊，如臨大敵。司令部各要人，通宵不寐。聞因台籍游民，憤臧氏以強硬手段對待，不能為所欲為。有外結王獻臣，願為內應之說。又傳某國領事曾親赴漳州，外界謠言因此愈盛。（九日下午二鐘）（1924年2月10日，第6版。）

8.廈門電

日領自提出一緝凶、二撤換警察廳長、三賠償、四道歉四項，臧司令置之不理。霽（十七）早四時，台灣游民同時向六處放火，軍警往救，竟以手槍地雷阻其前路，計當場被擊死軍警五人。幸各奮不顧身，天又連日下雨，均被撲滅，未致燎原。聞其原因，某領以砲艦政策，一時無效，海軍陸戰隊無正當理由上陸，故不惜出此下策。起火處皆為台人住宅，欲藉此反噬。廈人對此極憤慨，已開會數次，將以英文翻譯廈門搶案，請各國領事注意。（十八日下午六鐘）（1924年2月19日，第6版。）

9.廈門中日交涉擴大，日領提出三條要求，臧致平完全拒絕（蜀聲）

廈門軍警檢查行人攜槍，當場格殺開槍抗拒之台人，釀成中日間嚴重之交涉。至舊曆臘底，偵探擊斃台匪首領陳糞掃後，雙方形勢乃益急。自台人知陳氏不去，有意為難。於上月二十九日夜，忽發現匪盜三十餘人，攻劫廈埠後海墘陳姓杉木行，軍警馳至圍捕。匪徒抗戰一小時，猛擲炸彈，奪路而去。失贓六千元，未獲一匪。臧致平於三十日布特別戒嚴令，大舉檢查。台人以臧氏堅持武力對待，憾之次骨，謀所以倒臧。惟全埠台匪僅百餘人，合他匪計之，僅三百人，不能為役。因與王獻臣結，為之內應。臧軍聞之，搜查益急。台匪遂與王獻臣約於二月一日夜二時，王軍集嵩嶼，（廈門對岸）以大砲遙擊廈門。台人聞聲，即撲攻總司令部縱火。王軍乘亂搶渡。一日下午，臧軍偵探隊於甕萊河，擊斃一拒絕檢查之台人。四

時,台匪巨魁陳糞掃,為全廈台匪三首領中之最有勢力,且最凶悍者,於布袋街率黨十餘人,與偵探戰。偵探識之,叢擊陳,中三槍立斃。陳為廈門十餘年積匪,今被擊斃,一時人心稱快。夜八時,總司令部又得台匪內應王獻臣之密息,立下加緊戒嚴令,並密布機關槍、迫擊炮。八時後舉市即無一人。及午夜,嵩嶼王軍以大砲向廈門遙擊,先後達十九炮,其聲鞠然。台人不敢應,蓋首領已斃,無人指揮也。二日,台匪八十餘人,集山仔頂。軍警圍之者三百人。台匪自屋頂以炸彈下擲,軍警以步槍仰擊。戰一時,斃台人二,偵探死一人。三日,雙方在新馬路衝突,無死傷,目下仍在雙方挑戰中。台人志不得逞,於是慫恿日領交涉益急,連開議,擬具條件,呈請日領提出。日領始猶暫守緘默,至是乃一面電調軍艦來廈,一面由正副領事偕日警長於二月四日,赴總司令部謁臧致平,當面提出通牒,內容要求三事:(一)處罰責任人(即撤換警察廳長);(二)檢舉處罰犯人(即緝捕傷斃台人兇犯);(三)對於被害者予以弔慰金(即優恤台籍死者)。如屆時無相當滿意之答覆,將出以必要之手段,並聲明二月十日為答覆滿限之期。臧致平乃於六日派朱泮藻、范熙績、邢藍田為代表,與日領接洽此次交涉。至八日,大井巡洋艦及驅逐艦杉號來廈,合之原在之驅逐艦松號,日艦之在廈者,計有三艘。日領復面促朱泮藻,請於十號限期內答覆承認,否則將自由行動。朱當答以貴領事既調貴國軍艦來廈,原欲自由行動,且貴領事所提出之條件,敝總司令實無承認之理由。貴領事既不相諒,則亦聽貴領事之任何處置而已。最後日領事仍堅請無論如何,總望於限期內完滿答覆。是時廈門謠諑四起,非謂台人將通敵內應,即謂日陸戰隊將實行登陸,甚且謂日領已與王獻臣約合攻廈門者。此種宣傳,以日人機關報最甚。蓋欲以恫嚇之虛聲,屈伏廈門當局也。至十日為通牒滿限之期,臧致平派朱泮藻、范熙績、邢藍田為代表,赴日領署面致覆文,並口頭為非正式答覆。略謂撤換警廳長,系中國內政,閩軍總司令部對於此條,根本無答覆之必要。緝凶一層,當分別言之。如台籍人民系因抵抗搜檢凶器,而被格斃者,則中國事前曾以搜檢凶器事商之貴領,得有貴領書面答覆,故對於此項台籍人民之死傷,中國政府不負緝凶之責。其他台籍人民在廈死狀不明,中國為居留政府在法律上、道義上,均應力為緝凶懲辦。年來廈門社會秩序之亂,為向來所未有,華人生命財產損失不可數計。其所以致此之因,中外人士知之甚悉。今姑不必深言其故,(即指台人之擾亂)但就本事件而言,台籍在廈人民,多數所營均非正業,而為娼寮、賭館、煙廠等。彼之交

際，異常複雜。其致死之由，更待調查。兇手之為華人抑為台人，尚難預斷。緝凶一事，華政府固應負責，而撫卹之說，則尚談不到也。以上口頭答覆，日領令書記速記。詞畢，日領要求朱氏簽名。朱辭以未得總司令命令，不便擅簽。當由范熙績電詢臧氏後，始簽字以上答覆。日領認為不能滿意，於十一日晨，由日領遣河野清副領事，親將臧氏覆文送還，並致一退還覆文之理由書。文云：二月十日貴總司令派朱泮藻氏為代理，致本領事之回答，是乃欲拒絕從前貴總司令所表贊意之我方要求之大部分也。本領事所受之回答文，為一片之書生的法律論。關於本案之解決，毫無具體的事實。自一月二日起，被殺害者達至十名，至今毫無檢舉人犯。唯曰：「若只知被害者，不知加害者，則撫卹問題自不能生」；又其末文曰：「如官廳與地方出於惻隱，酌予葬埋費，則尚可磋商。」如此不但不知貴總司令誠意之安在，並可謂反於正義人道。若使中國人知此事項，則必增加激昂之態度。貴總司令素唱專心維持廈門秩序，而反持擾害廈門秩序態度，是出乎本領事之意外，甚為不解。本領事對此不祥事件，欲速解決，以盡微力。

與貴總司令誠心維持廈門秩序，向貴總司令交涉既達四十天，諒本交涉案，若非雙方提出誠意，到底不能解決。於貴總司令亦必具同感。又貴總司令於本月六日貴函云：「特派朱副司令、范顧問、邢局長趨赴貴署，以便磋商台民在廈經過」，及朱泮藻為代理致本領事回答文，本領事對朱泮藻氏要求文末簽名，而朱泮藻氏謂其無此權限，不肯簽名。再由本領事勸告曰，其回答文若無簽名，則毫無意味，請打電話候貴總司令指揮。即由范顧問打電話於貴總司令後，朱泮藻氏方始簽名：中華民國十三年二月十日在日本領事署，代臧總司令致平手交佐佐木領事。朱泮藻然後手交本領事。故本領事甚難忖度貴總司令對本案之解決，是否有誠意於本領事。茲促貴總司令反省三思，並貴總司令致本領事之回答文，乃既拒絕從前與本領事之誓約，並不能造成貴我交涉解決之基礎，故將原文直接發還貴總司令。本領事茲祈貴總司令勿聽左右之獻策，披瀝胸襟，以解決本案，合期國交之敦睦。云云。此項理由書之措詞，固尚和緩。惟河野清於遞交公文後，向臧氏面致領事不能滿意之詞，則頗含恫嚇意。謂苟不變更答覆，速加承認者，於必要時則取自由行動云云。臧氏僅答曰，倘貴領事必欲自由行動，本總司令惟靜以待命而已。同時日報（《全閩新報》）遂宣傳交涉行將破裂之說。此項交涉發生後，全廈人士極憤，雖向多不滿臧氏之苛捐病民，至是則一致援助臧氏，於十二日由市民大會發出傳單，召集公

民緊急大會，以為臧氏後援。晚五時到者極眾，一致主張堅持助臧，苟日兵登陸即實行激烈抵制。臧氏見民氣大張，特於十二日召集新聞記者，為關於此次交涉之談話。略謂，余在廈數年，對於地方及外交上之感情，自覺不惡。日籍台人在廈，向多營不正當職業，如娼寮、賭館類。此種營業受軍事緊急、商業凋殘之影響，無從博取微利。彼等乃出其非法手段，以求意外橫財。數月來廈門秩序之亂，為中外人士所共見。予於今年年初，先求得日領及外交團方面之同意，而後下令搜檢無故攜帶凶器之行人。蓋予認為搜檢凶器，為治盜匪之本源，且手段亦較和平而周密也。不料少數不安分之台人，竟開槍拒檢。予之部曲，為正當防衛，故有殺傷台人之事發生。然此種拒搜凶器之殺傷為雙方的，予之部曲同時亦有為台人槍殺者。台人不自反省，乃顛倒黑白，訴之於該管政府之駐廈日領。日領聽信一面之詞，將此些小事故，擴大至成為國際間之交涉。自日艦來廈，謠諑紛起，日當局之態度，亦覺過於嚴厲。此事結果，雖未可知。但余應出全力以與強權抗，絕不為暴力壓伏。至外間喧傳交涉將至決裂，則未免言之過早。本日日領尚有公文來，訂再正式談判之期也云云。此交涉最近形勢之經過也。截至今晨止，日艦之在港中者，尚無動作，亦未戒嚴。水兵多登陸游息於鼓浪嶼。大約在日領所請再開談判之前，當無若何之舉動也。據記者所聞，廈門英美領事，對於日領此次之示威的要挾外交，亦多不滿。觀於年前日領對於臧部檢查台人事，召集領事團會議，欲提聯合向臧抗議之議案，英美領事以未予簽字為詞，即可知之。目下廈門特別戒嚴，七時後即水陸禁止行人，蓋預防台人之再通敵內應也。（二月十三日）（1924年2月20日，第11版。）

10.廈門電

台灣匪徒自去春迄今搶案，每日平均約四五起。自去秋陳警察廳長親自服裝率隊查賭，不問國籍，一律嚴禁，為廈門歷來官廳所不及，輿論翕然。而台籍游民因愈恨當地軍警，竟有私拘總司令部副官，並槍斃巡官等事。廈埠治安，轉致無法維持，各國領事迭有煩言。當局乃有無論何國人民，概不準攜帶違禁物品之布告，並沿途檢查行人身體。台匪不服，拔槍抗拒，當場被軍警格斃數人。日領欲以砲艦政策相威嚇，向台灣調兵艦三艘來廈，並提四項要求。霰（十七）夜復有台匪縱火事。按國際公法，無論何國人民，如有違背居留地法律命令，皆可放逐出境。當局始終隱忍，廈人憤極，已開會議對付。滬報京電，諸多失實，用略報個中經過真

相。（以上二十日下午四鐘）（1924年2月21日，第10版。）

　　11.廈門中日交涉續志，形勢似趨和緩，有美人出任調停，公民大會之宣言，台人尚在尋釁中（蜀聲）

　　廈門中日交涉最近之經過，已如記者迭次之通信矣。昨日午後，記者特走訪臧部中人，詢以目下中日交涉之形勢如何。據某君答稱，形勢已較和緩，日領態度亦不似前此之嚴厲。今日范顧問（熙績）渡鼓，與日領為非正式之談判。大約二三日內，當可開正式談判。記者詢以臧司令對此次交涉之決心如何，答謂臧態度非常堅決，不但對日領要求不予採納，並擬進而提出台人在廈門擾亂治安、殺傷軍警，要求賠償之抗議。記者謂日領抗議之原文，總部既不發表，其中有可得聞者否？答稱其內容大致：（一）處罰責任者；（二）檢舉人犯；（三）撫卹台人。文中並例舉台人被害及被騷擾者七十三起，中有生死不明者六人，被殺傷者二人，被殺死者一人，此指軍警檢查當場格殺者之外而言，即連月台人被害而不知主凶者。此記者與臧部負責任之某君談話也。至臧氏所以將向日領提出抗議之故，據聞此著純為抵制日人而發。范熙績新自滬返，頗咎臧氏不於台人抗拒檢查槍殺軍警時，對日領提出台人擾亂治安、殺害軍警，請求賠償之抗議，而坐聽日領之一再要求。既自示餒，遂啟日人蔑視之心，而交涉乃益棘手。今擬再提抗議者，即欲補救前失也。據記者觀察，此次交涉，我方既處日人調艦示威之高壓下，事機已失。臧氏是否有此反抗之能力，殊不可必。惟就目下形勢審之，交涉似已暫趨和緩。今日日人機關之《全閩新報》，已不再作挑撥之論調。台人機關之《廈門商報》，且宣傳交涉將由青年會美人伊理雅出作調停。伊氏所擬之辦法：（一）中國政府對台人死者，照華僑在日被害成例，每名予二百元之恤金；（二）檢舉責任者，改為臧致平致文向日領道歉；（三）中國官廳購緝兇犯，處以監禁之罪；（四）台人殺害華人，亦酌予賠償。由此可知日方已傾向和解之一途。然其究竟，則仍須視數日正式談判後始能決定也。

　　雙方交涉，雖有漸趨和緩之勢，而台人則乘此時機，仍大肆劫殺，並專對偵探尋仇。游擊隊人（即偵探）之被害者已數人，非截途擊斃，即擄禁拷掠，再加殺害。甚有平民被台人疑為偵探，而加以殺害者。偵探方面之抵抗亦不弱。十二日

晚,台人與偵探在鳳儀宮、山仔頂、麥仔埕一帶激鬥,全市為之騷然。偵探對台人,專擊其首領。前日台人首領台人首領某氏,被其擊傷。如此尋仇不已,恐怨毒愈積愈深,更難和解也。十二日公民開緊急大會,議決致電國內外,請求聲援。其情形已略紀前報。茲錄電文如下:「自廈門劫匪橫行,官廳搜槍後,日領藉口台灣籍民被殺,提出三條無理要求,復調艦示威。聲言要求無效,即派陸戰隊登岸,自由行動。事關國權國體,乞一致聲援,為廈人後盾。廈門公民大會叩。」以上電文,並譯成英文,致各國及外人機關。並以公民會名義,致函臧致平,請其據理力爭。函云:「敬啟者,報載日艦此次抵廈,日領向當道提出無理條件,意在要挾。似此蠻橫態度,居心叵測,與前時之強迫二十一條件,實無以異。全廈市民憤激萬狀,已於本日開公民大會,誓願抵死力爭。寧為玉碎,不為瓦全。我公老成練達,剛毅果斷,對於無理條件,必能據理力爭,不為威屈。本會謹代表市民公意,誓為後盾。此上閩軍總司令臧。」十三日下午四時,廈門各團體,借總商會開聯合會議,討論此次交涉中日。到者多主張取評判態度,先從調查入手,考察廈門自禁賭以後地方上所發生之搶劫案次數,及其影響於地方之情形。然後會議辦法,並將是種情形,通告中外,請求公評,舉定數人調查材料。至十四日公民大會,即發出宣言,宣布台人在廈擾亂經過。聞不日尚有詳細之台人半年來搶劫事錄公布。宣言如下:「連日以來,日本戰艦抵廈,不逞之台人(指一部分而言,下同),即藉口於台人被人暗殺之故,要求駐廈日領事,提出嚴酷條件於閩軍總司令部,勢迫威脅,幾與哀的美敦書無殊。無理要挾,令人髮指。夫此不事正業之台人,平日在本埠如狼似虎,暴害人民,非一朝一夕之故。蓋因邇歲以來,台灣游民,接踵渡廈,持外籍為護符,結黨羽以恣暴。吾國官廳為領事裁判權所拘束,直接干涉,概歸無效。於是行動自由,暴戾恣睢,無所不至,或窩娼聚賭,或開設煙廠,違背官廳法令,妨害地方治安,廈人已如芒刺之在背矣。去歲本埠戰事發生後,彼輩因地方多故,乘機而動,□焉思逞。於是劫盜之案,層見疊出,或昏夜攻劫,或白晝搶掠,人民財產,損失不赀。甚至白日通衢,公行劫掠,眾目所見。有見機逃避人家者,尾追而入,強奪而去,毫無忌憚。又搶劫婦人之家,不飽其欲,復將其子擄去,勒贖數百金,並約報館登載須代為更正,方得無事。其非法妄為,魚肉貧弱,至於如此,亦可慨矣。不但此也,去歲十一月間,廈門警察廳陳廳長,率警逮捕匪徒。乃該匪徒等,竟率黨羽,希圖兜圍。且在第二署分所前,開槍擊斃商民徐目琛,又將第三

旅副官拘去毆打，嗣後暗殺曾緝匪徒之巡官許登亮，及商民蘇林。又去年臘底，公然在局口街將司法公署法警，擄往甕菜河用亂槍口斃。此外擄殺廈人，受傷未死者，尚有多人。迭經官廳交涉，乃未聞日本領事曾懲辦一匪徒，以昭炯戒，而緝凶頑，俾本埠地方，稍獲安靖。茲乃借端調艦來廈，以武力脅迫，為強權之交涉，得步進步，必饜其欲而後已。倘使吾國官廳關於日人之示威行動，稍示退讓，以圖息事，將來本部之無業台人，必更揚威耀武如虎傅翼，其貽害我人民，擾亂我地方，更不知伊於胡底。且日領事方斤斤以台人被害為口實，然日前後廳衙地方、龍山學校對面協泉和木行，竟被人登樓搶劫，甚至槍傷軍隊數人。而本二月七日上午六時，大馬路豐盛米店，被匪闖入劫去銀洋八百餘元。該匪旋由大郊乾地方向局口山仔頂遁竄而去。連日又在甕菜河，由鄭某某等殺傷廈民楊玉水。某某又在山在頂新馬路，擄去商民龜丙等四人，吊在某妓館及陳某家中，甚至劄下大腿兩處，均被吊裂，尚不肯釋。較之分屍之刑，尤為慘酷。蛛絲馬跡，顯然可見。當此交涉尚未解決時，而該匪等猶且糾黨橫行，如入無人之境。倘再交涉失敗，將來本埠地方，直將變成彼都之殖民地，禍燃眉睫，痛切肌膚，國權所關，事機萬急，千鈞一髮，稍縱即逝。語云：國家存亡，匹夫有責。矧當此外力侵入，吾人身家財產，均有莫大之關係。竊願被髮纓冠，共圖挽救。勿使交涉失敗後，悔無及也。」觀是，可見廈人士對於此次交涉之憤慨矣。（二月十四日上午）（1924年2月22日，第11版。）

12.廈門台人與軍警大激戰，台人自行縱火，擊傷軍警數人，混戰終夜幸即鎮平（蜀聲）

廈門中日交涉，表面上雖形和緩，實際上則已成一相持不下之局面。至十六夜復有台匪縱火擾亂，與軍警激戰一夜之劇變。從此交涉，恐又多一層障礙矣。先是十六日廈埠某報，揭載日領對於此次交涉，已漸軟化。中國政府將向日領提出四條件：（一）將指揮行劫之浪民領袖，盡行驅逐回台，分別嚴辦，並永久不得來廈；（二）對於雙方死者，互予埋葬費；（三）將所有留廈台人，詳列其姓名、住址、職業，編制成冊，通知中國官廳，以資稽考保護，遇有遷徙時，亦應報知；（四）留廈台人不得攜帶武器，遇有必要時，須得日領之特許，並通知中國官廳。並謂要求應驅遣嚴辦者十二人，僅驅逐而不嚴辦者十九人。日領見此，即向臧氏說明，此種條件若實行提出，必予駁回。而台人亦大譁，因之仇華益甚。至十六夜二時，新

馬路二王宮地方，台人妓館金月亭處，忽然發火。據鄰右言，該妓館於十六日午，已以所有細軟移鼓浪嶼，而於中夜自行縱火。火發後，台匪即分路堅閉賴厝、石埕街、新馬路各街市柵門而扼守之。救火者，均被台匪於屋頂施以手槍炸彈，於是均棄救火具而逃。惟本馬路商民，懼被延燒，冒險自行拆毀連屬房屋，故僅毀屋二幢。當時警廳電日領，請其約束籍民，勿得狙擊救火者。日領允電飭在廈警部到場彈壓。日警不至，警廳電促之。日警長以未奉領事命令為卻。時全市槍聲及炸彈聲，已有鼎沸之概。同時禾山排頭對岸之王獻臣部，開炮遙擊。是晚總司令部先得報，謂王軍與台匪暗結，內應襲廈，已於各海口安置機關槍、大炮，嚴密防範。至是臧致平更調第五團全團軍士，分隊出勤，鎮壓市內。至石埕新馬路左近，台匪伏暗陬，施以炸彈手槍，重傷排長一名，輕傷軍士數名，斃路宿乞丐一名。軍隊還擊，卒破沿途各柵門而至火場。同時懷德宮、風儀宮、關帝廟、關仔內一帶，均有大隊台匪與軍警激戰，雙方混戰不休。四時河仔墘台灣籍民寓所又發火，幸即撲滅。直至天明，台匪始散去。是夜槍聲之密，炸彈之烈，為向來所僅見。至禾山對岸之王軍，以內應未能得手，亦未搶渡也。

此事發生後，十七日日領渡海見臧。臧告以夜來台人之擾亂。日領僅答以容調查核辦，仍不得要領。記者特為此事，走訪臧部要人，詢以今後交涉之形勢如何。某君謂，昨日某報所載之四條件，恐將不能提出，且以而此釀成昨夜之劇變。外交上要事、新聞界應守祕密，若竟以此致外交棘手，非愛國之道也。日領今日（十七）之來，雖訂明日（十八）午後一時，雙方在總司令部交換意見，但正式談判之前，則須俟此次交換意見之結果如何，始能確定云云。

日來有美領出為調停之說，其所擬條件，則雙方同時緝凶，同時互相道歉，互相撫卹被害者，至警廳長陳為銚則於交涉解決後，自動的辭職，而日人尚不以為然。此次交涉，外人皆知日領挾有開闢租界之奢望，故頗表同情於臧致平也。至台人之結合王獻臣，共謀倒臧，則確係事實。方臧氏檢查台人極嚴時，台人多避往漳州石碼。王獻臣極意羅致之，並委其首領某為營長，而遣其徒黨返廈內應。台人得王獻臣之外援，藉日人之護符，遂恣意擾亂。至此間喧傳廈門交涉員某於陰曆年前，偕日領赴漳州訂約，由日艦掩護王軍渡海，若臧軍加以炮擊，則日艦以臧軍炮擊外艦為詞，而加入戰鬥等語，則屬神經過敏之談。交涉署中人，亦否認交涉員有

偕日領赴漳之事。是間又傳有日本將在廈設立副領事館,以河野清副領事駐廈,即以日警部為館址之說。據聞此意出之台人,廈人極端反對,未稔將來能否成為事實也。(二月十八日午前)(1924年2月24日,第10版。)

13.廈門電

王獻臣函張毅,定期攻廈。台人願為內應,已經日領面允。該函為臧所得,據以質日領。

台警衝突案已和平解決,內容兩方祕不肯宣。聞陳警察廳長日內將辭職,陳為比較負責之人,輿論惜之。(以上二十四日下午十鐘)(1924年2月25日,第6版。)

14.廈門中日交涉近訊,王獻臣利用台人圖復說(蜀聲)

廈門今日可謂多事之秋,自日水兵登陸之說喧傳後,而台人通敵共謀襲廈之說亦盛。據聞十六夜台人縱火擾亂之變,確與王獻臣預約內應,動作大有組織,布置亦頗周密,絕非烏合無目的之擾亂者。廈門台灣浪人向分三派:(一)台南派,勢力最大;(二)新台北派,勢力次之;(三)附屬派,(本名菜刀會)蓋當地流氓後入台籍,藉日人為護符者。三派自去夏與偵探發生衝突後,即共舉一台籍日本帝國大學政治科學生、前台人自衛團理事謝某為領袖,凡台人動作,均由彼指揮。前數日為偵探擊傷腿部,現留醫於鼓浪嶼日本醫院。十六夜之事,亦多由其策劃,而臨時指揮者,則為台人首領新受王獻臣委任為福建第三師游擊營長周某,分三隊,以台南派分路縱火後,撲攻總司令部;以台北派分伏各路,襲擊軍警;附屬派則游擊劫掠,擾亂秩序。其與王獻臣約,則先縱火,然後於各街市為劇烈之擾亂,使軍警分力於市內之鎮壓。預備至紊亂達極點時,王軍乘機渡海。乃是夜火發僅兩處,均即撲滅。總部防衛綦嚴,未能達到。而海岸之防備,亦視昔周密。故雖擾亂終夜,王軍僅於禾山排頭對岸,遙加炮擊,不敢邊渡。台人至天明,亦興盡而歸。據軍警界消息,渠等雖一度失敗,然猶思再舉。連日均在密議中,王獻臣特由漳州來石碼,策應一切。總部郵局檢查員於前日(十八)檢獲一王獻臣由海滄快郵致同安

張毅，請其派代表於二十一日來鼓，會議聯絡台人內應合攻廈門事。此函已經扣留。聞總部將以之為台人擾亂廈門之證據，向日領提出抗議，及訴諸駐廈領事團。由此覘環海而伺者大有人在矣。惟外傳日領與王獻臣訂約以軍艦合攻廈門之說，則確無其事。至中日交涉，則自此次變後，反形沉寂。臧致平近對日領提出質問，謂值此交涉尚未解決期中，雙方均應靜候。口管政府之談判結果，今台人若是，是貴領事亦無約束之力也云云。臧部軍官，曾一度開會，議決請臧致平對日領將半年來台人之劫殺華人案，為一具體的解決。並訂明以後取締方法，不能再事因循，致貽後患。又聞臧之外交代表范熙績，與日領佐佐木勝之交換意見，已有眉目，可望和平解決，未知將來有無變化也。（二月二十日）（1924年2月27日，第10版。）

15.廈門交涉已漸緩和，中日商民發起仲裁團（蜀聲）

廈門中日交涉，日來益趨沉寂。日艦松號已開返台灣，大井及杉號亦擬相繼離廈，經台人挽留暫止，其形勢已非如旬日前之嚴重矣。以記者調查所得，自十六夜軍警與台人劇戰後，連日台人在市搶劫及槍傷路人，仍繼續不絕。二十日下午，台人在新馬路又與偵探衝突。二十一日午，在火燒街開槍，重傷行人四名。又有台人三十餘，分隊在新馬路連劫三家，失贓萬餘元，全市商店皆掩戶營業。臧致平以是向日領提出抗議，謂在交涉尚未談判中，雙方均應約束所屬，靜候解決，何日來台人猖獗如此，是否貴領事已無約束之力云云。日商某某兩行，深恐廈門人心憤激，再起抵貨，特向日領建議，請對此項交涉，勿過堅持。昨日（二十三）廈門各社團聯合會，亦擬邀請日商，共同為大規模之中日商界聯合運動，向雙方當局請願和平，至必要時且由雙方仲裁，為一公正之根本解決，不再令其長此糾紛，大約二三日內，如徵得雙方同意，則此種中日商民之仲裁團，當可成立矣。聞日領事亦已向臧部顧問范熙績，表示和平解決之意。惟堅以警廳陳為銚去職為請，蓋台人認偵探之行為，均出陳氏指揮，故對陳致怨尤深。陳亦知自身當交涉之沖，已屢請辭職，臧均極力挽留。至是雙方爭持，既以陳之去留為焦點，陳尤不欲臧氏為難，故於十九日再提辭呈，詞頗堅決。聞臧氏亦有允意，是雙方意見已漸接近矣。

總司令部自十八日檢獲王獻臣致同安張毅快郵代電，約派代表於二十一日在鼓浪嶼會議聯合台人內應，共同襲廈方略後，防備益嚴。二十日午後，總司令部特調

兵數百人,於轎巷局口以迄曾姑娘(地名)、周厝口一帶扼守,斷絕交通,包圍山仔頂,然後以一連軍隊,直入山仔頂,(台人叢居地)逐戶搜檢。自下午七時至夜十二時始畢,蓋據諜報,王部及台人百餘,溷居此地也。二十一日於新馬路二王萬壽宮一帶,亦為同樣之圍搜。至王獻臣欲於二十一日在鼓浪嶼舉行之祕密會議,以事泄不果。惟王圖廈之心未死,故此後有無風波,尚未可知耳。(二月二十三日)(1924年3月2日,第10版。)

16.閩粵命令發表後之閩南(蜀聲)

閩南形勢,可謂國中之一種奇局。臧致平以潰敗之餘,居然割據廈島,維持至今。漳屬粵軍,空壁回援潮惠,守軍不及六千,亦竟無覬覦之者。實則臧之實力不弱,(現尚有八千餘人)憑此天塹,且環海而伺者,又派別複雜,其不能下此堅城,亦事勢使然。若漳同聯軍能守此空壁者,則以臧致平之迄無反攻決心也。臧致平固以自身命運與反直始終者,其效死勿去,非有所戀;伏而不動,非有所怯,蓋視東南與西南之形勢若何耳。苟反直而有大規模之運動,則臧之投袂而起也,可無疑義。若率爾輕進,則雖幸有漳同,而環臧皆敵,且多北洋舊侶(王獻臣、張毅、王永泉與臧部均北兵),所部能否團結如在廈島,則不可知。故寧暫伏而不動也。此意臧軍中參機要者,若朱泮藻、范熙績、艾雲蓀等均主之。最近漳州聯軍變化,洛吳圖南日急,閩南形勢,亦隨之而胚變。閩南今日之勢力,舍臧致平外,均可謂之準直系,惟派系紛歧,難期合作。自陳競存東江一蹶,失其維繫之力,黃大偉被逐,益呈分裂之兆。今之漳州,所謂聯軍三巨頭王獻臣、賴世璜、張毅者,其實力均不及一旅,欲宰制一時,都不可能。於是競結外援,冀得一當。王獻臣輸誠於寧齊,張毅納款於洛吳。張因孫傳芳介紹附洛,洛保張為廈門鎮守使。第王獻臣之覬覦斯席久矣,今舉以畀張,王寧能平?聞王已電省表示反對,則張王益無合作圖廈之可能。合二人之兵力(共不過五千人),尚不足以埒臧,則其欲單獨拔廈,更為事勢所不許也。王獻臣自利用台匪圖廈失敗後,日前親自潛來鼓嶼,結台匪再舉。以臧軍防備綦嚴,日領遞解匪首回台,無隙可乘,乃嗒然而返。昨高全忠潛由滬來鼓浪嶼,聞為助王圖廈,以臧部多高舊屬,可為吸收,是王圖廈之心猶未死也。又據深知張氏者云,張雖向洛吳貢其款曲,但此公作事漂亮,絕不稍著跡象,遽就廈門鎮守使職。一以廈門尚在臧氏手中,不願戴此空銜;一以反直系與直系在南方之

勝負，尚未判明。直系在閩粵之勢力，未可視為穩固，不如暫保灰色態度，將來較有迴旋餘地。至賴世璜，子遺之南軍，□（蝨？）於閩南，其勢已孤（現在全閩軍隊，僅賴部為南人），所恃者為陳競存。陳今日之力，固已僅矣。且賴與於逐黃（大偉）之役，亦為陳所不懌，則其能維持現有之地盤，已屬幸事，似無與張王角逐之能力也。（三月一日）（1924年3月9日，第7版。）17.廈門中日交涉將解決，偵探全部移離市街，陳為銚十二日去職（蜀聲）

廈門中日交涉停頓已久，雙方當局，均持緘默態度。而偵探與台人互相尋仇仍日烈，狹路相逢，則槍彈橫飛，以市街作戰場，人民多被池魚之殃，行旅裹足。前有日商向日領請願取締台灣莠民，以冀和平解決，日領允之，曾有遣送台匪首領回籍之議。惟台人與吳陳紀等姓（偵探均此數姓），所謂草仔垵大王二王等，本屬世仇。台人在昔藉日人之勢，驕縱已久。今吳姓等倚官廳為後盾，大挫台人之鋒，於是又有偵探擄劫台人之事。台人藉日自衛，益與偵探為難。始僅互相擄禁，施以酷刑，繼竟仇殺。凡獨行者多被對方挾至僻地槍斃，或棄屍路隅，或投諸海中，平民被誤認而致死者不一而足。日領雖宣稱遞解莠民回籍，臧致平雖嚴飭所部保護僑廈人士，而仍無濟也。

廈門偵探種類，極為複雜。有總司令部者，有警察廳者，有陸軍警察處者，又有第三旅之遊擊營，而其頭目則李清波。李總部之偵探長，兼第三旅之遊擊營長，而亦反台派之首領也。本月七日午，有台人數十名圍攻李之寓宅。李宅人少，初僅力禦。迨偵探聞警馳援，台人始退入某煙草店，踞屋抗戰。偵探圍攻甚急，由屋頂遁去。槍□隆隆，經二小時之久，全市震□。臧氏感於長此之非計，商之日領。日領謂敝處已實行取締籍民，惟偵探多莠民，市內劫殺，非盡屬台人，必貴國政府亦實行取締偵探，始克有濟。臧氏因之令飭所部軍警機關，限日將所有偵諜人員，一併移駐磐石炮台，（距城數里）李清波之遊擊營，則一部移駐城內總司令部附近，一部亦移磐石炮台，並命各該管署嚴加約束。同時陸軍警察處長田寶　，亦出布告云：為布告事，照得前因地方多事，發生種種誤會，惹起中日交涉。兩方體念商艱，各有讓步，和平解決。惟於交涉中，外間不明真像，一般無識匪類，乘機詐搶行兇，故意搗亂，殊堪痛恨。現奉總司令諭，對於本埠無論流氓土棍，機關偵探，嚴加取締，仍敢在外滋事行兇作惡，有害治安者，即依軍法從事。

近查奸徒竟挾宿仇，競相殘殺，以致地方糜爛，民不聊生。本處長秉承命令，當盡職責，嗣後凡我同胞，共念地方，不堪再擾，各自醒悟，勿再蹈前非。倘有不知悔改者，一經查獲，格斃不貸。並無論何部偵探，在街拿案，口帶有正式憑證照會，就近通知警隊崗兵，協同辦理，不準任意行動，免招口實。如不遵命，即是假公報私，與匪何別？即行就地拿辦。明目抵抗者，亦格斃無論。勿謂言之不預，切切此布。

臧氏對所部偵探，既允嚴厲取締，日領要求之目的已達。此軒然大波之中日交涉，始有告一段落之望。惟日領是否踐約繼續遣送莠民回籍，（日領前應日商之請，曾遣送一批）及台人是否從斯安分營生，則今日尚難逆料也。至關於此次交涉中之警廳陳為銚去職問題，臧氏雖未允日領撤任之請，惟陳自知身當交涉之沖，久欲自動呈請辭職。臧氏以交涉尚未結束，留其待解決後再去。今交涉既將解決，陳自踐言請去，臧亦未再慰留。陳保警廳總務科長余佩文繼任，臧則擬以水警廳長韓福接充，現尚未定。惟陳氏決定今日（十二）去職，將以余氏暫代。廈門商民始對陳氏解散對日市民大會與不能維持治安，頗表惡感，及其嚴治台匪，不畏強禦，覺尚能實心作事，感情因以回覆，已由各社團發出傳單，定於今日全市懸國旗，並開公民大會歡送矣。（三月十二日）（1924年3月17日，第7版。）

18.廈門通信，臧致平已棄漳州，海軍接收廈門之經過（蜀聲）

（其二）記者固早謂海軍將於閩南戰急，臧軍危亟時，不勞而獲廈門，今果驗矣。臧氏之允以廈門讓渡海軍，始自去秋，所謂海陸聯軍圍攻廈門時，臧即表示本軍向外展，以廈門地盤讓與海軍。惟其事甚密，介其間者，為林知淵。林為楊樹莊之姪婿，而民軍中之要人，與臧氏關係頗密也。及臧軍反攻漳州勝利後，海軍即以履約為請。臧氏尚委蛇之，楊樹莊則志在必得，有不從其請，將為再度之擾廈。臧以周軍南下，粵陳將來，大敵當前，不容再與海軍啟釁，頗欲允之，惟要求楊與己合作，揭反直旗幟，共擊孫周。海軍僅允中立，消極的予臧軍以援助，以是爭持頗久。同安戰起，形勢日急。海軍恐臧軍有失，廈門為周軍入據，於是遂要求臧軍十日內讓出。臧氏於十二日由漳返廈，即為此事而來。及十四日同安戰事失利，臧氏棄廈之心始決。其時楊化昭部缺乏子彈，臧軍解往者又不合膛，其勢極危。而海軍

適有合用子彈,願以十萬發接濟臧軍。十四日晚由臧軍派小火輪至金門運回。十五日晨楊樹莊派參謀長偕臧軍副官來廈,臧氏設筵宴之,酒數巡,臧氏起辭,乘輪赴嵩嶼,轉赴石美策應前方軍事。蓋其口已得楊化昭退出同安電矣。十五日晚,臧軍遣人以各炮台之炮栓送海軍,作和平讓與之保證。十六日晨,應瑞、通濟二艦入港,泊磐石炮台前廈門港。一時人心皇皇,全市罷業。閩軍留廈全部,亦奉令開拔漳州。總司令部人員事前無聞,至十六日,臧氏顧問范熙續至部,謂廈門已讓與海軍,本部及各軍隊,決於本日全部離廈赴漳,十七日海軍即完全接防。范數語後,即乘輪渡嵩嶼而去。總部既無主要人員,於是秩序紛亂,本部兵士及本地莠兵,乘機入署劫物。庶務課現洋被劫數千元,軍米數百包為貧民搬去,軍裝庫所存之舊式槍支子彈,被台灣人劫去。同時各市街之單行士兵、槍支均被台人截劫,全市騷然。海軍陸戰隊於正午登陸者六百餘人,並遍貼楊樹莊布告云:「海軍警備司令布告,查我閩自軍興以來,重賦征徭,民生困苦,恃強負固,滿地舊符。廈島一隅,受禍尤烈。本司令桑梓關懷,休戚與共,救焚拯溺,誼不容辭。此次奉命前來,力圖收復,純為保護人民起見。凡我父老兄弟,務各諒喻苦衷,共遵秩序,農工商賈,照常營業,勿得自相驚擾,致失安寧。如有不法之徒,從中擾亂,定即嚴予究懲,不稍寬貸。至所有地方向來苛政,並擬逐漸解除,以副輿望。合行通告,俾眾周知,此布楊樹莊。」至下午海軍陸戰隊出巡市面,楊樹莊於是晚登陸,臧軍亦陸續乘輪渡嵩嶼,此海軍接收廈門之經過也。(十八日上午十時)(1924年4月27日,第7版。)

19.廈門海軍之內部問題,商界反對海軍用斬刑,強用新銀毫之風潮(蜀聲)

海軍入廈後,事事求見好於人民。廈門匪患,幾冠全國,台匪縱橫無忌,海軍至而匪焰之熾,仍不減於臧氏時代。陸戰隊團長馬坤就戒嚴總指揮,頗欲窮治之,而又憚於日人之交涉,乃捕台匪中之所謂附屬派者三人,斬之於市。(附屬派非台籍之土著,藉台人為護符以行劫者)廈門之不用梟首刑,已近二十年。一旦刑人於市,懸首通衢,外人多往拍照,於是引起商界之反感,以為廈匪確應嚴治,但不宜用此慘無人道之斬刑。全廈商界,因是發出宣言,其文云:「本月五日下午四時,有軍警多人提押罪犯二人,到外關帝廟執行斬決。一時商店閉門,行旅裹足,人心洶湧,秩序紊亂。蓋吾廈為通商口岸,外人觀瞻所繫,此種非法處刑,自改革以

來，已十三年，未聞見於社會矣。揣當局意旨，或守刑人於市，與眾共棄之古訓，藉此聊以示威，庶足儆戒群眾，使勿敢或犯。不知此種舉動，匪第與法相違，且按厥實際，並不足稍收懲肅效果。請析言之。蓋吾國刑律，明訂死刑用絞，並採獄內祕行主義。即依懲治盜匪法，亦僅得用銃斃，並無有得回覆勝清苛法執行斬決之規定。雖內地各處，尚時聞有此非法苛刑，然在彼土匪式軍隊，何事不可為，固不足責。而在中央任命正式官吏之管轄區域內，似不宜有此行動。考死刑特質，在對大惡不治之徒，加以絕對淘汰，使其永與人世隔離，不再為害社會。其用意所在，在制裁罪犯，而不在威嚇群眾。其執行也，宜於密行，而不宜於公開。且僅剝奪罪犯之生命，已足達處刑之目的，故不宜多與□苦痛。若必謂斬決之刑，身首異處，較諸絞刑、槍斃為慘，則在罪犯，尤更知所畏懼，實屬不通之論。蓋就客觀的感情上言之，斬決、槍斃，固不無輕重之分，而在罪犯自身，□均之死也。是以槍斃之刑，議者尚有非之者，而況此慘無人道之斬決，足予社會以不良印象者乎？況就歷史上加以觀察，叔季之世，政日刻，刑日苛，而民之作奸犯科者乃日以多，似亦可以恍然悟矣。商等以當局此舉，既足以影響市場營業，並足以養成殘忍風尚。且聞外人多以此資為談助，通電攝影，分布各處，尤與領判權之收回，不無關係。因是不敢無一言以敬告我當局，尚望當局加之意焉」。（五月八日）（1924年5月14日，第7版。）

20.廈門各界歡迎杜錫珪紀，可注意之杜氏演說（蜀聲）

海軍茌廈經月，廈人尚無開會歡迎之舉。及杜錫珪來，力倡閩人團結，於是翕然對海軍表同情矣。杜錫珪來，商界擬在商會開歡迎會。杜曰，廈門市廛汙穢，余以此居艦中，（杜現仍居普安艦，未登陸）若廈人必欲見招，請移會場於鼓浪嶼。於是商會遂假鼓浪嶼中南銀行董事長黃奕住之觀海別墅為會場，以紳商學界名義，歡迎杜錫珪、楊砥中、楊樹莊，及各艦長、海軍各將領，會期訂於十四日午後二時。是日午前十時，廈商會坐辦鄭渭同，即到場布置。該墅在鼓浪嶼東北，負山襟海，台榭花木，點綴有致。會場布置亦極修整。午後二時，來賓陸續到會。杜錫珪、楊樹莊先至鼓浪嶼遍訪各國領事，至四時始茌會。是日到會者，海軍方面除杜錫珪、楊樹莊外有楊砥中、馬坤貞及應瑞艦長陳紹寬、通濟艦長饒涵昌、普安艦長陳訓詠、華乙艦長劉永誥、閩廈海軍警備司令部總參議鄭寶箐、軍法處長楊廷樞等

二十餘人；政界方面有交涉員劉光謙、思明縣知事王允湜、警廳長楊燧、監察廳長程微等二十餘人；紳商學界方面有洪鴻儒、蔡雨村、黃復初、黃秀烺、林文慶、陳少梧、孫印川等三十餘人，賓主共百餘人。開會後，由陳少梧朗誦歡迎詞云：「吾廈為適〔通〕商口岸，士商各界，素喜和平。故自民國成立，對於一切政爭，絕未乾與，兼之彈丸海島，無關全國形勢，故鼎革多年，未及漩渦。迨民國七年，閩粵啟釁，當局者以此為根據地，駐重兵，籌巨款，商民負擔已重。十二年閩軍據廈，一方負嵎，百計婪索，苛捐雜稅，名目孔多，市民苦於供億，商業為之蕭條，火熱水深，莫可言喻。此次楊司令蒞廈，以和平之手段，奏收復之膚功，使地方不遭糜爛。又疊奉函示，允將臧氏所設捐稅，以次蠲除。本愛護桑梓之心，為拯救災黎之計。凡屬廈人，孰不感戴。惟閩局統一方始，凡百善後，正待圖謀。而吾廈當水陸要沖，關係尤鉅。日昨杜總司令暨楊旅長蒞廈，與楊司令共運籌策，俾廈局暨閩南沿海一帶，秩序得以早日復原。此誠廈人所額手稱慶者。誠以海軍同袍，概屬閩籍，感情易孚，休戚與共，非獨閩軍時代所有苛捐弊政，可望漸次改革，即後此對於地方建設事宜，亦必能推誠相與也。今日敝會代表各界，開會歡迎，合貢蕪詞，以當獻曝。並祝杜總司令、楊司令、楊旅長暨蒞會各長官健康。廈門紳商學全體謹具。」誦畢以歡迎詞鞠躬致杜，杜亦鞠躬受之。由商會長洪鴻儒請杜氏演說。杜年五十許，身材修偉，音吐宏亮。其演說略云：廈門久經臧氏盤踞，人民苦於征徭。海軍此次收復，本弔民伐罪之心，登顛連者於袵席。此後捍衛之責，海軍任之。邇聞張毅在漳州就廈門鎮守使職，人或慮其襲廈。須知海軍已下決心，斷不輕易放棄，且海軍抵廈後，中央尚無正式後命，亦無率爾離防之理。余此來專為考察漳廈形勢，不日即遄赴福州商之於孫督理，然後北上向中央力爭，務必達到以廈門為海軍永久軍港，為海軍根據地，供艦隊練習之目的。無論中央對此事正式之命令何若，我海軍意志堅決，不復移易。惟我之保廈，完全出以和平手段，決無訴諸武力之意，但人有侵我者，為正當之防衛計，亦當竭全力以與之周旋。廈門四面環海，任何軍隊無由飛渡。張毅雖眈眈欲逐，亦終難以一卒渡廈也。我閩人今日在國中，已無立足地。今海軍得廈，當勵精圖治，一雪此恥，以廈門為閩省民治之發祥地。吾廈父老兄弟試思，我閩人在全國實力有幾，須知閩人非無能力，非無智識，不能有所為者，今後勿再萎靡苟且，甘自暴棄。宜急起直追，勿落牛後之譏。海軍與廈人士，同是閩人，唇亡齒寒，休戚與共，未有害於廈而利於閩者，廈人勿再懷海軍

不利廈人之心。吾人甚願推誠相與，亦望廈人士本同舟共濟之義，通力合作，以成將來偉大之事業。海軍在廈，凡事鹹主公開，毫無畛域之見。廈門初經收復，百端待舉，非合作難收指臂之效。余極望廈人消除成見，視海軍為家人，凡有意見，不妨宣布，以為吾人施政之借助，最好由廈人組一機關，舉公正人士，為海軍合作，海軍以民治為主體，必表絕對的歡迎。海軍現無利廈門為地盤之心，廈人亦不宜自外也。又謂廈門唯一缺憾，為市區汙穢，以歷史上、世界上負盛名之商埠，不應有此。余意於廈港及草仔垵一帶曠地，濱海負山，極合建設新市場，合力圖之，廈門必可一易舊觀，而與上海、香港相頡頏。至教育尤為救國命脈，廈門雖有陳嘉庚氏設立之集美、廈門兩校，然平民之能受中等以上之教育者，究屬少數。余意以推行平民教育，實為當今之急務。而醫院及衛生之設備，亦廈門所宜急圖不容稍緩者。末復謂，廈門盜匪橫行，在國中已成慣例。海軍擒斬劫匪，人多病其殘酷。余則以為非是不足以寒匪膽，又廈門有一特殊狀態，即台匪之猖獗是也。聞台人殺人劫物，如入無人之境。廈人畏之若蛇蠍。吾人今後宜合力打破此種不良之環境，還我維持治安之自由云云。杜氏演說，諄諄於福建民治之建設，對廈人一再以化除成見為詞，此其大福建主義之說由來乎？杜氏詞畢，請楊樹莊演說，楊辭以意見與杜司令同。嗣楊砥中演說，以破壞與建設為題，亦有發揮。時間已晚，用餐後攝影而散。（五月十五日）（1924年5月20日，第7版。）

21.廈門海軍嚴治台匪，十五夜斬首一人，十六夜擊斃一人（蜀聲）

台灣浪人（指在廈之一小部分）在廈橫行已久，臧氏曾一度嚴辦，致起交涉。海軍來後，台匪縱恣益甚。海軍擒所謂台匪附屬派之本地土匪三人斬之。台匪憤甚，即存一復仇之心。有王財者，綽號肚才，台匪之巨魁也，盤踞寮仔後夕陽寮一帶。凡在其勢力範圍之妓院、賭場、煙館，均須向之納規費。而小匪搶劫，亦必分贓壽之，蓋一方之惡霸也。先是有蘇天主者，以犯劫案被斬於寮仔後市中。蘇故王之徒黨，王由是益憾海軍。十五夜，王飲於妓寮，醺然返。行經寮仔後電話公司駐紮之陸戰隊前，乘醉故撞崗兵。崗兵斥之，王突出手槍，擊中兵士之頰。一兵自後堅抱之，王大呼我台灣籍民也，然終被捕入陸隊駐所。王之徒黨十數人，聞訊口至，迫陸隊放出，陸隊拒之。雙方開槍激鬥，傷陸隊一人。戒嚴指揮處得電話，派隊來援。（匪）被擊退，即押王入城內指揮處。杜錫珪抵廈後，即宣言將嚴治此特

殊階級之台匪。馬坤貞先得杜氏之命令，於捕王后一小時，（夜十一時）立斬之於戒嚴指揮所門首，並毀其面。翌晨即掩埋，蓋不認其為台人也。台灣公會會長聞之，於十六日見馬坤貞，請稍和平，勿激大變。馬答以戒嚴期中，奉杜總司令命令，凡無故在轄境內持槍擾亂者，格殺弗諭，余無能為。某遂唯唯而退。台匪以鉅魁被斬，視為奇辱，於十六日午，會議復仇。結果議決聚數十人，分三隊，散伏於寮仔後、賴厝、埕石埕關隘內一帶。有台匪王通福者，於關隘內某號樓上，槍擊站崗陸隊斃之。他崗聞警，一面報告指揮處，一面集各崗兵圍捕。王通福開槍抗拒，被當場擊斃。同時各地潛伏之台匪，開槍響應，狙擊軍隊，擾攘終夜，台匪卒未得逞。十七夜加緊戒嚴，未致生變。然商店驚惶，已不敢營市也。事後聞日領向楊樹莊請交出王財，然前之所斬，是否王財，無從證明，現楊尚未復。現外間又傳日領已提出抗議，則尚未證實，海軍中人亦否認之也。（1924年5月26日，第7版。）

22.廈門陸戰隊與台匪衝突，傷陸戰隊一人捕台匪二人（蜀聲）

廈門台人之猖獗，盡人皆知。自海軍莅廈擒二台匪而斬之，始稍斂跡。乃昨（一日）廈門局口街台人所開之某賭場，忽又發生台人與陸戰隊激戰之事。聞是日午後一時，有福州人某者，至該賭場戲賭，贏得數十元，欲向賭東索款退場，賭東以未終局拒之，遂起衝突。某不勝，悻悻出，邀未攜武裝之便衣陸戰隊至，與賭東爭鬥。突有台人開槍一響，一兵中彈仆地，餘逃回報警。同時賭館亦聚台匪七八人，攜炸彈手槍登屋顛備戰。旋陸戰隊二百餘人馳至，沿街設伏，斷絕交通。擺賭館門已閉，向內開槍。台匪亦自屋顛還擊，並擲炸彈。自午後二時戰至下午五時，陸戰隊攀登屋顛圍擊，匪不支始逃，由後岸一帶而去。陸隊躍追，捕台匪二人，帶至戒嚴總司令部。一說謂系陸戰隊至該賭館捕犯，賭東救助被捕者，兵士不敵，逃回呼援。今尚未能證實其原因何在。是日雙方激戰時，全城戒嚴，陸隊在各地布防，被捕之二台人，刻尚未知如何發落也。（七月二日）（1924年7月6日，第9版。）

23.廈門商民反對濟捐續志，商民組織拒捐團，日領亦拒絕籍民納捐（蜀聲）

廈門商民反對海軍創辦之公安濟用捐甚烈，已略如記者前次通信。商會處此，

頗覺左右為難,以商會中人事前確曾表示贊成也。二十四日商民組織之拒捐團成立,全廈商民幾於一致加入,並發宣言書略謂,……又致函於公安濟用捐局長吳鴻勛,勸其翻然覺悟,辭卻該違法局長職務,力向當局聲請撤銷。同時並致函商會,請其為商民請命,亦多責備之辭,蓋怒商會此次之消極的援助海軍也。前日該會又在某處開會,議決信誓八條:「第一條,華洋各商不能一律,而獨向華商徵收誓死力拒;第二條,如該捐仍舊進行,即定於古歷六月二十六日,舉行全廈大罷市的運動;第三條,無論何人,苟因抗捐被拘,全廈市民,誓死隨後;第四條,如罷市爭捐,必須撤銷此捐後方能照常開市,違者決以相當對待;第五條,如罷市後,當局仍不理會,再為海上罷業之運動;第六條,本團祕密會議,如有泄露者全體誅討之;第七條,各商如有已被該捐收去各款,於罷市時,請求發還;第八條,事後如事進止,隨時派人通知集議解決」。惟其主動之人名,及集會之地址,則甚祕密,懼海軍以強力加之也。以記者所知,則主持拒捐團者,均為商會中反對副會長蔡秋濤之會董,多當地豪商。聞其預定計畫,苟不達撤銷之目的,最後將出之以罷市運動。商會見風潮擴大,不能再保其緘默狀態,乃於二十四日乘開歡迎新稅務局司會後,即留各會董暫住,臨時以電話邀支廳局長韓福海到會,由商會長提出調停辦法如下:(一)無論如何,須華洋各商一律,方可征辦;(二)請當道取締捐局委員,不得輕舉妄動,作威作福,騷擾商家,且不得援募遣兵之捐數為捐率之比較;(三)與當道協商減輕捐率,以減輕商民負擔。聞福海均表允諾,同時並以海軍警備司令名義,令飭濟用捐局改捐律為甲乙丙丁戊己六等,甲等每月十六元、乙等十二元、丙等八元、丁等六元、戊等四元、己等二元,非復如前之特等無限制,任意勒派矣。

但拒捐團中人,仍持根本反對之態度。即日來罷市抗捐之聲浪,亦已屢傳吾人耳鼓。海軍以商會提出之調停辦法,最要點為無論廈門之華商及華人而寄外籍之商人,能一律徵收時,始實行濟用捐之開徵。廈門商人寄籍外人者,幾在半數以上,此而不解決者,即開徵將亦無從征起也。海軍嘗兇廈門交涉署,咨領事函,請飭各籍商一律照納。日領覆函反對,並通知籍民不必納捐。日領復交涉員函云:「敬復者,接準貴函以閩廈警備司令,近欲擬辦地方公安濟用捐,對於中外商民,一律徵收,維持地方公安秩序。函囑本領事予以贊助等由。查外國人對於國稅及地方稅,應納稅款,系照條約與協定明示而行。除此以外,並無再有服從之義務。諒想貴交

涉員，必已洞悉。然將來倘有新式條約，抑或協定負擔納稅之義務，原非無因，總是此項事屬國際上重要問題，必須貴我兩國政府，直接商議，非獨對敝領事承認，自可遂行其事。敝領事實無有此權能，深為遺憾。為此函覆貴交涉員，煩為查照。此致廈門交涉員劉。駐廈日本幹事佐佐木。」廈門籍民以台灣日本籍為最多，日領既表示拒絕，則濟用捐將益無實征之希望。以目前之形勢觀之，民氣之激昂如此，商會認為唯一調停之華洋一律徵收，復厄於日領之反對。故濟用捐恐將自是停頓矣。海軍支應局長韓福海，以此事失敗，亦有辭之意。（七月二十六日）（1924年7月30日，第7版。）

24.廈門軍警嚴捕台匪（蜀聲）

廈門通信：台匪自舊任日領卸任後，以為取締可稍寬，遂聯合為大規模之擾亂。及九月一日，軍警圍攻麥仔垾匪首陳糞掃巢穴情形，經見記者前次通信，此事發生後，官廳仍繼續積極收捕。自一日至六日，前後為四次之圍攻匪巢。於新馬路、大走馬路、山仔頂、火燒街一帶台匪出沒之地，截途搜檢。匪之出行，均屬少數，驟遇大隊軍警，自難為抗。於是初戒不敢輕出，聯絡不靈，匪勢稍挫。台匪本懷一輕視海軍之心，料其不敢出以辣手，恃新日領為後盾，冀其必加縱庇。不謂新日領有島康二郎，於海軍宴會席上，自謂未來廈前，夙聞台人之不馴，甚至以手槍炸彈，圖害本國警部。今蒞斯地，一加考察，似覺不誣。余惟積極取締，不令其擾一方之安寧。惟軍警當局，對此宜分別良莠，勿累良善為要。故一日之役，日領派警與焉。台匪見日領不加曲庇，匪首之巢已犁，頗有懾不敢前者，內部裂為二：（一）激烈派，堅持繼續擾亂，力抗軍警；（二）和緩派，則主暫時稍斂。結果仍以激烈派主張占優勢，故二、三、四等日，匪徒在市之擾亂益烈，劫案乃倍於昔時。馬坤貞乃集警探，鼓勵其奮力捕賊，有功者上賞，死傷者優恤。於是乃為第二次之大搜捕。五日晨，警廳及軍警督察處，派偵探三十餘人，先至太安街門牌第三號匪巢，登屋包圍，內僅三匪，不敢抗被拘。再至局口簣巷各匪徒機關，均先逃無獲。偵探偕大隊軍警馳至山仔頂總巢包圍，雙方激戰時餘，軍警退去，斃匪一，傷警一，匪巢迄未攻破。五日夜，當局再派偵探軍警往，囑其痛擊毋忌，至則匪已先颺。六日晨，再圍山仔頂總巢，亦闃無一人。偵探在附近扼要伺之，直至九時無獲，始整隊返。途次遇一匪自寮娼出，被偵探槍斃。自經此積極搜捕後，匪膽稍

慄，多逃匿廈門港，亦有潛匿鼓浪嶼者。鼓浪嶼工部局於五日晨，派巡捕至龍頭街電燈廠附近圍搜，獲台匪三人，當解交日領署，並謂日領云，鼓浪嶼日來劫案頗多，擾公共之安寧，台人不無關係，應請注意云云。至是，旅廈台商及台灣公會，感於軍匪之長此相持，中外人士均膺無形之損失，乃出而建議於日領，自行配遣莠民返籍，請當局暫行停止搜捕，以五日為限，台人自有相當辦法。近二日軍警搜捕稍懈，即從其請也。台商遂開始調查，俾將擾亂之台人，一一記名，配返台灣。限日至台灣公會領取川資，候船回籍。七日起，已有往公會領費者。公會並戒台人，倘不去，而仍怙惡不悛者，公會將組自衛團，以武力強制，自行取締，或任海軍以嚴刑治理也。惟台匪有在台犯罪，逃廈不敢返者，近多紛逃距廈十餘裡之禾山，而本地土匪，向附台匪肆惡者，則爭趨附之，故逆料此次之遣匪回籍，其收效未必能宏。且遣返者可再來，是固廈門之慣例也。此次軍警之積極捕匪，外交團多表同情，則以台人在廈，儼然不受法律拘束之特殊階級，軍民側目，莫奈伊何，視為有政府有法律之城市中之奇象。此次偵探搜捕匪徒時，對匪徒及嫌疑者之寓所，懸掛籍民牌者，多予搗毀，於是台人乃在市布謠，謂領事團將提抗議，廈當局懼釀交涉，乃請交涉員預向領事團解釋。領事團謂，廈門懸籍民牌者過濫，真贗雜糅，易為莠民所利用云云。可見領事之不加左袒矣。領事團現擬從事清查，另發護照，將從前自懸籍民牌取消，可覘外交團對台人之橫行，亦深致不滿矣。（九月九日）（1924年9月15日，第6版。）

25.廈門陳吳船戶之械鬥，影響及於交通（蜀聲）

廈門通信：廈門台匪猖獗，經海軍之嚴捕，及日領之取締，未能肆逞。卒由台灣公會出面，資遣莠民回台，廈門台匪之患，於以稍戢。（九月十八日）（1924年9月22日，第6版。）

1925年

1.廈門電（蜀聲）

此次因主罷工不成辭職之後援會職員莊希泉，以曾隸台籍，禡（二十一）被日

領召至領署,責其不應參加華人排日運動,令具結捺指印,後不再有反日行為。莊拒,被扣留,將處三年退去刑遞迴台灣,期內不得來華,日內啟行,現禁人晤莊。(七月二十二日)(1925年7月23日,第5版。)

2.廈後援會內部爭執益烈,辯論會由商會勸止,日領拘押後援會職員莊希泉

廈門通信,廈門外交後援會以主罷工與反罷工之爭執,林仲馥於十八日登啟事,請於今日(二十二)開市民大會於總商會,與主罷工且在報紙上攻擊林氏之張覺覺辯論。退出後援會之職員秦望山等十五人,於二十日亦登報聲明,屆時到場聲述此事經過,為張氏之證。雙方復暗中且為會場上武力解決之準備,形勢甚急。總商會乃於昨日開會議決,分函林張雙方,以外交後援會,對內不應自啟糾紛,且恐臨時誤會,致啟衝突為言,阻其於今日開會,並謂各社團訂於二十三日開代表大會,解決後援會職員十五人辭職事。敝會以為雙方即有當面剖析之必要者,亦以俟此會後為宜。商會既出阻止,今日之會,恐難成立。惟雙方互競之運動,仍猛晉不稍休也。

又外交後援會退職職員之中堅分子、廈門罷工工人救濟會經濟股主任莊希泉原籍台灣,日本籍民也。前日廈門日本領事井上唐二郎,函招莊於昨日(二十一)赴署談話。莊及時往,日警署長出見,謂君為日本籍民,不應參預排斥英日之廈門國民外交後援會,並為對英日罷工之運動。莊力白祖父隸台灣,本人營商台地,亦曾掛籍,後棄賈回華,即與日本斷絕關係,到廈亦未向日領報到,已不自承為台籍,而回覆華民資格。且歷年均受中國法律之裁制,不得仍以日籍遇我。警署謂,汝未經過正式脫籍之手續,日政府終不能不認汝為日本國民,既屬日本國民,即不應有不利本國之舉動。領事希望君此後不再參加華人排日之運動,並出紙命莊自具此後不得再有不利日本行為甘結,加捺手模,莊堅拒。日警長謂若是則汝在廈,終將不利本國,領事將遞汝回台,三年內不得來廈。莊謂遞台否聽之領事,惟具結蓋印則辦不到。警長謂不具結不能自由,遂將莊拘留領署。莊自請再正式脫籍,領署謂,須返台後向當地行政官署呈請,經過核准之手續始可。聞莊擬回台後,再行脫籍云。又聞之外交界中人云,日領對莊如此,蓋以莊在後援會主罷工最力,在廈門社會上亦頗有活動力,為反罷工者林仲馥派之勁敵,去之所以予罷工運動以消極的打

擊，間接亦予反罷工者以多少的聲援也。又退職十五人昨發表極長之宣言，駁斥林仲馥，節錄如次：（上略）同人等退出脫離後援會後，曾於十二號在各報發表公函聲明，而林君仲馥尚欲狡辯。前昨二日在思明報刊布辯文一篇，謂彼所主張十一日停止罷工者，一為經濟無預備，二為幹事部較可得周詳調查，三為欲謀與七月三十一日登記所限定貨物進口日期無礙。凡此三理由，均非彼於十日在議場時所持以通過十一日不罷工案者，且此三理由，亦不值識者一笑。茲逐條駁之，幸廈門各界詳加以考察，勿為其所矇蔽可也。彼第一條理由謂罷工，經濟無預備。殊不知罷工日期係由罷工工人救濟會經濟、幹事二部所議決者，經濟部報告先籌有一萬元之救濟費，「預算工人救濟費，每月須六千元，餘四千元作為準備金」，然後與該會幹事部商定七月十一日為開始實行罷工日期。而林君仲馥何得謂為經濟無預備？其第二理由，不知何所指而云？按此次決定十一日罷工，係先有經濟辦法，然後決定日期。大體既定，枝節事件自然不成問題。該幹事部豈有容林君不滿意乎？至第三理由，謂罷工與七月三十一日登記貨物進口有礙，此層尤屬愚昧之至。蓋後援會議決，凡商家所訂購英日貨物，已經登記者，須於七月三十一日以前進口，以後則不能。但該類貨物，當然非專由英日輪運來。而此次抵制及不合作系專對英日二國而發，凡登記貨物，由他國輪船運來者，自不成問題。凡英日二國以外各國洋行華員，仍照常供職，工人仍照常作工。若登記貨物，竟由英日輪船運來，則彼時英日船華海員均已罷工，英日二國航業與中國有關者，均已告停頓，即登記貨物欲由英日船運來而勢已有不能。所云七月三十一日以前，可以進口者於今日已不成問題，何復有十一日罷工將有阻礙登記貨物進口之可言乎？（下略）張秩如、莊希泉、黃建成、黃韞山、余佩　、周宗麟、江董琴、蘇濟時、王兆蕙、秦望山、吳昆元、黃希昭、楊挺秀、林雲影、楊清江同啟。（1925年7月26日，第10-11版。）

3.廈門後援會改選職員，退職十五人另組外交協會（蜀聲）

廈門通信：廈門國民外交後援會，因罷工問題，內部分裂，已迭詳前函。反對罷工之林仲馥，始尚自謂其為主緩期罷工，並無打銷罷工之意，而各方之攻擊林氏者，謂其八月一日罷工（此為十日後援會所定而守祕密者）之說，絕對毫無誠意。惟辭職職員十五人，則堅以實行罷工為服職條件。於是後援會反罷工之林仲馥派，乃於二十三日召集各社團代表，大會於教育會，解決十五人辭職問題。到會者八十

團體,過半數,(後援會為百四十團體組成)首由派往挽留秦望山、江董琴代表報告,謂秦等辭意堅決,經再三挽留,秦等表示,苟大會而再決定罷工日期,亦可復職云云。此時有執是為挽留秦、江等之提議者。反罷工派乃力斥十五人以少數壓制多數,近於要挾,決難應允。且已經二次之挽留,曲已在彼,應徑補選,不再躊躇。於是以準十五人辭職付表決。通過,乃補選孫印川、許春草、陳松琛、馬大慶、尤白熙、江溯源、黃漢陽、邱策瑚、莊英才、黃明智、魏英才、楊輝煌、吳主策、林邦翰、洪振瑞等十五人補充之。最後林仲馥動議,職員會議表決不罷工,詎各方乃執是以攻訐林仲馥個人,斥為帝國主義走狗,應請大會發表宣言,代為剖白。此時各社團林派已占絕對多數,故亦通過,並定由商會副會長洪曉春起草,不日當可公布。至是反對罷工之林仲馥派乃完全勝利,罷工問題,亦完全打消,緩期云云,已不再置言矣。

代表大會既準秦望山等十五人辭職,秦等乃另組一外交協會,已擬具章程,定於今日開成立會。章城摘要錄下:「第一章,總則,第一條,本會定名為廈門外交協會;第二條,本會以援助五卅滬案,達到廢除不平等條約為宗旨;第三條,本會暫假中國國民黨福建臨時省黨部為辦事處。第二章,會員,第四條,凡贊成本會宗旨者,無論男女,皆得為本會會員。第三章,會務,第五條,本會應辦之事如左:(一)宣傳關於滬案之事件;(二)聯合民眾,作廢除不平等條約及反帝國主義之運動。」(下略)此組織蓋退職之主罷工者,表示其與後援會分道揚鑣也。中堅分子,多屬民黨之許卓然派。(七月二十五日)(1925年7月29日,第11版。)

4.廈後援會職員被日領拘留續訊,各社團發表宣言、莊希泉被拘原因

廈門通信,後援會員十五職員中之中堅分子莊希泉,以曾隸日籍,被日領拘留,將配回台灣,三年內不得來華,已略見前函。莊現被拘於日領署,禁絕各方訪問,將於八月一日遞解回台。惟此事引起國籍問題,廈門各社團頗有表示援助莊氏者,昨(二十四)各社團(簽字三十餘團體)為此發出宣言,略謂「莊原生長廈門,十六歲時,始往台灣,以其父在台商店管理關係,用莊海涵三字掛名註冊。當時莊並無向中國政府請求退籍及轉台籍,是莊明明仍為中國國民。而今日領事,謂莊君雖已登報聲明脫離,未經日官廳手續辦理,該註冊仍當有效,何只知此而不知

彼。況莊曾於民國九年,在新加坡為華僑爭教育條例,致被迫返國。當時不聞莊向日領報告,而新加坡日領事,亦不認莊君為日本籍民,英人亦只以華僑視莊,於此更足以見莊昔時之註冊台籍,在事實上、法律上,已不成問題矣。莊任職外交後援會,亦已月餘,報章宣傳,婦孺皆知。當時日領何以不阻止莊君,偏於莊君退出後援會之後,突然以籍民關係,加以扣留?其中黑幕,固盡人皆知之矣。況莊君自返廈門,並未到日領署報到,而日領署台灣籍民冊中,亦並無莊君之名,則此次日領扣留莊君,其用心已昭然若揭矣。敝社團等據上列各種事實,及法律手續,僉認莊氏完全仍系中華民國國民,與台灣民籍,並無關係。」(下略)又致廈門交涉署公函,意同宣言,並請交涉員向日領提出抗議,並轉咨日領,將莊釋出。又廈門國民黨於二十三日夜為莊事四出演講。此各方援莊之情形也。至莊此次被拘,原因極復,記者訪之各方面,知莊之被拘,直接原因,固為參加華人之愛國運動,為日領所不滿;間接原因,則莊年來以反對某公司價領廈門郊外墓地建築房屋,極遭當事者之忌。前日領佐佐木曾為是事,召莊往,謂其不應預廈門事,莊力辯,乃囑宜稍和平,毋持之過急。今年莊被國民會議促成會舉為北京代表,反對者以其籍民攻擊之,莊曾登報聲稱脫去日籍關係。此次五卅變起,莊被舉為後援會職員,主張罷工最力。前日日領函約談話,到署,警視長出見,禮貌仍優,先以不預反日運動為言。莊謂現已退出後援會,又曰以後可永不預反日事乎?曰不能。警長色變,出紙強其親自具結,不再有反日行為,並捺指印。曰若是則非君自誓,不再有此,日政府殊不能置懷於君之不利行為。莊怒絕之。警長乃謂,君不具結者,奉領事令拘君,並處三年退去刑,即日遞送回台灣,期內不得來華。莊遂被拘留矣。事後莊之叔氏某,往謁日領,願具結保證莊後不再有反日行為,請毋遞台。日領曰,若姪性倔強,必其親自具結始可。余屢戒之,均不我從,家庭詎能拘束之。現莊家族均勸莊簽字出獄,莊則欲聽其遞返台灣,再行脫籍。有謂在三年刑期中,不能脫籍,且莊返台,必遭嚴重之監視。故莊之家族,又群勸莊簽字而不蓋手印,果莊允,則倩人以是請之日領,但莊尚未允也。(1925年7月29日,第11版。)

5.日籍民莊希泉被配回台,國籍問題之爭告一段落(蜀聲)

廈門通信:外交後援會退職職員莊希泉,曾隸日籍,以參加廈人愛國運動,被日領扣留,判以三年退去刑,遞迴台灣,期內不得來廈。廈門各社團宣言,並請交

涉官向日領提出交涉,已迭詳前函。此事法律的爭點,即莊希泉在未入日籍以前,並未脫去華籍,則其華民之資格,當未喪失,應受中國法律相對之保護。質言之,即莊實跨籍中日,不能謂為絕對日籍也。廈門道尹公署於二十三日出一布告云:「案查修正國籍法規定,人民取得他國國籍者,應依照第八條規則,稟請現在地方之該管官署,報轉內務部許可,完全喪失國籍後,方許取得他國國籍,若未經此種手續,則所取得之他國國籍,作為無效。現在國籍法公布施行已久,而各地人民,入他國國籍者,尚多不依國籍法辦理,殊屬不合,用特重申布告,所有中國人民,入他國國籍者,其在國籍法公布施行以前,及在國籍法公布施行之後,而各籍民未經遵照辦理者,均應追加各向原該管地方官署補行第八條規定,以完全手續。茲附國籍法第八條第七條於後。國籍法施行規則第八條,依修正國籍法之規定,而喪失中華民國國籍者,須稟由現住地方之該管官署,轉報內務部,經其許可。國籍法施行細則第七條,修正國籍法施行前,中國人已入外國國籍,並未依照國籍法,及其施行規則稟明者,限於修正國籍法施行之日起六個月內,遵照第八條規定辦理,如於前項期限內,仍未稟明者,由該管官署查明,轉請內務部,宣告喪失中華民國國籍。」此布告不啻間接對莊之華民資格,予以否認,交涉署當然不能提出交涉,而莊復堅拒具結不再有反日行動之簽字蓋指印。於是日領乃決遞莊回台,定於今(二十八)日開城丸啟行。各社團及莊戚友往送行者數百人,莊即船內演說,謂此次被配回籍,非盡為任職後援會,實余前所反對之某某地皮公司股東運動之結果,彼蓋對余修怨而有此也云云。(七月二十八日)(1925年8月1日,第10版。)

6.莊希泉在台灣被禁,日檢廳已提起公訴,廈門各社團之抗議(蜀聲)

廈門通信:前外交後援會職員、日本籍民莊希泉以參加反抗英日運動,被日領逮遞台灣,曾迭見前函。莊妻(廈南女學校長)余佩　伴莊赴台,昨返廈語人云,莊抵台北州時,日警部即派警登輪,以摩托艇載莊入警視廳,監視極嚴。雖余亦難獲晤,拘七日,移檢查廳,提起公訴。其罪由則:(一)在外國結社;(二)加入外國政黨。(莊為國民黨)拘檢廳十日,現將開審。又轉押刑務所拘留場,雖許親屬入晤,但手續極煩,通信亦須檢查。余返,蓋運動各方面聲援,為莊脫籍也。昨廈門總商會教育會暨六十三團體,應余氏之請,具抗議書呈交涉員,提出嚴重抗議,請轉日領,照轉台灣官廳,將莊放回。其所持理由則:(一)莊希泉應從其妻

之國籍。查莊希泉於民國九年十一月七日,在新嘉坡與中國江蘇人余佩　結婚,因余佩　父母無子,故以莊希泉入贅,其時由新嘉坡大道樹膠廠上張永福、新嘉坡和記行經理黃肖岩二人證婚,並未向當地日本領署入婚姻屆,已足表示不屬日本國籍。況莊希泉所生之子,命名炎林,不用莊姓,有萬國儲蓄會證書可據,即此又足為莊希泉確係入贅之證明。莊既入贅於中國人,自應從其妻之國籍。試按日本國籍法第五條云:「外國人入贅於日本時,則取得日本國籍」,反之,「日本人入贅於中國人之時,則取得中國國籍」;(二)中國人之歸化外國,非得國家特別許可,終不喪失其中國國籍。前清頒行之國籍條例,即以文明規定此旨。現行國籍法因之。前國籍條例施行細則,規定同條例施行以前,中國人有並未批准出籍,而入外國國籍者,若向居外國,嗣後至中國時,應於所至第一口岸,呈明管國領事。由該管國領事,據呈照會中國地方官聲明,於某年月日,已入某國國籍。若向居中國通商口岸租界內者,應於一年以內,呈明中國地方官,照會該管國領事,查明於某年月日,已入該國國籍,始生出籍之效力。而現行國籍法施行規則,則定為凡國籍法施行前,中國人已入外國籍並未依前國籍條例及施行細則呈明者,須由現住該地之該管長官,呈報內務總長,經其許可,此中國大理院民國四年上字七七三號著有判例者也。莊希泉從前雖入台籍,但始終並未遵照上開法例履行,根本上已不生出籍之效力;(三)駐廈日本領事,三次函請莊希泉到領事署談話,皆用莊希泉名義,而無用莊海涵籍名,是日本領事心目中已早認莊希泉無台籍資格云云。未知交署照會後,日領將作何答覆也。余氏於二十四日上午抵廈,是晚在廿四崎與廈南女學教務主任林云影所,被刺未中,聞為莊之怨家所為。(八月二十六日)(1925年9月2日,第10版。)

7.林祖密被殺案續聞(蜀聲)

廈門通信:民黨林祖密被張毅槍斃,已迭記前函。林之家屬被張毅羈押漳州,迄未釋放。張蓋欲得林通民軍之證據及口供也。前此間傳張因許崇智電請,已釋林家屬,嗣查不實。昨林之胞弟資鑣,為此通電北京段執政,省城周蔭人、薩鎮冰及廣州國民政府云:「胞兄林祖密,即季商,係林文察之孫、林朝棟之子,由台脫籍,奔走國事,自卸任福建水利局長後,專辦華封疏河公司,絕不與聞外事。乃古歷七月初一夜三句鐘,在和頌山總公司,突遭張毅派軍隊二百餘名,將祖密連同第

四妾、第六妾，子一人，女二人，暨事務員，一律逮捕。翌早押至新墟。初三日，眷屬、事務員解漳州，祖密押往離和碩山八里之前嶺槍斃。公司被占，銀錢物件洗搶一空。歷經閩垣軍政各長官、海軍總司令來電營救查詢，張毅迄未能將罪狀及理由宣布，甚將眷屬羈押，聲言由漳商會擔保，事後不為祖密告訴，始准釋放。查祖密耗款二十餘萬元，營辦疏河，為利便交通起見。張毅偵悉，略有進款，即令華封縣佐前向勒報鉅款為警費。祖密以無力支辦辭之，遂遭此毒手。試問後此華僑孰敢攜款歸國，興辦公益事業乎？資鑛言念及此，公私交痛，用敢瀝乞政府、電飭迅將扣押之人釋放，一面派員嚴行查辦，以儆兇殘。並望各社會言論鼎力援助。至張毅在漳利用軍隊殺人、放火、搶劫、姦淫，罄竹難書，一查便明。資鑛此電，不獨為胞兄伸冤，並為漳民請命也。諸希矜鑒為幸，林資鑛率姪正傳等同叩文。」（九月十五日）（1925年9月21日，第10版。）

8.廈門罷市罷課之一瞥，反對興興地皮公司，雙方糾葛之原因（蜀聲）

廈門通信：本月二十一日，廈門罷市休課一日，其原因則為反對興興地皮公司。各界聯合會於是日開代表大會，請省財政廳特派調查廈門官產委員李洗潞（號滌塵）到會宣布情形也。二十日聯合會緊急通告各界，略謂「省財政廳長近派李委員會同吳縣長調查興興公司違法購地，並臧軍出售官產案，本聯合會訂於古歷八月初四日午後二句鐘開大會，（假黃厝河思明縣教育會）函請李委員、吳縣長蒞會，宣布調查情形，並請各長官列席，事關本埠公私問題，至為重要，所望各界於是日休業休課，準時派代表到會陳情，以保公私所有權。」云云。次日全市果多罷市，學校之屬於教育會派反對興興公司者，亦多休課。是日之會，李委員託故不到，於是乃有電省否認李委員資格之舉。

興興公司購地案，為廈門社會近二年來一極大之糾紛，亦為廈門社會最近不安之癥結。爰述其經過如下：興興公司成立於前年臧軍據廈時，資本定額三十萬元，成立後收股三萬餘元，股東三十一人，（最近已增至七萬元，股東百餘人）均教會中人。時臧軍變賣官產，公司乃以一萬一千三百元，領得廈門南郊外竹仔河、鎮南關、蛤仔定、海唇等、張後黃厝三保、黃厝張後二保六大段，共一萬四千四百六十八方丈，為建築市屋計畫，嗣以掘墓不慎，召草仔垵人劇烈之反對，受地方檢察廳

之檢舉，遂以停頓。臧軍去廈，反對者對其所取得之臧軍財政局之營業執照，認為法律上已失根據。公司中人乃運動廈門商埠督辦公署，加給該署印照，及財政廳派來廈門之官產處長程徽，轉請於財廳，補繳原領價三分一大洋三千七百六十六元八角，換領財政部印照。反對者仍進行不已，始主其事者，為近被日本領事配回台灣之莊希泉，其後盾則為商會派及銀行派之資本家。興興公司則奉七月杪被人刺死之林仲馥，與之對抗。兩人角智競力，各不相下。迨莊希泉被配回台，而同時林仲馥亦被刺死，至是雙方遂入短兵相接狀態中矣。林死後反對派之林雲影、余佩皋（廈南女學校長、莊希泉妻）被刺未中，（林雲影旋以刺林仲馥嫌疑入獄）《江聲報》主筆張覺覺得恐嚇函，迫其離廈，稍稍遲疑，亦被刺未中，卒棄職赴滬。省財政廳派李洗潞來廈，會同思明知事吳循南，調查臧軍時代售出之官產，即專為興興公司之糾紛而來。經此一番調查，公司所有權當可確定，反對方面聞之，即以總商會、教育會、市政會名義，集各界組反對興興公司各界聯合會，聯電省方，表示反對。迨李委員來，請其到市政會宣布意見。李以調查未竣，不置一詞。二十一日之會，自二時候至四時，卒不至。（托吳循南為代表）於是會眾大憤，當場多以李氏昔曾任廈門英華書院教員，而英華書院校長則興興公司之有力股東，顯系左袒興興公司，當場議決：（一）本日市民罷市罷課，請李委員出席陳情，疊請不到，顯系違反公意，放棄責職。況該委員原系英華書院教員，與該院校長鄭柏年等，（興興股東）大有關係，應通電否認；（二）發快郵代電海內外否認李委員；（三）呈請吳縣長轉省長官，對於臧軍時代濫賣所有公地私地，實行取消地照，並於次日致電省城云：「福州周督理、薩省長、尹財廳鑒：派李委員洗潞，前寓廈久，與興興公司股東，多有關係。在省即與該公司代表蔡信德會面，到廈寓鼓浪嶼旅館經旬，與公司主要股東往來，被廈人查知，嘖有煩言。市政會請其蒞會宣布，委員託詞尚未調查，未嘗傾吐。敝會等乃於馬日開大會，再邀到會，以便陳情。闔廈市民，休業停課，均派代表，各官廳亦派員蒞會。屆時委員任請不到，廈人以委員有意祖護該公司，形跡顯然，將來呈復，必顛倒黑白，即公決否認，為此籲請各長官，逕下英斷，嚴令取消地照，以順輿情，實為公便。廈門各界反對興興公司聯合會、市政會、總商會暨八十三團體叩養。」聯合會成立後，凡與會者如商會長、市政副會長黃奕住，市政會長、商會副會長洪曉春，及稍知名者，同時均得匿名恐嚇函，以是反對派方面，均存戒心。廈門一時幾成恐怖世界，聞反對派擬擁吳循南以與李抗，

以吳雖無實權,而調查呈復,須吳同意會銜,始生效力也。(九月二十四日)
(1925年9月28日,第6版。)

1926年

1.廈門市政積極進行,修築馬路填築海灘,籍民阻擾拆屋占地(蜀聲)

廈門通信:廈門市街湫溢汗穢,為南中冠。外人每以阿母尼亞名詞代表廈門,市政之不修可知。民國七八年時,李厚基頗思整理,設市政局,委潮州人周醒南主其事。嗣以廈人反對,乃改歸廈人自辦。最初劃定第一段自西海岸提督路頭至浮嶼角馬路,長約二里。民國九年開始拆卸民屋興工,十年告竣,是為今之新馬路。至十一年杪,馬路兩旁新屋已落成七八,嗣以閩局變化,臧致平擄廈,新馬路為台匪淵藪,商旅視為畏途,坐是屋宇十室九空,極形冷落。市政進行亦因之停頓。迨海軍入廈,治安漸復,新馬路乃漸成為廈門繁盛之區。於是市政會乃作第二步之進行,自浮嶼角至第三溝涵,是為第二段,亦於前歲告成,且繼續向東建築馬路,至距廈門十五里之禾山,預定計畫,於筼通港外,再築長堤,以障海水,用沙石填之,謂新市場,此項工程極大,非鉅資不辦。市政會乃預賣此尚未填成之海灘地段,為填地經費。投資者極為踴躍,南洋資本家現廈門商會長兼市政會副會長黃奕住,投資約三十萬。去秋市政會改選,商會副會長洪鴻儒當選正會長,黃奕住當選副會長,時市政會對預購填地業主,約定交地之期已過,於是乃發生業主索地風潮。業主組織團體,索回自填。市政局不之許,紛擾迄今。市政會卒聲明定三個月內填成交地。惟目前尚未積極興築,三月內恐未必能成也。去年省方加委前廈門道尹陳培錕為廈門市政督辦,所謂官督商辦是也。去冬陳設督辦公署於商會,海軍復加委周醒南為會辦。惟周尚未視事。最近市政會又決定建築城內由警備司令部前經西門至甕萊河之馬路,已測定路線,於二十四日招工投標承築。沿線民房,其應拆讓者,中多隸籍台灣之日本籍民,乞援於日領。日領乃向交涉署提出抗議,凡馬路經過線中之日本籍民屋業,應由日領派員會同市政局到地測勘後,再行議價收買。地價須得售主之同意,不得以市政局自定之價強買。此舉實至窒市政之進行,現正在交涉中。又第三段馬路及甕萊河馬路均在著手建築中,惟關於收買沿馬路線民房事,每多外國籍民,出而阻撓。除上述日領提請會勘議價收買外,甕萊河尚有一荷

蘭籍之大地主王趙氏，出而抗議市政局收用其產業，提起訴訟。荷蘭駐廈代理領事，亦出而代之交涉。但市政局則以其為外籍，否認其業權，現亦在相持中也。（一月二十六日）（1926年2月3日，第9版。）

2.廈門外交司法官之籌備會議，準備司法調查員來廈，分四項籌備（蜀聲）

廈門通信：各國司法調查員，於北京會議後，將各地實地調查，廈門亦為其調查行程中之一地。外交部曾電廈門交涉員，著會同廈門司法官籌備一切。司法官廳亦同樣接有司法部之訓令。二十九日，思明地方審判廳吳廳長、檢察廳陳廳長、廈門高等審判廳分庭高監督、高等檢察廳分庭林監督及鼓浪嶼會審委員石廣垣、思明縣代表行政科長費某、交涉員署代表劉亮齊等七人，在地方審判廳開會，討論此事，於下午二時開會。林高檢分庭監督主席，各人均有極長之發言。討論結果須即時著手預備者：（一）調查員抵廈時，提出廈門方面切宜收回領事裁判權之意見；（二）設法速行修理廈門監獄；（三）整理審判廳之內部；（四）籌備招待調查員方法。關於第一項，以廈門人民與台灣及南洋各屬發生密切之關係。日本及英、荷各國之籍民甚多，以中國人而跨籍日本、英、荷各國者尤眾。凡有訴訟，未有牽及領事裁判權者，結果竟至中國法律失其效力。被害之中國人民，完全失其本國法律之保障，實政府人民所最感痛苦，而較他地為特甚者。故廈門實一領事裁判權積弊最甚之區，有以其真相令調查員明了之必要。第二項，則以思明監獄積弊頗甚，管理亦未盡善，應從速修繕整飭，以壯觀瞻。第三項，廈門法庭，因陋就簡，頗多不備，應大加整頓，令其完善。至第四項招待辦法，則下屆由交涉署提出具體辦法再議，並訂期假總商會召集各界，徵求意見，俾臻完善。（二月一日）（1926年2月7日，第10版。）

3.廈門市政之進行，各馬路工程均將開工，自來水亦不日可送水（蜀聲）

廈門通信：廈門市政自去年下半年竁通港業主索地風潮解決後，即積極進行，規劃建築嶼仔尾以東之新馬路，及新闢警備司令部前至甕萊河馬路。……至馬路線中民業之應收用者，有甕萊河側之曠地，及米升巷之民居。……此外，甕萊河之柱州寺，原為公產，近有日籍商四宜洋行鄭有利出謂系渠所買私業，呈由日領署向市

政會提出交涉。以上谷地,均須市政督辦與當地官廳商籌解決,而督辦陳培琨晉省未返,遂均停頓。(二月二十五日)(1926年3月2日,第9版。)

4.福建和興實業公司內幕,實一大規模之鴉片專賣機關,薩鎮冰已派林鼎華查辦(蜀聲)

廈門通信:最近福州有人組織一和興實業公司,並派人攜章程至廈招股。當時有知該公司內幕者,謂其實為大規模之專賣鴉片公司,後各方指摘者漸眾,浸至薩鎮冰派實業司查辦。最近記者晤省方歸來之政界中人,為述該公司組織內部如次:

該公司表而雖以振興實業為標榜,實際則一專賣鴉片公司。本省所產煙土,由該公司全部收買,然後批發於各地私人組織之煙土公司,再分售於煙館或吸煙者。先是省城與南台各煙館所需煙土,均向籍民所組之維生公司購買。該公司以月課一萬八千元,向全省善後處獲得專賣權。其煙土之來源,則向禁煙處領出,並訂期限一年。舊臘善後處新易處長曹亮五擬將官土收回自行營業,維生公司以契約上所訂一年,期限未滿,提出抗議。後經居間者一再疏通,結果由善後處組織和興公司,自派專員赴興化、福安、南安、漳州、同安各出產鴉片地,販運煙土,定價專賣。而每月津貼維生公司發起人某某等一千八百元,永遠付給,維生公司自行解散。現此改組之和興公司,正計畫擴大營業,於全省劃分專賣區域,及支配官土辦法。據公司中人云,省會之軍政各要人勢坤,及駐防各地之旅團長,皆為股東。董事長即某軍政當局,監察人則為某署軍需長。近日省長公署迭接滬福建同鄉會、市鄉農會聯合會,呈電揭告,特派實業廳長林鼎華查辦,未知林氏查辦之結果,究竟何如也。(三月十五日)(1926年3月21日,第9版。)

5.廈門市政進行引起日領抗議,由市政會拆卸籍民居屋之故(蜀聲)

廈門通信:廈門市政會於去冬決定拆建警備司令部前至西門之甕萊河馬路後,所有線內不論華民或他國籍民之居屋,拆卸三分一或三分二者,概不賠償;三分二以上始行收買。日本領事即於一月八日函交涉員,請與市政會另行協定收買辦法。在協定未成立以前,籍民居屋,不得徑行拆卸。市政會以此次市政進行,乃繼民九

成案,當時規定賠償市區內華洋居民家屋條例,已經各國領事同意,日領亦其一,此時自不應再有異議,置之不理,仍照向章華洋一律辦理。本月十三日衕口街日籍台灣人黃傳甲宅,被市政會拆卸。日領於十五日函廈門交涉員劉光謙抗議,略謂「案據敝國籍民黃傳甲家眷來署報告,黃傳甲所有廈門衕口街牌四十八號及四十九號之厝屋,本月十三日,被市政督辦公署並市政會委員帶同軍警及工人擅行拆卸一案。是日午後二時,本領事特派署員,前赴貴署抗議,請飭停止拆卸該屋。蒙姚科長遂打電話,轉飭市政督辦公署在案。但本領事對於廈門市區改正之事,前經屢次聲明,並瀝滿腔贊助的誠意。惟關於拆卸我籍民厝屋時之賠償價格及賠償方法,本領事與市政督辦公署及市政會方面,未經協定議決以前,本領事對於贊助市區改正之根本方針,勢難決定。是以一月八日送上公函,轉請貴交涉員轉飭該市政當局,未經協議以前,對於帝國臣民之物業,勿得著手拆卸。不料此次市政當局,突然帶同軍警以及工匠,擅將上開厝屋,任意拆卸,實屬蔑視中日條約,違背公理,似此辦法,極為不當,本領事斷斷不能容忍。惟此時當該責任者若無表示遺憾之意,並保障將來再無發生此事,本領事為職責上保護敝國人之財產,自要不得已將現與市政會及市政督辦公署磋商事件,中止進行,而自設法防止再生此事,並講究直接保護敝國人財產之方法,將來若是因此釀出事端,市政當局當然負擔責任,茲將喚起貴交涉員並市政當局大為注意。又本領事所以對市政當局不正之辦法,嚴重抗議,是欲保留黃傳甲回歸時,提出損害賠償之權利者也。至於市政當局強辯黃傳甲所有厝屋,系屬官產一節,雖然系枝葉之些事,毋庸顧忌。查黃傳甲前接市政督辦公署通知書之時,就將該屋契據一切,呈請本署詳細檢察,認為該屋確係黃傳甲所有物業,即請貴交涉員煩為火速轉達市政督辦公署並市政會查照辦理是荷。此致廈門交涉員劉、駐廈日本領事井公庚二郎。」以上抗議,詞意已極嚴重,嗣馬路線內西庵宮頂之台人莊焰山宅,抗不聽拆,並阻拆其附近鄰屋,以鄰屋拆則其屋亦自毀也。市政會乃派工程股會董四人,函司令部,調陸戰一排,偕至莊宅斷其交通,先督工拆莊鄰屋。莊妻鄭氏被阻不得出,迨鄰屋及與鄭宅共有之公牆亦拆除,兵始撤去,而莊屋亦毀。鄭氏走報日警署,日領即向交涉局先口頭提出抗議,問市政會何不待交涉妥協後而竟出此,請以電話致司令部,飭市政會立即停工。下午並提出書面抗議云:「敬啟者:關於市政會督辦公署及市政會不當拆壞敝國籍民家屋事件,本月十五日,經致公函第一四五號,嚴重抗議,並聲明今後當該責任者若無保障再無發

生此事,本領事自要不得已將與市政會並市政督辦公署磋商事件,決為中止,而自設法直接保護我籍民之財產,將來若是因此釀出事端,當然歸於市政當局負責。故特縷縷指陳,喚起交涉員及市政必能充分注意在案。詎料本日上午,市政局竟再派員督匠,向西庵宮頂門牌二十八號敝國籍民莊焰山之家屋,又擅拆卸。嗣據莊之告急,本領事隨請貴交涉員,用電話轉速閩廈警備司令部林參謀長,命令市政督辦公署停止拆卸該屋之事。其結果雖得停工,無如該市政當局,竟自狡辯,謂「日本領事,事前有承諾,拆卸三分之一之籍民家屋時,除工資以外,不要補償。是以拆卸此屋云云。查市政當局所述前言,是欲意圖將此無法拆卸籍民家屋之責任,轉嫁與本領事,並本領事正在訪貴署之間,彼以電話辯明,上述牽強附會之詭辯。惟恐本案極關重大,本領事故於本年一月八日,致貴交涉員公函第四號之內容,同一主旨,屢次或口頭或公函,反覆聲明,並對貴交涉員及市政當局責任者,極口說明,協定未成立以前,市政當局,不能任意拆卸敝國籍民所有之屋宅,並侵害條約上、生活上當然之權利,等因在案。不意此次市政當局,藐視本領事當然之要求,竟自拆卸帝國臣民所有之住宅,並侵害條約上正當之權利,茲特再請貴交涉員火速轉飭市政當局:(一)對上述之不當措置,須向本領事滿足辯明;(二)對屢次不當行為,必須表示謝罪,以及保障將來;(三)應有相當之賠償。提出上列三項之要求,並通告現在進行中之協定交涉,暫且擱置。若貴交涉員對前列三項之要求,答覆不滿本領事之意,本領事為保護帝國臣民之成責起見,決定認為當然之辦法,自加保護。鑒於如期辦法,必定惹起貴我初交之重大結果,茲再喚起貴交涉員特別注意,務期貴交涉員出於有誠意之辦法,為此特將上述事件,重再修函,請煩貴交涉員慎重辦理,並希見復為荷,此致廈門交涉員劉。駐廈日本領事井上庚二郎。」交涉署接此抗議後,即轉致市政會云:「敬啟者:本日準駐廈日本領事來稱,以廈門市政會擅拆籍民黃傳甲房屋,茲送公譯文兩份,請轉達市政督辦公署並市政會查照辦理等因,正在函轉間,本日午後二時,又準日本領事到署面稱,本日廈門城內西庵宮街門牌二十八號籍民莊焰山房屋,亦被市政會委員,帶同軍警及工人,擅行拆屋,特提出嚴重抗議,並責問市政會未得本領事同意,擅拆籍民房屋。貴交涉員以為合法不合法,請即答覆等語。準此,相應將日領所送譯文二份,並來署嚴重抗議情形,一併函達貴會查照,希即暫停拆卸,妥商辦法,並希見復為荷。」云云。市政會接函後,於二十四日召集會議,擬具駁覆文送交涉局,請轉日領,內容祕不宣

布。司令部、警察廳、交涉署並囑廈門鼓浪嶼各報館勿載關於交涉之新聞，其嚴重可知。據市政會人云，市會覆文，仍據民九成案，華洋一律，經過領團之同意為理由。至黃傳甲之住屋，確為官產，系前清謝中府之公祠，黃所執之契約，證據並不充分為辭。洵若此，亦何祕密之有也。自此次交涉起後，馬路工程為之停頓二日。嗣仍繼續進行，惟日籍民屋拆卸，則已停止矣。此案現在交涉中，結果如何，尚難逆賭也。（三月二十九日）（1926年4月3日，第9版。）

6.廈門市政會為拆屋事駁復日領，對十五日、二十日兩次抗議駁復（蜀聲）

廈門通信：廈門市政會以建甕萊河馬路，拆卸民房，拆及線內日本台灣籍民之居屋，引起廈門日本領事於三月十五及二十日兩次嚴重之抗議。（抗議原文已記本報）市政會接到交涉署及市政督辦公函，請停拆卸後，即於二十四日開會，擬具駁覆文件，於二十七日致市政督辦公署。督辦公署即於二十八日轉致交涉署，提交日領。原文如左：逕復者，案準廈門交涉員函開，本日準駐廈日本領事來函，以廈門市政會擅拆籍民黃傳甲房屋，茲送上譯文兩份，請轉市政督辦公署，並市政會查照辦理等因，正在函轉間，本日午後二時，又準日本領事到署函稱，本日廈門城內西庵宮門牌二十八號莊焰山房屋，亦被市政會委員，帶同軍警及工人擅行拆卸，特提出嚴重抗議，並質問市政會未得本領事之同意，擅卸籍民房屋。貴交涉員以為合法不合法？請即答覆等語。又準廈門交涉員函開，關於日領抗議拆卸籍民房屋一節，茲又準日領面稱，關於此事，自應先行協定，然後進行拆卸事宜，無如市政當局不顧籍民權利，照常拆卸，本領事職權所在，當即取相當手續，冀以自衛，特此警告等語。經於本月二十四日開會提案公決，議駁要旨，分述如下：按本年三月十五日，日本領事抗議書譯文，其要點有四：（一）謂拆卸籍民厝屋時賠償價格及賠償方法，本領事與市政督辦公署及市政會，未經妥協議決以前，本領事對於贊助市區改正之根本方針，勢難決定云云。查廈埠改正市區，拆卸籍民厝屋，始於民國九年，所有章程，經本會會同市政局規定，呈報地方長官，並分咨駐廈各國領事在案，均無異議，成例在先，實行已久。日本領事如抱滿腔贊成之誠意，不應於前領事承認之事，受籍民瞞慫，再圖推翻。且拆卸房屋，中外業主一律對待，最為公允，萬無厚待籍民而薄待市民之理。如果督辦公署或本會於定章外，再與日本領事協定，在我為斷喪國權，在彼為違約，市民反對，友邦藉口，彼此均有不利。蓋改

良市區與外領協定章程,微論萬國無此前例,即按諸中日兩國約章,亦無此明文。日本領事既聲明能以熱誠贊助本會進行市政,而又提出約外之要求,本會實難於解索;(二)謂此次市政當局,突然帶同軍警工匠,擅將黃傳甲所有衙口街門牌四十八號及四十九號之厝屋任意拆卸,實屬藐視中日條約、違背公理云云。查本會函請督辦公署給發通知書,在十四年十二月間。日本領事以籍民呈稱通知書,延至一月七日始行送達,於本年一月八日函請暫且緩辦,(見交涉一月十一日致督辦公署公函)本會以送達日子,系十五年一月一日起,至三日止,各有回證可稽,則所謂期間迫促,已不成問題。業於本年一月十三日議決,由貴公署函交涉公署轉復日領事在案。況事實上延至兩月餘,該籍民尚故意延宕,而日本領事亦無相當答覆。本會以拆卸工事,難再稽延,故知會督辦公署督同拆卸,何得謂之突然?何得謂之任意?至中日條約,並無容許籍民厝屋得阻礙市區改正之明文,又何得謂之違約?若以慣例論,如廣州、汕頭改正市區,非無拆卸籍民房屋,究未聞有彼此協定之必要。廈門何獨不然?至黃傳甲是否能主張前開厝屋之業主權,及向日本領事署要求提出抗議,始讓下文答辯;(三)謂此次提出嚴重抗議,欲保留黃傳甲回歸時,提出損害賠償之權利云云。查本會依定章督促拆卸房屋,在法律上當然不負章程外之賠償責任。而該籍民恃強故意阻撓工事進行,使本會受種種損失,候計算後,再請貴公署提出要求,此條應聲明保留權;(四)謂市政當局主張黃傳甲所有厝屋,系屬官產一節,雖系枝葉些事,無需顧念。查黃傳甲前接市政督辦公署通知書之時,就將該屋契據一切呈請本署詳細檢查,認為該屋確係黃傳甲所有物業云云。按外國籍民在中國通商口岸租地住居,其租地權,非由該籍民將契據呈請中國官廳承認會印後,不能成立。試問黃傳甲之置屋,曾履行此程序(手續)否?日本領事以片面的檢閱,而認定該屋為該籍民所有,得無違反條約否?況照事實而論,衙口街門牌四十八號、四十九號厝屋,前清光緒三十四年美艦到廈時始行建築,有官廳公文可證,後充作五營(前清保營)公產,嗣以謝中府心田有功廈門,將該屋充為謝中府祀業,逐年由外委(前清武官)吳南屏支辦祭祀費用。迨民國十二年閩軍踞廈,設立官產局,認該屋為官產,吳南屏頓起恐慌,偽造契據繳驗,被官產局扣留,由謝中府之子謝文彬領回。契據尚在,召核立明。近吳南屏又再偽造契據,串通黃傳甲訛詐,則該籍民所繳日本領事署契據,萬不足憑,本會認為絕對無效。夫業主權既無充分證明,則黃傳甲之濫訴與日本領事之管理,均屬違約違法。本會若不徹底抗

議，則官產尚又任籍民侵占，民產何堪設想？又接本年三月二十年日本領事抗議書釋文要點有三：（一）謂本日上午市政局竟再派員督匠將西庵宮頂門牌二十八號敝國籍民莊焰山之家屋，又拆卸云云。查西庵宮拆卸工事進行已久，二十八號之左右鄰二十六號及二十七號，均經遵限拆卸，獨此二十八號抗不照辦。彼此牆壁相連，市街行人，危險萬分。若任其挨延牆壁一圮，死傷行人，日本領事或該籍民能負責任否？且莊焰山自己家屋玩延，又復阻擋鄰近，欲其互相傚尤，本會為職責所在，實難曲予遷就。況日本領事前此要求暫且緩辦，業經本會答覆在案，乃稽延兩月，日領事並無相當答覆，徒以未經協定等語，為要挾地步，本會認為有損國權，違反條約，故不得已按章執行，以免阻礙，準情酌理，實無不合。抑更有言者，米升巷日本籍民汪子成門牌五十八號、五十九號、六十號，與霞溪仔街周永亭門牌七十三號等厝屋，均在收買之列，迄未繳契，無從給價。又西庵宮門牌三十四號（即台灣公會）延不拆卸，又甕萊河洲仔鄭有利、陳鏡山等，混占桂洲寺等，本會擬請督辦公署另備最後通知書，分別發給，再延定當強制執行，合併聲明；（二）謂市政當局竟自狡辯，謂日本領事前有承諾拆卸三分之一籍民家時，除工資外，不要補償云云，查市政當局所述前言，是欲意圖將此無法拆卸籍民家屋之責任，轉嫁與日本領事云云。查此言不知何方與日本領事接洽，未見公文，無可援為抗議與辯論之證據，本會認為無答覆之必要；（三）譯文最後提出三項要求：①對上述之不當處置，須向日本領事滿足辯明；②對屢次不當行為，必須表示謝罪，以保護將來；③約束相當之賠償云云。查本會之處置，應行拆卸厝屋按章執行，並未違反條約及慣例，何得謂之不當？此種執行，既屬適法，安有謝罪之可言？至保障拆卸家屋之權利，載在本會章程，對於日籍與本國市民及他國籍民，一律待遇，日本領事自不能為過分之要求。至應否賠償依章辦理本會不能為日本籍民開一特別例，此項尤不成問題。以上答覆要旨，經由本會列席議董議決，除具函答覆外，並聲明本會拆卸之事，萬難稽延，如日本領事法外干涉，應付賠償責任等語，公決通過。相應函請貴公署察照，將本會覆函錄轉交涉公署，轉復日本領事，並依前述要旨，提出嚴重抗議，以保國權，而維地方，實紉公誼，此致廈門市政督辦陳、會辦周。二月二十七日。（三月三十一日）（1926年4月4日，第9版。）

7.廈門市政積極進行，發山土填築海灘，擬沿堤建築八碼頭（蜀聲）

廈門通信：廈門市政自日領允撤銷與市政督辦所訂協議後，障礙減少，進行可趨積極。除自十六日起，由市政會派工程員偕同警備司令部撥派之陸戰隊，至城河馬路線內強制拆除抗不遵讓之民屋外，又以新馬路、嶼尾一段之內外海灘，市政會計畫填建新市場。廈門新市廛將沿新馬路向禾山發展，已成既定趨勢。此中間一段馬路內外兩旁，均屬海灘，不予填平，則終被限制，無由進展。故填築嶼仔尾馬路內外海灘，實市政建設之首要計畫。外海灘之填築，取砂於隔海崩坪尾，內海灘則限於馬路之橫梗運沙船不能直達。工程上既有窒礙，且亦不經濟。前經工程師王某擬具計畫書，略謂內海灘計一萬三千餘方丈，地面在滿潮之時水平下海關標尺十二呎半，全段填與馬路馬路地平，平均約十二方呎，用土十四萬六千餘方呎。倘照外灘辦法，用砂填築，不僅費鉅，且工程迂緩。若就該地附近兜仔尾、水雞腿等山地取土，則工程較易，可少費八萬元。就實地測量，用山地長寬各八百五十呎即足用。此山查為公有，惟多民墳，選地遷葬，當無不可云云。此計畫最近經市政會議決採取。該地墳墓，多兜仔頭後保鄉人祖遺，均不願遷徙。且有以此山為兩鄉之風水，破之將取殃者。二十七日墓地之主權者，假座廈門韓宅開會，到林瑞泉、韓福海、陳玉琮等六七十人，議決組「保存兜仔尾、水雞腿附近墳山公民團」，反對遷墳取土。其所持理由，則以該地非馬路線所經過之區域，無遷墳之必要。以照市政章程收用各地，限於馬路線內。且市政會之所謂遷墳，不啻毀墳，無端禍及枯骨，尤難默視。現公民團已擬具理由書，請市政會撤銷此案，並定今日向各機關請願矣。又馬路線內甕菜河、洲仔等，原為公產，當市政會收用時，日籍民鄭有義謂為其置業，抗不令拆，並經日本領事向市政會提出抗議。現日領既放棄與市政督辦之協議，市政會乃於二十九日派工程員偕同警備司令部撥派之陸戰隊二十名，到洲仔寺，強制拆除。鄭有義雖請日警部到場察視阻止，至則為武裝陸隊所制止，不得近。據台灣人消息，日警部有請日領提出交涉之說。

閩廈警備司令設廈門堤工辦事處，委市政會辦周醒為處長，建築堤岸及碼頭。聞周氏計畫，決由新填地起，沿海迄寮仔後，作長堤。擬於舊路頭建第一碼頭，洪本部建第二碼頭，提督路頭建第三碼頭，義和行建第四碼頭，海關口建第五碼頭，港仔口建第六碼頭，海關驗貨廠建第七碼頭，水仙宮建第八碼頭。（六月三十日）

（1926年7月4日，第9-10版。）

肆 《申報》廈台關係資料選

（歷年《申報》）

伍　《江聲報》廈台關係資料選

　　編者按：廈門本地報紙《江聲報》創刊於1918年，是廈門歷史最長的民營報紙，其宗旨標榜「為老百姓說公道話」。該報十分注重對廈門與台灣關係的報導，舉凡廈台交通、台灣人在廈投資、台灣產業博覽會、台灣水產品、水果進口等經濟交往，乃至林獻堂率團訪問廈門、台籍共產黨人在廈門被逮捕等政治事件均有報導，尤其是對台灣籍民在廈活動的記載十分詳細，可與《申報》紀事互為補充。以下為《江聲報》廈台關係相關資料選編。

1931年

1.台人敢私擅拘禁私擅加刑，被害人情急跳樓重傷

　　昨（七）日上午八時許，溫州人陳雷（四十餘歲，住思明東路十七號）忽在待人巷台人鄭天壽所營成利洋行四樓窗戶下躍下，脊骨似折，全身及足部受傷，不能動單（手旁），復能高聲呼救，適二署巡長經過是處，瞥見由成利洋行內走出台人林金章、胡石機兩名，以為即系兇手，遂將其捕獲，並命扶陳到署。抵署後，署員曾孝植訊問，據陳雷供，渠有友在成利洋行內。渠於前日往訪不遇，六日再赴該行，詎料鄭天壽之夥台人洪慶福忽謂失竊衣服三四件，誣渠所取，立被幽禁於四樓，痛加毆打。渠與辯無效，不堪毆打，不獲已始由窗戶躍下，冀得逃脫。彼（指胡石機）當時亦參加毆渠云云。訊之胡石機、林金章，據胡供，謂同事洪慶福失竊衣服，洪指陳所竊，故曾幫毆云云。而林則供謂渠並未參加毆陳云云。訊畢，曾署員覆命林、胡兩人扶陳上人力車，派警一併押解公安局懲辦。但陳雷所供之鄭天壽及洪慶福則未傳訊，亦未跟究也。（編者按）據胡石機供，成利洋行內幽禁毆打陳雷之事實已證實，因而陳雷跳樓予以危及生命之傷害事實亦證實。已成立中國刑法三百十六條及同條第二項「妨害自由」之罪。又二百九十三條及二百九十五條「傷

403

害」罪，無論陳雷與犯罪者其他關係如何，此兩罪則已絕對成立。林、胡而外本案關係人不能不究，初不問其是否籍民也。（1931年5月8日，第3版）

2.大阪社台廈船資高價之反響，台灣青年社致台灣公會書

本報昨接可靠方面寄來「廈門台灣青年社」之《告台灣公會諸同人書》一份，原文節錄如左：

台灣公會諸先生均鑒：（上略）我們來說大阪商船會社的橫暴可惡，須知大阪商船之航行台廈，是專以我們台人為其對象的。如果他眼中有我們台人存在，際此銀價暴落時期，他既優待往汕頭、香港線的搭客以照舊的船租，（查由廈往汕之船租大銀六元、往香大銀十二元，再比海程由廈往汕與廈往台差不多遠）對於來往台廈的搭客亦須依照舊收大銀六元才有合理，然而他更敢改換做金本位——其數目雖也是六元，但照目下銀價，金六元須要大銀十三元左右咧，如此，明是剝削我們台人的膏血，以填補其汕香線的虧損。試想可惡不可惡？台灣公會諸先生，你們還記得昨年夏間，你們也曾昂昂烈烈做過反抗大阪商船會社的暴利運動這一回事麼？當時你們之推選交涉委員以當直接之沖，及提出交涉顛末書等的運動，何等的令人欽佩。但現在竟然消聲滅影，殊屬憾事。惟這我們不敢作其他的懷疑。我們料想，這是你們誤會作此運動會被台灣政府待以危險舉動，然由一般的人們看來，反抗暴利，不但是正當行動，就是日本政府亦有口文頒布《暴利取締法》在案。（中略）所以不特不排除萬難以組織這個團體，想藉此以助先進的貴會共謀住廈台胞身家財產的安定。最小限度，對於目前急待進行「反抗大阪商船之暴利船租」，務期於最短期間得達目的，尚祈繼起昨年的精神——毅力向前進攻。敝社同人等誓積極聯絡台胞協力並進。謹祝努力！中華民國二十年七月廿六日，廈門台灣青年社啟。

（編者按）左列文件主要事件為大阪台廈船資高價之一種「暴利取締」運動，其非本事件必要說詞略去。台廈間目前為大阪專航，其高價為對旅客一種不可抗之剝奪。事實果如此，日政府亦所必取締，其自我口岸出航高價我海關亦應取締。吾人為促成免除台人及台廈間旅客之經濟的剝奪，特為節錄如上，並附數語。（1931年8月16日，第3版）

1933年

1.擊斃日警之陳榮章尚弋未獲

日領署館前晚派日警野上近見擅捕台犯陳榮章，陳榮章拒捕開槍將野上擊斃，各情已見昨報。茲查兇犯昨尚未弋獲，本市當局關於此事處置，昨禾山、思明縣公安局，及本市公安局水陸均有飭派探警各處密查。日領署亦派人各處搜索，結果皆無所獲。（1933年3月13日，第4版）

2.擊死日警之陳榮章，昨晨在禾山被警格斃

十一日晚在廈港民生路拒捕，槍殺日領館員野上近見之台人陳榮章，昨（十三）晨九時許，已在禾山後埔社為縣公安局警孟古性格斃。茲紀其情形如下：前（十一）晚，野上被陳開槍擊斃後，陳即遠竄匿禾山。前日領署據人報告，謂陳現匿跡禾山後埔社友人陳文炎家，乃派員至縣公安局，導警隊前往陳家搜捕無所獲。陳文炎由縣公安局帶往訊問，尚未釋放。昨（十三）晨八時許，陳文炎妻到江頭街購食物，行未數武，恰遇陳榮章。陳妻邀其到家煮食米粉湯，榮章問陳在否，陳妻答以已出門工作。陳不疑遂隨至其家，旋陳妻告以出外借煙槍，遂密到該社長李有視家報告，囑代打電話報告縣公安局，乃返。陳似察覺，米粉未熟，即匆匆出。陳妻尾之行未數武，縣公安局行政科主任黃震宇、科員莊濟臣等，已率領稽查員吳警新，及駁殼警孟古性、林壽山等趕到。陳文炎妻告以人已外出，並為指示去處。黃立命各長警追截，陳見警至，連開槍一響。警等追至該社門牌三號、二號毗連之巷內，陳蹲在三號右畔偏門之糞掃牆邊，黃從後抄至，駁殼警孟古性伏在三號壁邊，稽查員吳警新登屋頂。陳榮章在牆隅方舉頭窺屋頂，孟古性立放開一槍，彈從陳左太陽穴入，右太陽穴出，登時倒地斃命，手中尚牢執曲九手槍。槍響後，黃由屋後抄至，陳已屍橫三號糞牆邊矣。於是乃將手槍取囗，搜其身尚剩子彈十七粒。遂將陳屍拖往縣公安局，一面報告縣公安局長丘，轉知日領署。旋日領館員少川要之助等一行多人乘車抵地，將陳屍攝影。午後二時三十分，由台灣籍民備棺將陳屍入殮，雇民行貨車行之一三六號貨車，逕運至廈港台灣公塚埋葬。死者身穿內衫，外套烏色大衣，頭包烏灰色羊毛巾，赤腳，穿白短褲，腹部受刀傷一處，創口尚有血

跡。在廈有一弟現在暗迷巷某賭場為夥，聞訊亦趕至探視。事後日領館員等，與黃合攝一影紀念，另與孟古性攝一影。至野上近見屍收殮後，於昨（十三）日下午三時，由水仙宮渡頭雇駁船一艘載往鼓浪嶼五個牌日本塚山舉行火葬。（1933年3月14日，第4版）

3.日署在廈門捕人，市政處已函縣府向日領提抗議，並將舉行登記籍民攜械

關於駐廈日本領事署派警擅在廈門私捕台人陳榮章，被該台人拒捕擊斃日警野上近見事，昨據市政籌備處祕書徐文彬對記者稱，關於此事經過詳情，該處已據公安局呈報後，即函明縣政府，迅向日領抗議，詞長一二千字，總括提出兩點：（一）日領署未知會本市政府，擅在本市地域內捕人，違背國際公法，侵越中國主權；（二）本市日籍僑民，隨便攜帶軍火槍械，於本市治安，妨害殊甚，應嚴予取締，並即舉行登記。上述兩點，均依據國際公法，提出抗議，於昨（十三）日函請思明縣政府查照辦理。至該處所以不逕向日領提出抗議者，因奉省府令，關於本市外交行政權，仍交思明縣政府辦理云。（1933年3月14日，第4版）

4.為抗議日領署擅捕人，市籌處致縣府函全文，請向「日領嚴重交涉」

日領署擅在本市捕人一案，市政籌備處函縣府請迅向日領嚴重抗議，業見昨本報。茲將該處致縣府函，全文錄左：

逕啟者，案據本市公安局局長林鴻飛呈稱：呈為呈報事，現據職屬第三區署署長譚培榮呈稱，竊本月十一日下午八時四十分，據中山路特別崗警士吳世光電話報稱，頃有競新二零一號人力車上乘一男客，身穿西裝，首垂車邊，在中山路島美傘崗盤旋。警見有異，乃令該車伕停車，向前查詢。該坐客面色青黃，氣已閉絕，顯係被害，故命令該車伕連人帶署前來。經署長細視，死者系日本領事館員野上近見，身中兩彈，隨即界送同文路診華醫院，請翁德修醫生急施救治，一面報告鈞長，並以電話通知日本領事館。未幾該館員鄭金次郎到署聲稱：「本晚同野上近見、蕃署等三人，往民生路十一號陳美富家拘捕兇犯陳榮章。（又名阿臭，年約二十七八歲，台灣人，近視眼，去年在思明北路通國賭場殺死台人金龍案犯）到地

時，野上近見登樓，其時陳榮章在房內，見勢不佳，竟拔出手槍，向其射擊，連發一響。野上近見身中三槍，急即下樓出門，乘車崑返。我即同潘署二人立即追趕，不見該車。嗣在途中聞耗，而野上已氣絕車上。承貴署中山路崗警護送醫院，極為感謝。」等語。據此，署長立派署員、巡官、差遣員等，率帶特務長警等，馳赴第四署，前往肇事地點，分途兜緝兇犯。旋有日本領事館警察署長小川要之助等帶館員多人接踵來署，均到診華醫院視察，即將野上屍體舁上汽車，運回前街仔野上住宅收殮。去後，查死者野上近見，年三十八歲，日本人，現充日本領事館警部，受傷三彈，一在右肩，一在左膀胱，一在左大腿。死者遺有一妻二子，均住廈門前街仔地方。此次日本領事館意擅派館員，私擅來廈，侵入中國人民住宅捕人，致生拒捕慘案，藐視條約，侵我主權，莫此為極。該野上被傷身死，自屬咎由自取，但其奮勇精神，亦堪欽佩。該日籍犯人陳榮章，開槍擊死日人，殊屬兇狠。除督屬嚴緝該凶解辦外，理合具文呈報鈞長察核，俯賜徑向日領嚴重抗議，以維主權，以重治安，實為公便等情。又據第四區署署長謝紹曾呈稱，昨夜八時許，據本駐所巡長陳振基報稱，頃聞民生路附近發現槍聲，報請核奪等語。本署聞訊即派巡官楊鎮中帶同特務長警出發調查去後，據該巡官復稱，頃帶隊馳赴民生路一帶察查，但見各戶均已閉睡，未有如何舉動，除飭長警仍在該處嚴密查察外，合先報請察鑒等情。約逾二十分之久，即有日本領事館職員鄭金次郎、潘署等到署，形色極為惶恐，聲請會同前往民生路查緝去年在思明北路通國藥房殺人之兇手日籍台灣人陳榮章（又名阿臭）等語。當經電報司法科，並派署員何孝怪、差遣員吳熙富暨巡官長警等同往查緝。嗣□第一署電知，頃據崗警報稱，競新公司人力車第三百零一號，由中山路島美特別崗經過，車上仰臥一人，受傷斃命。查系日本領事館調查部長野上近見。據該車伕稱，系由民生路拖來等語，請飭查民生路有無發生殺案等由。正在飭查問，旋據署員何孝怪等回署復稱，頃同日本警部前往民生路十一號搜查兇手，經已免脫。查本晚發生抗捕槍殺原因，乃該警部事前並未到署會同，致被抗殺，事後伊等□皆逃散而去，不即來署報告，兇手得以脫網。致本署所聞槍聲，派警出發，未能即時查得究竟，拘獲正凶。□將居住該戶戶主陳富美外出未回，先將其店夥陳良趕、駱寶金等二人傳署暫押候查等情。復經署長親率員官、長警及偵探等，分途查捕，並會同日警搜查配料館、太平橋、魚行口等處台人住所，均未獲到。查日本領事館此次派野上近見到本署轄內拘捕要犯，事前並無到署□同，竟自私擅逮捕，致

生抗殺斃命，不但咎由自取，藐視中國主權至極，事後到署報告，亦無聲明有開槍傷人情事。迨至本署派員會同查捕，始悉本案原委，似此任意行為，殊屬不合，理合懇請鈞長，提出抗議，以重國權。至日本籍民陳榮章屢次在廈發生事端，非嚴捕究辦不可。除仍飭所屬員官、長警嚴密查緝解究外，合將昨晚日本籍民陳榮章抗捕槍殺日本警部野上近見經過情形，具文報請察鑒等情，同時據此查當該案發生時，職聞報後立即指揮督察長員，及保安警察大隊長、偵緝隊長等，各率隊警探員分途截緝，並親往肇事地點及停屍場所分別察視，及據各署隊報告截緝未獲各情形，愈以日領館館員事先未有知會，無由預早協助，致令兇手逃匿，無從弋獲等語，經職查核屬實。至應如何提出交涉之處，未便專擅，理合將日領館員未經知會，私自逮捕日籍人犯，被拒槍傷斃命情形，備文呈報鈞處察核，應如何抗議以維主權之處，仍候鈞裁等情。據此，查日領事館員私擅來廈逮捕人犯，事先未經知於我當局，其日籍人民私藏槍火，均屬違背條約，侵我主權。除指令外，相應函請貴府，迅飭鼓浪嶼外交辦事處，向日領事嚴重交涉，以維主權，而重治安，並希見復，至紉公誼。此致思明縣縣長丘。（1933年3月15日，第4版）

5.日領署擅自捕人案，縣府昨先提口頭抗議

日領署擅在本市捕人，市政籌備處函思明縣政府，請向日領提出嚴重交涉等情，業迭記本報，茲查縣長丘銑據函後，昨（十五）早已飭鼓外交辦事處祕書顧慎初，先行提出口頭抗議。顧祕書業已向日領三浦義秋直接交涉，要點有二：一、此次擅自在廈捕人，有侵中國主權行為錯誤；二、以後勿再有同樣事件發生。

日領方面措詞頗狡，謂此次事件，實出於一時緊要，未暇知會，且公安局以前拘捕日籍民煙賭，亦甚少正式由外交辦事處知會彼國。（編者按，任何國人民當然受住居所在國法律之制裁）等語云云，因是昨尚無結果。下午五時許，記者往訪丘縣長。據丘縣長表示，關於此次事件，事後日領署雖曾派小川署長至公安局解釋，並表示歉意。但此種非法行使職權，故交涉事無論如何，必堅持到底云云。又查市政籌備處昨亦與丘縣長磋商向日領交涉進行事宜云。（1933年3月16日，第4版）

6.日領署擅自捕人案，日領署昨答覆縣府，解釋系往調查，表示歉意保證以後

關於日領署擅在廈門捕人，致日警野上近見被犯拒捕擊斃各情，經迭載本報，茲查此事發生及擊斃日警之陳榮章，被思明縣保安警孟古生格斃後，前（十五）日下午五時，思明縣長丘銑曾令駐鼓外交辦事處，向日領署提口頭抗議。由該處科員顧汝潛前往，時已散值。顧乃向日署職員范忠常口頭接洽，提抗議兩點：一、日署在廈捕人，不知會中國官廳，侵越主權，有違國際公法，應正式向我外交官署道歉；二、保證以後不得有同樣事件發生。范允照轉日領署答覆。昨（十六）早十時十五分日領館派警視范忠常到縣政府謁縣長丘，十一時日領館武藤書記官亦到縣府，對於：一、據稱野上近見系往調查，並非拘捕，一時錯誤，表示十分遺憾；二、保證以後不致再有同樣事件發生。又范忠常昨晨九時餘，范奉日領命，至辦事處答覆。據稱野上近見先系前往調查，並非逮捕。嗣以事情緊急，乃遣同伴一人往報署，迕行不數武，野上即遭槍殺。該往報署者聞槍擊折回，而野上已被擊斃命。追兇系臨時處置，遂未克先報署，此點日署應向中國官廳表示歉意云云。顧駁以既系調查，何必一行三人？且均挾帶武器，而野上近見復帶有縛人之繩云云。結果，范對此點，謂已奉命前來表示歉意，並保證以後絕不會發生同樣情事。縣長邱已即日將本案肇事緝兇及交涉經過，電陳外部察核示遵矣。（1933年3月17日，第4版）

7.日籍民林滾傷警案，市籌處緝兇追械嚴懲，指令工務侷限期拆屋，林向公安局道歉未受

關於台灣籍民林滾，前（二十一）晨九時許，率眾在義和街二十五號房屋，毆傷工務局警周世欽、徐光國，並將二警所帶槍桿奪去各情，經記昨日本報。昨（二十二）日下午二時，記者訪工務局長周醒南氏，（按周前夜返廈）詢以此事如何處理。據周氏談，本市區內，凡系日籍民房屋產業，日領署皆有錄表存局備查考。該義和街二十五號之屋業，是否為林滾所有，表內並無證明。且該屋之應拆卸，在七八月前，路政處已發通知書知照，未往拆之五日前，工務局復往通知，並粘字據於門首。該屋如為林滾所有，或有任何情形者，自可來局聲請，在可能範圍內，工務局為顧全業戶權益起見，並不是絕對不可商量。今事前一再通知，並不來局陳說，待派警往拆，始以野蠻手段對待，挾械毆警，糾眾竊搶，視中國政府若無睹，事後乃欲以誤會了之，此誠憾事。本人於前（二十一）晚返廈，因為時已晏，未辦交涉。本（二十二）日經將經過情形，呈報市籌備處核奪。至於林滾方面，雖曾托洪

曉春等，到局解釋，謂林願賠償醫藥費，交還槍械了事，並謂日領署亦已派員到公安局表示歉意等語。本人以此事已呈籌備處辦理，工務局自未便輕予答應。至交涉程度若何，工務局已根據事實報告上峰，市籌備處自能依據法理向日領提交涉，緝凶究辦云云。三時半，記者復詣市籌備處，謁處長許友超。據許氏對記者談，關於茲事，本人閱工務局長周醒南呈報後，經指令公安局，飭即會同日領事館，派警緝凶、追械、懲辦，具報核奪，同時並指令工務局，限期將該屋拆卸云云。又據公安局長林鴻飛告記者，本（二十二）日上午，林滾曾到局，對此事聲明錯誤，並表示歉意。本人答以此事屬工務局範圍，可自向工務局方面解釋，林旋辭去。外傳工務局警之槍，林滾已送返工務局者，實無此事云云。茲將工務局呈報原文如下：

「呈為呈報事：竊查本市五崎頂、義和街改建馬路，興工已久，兩旁房屋亦早經通知限期拆卸，其中有二十五號門牌房屋一所，早已搬空。惟逾期多時，仍抗不拆卸。本局以其阻礙工程進行，當於本日九時，派警兩名，會同工人代為拆卸。正在工作之際，突有日本籍民多人，將兩警所持長槍兩枝，及工人所帶工具，悉行搶奪，並將兩警包圍痛毆，內有一警被毆重傷，勢極危殆，恐有性命之虞。似此糾眾抗令，搶械傷警，實屬不法已極。除將傷警送醫院調治外，理合具文呈請鈞長察核，轉令公安局，迅予緝凶追繳，依法嚴懲，實感公便。謹呈思明市政籌備處處長許。廈門工務局局長周醒南。三月二十一日。」

處長許友超據呈後，昨（二十二）日下午經指令公安局，飭即會同日領4事館派警緝凶、追繳、懲辦，具報核奪，同時並指令工務局，限期拆卸該義和街二十五號之房屋，並將經過情形，及房主姓名，詳細具報，以憑核辦。又聞工務局方面，已函公安局，於一二日內派保安隊會同該局員警，前往督拆云。（1933年3月23日，第4版）

8.義和街籍民毆警案，日領表示負責逞凶及醫藥

關於二十一日晨工務局警徐光國、周世欽，在義和街督拆二十五號日籍民林滾之屋，被糾眾毆傷，並將二警所持之快槍奪去各情，業先後詳載本報。昨（二十三）日下午三時半，記者詣工務局謁局長周醒南氏，叩以茲事交涉情形。據周氏告

記者,此事經工務局呈報市籌備處,籌備處指令公安局緝凶追械,及指令本侷限期拆屋(即義和街二十五號林滾之屋)後,本局經定明(二十四)日上午,派警會同公安局保安隊前往監拆林滾之屋。至快槍一樺,及工匠之鐵鋤三件,頃間已由林滾之友陳長福等,送還本局。同時,林友洪會長(按即洪曉春)、呂天寶等,亦到局對此事代林有所解釋。日領署方面,亦有表示,對毆警之日籍民,願負責懲辦,並由署派員齎函,訂期偕林滾到局,正式道歉。受傷之二警,則視其傷勢如何,定賠償醫藥之程度。為維持本局威信起見,決先拆屋,故對其所請求,尚待□慮云云。又聞前(二十二)晚林滾亦曾往謁周氏,昨(廿三)日陳長福(日籍民)、洪曉春、呂天寶等,於下午一時許至工務局,三時許陳先返,洪呂猶在局磋商,大約今(二十四)日拆屋後,事可解決云。(1933年3月24日,第4版)

9.工務局呈報,日籍民糾眾毆警經過

關於日籍民林滾糾眾毆傷工務局警事,市籌備處曾令工務局拆屋,並將經過情形詳細具報,以憑核辦,業記本報。昨該局經呈報市籌備處,並請向日領嚴重交涉,迅緝凶依法懲辦,茲錄其呈文如左:

「呈為呈請事,案奉鈞處指令,本局呈一件,為報派警拆卸義和街二十五號房屋,被日本籍民毆傷警士,請飭公安局緝凶懲辦,並將拆卸該二十五號房屋之經過情形,及該房主姓名,仍仰詳細具報,以憑核辦為要等因奉此,奉查塔仔街、五崎頂、義和街等處改建馬路,早由前路政處於二十年布告,及通知各住戶限期搬遷拆卸。迨至去年據該數處業戶所組織之促進開築塔崎路委員會,呈請從速進行,曾於十一月再行通知該會,轉知各店戶限十天內自行拆卸,否則派工代拆。嗣以業主佃戶聯合會之請求,又再通知展至本年二月十日,以示體恤。及本局成立以工程業已開工,難任再延,復於二月十七日逐戶發帖標示,確定於二十一日拆卸,以免妨礙施工各在案。自始至終,為時已達兩年,通知亦經數次。而該二十五號房屋始終抗不拆卸。本局以期限已滿,威信所關,未容阻抗。故於期滿之日,派警督工代為拆卸。不料正在工作之際,竟發生日本籍民毆警情事。查當事發生時,到場日本籍民計有十人之多。由籍民林滾指揮,先將兩警包圍,奪取槍支後,即持槍及他項器械,向該兩警痛毆。該兩警因眾寡懸殊,無法抵禦,均受重傷。中有一警生命尤

危。各工人亦悉遭驅逐，所有工具概被搶奪。據林滾在場聲稱，該二十五號房系伊所有，然未據呈繳契據，縱使為該籍民所管業，而為時兩年，先有路政處之迭次通知，後有本局之標示，中間復經業戶之自動請求，該籍民未能諉為不知。倘有特別情形，自可到局聲明，以憑解決。乃事前口不見到局交涉，限滿又不遵照拆卸，若不嚴向日領交涉緝凶究辦，不獨路政未能進行，即於國權亦不無妨害。奉令前因……（下缺）」。（1933年3月26日，第4版）

10.日領擅自捕犯案，經向我表示遺憾及道謝

日領館員擅在廈逮捕台人陳榮章一案，事後中國提出嚴重抗議，經日領派員向我解釋並表示遺憾各節已記前報。茲查思明縣政府除將交涉經過電陳外交部外，並函市政籌備處轉呈省政府鑒核備案。市籌處昨並訓令所屬市公安局知照，原令文云：「為令知事，案查本處前據該局長先後呈報，日領事館館員在廈擅捕台籍犯人陳榮章，該犯拒捕槍殺日館員野上近見後逃往禾山，因拒捕開槍被縣警還擊斃命一案。本處以日領事館違背條約，侵我主權，曾經函請思明縣政府嚴重交涉，並呈報省政府鑒核在案。茲準思明縣政府字第一〇五號公函開：徑復者，接準大函，以據市公安局呈報日本領事館館員在廈擅捕殺人犯台人陳榮章，該犯拒捕槍殺館員日人野上近見一名，兇犯脫逃等情，日領館館員在我領土私捕人犯，違背條約，侵我主權，囑向嚴重交涉等由。又準續函開：以據市公安局呈報台犯陳榮章逃往禾山地方，因拒捕開槍被縣警還擊斃命等情，應請併案交涉各等由準此，查此案業經本府向日領提出交涉，已準日領派員答覆聲稱館員系前往調查，並非拘捕，竟致發生事端，表示歉意，並保證以後絕不發生同樣情事等語。又準日領來函對此次中國官廳緝凶出力，辦理敏捷深為道謝等由到縣，已由本府將本案警事及緝犯經過詳情電陳外交部察核示遵在案。茲準前由，相應函覆察照為荷等由，準此除據情呈報省政府鑒核備案外，合行令仰該局長即便知照。」云云。（1933年3月30日，第4版）

11.永寧輪上破獲台人私運軍火，日領館員請釋未允

永寧輪船於前（廿二）日下午五時，擬由廈開赴莆田，四時許由第五公安分局查驗艦稽查員下輪檢驗，於該輪廁所壁板堆中發現木箱四件，鐵箱三件，及一布

袋，袋中有鴉片紅土一包，鴉片煙具一盒，又子彈排六個，子彈二十顆。該稽查員當詢該帶貨人生福號李永煌。據云，四木箱係裝塗沙，燈粉裝一鐵箱，鹹酸裝二鐵箱。該稽查員驗得該塗沙似系子彈藥模樣，乃將該木箱、鐵箱計七件，連李永煌一人解艦，轉送第五公安分局。未幾，即有日領館員陳彭九及一日人到該分局，向許分局長請保釋，謂該李永煌系台灣人云云。許以李私運軍火入內地，應送公安總局訊辦，當將李及所獲諸物於是夜十一時許由公安局運輸車送局，查李現年二十七歲云。

又訊，第五分局查驗艦稽查員高其生、翁和、張義勝在永寧輪破台人李永煌，年二十七歲，住開元路生福洋行。當場搜獲駁殼子彈二十顆，子彈囊六套，鴉片煙土十塊，裝一包重三斤六兩，鴉片煙具一盒，鐵砂四大木箱，燈粉一木箱，鹹酸二木箱，當即將人物帶局。經局員唐宗藩審問，據供該子彈等擬運往興化發賣云云。（1933年4月24日，第4版）

12.由台灣來向金門去，海關截獲漏稅帆船，計有白糖、麵粉、新聞紙等

廈門海關前（廿二）夜據密報有由台灣偷運白糖什貨之帆船一艘，向金門海面駛去。該關據報後，立派外班關員，乘第四十九號電船前往截緝。結果，截獲白糖一百六十四斤莊十三包，二十斤莊以麵粉袋裝二十包，新聞紙四大捆。當即將帆船牽回沒收充公，貨已起卸入棧，船則寄泊於鼓浪嶼河仔下海面。又昨（廿三）下午四午，有水果行之甘蔗五百包，由同安附搭隆盛小火輪來廈，適是日星期日未向海關報告，乃雇駁船一艘，旁邊該輪起卸八十五包，時被海關巡查員瞥見，將該甘蔗沒收，其餘不敢再起云。（1933年4月24日，第4版）

13.本市台人所設煙賭館日有增加，市公安局呈市籌處，函縣府會同日領取締

思明市公安局於昨呈請市政籌備處，請函縣政府，會同日領，切實妥商取締煙賭務絕根株，原文如下：

呈為呈請事：竊查職局呈送外籍煙賭館，暨娼妓調查表，請迅予交涉取締一案，素奉鈞處令，以據轉呈奉省政府指令思明縣政府，迅即提向駐廈日領交涉取締

等因各在案,自應靜候辦理,但為時已久,而台民所設煙賭館,不特未見停止,且有日見增加。如最近查報石皮仔等十四號台民王聰明、溪岸街第一百九十四號朝鮮人金奎益、思明南路三百七十九號安樂商店東日籍民林永安等,紛紛設場聚賭,均在日前調查表之外人,似此交涉者自交涉,開設者自開設,市民無知多誤為日籍人民享有特別待遇,準予開設煙賭,以禍吾民。吾則何以任由日增而不過問,雖悠悠之口未足以測高深,而事實俱存,最無可以解答。煙賭為害最烈,舉世皆知,風屬文明國家,罔不懸為厲禁。間有違犯,莫不立予查究。即如近日住居本市霞溪仔第六十二號法國籍民湯鼎銘,有售賣鴉片情事,一經知會該國領事,立即親自會同職局,派員按地址搜查,絕無推諉,似此熱誠協助,以□毒害,至堪感佩。聞現任日領甚為正直,對改取締籍民煙賭,想必不人後於法荷兩國之領事專美於前。擬請再由鈞處函催思明縣政府,迅派專員與日領再行切實妥商取締籍民在本市開設煙賭辦法:一、由日領自行於最短時間按照表列各煙館,一律查禁,保證不得再犯;二、倘以力量不足,或未及周知,可請日領知會職局,或由職局知會日領,定到會同剋日掃數查禁;三、更或無暇顧及不能從速辦理,可以任由職局隨時予以取締,悉數查封,務絕根株。庶煙賭有肅清之日,社會無貽害之憂,汙垢無藏納之場,地方獲安寧之益。事關掃除毒害,維持治安,想必不分國籍,且有同情,至應如何再行函縣,切實會同日領妥商之處,理合備文呈請鈞處察核,指令祇遵,實為公便。謹呈市政籌備處長許。公安局林鴻飛。(1933年4月25日,第4版)

14.日籍民煙館日領僅允逐漸減少,新設者取締,現交涉依限肅清

市公安局決於短時期內肅清本市煙賭館,籍民方面則限四個月內一律肅清,並發布告,凡煙賭犯拘獲到局者,除男罰充清道伕,女遊街示眾外,尚科以應得之罪,各情均見本報,茲聞:(一)關於取締日籍煙賭館事,市公安局經迭派員與日領交涉,日領則藉口中國煙賭館較多於日籍數倍,未允照辦。嗣經極力交涉,乃允原有者逐漸減少,新設者立時取締。現公安局仍積極交涉中,務達到依期肅清云;(二)市局布告後,曾拘獲女賭徒數名,原擬排出遊街,嗣以均年青少婦,有種種顧慮,因未予實行云。又昨(六)日下午一時許,警四分局員陳君壽率同本駐所前官楊鎮中,暨特務隊等,巡往市仔街門牌四十號搜捕,入室中但見煙氣熏天,煙犯等已□聞風挾具逃遁,故無所獲云。(1933年5月7日,第4版)

15. 八名煙犯，日領保五名

公安第二分局，昨下午四時許，接線民報告，廈禾路九三號二樓，有人私營煙廚。局長陳鴻文立派巡官陳廉、鄭鴻　，帶同長警一餘人，前往按址圍搜。抵地時即將樓下前後門把守，由陳、鄭兩巡官率警登上二樓。是時煙廚東已聞風遁，僅獲煙犯八名，搜出煙槍五桿，煙燈七盞，煙鬥六個，洋鐵煙盒大小四個，竹葉煙膏二十五包，煙簽八支，柴鐵煙盤各一個，煙口二把，空盒二個，手電燈一支，牛角煙盒內煙膏一盒，以及零星煙具頗多。當將人犯、物證一併帶入分局，由局員王璋訊問。姓名如下：陳志仁、蔡清潭、李永福、李鋒銳、吳堅金、李楨祥、李照福、陳矮。旋日領派員到局，請領其中籍民李楨祥、李照福父子及蔡清潭、李鋒銳、李永福等五人，因李等於是時同到該處作公親，被該局誤捕。經該局準予具結保釋。至陳志仁等三名，由該局備文連同煙具，移解總局律辦。（1933年5月9日，第4版）

16. 台灣人目無法紀，私擅擄人，幽禁密室

公安第二分局昨（二十七）日下午七時，據同安人吳再生偕澳頭源利雜貨店東王纓之第三子王輝典，到局報稱，兄王經書二十三日由家來廈。越日，被同鄉林榮春誣賴偷衣服，糾集台人，將其綁禁擔水巷門牌三十三號三樓，用奇刑吊打，強勒款項，請求飭警前往起票等語。該分局據報後，立派局員丘卓夫、巡官吳博凡，率帶巡查隊等一行十餘名，按址密往，將該屋四面包圍，並著警將前後門把守，然後率警進入，直登三樓搜查，果見王經書雙手反縛禁於後進房中，丘即著警將繩索解開，當場拘捕該屋中五人，並在二樓搜出煙槍煙具多件，並磁盒鴉片膏少許。即將一干人連同物證一併帶返二分局。案經司法局員王璋訊問，先問告發人。吳再生供，年三十歲，同安石潯人，住本市磁街枋皮厝，現任海產營業稅局調查員。本午在澳頭源利號店內，據同鄉林得時到店報知源利東王纓次子王經書因竊擔水巷三十三號紀旺店夥林榮春畢支衫一套，被數台人扣留云云。其父聞訊，遂口第三子王輝典，偕渠來廈，即到擔水巷探詢王經書虛實，始悉系強行架誣，勒索款項。渠為和平起見，曾向紀旺疏通，擬以十元賠償林榮春，詎紀反揚武耀威，故同王輝（典）前來報告云云。次問王經書供，同安澳頭人，二十一歲，操漁業，父王纓與兄王安，同在家經營源利雜貨生理。本人於二十三日（即古歷元月初五日）下午二時，

415

由澳頭來廈玩耍，暫寓打鐵金合和客棧。抵廈後，即到擔水巷三十三號同鄉林榮春所營之煙廊內吸鴉片一塊。是晚即在該煙館內暫宿，越晨十時復吹吸鴉片一包，即出門前往順安輪訪友。比至下午五時二十分，渠在打鐵洪典路全禾公司車站碼頭時，林榮春糾率數人到地，邀渠同往店內，謂有事面商。行至中途，渠見聲勢洶湧，欲揚聲喊救，被林以棉花塞入口中。到店後，始向口聲言，指渠盜他畢支衫，遂將之反縛拘禁三樓後進房中，奇刑吊打。是晚即將渠所穿之新制棉地綃綢衫褲一套脫去，並搜去中南鈔票五元口張，大銀二元，強迫渠招認。渠以無贓無證，強加人罪，至死不認。迨至二十六晚，復有四人各持短槍前來，多方恫嚇，擬於今晚將渠擄往同安。渠自被綁後絕食四天，今幸軍警聞報趨往救出，不致遭其毒手，現手上索痕尚在云云。王又訊問蔡金生、林春記二人。蔡供二十二歲，台灣人，住擔水巷三十三號，業走水。近擬與台人紀旺合營藥材，尚未成議。因店夥林榮春失竊畢支衫一付，旋據本地人芋頭報告，口見王經書盜取，往大同路生生典鋪質當，故將之拘留。本日擬到二分局，行至半途被警扭獲送局等詞。林春記供，原名榮春，二十三歲，同安澳頭人，現住擔水巷三十三號台人紀旺所營之煙廊內為夥，二十四日（即古歷初六）早晨，渠在夢中，王經書到來索取香煙而去。迨渠醒來，始發覺掛在壁上之畢支衫褲被竊，估值五十餘元。嗣經查悉王盜去，質在大同路生生典店大洋二元五角。渠乃四出找尋，直至午後始在打鐵渡頭相遇，乃招王同回店中，著將當票還贖，詎他一口推諉。至王所稱衣服被渠脫去，全非事實，確係彼抵廈時無款開銷，欲向渠兄林得時先借五元未予，乃將衣褲脫當大洋二元二角。當票尚在渠處。至手上索痕，系彼不肯交還當票，被渠友芋頭、金福等捆縛屬口，請予明察云云。至是王局員復提問一干人，一供蔣坐，二十四歲，同安人，業小販，住居擔水巷卅三號；一供林圖，同安人，四十歲，業農，昨到廈找紀旺；一供蔡景雲，同安人，卅一歲，賃溪岸二十九號，業行醫，謂蔣坐染疾，請伊到店診治，被警一併捉獲來局。訊畢，遂備文將一干人解總局辦理。領事館據報，派館員五六人到二分局請領被捕之蔡金生等。該局以蔡匿報戶口，且營違禁品，捕竊犯不指交警察，私設刑具，奇刑吊打，藐視法律，故不許領釋，請其徑向市局接洽。雙方談論頗久，無結果而去。（1933年10月28日，第3版）

17.抗拒檢查槍殺行人，市府交涉日領允再詳查

前晚水仙路發生抗拒檢查，徑入日商昭和錢莊內開槍，擊斃路人黃柯蠔，傷及警察彭一鵬，詳情已記昨報。茲查是案市長許友超以兇手入日商行內開槍，柯蠔由是經過，無辜被擊斃，是晚即派外交祕書顧慎初向鼓浪嶼日領館，將此情形口頭通知日領事塚本毅。昨（二十）晨九時，再派祕書徐文彬渡鼓，訪晤日領。徐氏復將是晚發生情形敘述一過，謂照當時情形及調查所得，兇手應系台人無疑，故請協予緝凶依法懲辦。日領塚本毅答稱，當晚事發生，本文聞訊，立派員調查，本早當再派員往昭和錢莊勘視，並再詳細調查，務使早日明白。徐祕書亦謂，希貴領事能認真辦理，向昭和錢莊根究兇手下落，以儆凶頑。日領繼續詢問徐氏，對此案有否根據，證明兇手為台人？徐提兩點：一、昭和錢莊系日台人所開設者，門前有錢櫃台橫列，且有店夥在，如非相識，何以能昂然走入而不阻止？二、兇手何以別間店不走入，而走入昭和行？且即在昭和行內，向門外開槍射擊，何以店中人不加阻止？日領聞至此，謂當即派人盡力調查辦理。徐乃辭出。昨下午據徐祕書告記者，此案向日領交涉為唯一先著，務□（等）兇手根究出來。應如何辦理，尚談不到云云。

又死者屍體，是晚仍停置原地未移動。昨晨五時許，即由督察員陳文忠偕同三分局局長練秉彝、局員曾孝植等前往地方法院，請派員檢驗填格。因該院檢查處已裁撤，勘察之責任在檢處，故無人敢負責往驗。陳、練等無法，乃趨訪高分院長林超南。時高分院尚未辦公，至九時面見林院長，乃由林電地方法院，請推事王榮椿往磋商。結果，乃由王偕同檢驗吏陳鴻、書記法警等前往水仙路檢驗。驗明死者中槍傷，□系由背脊入，左胸出，子彈穿過。由創口觀察，所中似系曲七或曲九子彈。驗後，並傳死者父訊問。據供名黃闊，死者黃柯蠔系其子，年二十四歲。當時情形渠全不知，系擊斃後渠聞悉乃急趕到。如何被人擊斃，被何人擊斃，渠皆不悉云云。乃當場錄供諭令具結，屍交其父備棺收殮。下午一時許，業已收埋。其父年已六十二歲，當殮時，老淚縱橫，其孀亦哭不可仰，二人皆先後暈絕。查死者已與其姑表妹訂婚，原□日內返漳舉行婚禮，豈料竟死於非命也。又日領館昨曾派館員前往昭和錢莊勘視，下午四時前往三分局，與練分局長、曾局員等晤談，對於兇手尚未查出。又擊傷之警察彭一鵬，昨早亦曾由王推事驗明填就傷格。該館員等要求彭警傷狀予查視，曾等允許。故昨午亦曾傳彭與相驗也。（1933年12月21日，第3版）

18.台灣公會通知單，籍民不擔捐稅，中國佃戶代付吃虧特甚，商會轉函請持平辦理

市商會昨函稅務局，略謂接據什貨會函稱，佳祥、勝利兩店聲稱，敝店等在大同路四四二、四四三門牌，業主為台灣籍民黃邇學，曾提前對敝號等聲明，所有該屋任何捐稅，概不承認負擔，並付台灣公會通知書一份，以備當局取信。乃日來房鋪捐局派員徵收鋪捐，嚴追至再，勒令敝號等代繳一個月店租，否則拘捕押追，並謂業主果系外籍，佃戶自應負擔。似此不平，顯系強迫國民盡隸外籍，請予據情轉請商會致函房鋪捐局，對該業主直接徵收，以維國體，而恤商艱等由，相應函請鈞會如請辦理等情。據此，查外國籍民對於中國各項捐稅，向不交納。今該兩商店業主既屬台灣籍民，若強令佃戶負擔該項鋪捐，則中國商民吃虧特甚，無怪嘖有煩言。請貴局長查照，持平辦理云。（1933年12月21日，第3版）

另：1933年12月24日，第3版，報導：《稅務局復商會：房鋪捐中外一例，明白大義宜協助政府，認該會請持平辦理為遺憾》

19.稅務局覆函台灣公會，鋪捐與條約問題，如日領言應提出根據

稅務局昨日復廈門台灣公會函云：案準貴會公函，略以「敝會會員胡抱生，在洪本部等處置有店屋，租於中國人泉三號等，被徵收鋪捐。查敝會前呈奉敝領事復示，外國籍商於條約上無負擔此種捐稅之義務，今有此事發生，實屬違背條約，合請將所收洪本部等處鋪捐計一百八十元，送交敝會發還，並希勿再強制徵收，以示遵重條約。」等由。準此，查房鋪捐系對於房鋪所有權者課徵之賦稅，查中國與各國所訂條約，外籍人民無在中國境內購買土地之權，即在通商口岸之久租權，亦只限於自用土地。如外國籍民尊重條約，不□買中國境內土地，建築鋪屋出租，根本上不致發生房鋪捐之糾紛。貴會會員胡抱生既系外國籍民，何以不尊重條約，竟購置土地，建築鋪屋，出租與人，享受房鋪所有之權利。敝局奉中國政府命令，徵收房鋪捐，遵照稅法規定，凡在廈門房鋪，一律徵收。如貴領事認為外國籍民只有享受房鋪所有之權利，並無負擔房鋪所有之義務，理應提出正當理由及根據，交涉清楚，並由中國政府飭令稅局遵照，方能照辦，準請發還已徵稅款，並不再強制徵

收。實有未便，相應函複查照云云。（1933年12月23日，第3版）

20.煙燈捐論價三千，葉清和與籍民合作

　　禁煙督察閩南分處成立，鴉片實行公開各節，經迭記本報。茲續查關於本市煙廊燈捐、牌照捐，招人承辦一節，尚未成熟。因包商方面擬月繳捐□萬元，禁煙分處已續減為一萬二千元，雙方尚在磋商中也。又聞葉清和系與日籍民王昌盛等合作。葉尚在廈，並未上省。各屬認額領辦章程，亦經禁煙督察處公布，其辦法十五條，錄志如下：

　　第一條，本分處厲行禁煙，以期逐漸肅清煙毒起見，在各縣設立禁煙督察所，辦理禁煙事宜。第二條，各屬禁煙督察所準由殷實商人，遵照核定章程，包繳營業牌照及證照費額呈請領辦。第三條，在各所區域內，凡屬正當商民，均準自由運銷經貼足本處檢驗證之戒煙藥料，各該所對於此項戒煙藥料入口，查經領有全省督察處或本分處運照及貼有檢驗證者，不得留難阻止，或巧立名目，額外重征各費。第四條，在各所區域內，所有分銷處所，應向各該所領照方得經營，各煙疾人等應領保證書方準吸食。第五條，各所所發之營業牌照，及戒煙保證書，均應向本分處領發並繳印刷費。第六條，現定兩個月為試辦時期，以給委後五日起算。但因路途窵遠或有特別情形呈奉核準變通者，不在此限。如辦至期滿，由本分處體察情形，分別再行批辦。但舊出於同一認額得準優先續辦。第七條，凡殷實商民願請領辦某屬禁煙所，須切實認額，連同保店，並據所認月額繳足十分之一為徵信金。具狀呈候核辦，此項徵信金於具狀時繳交給回收據。如奉批不準，憑據如數領回，其奉核準者準抵餉款。第八條，凡商人認額請委，一經奉準，即於奉文三日內繳足按餉十五天，不得逾延，並俟將店保查實，即行給委領辦。（其按餉一款，如辦理期滿並無欠餉，準予發還。）如逾期三日尚未遵繳，及未遵具妥保，即將委案撤銷，並將徵信金沒收充公，以杜弊混。第九條，各所月額，應按月分六次繳納，每五日勻繳一次。如逾期不繼續繳款，除體密情形，將委案撤銷，並將按餉充抵外，如尚不足，即由擔保店負責清繳。其未經奉準，而中途棄職潛逃，或無故退辦者亦同。第十條，各所掣照認額解足後，如尚有盈餘，即作為該所溢利，免予提解。惟該所無論有無盈餘，均不得在認額提扣經費，以杜取巧。第十一條，各所一經領辦之後，不

得中途退辦,及不得無故請減。其在領辦期內,如無欠餉違章情事,除奉令變更煙禁計劃不計外,亦不臨時增額,及無故撤退。或準別商加餉攙領。第十二條,各商呈準領辦時,應同時聲請委任某人為該所所長。如該所在所屬區域內分設分所,須呈督察處備案,以憑函知當地軍警切實保護協助。第十三條,各所徵收款項,均應依照本處實施章程辦理,不得巧立名目加征,以重煙禁,而符定章。第十四條,各所由本處派監辦員一員常駐監理一切,月薪由本分處核定該所支給。第十五條,本章程公布日施行。(1933年12月23日,第3版)

1934年

1.台灣公會分十區管轄籍民

廈門台灣公會最近將全廈日籍民劃分十區管轄,並設各區保委員。茲將該區保委員組織內容,及區保委員姓名責任,查志如下,俾關心茲事者,知所注意也。

組織內容:一、本公會居住地區分十區,每區以二保或三保編成之,區及保地域;二、區內保制度地方於若干街,以保成之;三、保委員一名,助委若干名。保委員並助委、區委員,於管內會員中之推薦,由會長之任免。甲,保委員並助委之名譽職。乙,區委員、保委員並保助委任期,當公會規則第十四條準用;四、區委任務:(一)法令、飭令、館令,重要事項並本會會務通知關件。(二)區內台灣居留民戶口調查,並異動報告關件。(三)區內情況,其他諸報告關件。(四)不虞事變,及風火水災警戒消防關件。(五)傳染病預防關件。(六)區內台灣居留民褒賞救恤關件。(七)地方安寧保持上必要,公會事務援助。(八)其他特別由本會會長指示重要事項;五、保委員並助委所轄區委員指揮監督,受保內區委員任務補助執行;六、區保委員會會長之召集;七、本件施行上必要事項,會長定之。

區保委員:第一區區委員汪不,溪岸保委員謝定掉、大中保委員曾曉、禾山保委員李扁,共轄三保;第二區區委員林豬哥,吳厝保委員陳百山、新和保委員阮關發,共轄二保;第三區區委員陳尼姑,吳厝保委員郭水生、外清保委員陳水塗,共轄二保;第四區區委員鄭有義,城內保委員陳玉波、聯溪保委員李良溪、黃厝保委

員蕭細鼻,共轄三保;第五區區委員廖河、懷德保委員吳天賜、福山保委員簡石能,共轄二保;第六區區委員張維元、和前保委員王海生、和後保委員陳金傳,共轄二保;第七區區委員陳廷萍、張前保委員林清理、張後保委員黃鳳翔,共轄二保;第八區區委員陳作模、歧西保委員吳通周、附寨保委員黃福威,共轄二保;第九區區委員方炳輝、廈港保委員曾鳳昭、院嶼保委員陳闊嘴,共轄二保;第十區區委員黃存烈、未編名三保保委員蘇河、廖啟堆、黃禮全。(1934年4月19日,第3版)

2.台灣今歲豐收,運華日米系去年所囤積

洋米傾銷廈門,向以仰光為大宗,蓋仰光敏黨米煮粥多粘質,閩南人日食三餐,大抵兩粥一飯,故仰光米遂為福建人養活之唯一傾銷品焉。據海關統計,去年洋米進口廈門,數達七十餘萬擔,比較往年約增三倍有奇,為歷年所未有。其原因則以福建內地農村破產,向之自耕自食者,多避居城市,轉而求供於洋米。而共匪西退,十九路入閩,間直接福建一隅,平添約七八萬人。華僑之由南洋各埠失業返國者,亦不下五六萬人,所以洋米入口,去年遂打破歷來紀錄也。本年春季,洋米入口,已不若去年之多,則因江浙大米運廈可和。(上海大白米每擔售價五元七八角)其粘質既不遜於仰米,且炊飯亦宜,故普通社會多樂於趨購也。惟江浙白米暢銷固可喜,而大批台米運廈亦可慮。查台米之運廈圖銷,月來已發其端。台米原本每擔折合中國國幣約在六元八九,來廈實不相宜。但以有政府為之後盾,降價求售,所以亦能影響國產米之銷路。據個中人言,最近由台配來之米,皆屬英屬陳米,系去年台灣政府向仰光各埠大批訂購者,當時日本即慮到第二次世界大戰發生,故廣蓄米糧。今以第二次世界大戰,在最近已無發生可能,而本年台米又大豐收,故決將所儲陳米,降價傾銷於中國華南各地也。其運銷方法,系將米先配往香港,然後轉裝來廈。在港專營此業者為慶豐號,廈門代售者共有數家,聞最近已配到數千包。不久將有大批續到,是亦廈人所當注意者也。現二盤仰光米每擔五元六七,普通敏黨五元三四,小絞五元二三,安南占五元八九,三盤門市兌六元或六元二,五元六或五元八,六元二或六元四,價持在無甚變化,漳米普通兌出七元云。(1934年4月25日,第3版)

3.廈米商嚴厲表示拒銷日米

台米大批將由香港改裝運廈傾銷,經志本報後,昨此間米商同業公會,即召集聯席會議,討論應付辦法。當議決數項,同日電香港五穀幫,質問該幫何得縱任會員,破壞抵貨運動,茲錄該會議案及電文如左:

議案:本日廈門各報登載有大批日米到廈,系香港慶豐號為崇營日米機關,似此國仇未報,該號乃首先破壞,應如何設法對付案,議決:甲,由仰光、香港、在地三幫米商,電香港旅港廈門五穀商幫,查詢真相。乙,由各幫通知所屬會員,徹底拒絕買賣日本米,及由日本轉手之安南米、仰光米等,如有陽奉陰違,則予以嚴重取締,以為賣國營私者戒。丙,俟香港五穀幫覆電,再行召集聯會解決。丁,函縣黨部聲明,對於日米及由日本辦手之安南米、仰光米,一概拒絕推銷。倘有破壞公約者,除由本會嚴重取締外,並由黨部及各社團嚴厲處分之。戊,凡能偵知本途會員有私營日米,及由日本轉手米,盡可到會告密。本會應予以相當酬謝。巳(己),報載金裕豐由香港辦到日本轉手米五百包,應函該號質問。

電文:五穀幫鑒,報載貴會員慶豐,為專營日米機關,經先後翻莊配廈。各社團以國仇未報,對日抵制尚未放鬆,申香米商皆拒推銷,貴會員何得首先破壞,殊屬駭人聽聞。本日廈各幫米商聯席會議議決,除通告會員對日徹底拒絕買賣外,特電質詢,盼復。廈仰光香滬在地各米商同啟。(1934年4月26日,第3版)

4.拯救農村,一致拒買日米

關於日米運廈事,記者昨向米途調查,最近台灣確有運米到廈,每次運來約數百包。近日未見大宗入口,但日米來閩圖銷,如系銷售內地者,盡可直接由漳泉進口,無須經過廈地,此層亦當注意云云。又查省府近已訓令民廳,飭屬查禁,原令略云:案奉省政府訓令開,案準中國國民黨江蘇省執行委員會公函開,案據吳縣糧食行業同業公會呈稱,竊據報載,日本政黨為實施米穀統制政策,救濟國內農民起見,即將殖民地年收米穀二百萬石,運華傾銷。閩粵冀魯等省,已在起運中等情。消息傳來,殊堪驚駭。吾國近來農村衰落,已苦穀賤傷農,況頻年農產豐收,國內

糧食調劑得法，頗堪自給。若令外米傾銷國內，農民將陷萬劫不復之地。況日寇侵略，極惡窮凶。東北之失地未收，淞滬之創痕猶在。此次以糧食傾銷，實屬狼毒之口。且閩粵需米，盡可以長江一帶之穀物以資調劑，距（詎）能飲鴆止渴，自速滅亡，屬會心所謂危，難安緘默。為此請鈞部，迅賜設法，嚴令防止，拒絕轉運。並請轉咨閩粵桂三省政府，一致拒購，以拯農村，實感公便等情，據此，除分函外，相應函請貴府嚴予查禁，以免利權外溢，並拯農村危亡各由。準此，合行令仰該屬遵照，飭屬嚴加查禁，此令，等因奉此，除分令外，合行令仰遵照，飭屬嚴加查禁云云。（1934年4月30日，第3版）

5.台人來華，大開方便，下月免領護照，實施移民分化，在廈台人已有六萬

（本報特訊）台灣人以前來廈，須向台灣政府領取出國護照，並須備具妥實鋪保，手續至為嚴格。最近台灣政府為實施其移民分化政策，口台灣人民之赴閩，雖尚有領取護照之手續，而鋪保種種，已不如前之嚴格。自某領一度奉召返國之後，台政府經決定自本年六月一日起，所有台灣人赴中國各地者，一律免向政府領取護照，可以自由出入。據此間有根據之調查，台灣人之住居廈門者，實數為六萬餘人。福州人在廈稱最多亦僅四萬左右，而台人且超過之。此為目前之統計。六月一日以後，台政府移民政策實施，自必日漸增加，此固我當局及國人大堪注意之問題也。

又兩星期前，某艦隊來廈，聞載有海陸軍省軍事測量員數人，從事測量工作。此間有人目擊茲數人乘大阪電船在沿海一帶，實施測繪等工作云。（1934年5月10日，第3版）

6.福州廈門住台人十餘萬，台督府大開赴華之便

福州十三日中央社電，台灣總督府決於六月一日起，所有台人往華，一律免向台灣總督府領取護照，及備妥保等手續，可自由出入。查為廈日領塚本毅返國後新改定者。（上述各節志前本報）據某方面調查台灣人住廈及省會者有十餘萬人，廈占六萬，省廈各界對此甚注意。（1934年5月14日，第3版）

7.李擇一昨晨到廈，閩廈外交事件由李負責

　　福州電，省府昨開特別會議，李擇一亦出席，討論應付華南外交問題，及閩廈治安問題甚詳，閩外交事件悉交李擇一負責。李今晨率隨員赴廈，與廈領有所接洽，定旬日內始返省。據查日方態度，因台灣軍松永大尉力主緩進，已稍示變更，將注意於華南技術合作之解決，惟對廈仍擬威脅以達目的。日方企圖移台民數萬入閩，藉口保護在廈分設警署。日華南領事會議經定六月間舉行，現台督府將由日還台，其已傳出之議題：一、為台灣對華南經濟之發展；二、為台民赴華之領照手續；三、為注重福廈方面情勢。日前赴福廈等地之台民及日青年，聞仍活動偷測地勢等舉動時有發現。

　　又電，台灣總督府召集之對岸會議，已發出召集狀，其主要目的除詢查中國一般情勢外，對（一）發展華南經濟；（二）改訂赴華護照手續；（三）在華籍民之保護及指導；（四）高等事項之視察等。日外務、拓殖兩省均派重要人員參加，全台各局長均列席，台灣基隆警察署添設流動警察，十五日起派出分赴中國各日輪船，除希望與各在地之派遣員隨時聯絡外，並□高等事項達於徹底之目的。

　　本市息，國民政府顧問，兼福建省政府顧問李擇一，昨（十八）晨偕南京中國銀行行長吳震修、新編第十師副師長黃戀和、海軍廈門要港司令部參謀長彭瀛，自省府附海寧輪來廈。七時到達，海關監督許鳳藻、中央銀行廈門分行長陳福恆、鼓浪嶼中國銀行長盧重光、廈門特種公安局長王固磐、要港司令部副官劉景箎，均登輪歡迎。李氏登岸後，先到三山旅館略事休息，旋遷寓鼓浪嶼中國銀行。是晨在鼓在陳福恆宅早膳畢，渡廈訪特種公安局長王固磐，談約一小時，次至中南銀行，午應要港司令林國賡宴。散席後，分訪各方面故交，各報記者往訪，多辭未見云。
（1934年5月19日，第3版）

8.王固磐談廈門外交問題

　　自台灣總督府決於六月一日起，實施移民入閩政策後，於是，日本對福建問題，遂引起國際重視，初不僅國人注意已也。昨記者謁特種公安局長王固磐氏，對

此頗有詢問。王局長謂，關於廈門問題，報載種種，均非事實。即或有一二影響，亦不如外傳之甚。蓋廈門據太平洋西岸，已有牽一髮而動全身之重要。苟有變化，世界第二次大戰，立可爆發。其問題之重大，已毋庸為諱，自不能以局部視之也。現所望於國人者，應切實厲行新生活，以圖自強。際茲國勢阽危，外交嚴重，一舉一措，尤應慎重考慮，庶免授人以隙。至於國家大計，地方治安，政府方面，已有整個應付計劃。以蔣委員長、林主席之勤儉持躬，勵精圖治，若能上下一心，共赴國難，外侮雖亟，殊不足慮云云。（1934年5月20日，第3版）

9. 對岸會議，日方說詞

福州通訊，近台灣總督府召集閩粵兩省各埠日領，開對岸會議，頗引起中外注意，遂發生種種傳說。蓋以此種會議，實有對華之企圖，尤以侵略華南為最主要。近者，省垣傳說，謂台灣總督府已準人民自由前來福建，祕密組織義勇團。又因近日樓桐孫、李擇一相率來閩，外間又揣測為奉南京、南昌兩方命令，與本省軍政當局，接洽外交機要。更因保安隊第六團李青部在古田嘩變，第四團長林靖傳在晉江槍決。社會復指為系日人收買閩南北民軍為內應者，大有疑鬼疑神之口。而日本駐華武官楠本中佐，十八日由滬乘福建丸來閩，即偕總領事宇佐美，進謁省政府主席陳儀，談一小時始去，尤為各方所注目。而據日領署方面聲明，則謂楠木此來，系視察福州、廈門兩地僑民後，即返台灣。同時並謂對岸會議完全為謀台灣對華南貿易之發展，□□收復華南人士對日之感情，將來事實可以證明。且近年來台灣總督召集華南日領會議，已經數度，實不僅此一次。十九日日本所辦之《閩報》，則著長編社論，極端否認日本有侵略華南之企圖，並謂謠言發生原因，一、為李世甲在滬發表之談話，謂華南形勢，實比華北緊急；二、為西南欲組織國防委員會，特擴大日本侵略華南空氣；三、為福建民軍恐被政府解散，特製造流言，使當局忙於應付外交，無暇顧及若輩；四、為國內歐美派為破壞中日感情，俾伸張其政治勢力云云。但有識之士多謂無論日本有無侵略華南陰謀，對於國防均當嚴密注意。惟臨事則沉著應付，不可先自張皇，反予敵以可乘之隙。唯有一事最可痛心者，則在閩台灣僑民，乘此外交謠言熾盛機會，料中國官廳未及取締，愈無忌憚，公然在店前、臨街設榻吸煙，開場賭博，路人側目而過，無如之何。並故意與軍警挑釁逞兇，藉以示威，真令人忍無可忍也。（1934年5月22日，第3版）

10.李祖虞昨日到廈,談籍民與煙賭等問題

　　福建省政府民廳長李祖虞,將過廈赴泉,已志本報福州訊。昨三日上午七時,李氏附乘海澄輪抵埠。特種公安局長兼思明縣長王固磐,暨一二三四分局長、督察長、縣府朱祕書、趙科長等,均乘電船登輪歡迎,其餘公安局保安隊、特務隊、水警隊及偵緝處各組隊探警等,均赴碼頭中山路一帶警衛。隨李氏來者,有省會公安局督察長陳斌華,及黃科員,暨隨員二人。李登陸後,先赴特種公安局,繼赴東路總司令部駐廈辦事處,海軍廈門要港司令部,午赴虎谿岩,應王固磐局長之宴,陪席者有要港部林司令、海關監督許鳳藻、東路辦事處主任朱平之、中央銀行行長陳仲玖、中國銀行行長黃伯權、中國實業銀行行長卞伯屏、商會主席洪曉春等。三時宴畢,李、王、許(鳳藻)三氏乘汽車再赴思明縣府視察。記者隨往縣府訪問,作以下談話。

　　(本報記者問,李氏答)問,李廳長此來,除往泉州監督外,尚有其他任務否?答,蕭司令(敬)訂五日在泉州舉行就閩南剿匪司令職典禮,陳主席以政務羈身,因派兄弟前往監督,此外無其他任務。問,廈門賭場,煙館林立,馬路鬧市,槍殺時聞,治安環境如是,李廳長對此感想如何?答,此實一大問題。唯此問題,不僅限於廈門及籍民而已。要知籍民之橫,自有其所恃政治背景,政府對此,非不努力抗議,及繼續不斷的交涉。顧事與願違,卒莫能達。夫廈門之煙賭,民眾創深痛鉅,政府何嘗不知,何嘗不時時刻刻謀所以解除,只以國家力量如此其弱,內憂外患又窮年靡息,當局者應付此種環境,實有難言之隱,所受之困苦,與民眾又何嘗有間,所以民眾對政府應諒解,不宜以暫時無辦法,而諉過於當局交涉不力。要知廈門之事,應付稍一不慎,牽一髮即可危及全身,其問題之重大,已非局部而已。兄弟適才與商會諸君,亦曾一度討論,希望此間人士對此作一種有力之組織,與政府通力合作,相互進行。唯領導者不得其人,則不惟無功,且虞僨事。現所望於此間人士者,在當局自然依據法理,不斷地繼續交涉,在民眾亦應採取鎮靜態度,與政府交換意見,為有效之進行,則消弭之道,庶乎有夛。問,廈門特種公安局組織條例,行政院已否通過?答,廈門本設有市政籌備處,只以種種關係撤廢,仍保留思明縣政府,而將公安局職權擴大,改為特種公安局。現特種名稱,業經行政院通過。惟組織條例則尚未頒下,故現時只將工務處撥歸管轄,其他則暫照舊

也。問,李廳長赴泉公畢即返省乎?抑尚須再往他處視察?答,兄弟於(四)日赴泉,返時或將順道赴同安、漳州一行,然後返省。談至此記者乃告退。是晚李氏下榻鼓浪嶼海濱酒店,定今四日晨赴泉州。(1934年9月4日,第3版)

11.台灣公會通告台人,夜勿外出以避危險

公安局偵緝一隊二組探員林砵,二日晚被浪人槍擊,身中三彈,就醫中山醫院,各情已志昨報。茲查林就醫後,經醫生施以手術,將彈取出。昨日傷況無甚變化,精神亦未十分清醒。故有否危險,仍難預斷。其家屬昨由同安延到著名槍醫到廈,聞將自行醫治。公安局於該案發生,因查悉係台人所為,故除飭令偵緝隊轉飭所屬各隊,暫待鎮靜外,一面據理向日領交涉。現聞該案經已由雙方決定派員作精密調查,然後妥商解決。同時私人方面亦有多人出為居間斡旋。據可靠消息,如今日不再有意外事件或其他爭執,該項調解即可完全成功。惟昨晚本市各重要街道商店,因鑒於二日晚之騷動,並聞某方準備於本晚與某方激鬥,故均提早閉門停市,行人亦較往日稀少。昨台灣公會曾為此事,並散布第七號公告,通知台人夜間暫勿輕易外出,免招誤會。茲錄其原文如下:

為公告事,茲奉我領事館警察署長小川警視訓令內示,昨夜本埠數處發生開槍事件,行路至堪戒心。著即轉達全僑民格別持重,於最近期間內,夜間暫勿隨便外出,以免或因誤會,致生危險等因,合亟轉達,一體遵照。特此公告,昭和九年九月三日,廈門台灣公會。該布告發出後,往日市上之三五成群挺肩昂步者,昨幾絕跡不見。又二日晚浪人槍擊偵探,當時路人受流彈擊傷者二人,即陳車水及《思明日報》社職員林莠丁,所傷均在腳部,傷勢輕微云。(1934年9月4日,第3版)

12.偵探與台人事件,連日交涉及調解經過

關於特種公安局探員林砵,被人擊傷,及台人林龜武被擊斃命案。事後,日本領事方面,認林龜武之死,係被某探所殺,而對林砵之被擊傷,則不承為台人所為。故當局一再向日領交涉,均無發展。日領方面且向我當局提出懲凶、道歉、撫卹、撤職、保證以後不再發生同樣事件等六條。而對於林砵之被擊,則謂無佐證,

須候查明辦理。當局雖據理力爭，卒未能勝。嗣由居間者出而調解，以居間者名義，撫卹死者林龜武六百元，給受傷者林砰二百元，由居間者登報雙方棄嫌修好息事。此為居間者所提出，準某方尚爭持道歉一條，不能假借第三者名義，故和解雖已有接近可能，但一時尚未能成立也。昨（十）下午二時，日領館警署長少川要之助，在台灣公會召集台灣籍民會議，聞即對此事有所協商云。（1934年9月11日，第3版）

13.兩觀光團自台灣到廈，遊覽祖國

《台灣新民報》最近發起組織華南觀（中缺）遊覽閩粵，又台（中缺）酒商日人小園（中缺）亦組織觀光團游（中缺）州廈門。台灣總督府令華南日領函我當局保護。昨該兩團乘鳳山丸由台灣抵廈，計《新民報》組織之觀光團團員三十六名，由該報陳逢源、阮朝日、林煥清率領，團員李兆蕙、阮林氏素、汪溪旺、許清貴、曾茂己、張泰成、陳紹聯、林其賢、林先水、林世昌、游清松、江鼎福、江鼎瑞、施震炎、朱鐵鎚、石遠生、陳旺根、塗爐、阮朝堪、阮黃氏雪娥、阮朝吉、阮黃氏棉、阮朝詔、阮陳氏木蘭、黃萬炭、黃萬法、黃振萬、陳可監、陳文東、葉朝江、李炳森、李金生、林迦、林有德、劉振榮，其中大部為醫界中人，小部為報界、實業界。昨登陸游雲頂岩後，即午乘原輪赴汕頭、香港、廣州、澳門等地遊覽，一週後過廈返台。至日人小園所率之團員計五十七人，多系原籍同安，旅居台灣之遺老。抵埠後寓福星旅社，在廈遊覽四日，訂十四日赴福州遊覽四日，然後過廈返台。昨天仙旅社主人呂天寶設宴招待小園及其團員云。（1934年9月11日，第3版）

14.偵探與台人事件，調解辦法雙方同意

台人林家棟（即林龜武）被人槍殺斃命，及廈門特種公安局探員林砰，暨路人陳某、林某被人擊傷案，經公親胡震、吳在靖、謝紹曾、吳雅純、劉哲民出面調解後，自四日起，即開始調解，每夜均有討論，其條件先由公親歸納雙方所提意見，擬具六條，徵詢同意，至前（十一）夜九時起，討論至昨（十二）晨二時，始告一段落。其解決條件，已修改為五條，訂明後日簽字云。

另息，二日晚，思明南路偵探林砳被槍傷案，經公安局迭次向日領作口頭及書面抗議，迄無結果。同時，日領對於上月三十晚，台民林龜武在浮嶼角被人槍殺斃命事，亦有同樣文件到局。在公安局對探員林砳被傷一案，交涉尚未有相當結果之際，而林龜武案，則於昨日由公親調解，已告一段落，擬定懲凶、道歉等五條件，條文中對林砳事則按擱不題。茲將該案調解經過情形，志之如下：

先是林砳被槍擊之翌日，市上空氣，頗現緊張。前公安局偵探長胡震等，恐事體擴大，乃出而居中斡旋。當時台人對林龜武案態度強硬，提出槍斃兇手及賠償撫卹方一萬元等六條件，由胡帶交偵緝處。該處以林龜母被殺案，系與人衝突所致，與所屬偵探無關，允負責緝凶究辦，並提出林砳被擊傷條件六條，交胡帶返。幾經磋商，未得結果。最後公親方面加入吳子安、吳雅純、謝紹曾、劉哲民，極力斡旋，兩方始稍表示讓步，並由偵緝處派林大年、陳秋廷為代表，台人方面派何興化、林豬哥、吳天賜為代表，於十一晚，繼續在三友酒家協商，經討論結果，重新擬定條件五則，經雙方代表及調停人同意，並訂十二晚續假三友酒家作最後之討論。如雙方無其他變化，今明日即可簽字云。

附錄五條件大意：一、由公親撫卹死者林龜武一千元；二、請當局負責緝辦肇事兇手；三、由偵探第一隊副隊長方金盤具名登報向台人道歉（台方指方氏「彈壓不力」）；四、林砳案在未明真相前，由雙方及公親精密調查，並促當局嚴密緝辦；五、保證雙方此後不得再有同樣事件發生。（1934年9月13日，第3版）

15.偵探與台人事件，昨雙方代表簽字解決

台人林龜武被槍殺案，經公親調解，協議五條件，訂昨（十三）日簽字，已紀本報。查該項協議條件，昨經雙方代表簽字，即此全案解決。茲再將昨日和解會議詳情，全部披露之。廈門林案和解會議，時間廿三年九月十三日下午九時，地點思明南路三友酒家，台灣出席代表何興化、吳天賜、林知高、張維元、王海生、陳春木、林清程、張冠書、陳長福、鄭德銘，偵探出席代表林大年，公親吳雅純、胡震、劉哲民、謝紹曾、洪曉春、陳瑞清、陳秋澄、嚴焰、呂天寶、黃弈守。和解條件如左：

一、台人林家棟被人（蓋因凶首為誰，當局現已明了）槍殺斃命一案，應由公安局即時扣留正凶及幫兇等依法重辦；二、由公親經手設法一千元為林家棟善後費；三、對於偵緝隊員林硴被人槍擊負傷一案，須待當局查明真相時依法辦理；四、解決此案後，雙方人士不得再有同樣事件發生，以示親善；五、對於日前林家棟被人槍殺事件，實因當日方金盤帶探彈壓時，維持無方，以致發生命案，自願登報向台灣僑胞道歉，以明心跡。上列五條以外，聽由雙方官廳辦理。台灣代表何興化、吳天賜、林知高、張維元、王海生、陳春木、林清程、張冠書、陳長福、鄭德銘，偵探代表林大年，公親吳雅純、胡震、謝紹曾、劉哲民、洪曉春、陳瑞清、陳秋澄、嚴焰、呂天寶、黃弈守，民國二十三年九月十三日。附擬就方金盤道歉啟事，原文如下：台人林家棟被槍殺一案，金盤帶隊彈壓，其時維持無方，以致發生命案，自問深為不安，爰特登報向台灣僑胞道歉，以明心跡。此啟。中華民國二十三年九月十三日，方金盤啟。（1934年9月14日，第3版）

16.台人聚海關，索被扣布匹，副稅司解釋始返

昨晨十時，數十台人環集廈門海關中廳，索取被扣布匹。查海關緝私主任章家寶，二星期前鳳山丸入口時，率關員下輪檢查，在該輪搜獲大宗畢支布匹。翌日，廣東丸入港口，又在該輪艙中，破獲畢支藏於鹹魚箱十餘箱。章認為有漏稅嫌疑，著該貨由大阪公司暫起入棧。呈報稅務司，二十三日稅務司派員到大阪公司執行，將該批布匹搬運入關沒收。昨晨十時許，遂有台人數十，擁入海關中廳，欲訪章家寶，並謂應將沒收之十一箱布匹發還。時章見來勢洶湧，不曾出見關內有書記倪姓在內，台人著倪開棧房，將該布匹十餘箱放行。倪謂須向稅務司報告，渠僅系僱員之一，無權答應旋稅務司接倪電話後。因病，派副稅務司乘電船渡廈。即向台人宣布謂欲索還該批漏稅畢支布疋，汝等應推舉代表，呈向汝等之領事署，轉函本海關。倘稅務司認為有放還理由，再通知爾等認領，云云。各台人聆言，始相率退去云。（1934年10月27日，第3版）

17.海關緝私，台人開槍抗拒，經日領帶往訊辦

廣東丸昨到廈時，關員下輪檢查，於船中發現大宗漏稅布疋及雜貨等。正欲帶

關課罰，時有台人出為阻止，並開槍示威。海關急將情通知日領事館，由該館派員下輪調查，將開槍者帶館訊辦，貨物則由海關沒收。（1934年12月11日，第3版）

1935年

1.台博會徵集廈人，同往參觀

台灣博覽會瞬間開幕。駐廈日領曾迭函市府轉市商會遴選代表，前往參觀。惟各方對此，均尚沉寂。日領乃令廈門台灣公會，組織台灣觀光團，邀請中國黨政軍警暨工商學界，各派代表參加。連日並派館員豐島中，向各方徵求團員。聞綏靖主任蔣鼎文、要港司令林國庚、市長王固磐，均簽字贊成，豐島中氏昨到市商會，向主席洪鴻儒接洽，洪亦簽名贊成云。（1935年9月6日，第3版）

2.備赴台博會，閩產品千餘種，駐廈日領組織委會，廣徵廈人赴台參觀

福州六日下午九時電。台灣博覽會，本省出品千餘種。有磁器、玉器、漆器、紙傘、皮箱、竹器、銀器印泥、蘭花、正辦理免稅手續，即將啟運赴台。

本市息。駐廈日領令台灣公會組織台博會參觀團，廣徵廈市各界參加，已由日領山田芳太郎徵得蔣主任、林司令、王市長商會長等贊同。曾誌本報。駐廈日領館，為使參加者來往利便，並組織委員會，推領事山田芳太郎為委長，田島周平、村上素志、豐島中、原田幸雄、林木土、陳長福、陳學海、簡士元、竹村英昌、阿部智義、澤重信、李慶紅、次田島、村上、阿部澤為常務委員，與台灣公會既組織之委員聯絡，辦理組織觀光團。並照料赴台來往手續，凡參觀人有疑點，可隨時向該會質疑云。（1935年9月7日，第3版）

3.台灣博覽會，市府昨布告

凡欲加入參觀團赴台灣博覽會，可列履歷，附像二幀，於本月內到府登記，並向第一科領取團員須知。費用由參觀人員自己負擔。（1935年9月18日，第3版）

4.台博會參觀團,報名十七人

台灣博覽會,定十月十日舉行。市府經於前月奉令,組織赴台博覽會參觀團。此間已向市府報名登記同往參觀者,計鄔寅文、林忠信、葉景麟、湯洒蓁、莊長東、王漢壽、吳炳訓、蘇子煌、葉崇德、蘇圻甸、蘇汀生、柯在實、潘寶潔、劉全忠、吳波同、周淑遜、林杏願等十七人。聞水警大隊長王成章、禾山特區長王儒林,亦擬參加云。(1935年10月5日,第3版)

5.參觀台博會,二百餘人,昨日首途

由廈前往台灣,參觀台博會之第一批旅客,共二百餘人,於昨(五)日乘福建丸前往。台灣公會參議林滾,及鄭復銘等,附是輪首途。又大阪公司台廈輪船,每星期往來各一只。自台博會期內,特加增航輪每星期往來各二只云。(1935年10月6日,第3版)

6.參觀博覽會,昨赴台六百餘人,王固磐一行七人,葉清和同輪前往

鳳山丸輪於昨(十八)午開往台灣。是日乘該輪往台參觀台博會者,共有六百餘人。廈門市長王固磐、工務局長楊廷玉、禾山特區長王儒林、市府技正柯廷鐘、科長葉希默、民產公司主任葉樹坤、交通廈門經理湯鉅,一行七人,由日本駐廈領事館外事主任豐島引導,亦附該輪往台參觀。同輪往觀台博會者,復有台灣公會顧問陳長福,及鷺通公司董事長葉清和等八人,另陳學海等一行七人。王市長行前,市府第一科科長王錚民、第二科科長鄭永祥、公安局長沈發康、財政局長周敬瑜、水警第二大隊長王成章,及公安局各分局長等,均登輪歡送云。

又王市長等赴台後,市府事務派祕書長屠潮代折代行,工務局由股長林壽椿代折代行,禾山特區職務派胡家權代折代行。(1935年10月19日,第3版)7.江亞醒談參觀台博會,博物場一切嘆乎觀止,鄭成功遺蹟不少感想,台灣華僑之概況

廈門僑務局長江亞醒,於十五日赴台灣參觀台博會,昨日搭福建丸輪返廈。記者訪江氏於僑務局。據談,此次赴台,偕華僑藍秋金、荷領署祕書陳海國前往。十

六日抵基隆，十七日往台北，二十一日赴台中，二十二日往台南，二十三日往高雄，二十四日趁輪迴廈。今日抵埠，在台南之安平參觀鄭成功遺蹟時，曾晤王市長，此行頗有不少感想。台博會規模之大，及其設備之完善，皆足為吾人景慕。其中第一、第二會場各部分，如南方、福建、草山、東京、大阪、長崎，以及產業、國防、文化、農業等館，皆已經目瀏覽。雖走馬觀花，而神留意會，印象實深。其中陳列，即一杯之構造，亦必詳示其原始，使覽者一目瞭然。又如某一館人構造，與原地風景，絕無二致。又國防館，飛機、大砲、戰艦、潛艇，亦可嘆乎觀止。此就台北之台博會言之，若台南、台中、高雄等地，亦各有博覽會之設，惟規模較小而已。江氏又談，全台華僑共約五六萬人，以台北之中華會館為總樞紐，台南台中各處，均有分館。組織及團結力均極健全，而遵守法紀之精神，尤為可貴。不似南洋各地之中華會館，福建、廣東歧出多端。同一中華國民，而廣東有省城客家之別，福建有興泉漳廈之別也。此五六萬之華僑，福州人居多，漳泉廈次之，再次則為粵人。職業工界占大多數，約十分之八，商界十分之二，云云。（1935年10月26日，第3版）

8.廈門大規模水陸走稅機關，專運白銀布帛參藥海味，糖油火柴僅其附屬貨件，四個月獲利四十萬，利誘威迫鬼（詭）計多端

廈門海關歷次破獲走私船貨，一般人多以為糖、煤油、火柴，為大宗。實則非也。據個中調查所得，走私機關在廈門，系有大規模之組織。兼恃有某種背景為護符，該走私機關，於本年四月底至五月初始成立。截至八月底止，核結得利四十餘萬元。除開費十餘萬元外，實得淨利二十餘萬元，可謂巨矣。惟海關迭次所破獲，據報紙登載，非糖即煤油火柴，實則走私機關所運主要貨物，以白銀為第一，次即畢支、布匹、洋參、海味、牛筋等。糖及煤油，乃為艇載附屬物之一耳。蓋由台來廈之帆船，如只運雜貨、布匹等類，則船輕，駕駛困難。須有糖、煤、汽油等重量貨物以壓迫之。一帆風順，始易抵達彼岸。據個中人言，由廈偷運白銀往台灣，如能漏網，每千元可獲三百元之利。再由台灣出口往香港，所獲亦相等。是一次得手，即有二次之利可獲。而所獲又非少數，故該公司成立僅數月，已獲利不赀。毋怪大規模之外，復有小規模之組織也。

接台灣政府禁金銀出口極嚴。惟由外地運入者，仍可運出。故一般營此途者，多自廈門、福州運入，再由台灣運往香港。乃有雙重利益可獲，如由台灣運出，一經破獲，則不僅處罰若干倍之罰金而已，本人且須坐監數十年，甚且永遠監禁而不恤也。此大規模之走私機關，每次到貨出動人物，達百餘人。其起卸地點有二：一在廈港，一在禾山。廈港如鎮北關、沙坡尾、廈門大學附近等處。禾山如崩坪尾、豆仔尾等處。此就陸上而言，若在海面，亦有「船哨」之設備。何謂船哨，例如貨船到達沿海，即擇一山阪海涯之地點隱蔽。其地水淺，必為關艦所不能到者。而所謂哨船也者，即沿海遍布，亦如岸上之十步一崗、五步一警焉。見關艇他走，即互相傳達信號，令其急即駛出。頃刻之間，而此滿載私貨之船，已到達彼岸。如或關艦半途駛返，走私船仍可趨避者，則示其趨避之所。不能，則其他無載私貨者，必以種種方法，使關艦移其目標於他船。迨經發覺，而彼已安然登岸矣。又或以小號雙槳帆船，不斷地陸續運出，關艦獲其一，或二，即牽之而返。初不知其後三四五六連續而出，是十中所獲不過一二。於彼初無絲毫損失也。至於陸上起卸，其起卸多在夜間，先分一部十餘人至二十人，埋伏海關前，偏其時有貿然而直往海關者，必遭□□之不奪。蓋彼輩必□□□□水，而有一種警告與制裁也。另一部則當視所經地點之警察，□有將崗警挾至僻處，候貨運完，然後放還也。事後，崗警欲報告，則苦無證據，又恐挾怨報復，故皆隱而不言。而彼輩得手後，亦必以三數元強納崗警衣袋內，使之非默受不可。此海陸私運之大概情形也。吾人於夜靜更深，時應有汽笛鳴鳴，自廈港或禾山方面，飛馳疾馳而來者，必為走私機關之活動時，而站崗警察，只有目送而已。蓋該機關自五月初至八月底，獲利四十餘萬元，而耗費亦達十餘萬元。可知公務人員中之不肖分子，亦多有受其賄賂者。茲試舉一節言之，如某次，走私機關貨到。為某捐局所偵悉，以汽車輸運，難以制止。乃於思明路之通衢中，先伏稽查員與保安警，面橫絆馬索於馬路中。俟汽車駛來，即以索攔截，該車雖仍向前奔馳，卒被擒獲。結果，車上竟發現公務人員，從此可知外患者必有內奸。此亦當局所宜注意者也。至於糖，不過走私中之一種附屬品而已，其關稅之重，不弱畢支、參藥與牛筋，而海關迭次所獲，非糖即煤汽油與火柴，實則海關破獲私貨，並不公開。只就其笨重而有整數者言之。至於雜貨、布匹、參藥等，則籠統言之。而其價值，則實超過糖油以上也。據糖油業中人云，全廈市所銷白糖，每月最多不過二千包，而走私中人除走私外，亦必正式報關入口每月若干包。

倘遇零星十餘包或三數包被獲者，則必持海關單前往交涉，謂系該號之貨售出者。故海關遇此等零數被獲之貨，多窮於應付，大有不如勿獲之慨。亦滋可嘆已。微聞自九月以還，此大規模之走私公司，已經停頓，其主要人物，現亦離廈他往。現所營者，乃散莊組織，而非整個組織云。又海關、公安局、水警隊，糖捐局四機關，近有緝私委員會之組織，共同合作。已開會數次，但其成效謹云。（1935年11月2日，第3版）

9.廣東丸搜白銀，十餘婦女帶千餘元

海關巡員昨在廣東丸，搜獲白銀千餘元，當帶關沒收。先是，該輪昨將啟碇，忽有婦女十餘人下輪。年皆少艾，關員當即一併喚至客房，命女檢查員予以檢查。結果，多在各婦女左右大腿上，搜出挾帶白銀，或數十兩，或一二百兩不等。其中有陳娥者，關員因房間人滿，命其在艙面將銀獻出，陳娥迫不獲已，乃當眾將褲褪下，從大腿中露出白銀二束，共六塊，約一百餘兩。當關員向其沒收時，娥哭求付還一半，其情亦殊可憫云。（1935年11月6日，第3版）

10.猴島截獲走私船七艘，船戶七名各罰款百元，昨鳳山丸破獲白銀三千餘元

海關關員，昨（十五）日在開往台灣之鳳山丸輪上。搜獲搭客偷帶白銀、銀塊，共計三千餘元。均予帶關沒收。又飛星巡緝艦，前昨日在猴島附近中國沿海海面，共兩次拘獲自澎湖開來之帆船七艘。為源興、金益發、新協盛等號。源興等三艘載煤汽油三百餘珍，火柴七八十箱；金益發載糖六十餘包，煤汽油百餘珍；新協盛載糖八十餘包，煤油三百餘珍。均於前昨日先後拖帶來廈。除船皆沒收外，並拘船戶張歪頭、葉良、李水圭、連馬交等七名。內三名罰款釋放，其餘張歪頭、連馬交等，擬每名罰款百元。張等允罰八十元。結果，暫寄押公安局云。

令息，海關飛星艦緝私艦，昨在港外截獲走私船七艘，船戶七人。各處罰百元，已四人照繳釋放，黃口嘴、葉良、張歪頭三人，因未照繳罰金，即送公安局寄押。（1935年11月16日，第3版）

11.昨廣東丸破獲白銀五千餘元，港外獲私鹽二百餘包

政府嚴禁白銀出口，而走私者仍多。昨廣東丸輪由廈將開台灣，海關外班關員下輪搜查，在搭客潘再武身上，獲白銀五百元。並在各搭客行李，獲得白銀銀條，計共值五千餘元。當一併帶關轉解中央銀行存放。而潘再武則備文送法院訊辦。

查駐廈日本領事署，徇廈海關之請，經於日前張貼通告於往來台廈之日輪中，嚴禁偷帶白銀出口。自是以來，海關檢查亦嚴，並僱傭女檢查員一，專司檢查婦女挾之役。一般慣於走私者以婦女挾帶，已難萬全。故又改變方針，而女搭客亦仍挾帶，豈彼明知挾帶不免，而甘願將亮亮之現銀送給海關乎。此中消息，明眼人自能知之。蓋獲者自獲，走者自走。獲者為少數，走者為大數。人乃不疑，而計乃售也。聞海關當局對此，已微有覺察，將添雇女檢查員一二人，以資周密，而免舞弊云。

又海關嶼光緝私艦，昨在港外巡查，破獲走私鹽二百餘包。當搬運來廈，轉送鹽務稽核所沒收充公云。（1935年11月21日，第3版）

12.昨屠獸場，十餘猛橫衝直撞，奪去被獲私宰豬肉，警探拘訊台人四名

第七市場「長發」，第九市場「合興」等。昨晨被屠獸場派員檢查，發現「長發」私宰豬肉一只半，「合興」一塊，即將豬肉帶入屠獸場，旋有十餘人趕至屠獸場。將所被扣之豬肉取回，並在場中橫衝直撞。請願警見其來勢洶湧，未敢制止。乃即鳴警，時廈禾路特別崗警趕至。而該十餘人有帶槍者，亦出槍示威。至思明北路，被分局警長李笑岩，截獲李贊煌、張春成、林石山三人，並繳獲殼五手槍一支，暨豬肉等，一併帶局。李贊煌供：三十二歲，為第七市場振盛司帳。張春成供：二十六歲，為振盛號東。均台灣人。被所截獲私宰豬肉，系鄰店景興洋行所寄。頃往屠獸場勘視安設灶位，歸至思明北路有人發生爭執，相率驚逃。被警誤將我等捕解來局云云。又林石山供：台人，二十四歲，任思明西路慶生洋行收帳。本早途經思明北路被捕。訊後解局，又當一時一區隊探員，在廈禾路捕獲周景一名。訊後解公安局，後由日領館領往訊究。

二分局前日在曾姑娘巷截獲朝記肉舖，偽造檢驗印證。拘董樹一名。當以朝記

私宰豬隻，懸掛籍牌，請人保鏢。調查員檢查均被抵抗。自董樹被捕後，財局決即嚴辦重罰。該號東聞悉，已將店門關閉，避身他處。並央人向當局聲請從輕處分。（1935年11月22日，第3版）

13. 屠宰業，籍民土著，由商會拉攏，彼此妥協

市商會為金匯隆豬行，與台籍組織之活豬組合。發生權利糾紛，昨特邀集組合代表謝金土，金匯隆代表紀經津、魏英才等，到會討論妥洽辦法。由洪鴻儒主席，雙方代表，各述理由後，即行開始談判。結果，準組合暫設十五家至二十家為度。惟每日所用豬隻，應由金匯隆支配，不得私宰至每隻豬優待若干。亦經雙方妥商，略有頭緒，訂本星期日下午二時，再開會討論。（1935年11月23日，第3版）

14. 廣東丸又破獲白銀，東碇截獲兩帆船，載糖油等數百件

大阪公司廣東丸輪，昨自廈開往台灣，海關關員下輪搜查。在搭客行李中，破獲白銀銀條共二千元，當帶關沒收，並轉送中央銀行存放。又海關嶼光緝私艇，昨（廿三日）在東碇海面，破獲漏私帆船二艘，內載白糖一百四十四包，煤油一百珍，火柴七十二箱，並舵工二人，一併帶廈。將貨船沒收充公，舵工處罰款釋放云。（1935年11月24日，第3版）

15. 屠業糾紛之層層內幕，昨豬行與籍商會議妥協無結果，籍商提出每豬優待三元

台人在廈，近有活豬場賣所及獸肉組合之設。以其省卻捐稅，輕減成本，故本地人之豬行業與屠宰業，皆受重大打擊。日前屠途代表，會同商會主席洪鴻儒，向日領事署方面之山田氏提出交涉。山田謂可由商會召集雙方代表，直接談判，較為妥善。商會即於日前邀集台人獸肉組合代表謝金塗、林雲梯、張影波，豬行業屠宰業代表紀經津、陳裕尚、魏英才等，討論合作辦法。

是日先決定台人獸肉組合，限制十五家至二十家。並撤消活豬場賣所。而每日所消活豬，須向豬行購買，不得假印私宰。至優待問題，則訂昨（廿四）日仍假商

會討論。各情略誌前報。昨午後三時,組合代表謝金塗、林雲梯、張影波,豬行業代表紀經津、陳裕尚、魏英才,商會代表莊國章均到,由雙方自行討論。

優待辦法,組合代表要求每豬一頭,應優待至三元。而豬行業代表,僅接受優待小洋一元。相差尚遠。組合方面,似非達到三元目的不可,豬行方面則以每只優待小洋一元,全年計之,損失已屬不尠。談至五時許,無結果而散。訂今(廿五)日再從長妥議。據豬行業方面云:該組合代表,要求優待每只三元,以二十家計,每家每日以一只言,共為二十只。需優待六十元,每月則損失一千八百元。且彼處於優待地位,如每家每日銷售至三只,則一日六十只。豬行需損失一百八十元,每月為五千四百元,一年須六萬四千八百元。豬行前途,將不堪設想云云。

又查台人組合,設於前年。當時因一部分屠戶,負擔捐稅過重,每只除正稅外,需繳湯水費、檢驗費,計達三元一角半。初欲向豬行分一杯羹,乃借外力為其護符。允台人設屠攤七家,每市場一家。近因豬行及屠途營業,均受影響。乃將情報告財政局,而財局亦以湯水檢驗二費,收入損失至大。

即由財政局長提向日本領事署口頭交涉。結果,允令台人屠戶,除應照章納稅外,每隻豬課稅及湯水檢驗等費,應繳納二元六角半。較之華人屠戶,每只優待五角。第財局交涉後,結果雖如是,惟該台人並不履行,近且增開五家,合前已十一家。因此私宰愈多,連日豬捐局,破獲私宰豬肉數起,皆發生衝突。故此事亟當有根本之解決也。(1935年11月25日,第3版)

16.昨鳳山丸,搜獲白銀近三千元

大阪公司鳳山丸輪船,昨日下午一時,將開台灣。海關關員登輪檢查,在搭客行李及身上,共搜出白銀銀條計值二千八百餘元。當予帶關沒收,並將載銀上船之嫌疑船戶張鐘一名帶關。經訊問後以無甚關係,即予開釋。(1935年11月27日,第3版)

17.外匯穩定,台灣貨進口減過半,海關一月來破獲走私貨十萬元

本市於法幣改革未實施以前，每次台灣輪進口，水客多至二百餘至三百名。所攜貨件，普通在四百件左右，至少亦三百件。迨幣制新策施行後，因外匯持平。台貨來廈，已不如前之厚利，加以海關破獲旅客私帶白銀，每輪輒有三五千元。職是，台灣水客，近日攜貨來廈貿易者漸少。近兩星期，每輪水客不過百餘名，間或數十名。貨件亦由四百餘件減至二百餘件，或百餘件。近一月來，海關破獲銀塊、銀洋，總數在五萬元以上。他如走稅白糖、火油、布匹、火柴、洋參、海味、牛筋、藥材、及船隻等，亦約十萬元。昨廣東丸開台灣，僅搜獲白銀五百餘元，已不如前之多矣。（1935年12月4日，第3版）

18.豬牙稅所糾察隊，昨與台人劇烈爭執，因扣留未納稅豬隻相持五小時，警探均到場維持秩序

廈門豬行屠途，與台人之獸肉組合商糾紛。間經商會調解，其糾紛內容，因台人組合每有私宰或免捐漏稅，卸價競售。故豬行及本地屠商，與屠捐局等，皆受損失。經交涉結果，擬定妥洽辦法：一、台人組合不得私宰；二、豬行對台人組合酌予優待；三、台人組合與本地屠商，應同樣負擔豬捐。

經數度磋商，豬行允每豬一頭，對台人組合優待三角。而組合商則要求每豬優待二元，相差至巨，致未能解決。過去交涉及接商，皆曾先後誌載本報。邇者外來豬客及各市場豬肉販，與獸肉組合等，私宰豬肉愈多。豬行、屠途、捐局，損失愈大。而糾紛之醞釀，亦愈劇烈。豬行及豬牙行營業稅徵收所，為維護稅收，乃再呈稅務局。由局核準組織豬牙行營業稅徵收所糾察隊，發給證章，派遣四安、廈、民光等三電船，於昨日起，在沿海巡查，並在岸上查緝。自晨即已出發，昨下午三時許，用走同廈之巷南電船，及東頭埔之隆盛電船，先後抵廈。事前，台人即僱船下輪起卸豬隻，當被糾察隊發現。計巷南船有二十三只，被糾察隊截獲十四只，押運上陸。其餘亦被水警隊扣留。又隆盛輪載十四只，由台人謝若甫監運，糾察隊欲予扣留，雙方發生爭執，即由水警將謝及豬隻帶往隊部，旋將謝釋放。豬隻由豬牙行營業稅所領去。未幾日領事署派特務員黃祥祺，偕日探及豬販謝金土等，向豬牙行營業稅徵收所交涉。謂該豬隻為台人獸肉組合所購來，不得扣留。且豬牙行營業稅徵收所，系官商組織。而糾察隊均穿便衣，攜帶長槍，下船截搶豬隻，手續殊欠

完滿。苟不發還，則獸肉組合無豬肉可賣，亦自有應付辦法，云云。該所辦事員紀錦亭，亦據理與之辯駁。謂依籍民營商：一、不得將籍牌租人；二、不能運販生豚；三、不得兌出其他在地屠戶豬肉。而獸肉組合，皆有上項事實。本所糾察隊組織，系呈準官廳及稅務層峯，所收稅款，亦均繳局。活豬漏稅進口，本所負有執行之權。至放行之權，系屬稅務局。且所獲豬隻，目前尚未調查是否台人販運，抑為本國奸商漏稅。故無法放行云云。乃在交涉時間，復有若干台人前來，該所即以電話報告二分局及偵緝隊。於是二分局長曾孝植，偵緝二區隊長李劍雄，均帶隊到地。維持秩序，相持歷五小時，日領館員乃退。謂將於今日由日領事正式備文交涉，該所亦於昨日分函水陸及禾山各機關軍警當局，請為協助查緝漏稅豬隻。文云：逕啟者，敝牙行因近來外水豬客，時有違法串同奸商，走漏稅款，業經奉準廈門稅務局，派遣電船四安、　廈、民光三艘，就沿海一帶，並派員在岸上巡邏查緝。並承廈門稅務局頒發證章，以昭徵信，而便執行公務。咨知水陸各機關在案。茲敝牙行已於本月十一日開始出發，進行查緝。業經呈報廈門稅務局查照。相應函達查照，請煩轉飭所屬。對於敝牙行緝私人在貴轄水陸地域緝私時，務希協助進行。至紉公誼云。（1935年12月12日，第3版）

19.冬菜肉粽高跟鞋三大祕密，海關與日領揭發，獲五千元歸公

本市自禁銀出口以來，以市鄉白銀漸竭，輸出亦隨之而少。然偷運之風，固未少斂。每次台輪出口，海關均有破獲。特數目不能如前之多而已，亦足見利之所在，難於廓清也。昨日鳳山丸由廈開往台灣時，海關巡員先已在輪上搭客行李及身上搜獲二千餘元。嗣因一客不受海關檢驗，於人叢中走脫。海關二總，乃上岸向稅務司威勒鼎報告，臨時懸掛暫停該輪出港旗。重行派員下輪搜檢，除開雜人等，一律驅遣登岸，會同日館館員，向全輪搭客逐一重搜。結果，又搜出二千餘元。所偷帶之白銀，有藏於廈門「泉三肉粽」內者，每肉粽一個，內藏五元至六七元。有藏於冬菜罐內者，每罐可裝十元至二十元。其上鋪以冬菜。其最輕巧者，則裝於皮鞋底後跟之皮夾內，每鞋一只，只能藏五元。乃費如是心思，亦可謂心勞日拙矣。昨日海關所獲多系孫中山新洋，一般觀察，新洋之出處，亦大有可研究者云。（1935年12月12日，第3版）

20.台人所設金融組合,昨日開幕

旅廈台人所設之「廈門金融組合」,於昨日開幕。參加者甚眾,中國官廳有要港司令林國庚等。日本台灣總督府外事課長坂本龍起,及駐廈日本領事山田芳太郎等,均到會。該組合聞為無限公司性質,章程草案已擬就,送由日領署審核。組合長陳長福,為前台灣公會長。專務執行員蘇嘉和,常務監查員施範其,業務執行員計有十六人,為王昌盛、林木土、蔡吉堂、翁俊明等。其營業範圍,聞注重產業抵押,當此地方不景,商業蕭條,銀行停放,金融枯竭之際,該組合乃應時而起,願為人所不願為,故頗為社會所重視。(1935年12月17日,第3版)

21.水警及海關各破獲大批私貨

海關德星艦昨在東碇緝獲廈字〇二八七號走私帆船。內載白糖一百四十包,煤油八十珍,火柴七十箱,昨已帶廈。又廣東丸昨開台灣,搭客被搜獲白銀數十元。又水警第二大隊部督察員黃濤聲,昨乘海鷗炮艇自泉來廈,載來水警隊。在峰尼緝獲走私白糖七十九包,煤油八百珍,火柴百餘箱,雪文七箱,鹹魚十七包,雀貝十七包。及在順安輪所獲洋布十五匹,均送海關沒收。(1935年12月18日,第3版)

22.閩商參加台博會,得獎計二十三家

福州訊。本省參加台灣博覽會,物品價值計四萬餘元。售出二萬七千元。最受歡迎者為皮箱、皮枕、木刻、木畫、鼓油、茶葉。會未閉幕,即經售罄。脫胎漆品、印泥,亦極受彼方人士歡迎。然因價極頗貴,故難完全售盡。在閩起運,計六十箱。此次運回尚有餘品十八箱子,已由督運出品專員宋增矩等運返。廿一日可簽還各商。至此次參與斯會,中國及彼邦統計出品七萬餘件,得獎者只九百二十件。吾閩計得二十三件,即二十三家之商號。茲詳錄於後:漳州一塵庵印泥、綺紅軒印泥、麗華齋印泥。廈門堯陽鐵觀音茶葉、晉江嵋峰鐵觀音茶葉、廈門林增來鐵觀音茶葉、建甌詹華壁瓜子金茶葉、福州福茂春花香茶葉、福勝春蓮心茶葉、沈紹安蘭記脫胎漆品、民天廠鼓油、廈門黃金香肉脯罐頭、錦記密楊梅、福安葉振豐銀器、福鼎寶芳樓銀器、福州陳樹榮木畫、廈門洪大川之香、新合美之香、新南州花磚、

福州欽記木刻、黃森康木刻、廈門通美帳簿、麒麟寅記條絲。以上每家各得一等獎章一面，一等優良獎狀一副，建廳即可頒給各商收領云。（1935年12月24日，第3版）

1936年

1.收日仔利，私擄人，警拘雙方，送入市局

昨下午三時許，有籍民十餘到後海墘。架一華民小販至思明北路，該小販乘機掙脫，大聲喊救。由崗警捕獲一人，連同該小販，帶入二分局。小販供：葉清溪，十七歲，同安人，住後海墘，以販水果為生。月前向對方借日仔利五元，先後攤還七期，尚欠本利一元四角。前日屆期，對方到家索償。欲收一元八角，因此龃龉。我父葉宗和，請其將一元四角先行取去。俟檢閱帳目，如錯再補。對方不肯，竟將所執鐵鞭，向我父毆打。致面嘴及頭額等部，均受擊傷。於是逸去，經我到局在案。今晨，我見老父傷勢轉劇，因再到局催促緝辦。至午後三時許，對方乃糾率十五六人到家，將我架出，口往國公府吊毆。行至思明北路，我見有武警，遂乘機掙開喊救。及崗警向前，人眾逃逸，僅將主犯拘獲。一同到此云云。被告供：吳添，廿五歲，台灣人，住思明北路海記，擔任收日仔利。緣葉清溪向我東家借去日仔利二十元，僅納利息數元，母銀迄未交還。前晚我往葉處收取，葉父竟恃伊年邁，不講道理，將我推跌。我乘償用鐵鞭向其毆打，唇部流血是實。本日見葉在大同路，故招之同往理會等語。訊後。解送總局訊辦。（1936年1月1日，第3版）

2.南泰成女客，銀包被搶，報警探查緝

少婦吳英嬌，二十三歲，台灣人，住局內二號。昨因乃兄欲回台灣，旅費支絀，吳到兜仔尾向其姊妹伴借得二十元。又往思明西路源成典鋪，質押金鏈三十元。另有餘款四十六元七角，合共九十六元七角。連同鎖匙一串、符紙一張、香火一個，一併貯存皮包。昨午後三時許，吳到大同路南泰成購買富貴牌白線衫一件。皮包放在櫃上，當與議價。詎此時突來一漢，將該皮包搶奪逃逸。時該婦狂喊，店夥則照常買賣。該婦無從追究，懊喪而返。乃據情報告日領事館及公安局偵緝隊，

請為查緝云。（1936年1月7日，第3版）

3.帶刀被扣

二分局警察。昨先後檢獲台人陳萬，帶鹿角刀一把。南安人吳足，帶煙膏值二十元。陳稱刀系割豬毛之用，吳稱煙系自吸。訊後送總局。（1936年1月7日，第3版）

4.女學生私生子騙詐一元

思明南路，昨兩婦扭扯。一婦逃入福春商店，一則在門前吶喊。崗警將情報告一分局，通知台灣公會派員會同入店，帶出該婦。雙雙帶入一分局。二婦一供蔡許氏，五十九歲，住文潤井。日前途遇此婦，據云有女學生偷生一女，意欲送人，囑我付他一元，以為鞭炮之資，我即如數給予。詎被告將一元驅去，即避匿不見。頃在途遇之，故擬扭交崗警。彼乃逃入福春商店，云云。一供藍朱氏，三十一歲，安溪人，住思明南路天縱洋行。供認收過蔡許氏鈔票一元，但該女孩已抱與他人。本擬原銀送還，因不知其住址，故未交付。惟我生活困難，已託人先付他四角，餘六角容日補足。彼不肯，將我交警云云。訊後，暫押候查。（1936年1月7日，第3版）

5.豬牙行扣大批活豬，幾再發生衝突，警探制止始息

本市豬牙行為台人獸肉組合。私運活豬進口，前曾發生嚴重爭執，事懸未決。乃昨又有同樣事件發生，雙方幾將動武。卒經警探制止，事始寢息。843

先是，昨晨七時許，福安豬船由興化運到活豬八十三只，將由獸肉組合雇工起卸。事為金匯隆豬牙行所悉，即派緝私隊馳往截留。時獸肉組合已陸續將豬起卸上岸，因緝私隊阻止，欲將豬船扣留，遂起爭執。二分局據報，急轉報總局。由局派偵緝二區隊，會同二分局特務長警，到報彈壓。結果，緝私隊乃將該豬扣留。計第一批五十三只，第二批三十只，當即運入金匯隆豬行沒收。又財局屠宰場檢查員，昨在福海宮九號販攤，捕獲私宰豬肉王林一名，寄押二分局究辦云。（1936年1月9

日,第3版)

6.海澄一區保長被誘殺,黃國泰潛蹤來廈,派爪牙赴澄活動

海澄訊。著匪黃國泰,近由台灣遣回廈門。住籍民旅社,分派其爪牙來澄活動,私行派款。昨有豬船由溫州運豬赴石碼,途經澄轄,被黃之爪牙勒索。每船繳納旗口費大洋十元零八角,否則槍殺,船戶叫苦連天。又一區第四九、五十兩保長,於四日晚,被匪徒化裝軍人將其綁殺。先是,是晚十二時許,有數匪身著軍裝。至保長黃漢江、黃廣隆家叩門。聲言欲往鄒坑社圍匪,請兩保長引路。該保長等一時不察,竟披衣偕行。至翌晨,在港河坪發現黃漢江屍體,黃廣隆則無蹤跡,至此乃知被匪誘殺。其家屬已呈報區公所云。(1936年1月9日,第3版)

7.昨搜煙廁,三廁東各具結,限五日改業

二分局巡官許崇昆,昨率警先後圍搜角尾路、曾姑娘、開元路等。三處煙廁,捕廁東到局訊辦。一、紀大頭供:在角尾路設煙廁,掛台人江和秋籍,渠充夥計。請準予設法收盤。二、曾天送供:在曾姑娘煙廁為夥,願通知改業。三、林永欽供:台灣人,在開元路設煙廁,願自動收盤。訊後,各令具結。限五日結束改業云。(1936年1月10日,第3版)

8.欠款搬貨

開元路福同茂店東王添福,因虧空避匿,店由夥友看管。因欠台人債款,昨被將貨搬去。鄰店華成號,因欠福同茂羊毛款項數十元,亦被追究。該店曾請二分局保護。(1936年1月14日,第3版)

9.台灣軍參謀長改今日來廈,最近閩台官紳去來考察頻頻

福州十三日下午八時電。台灣軍參謀長荻淵,今(十三)日偕日領謁陳主席。改明(十四)日乘綏陽輪赴廈。日本台督府軍參謀長荻淵,原擬前日附華山丸來廈。昨可抵埠,嗣因故臨時改期,訂今(十四)日自省遵陸來廈。如屆時過泉無耽

擱,午後可以抵廈。昨華山丸抵廈。此間日籍人士,多登輪迓。嗣悉改期,始相率偕返。福州通訊,閩省對於台灣國交甚為親密。閩屢次赴台遊歷者,有政府主席、委員、廳長、顧問、參議,及新聞界、實業界、教育界等。台灣歷次來閩遊歷者,有總督府課長、參事及海軍司令、國會議員,並新聞界、教育界、實業界等。現台灣軍參謀長荻洲少將,又於十一日偕參謀服部,由台灣乘盛京丸來閩。日本旅閩官民,與吾國省政府外交科長等,均走馬江迎迓。狄洲上省後,即赴倉前山日本領事館。下午六時,日領中村舉行歡迎會,並請中日兩國官紳作陪。省府亦將設宴招待。聞狄洲此次來閩,系屬遊歷,無若何任務云。(1936年1月14日,第3版)10.日領事署拘捕吳昭樑,吳報告偵緝一區隊,請轉求向日領交涉日本領事館署員,昨午後四時許,隨三台人,未會跟中國官廳,在賴厝庭十五號內,拘捕同安人吳昭樑(三十五歲)。押由開元路,經古營路,直達日本分署。沿途警察,皆未向盤問。經押入分署後,良久乃獲釋放。該吳昭樑遂報告偵緝一區隊,請轉呈我當局,提向日領交涉。據稱,渠住賴厝庭十五號。全座樓屋,原為留春閣郭占標所有業。因郭經商失敗,曾以該業向本地人蘇緣份押借二萬元。近地價暴跌,蘇向郭索款數次,郭無以應,致發生糾紛。嗣經公親調停,郭應將該屋社盡賣於蘇緣份。蘇須再與郭二千元,但郭應將租戶過佃清楚,方可領款。惟郭以需款孔亟,已先向蘇支取九百餘元,尚有千餘元被蘇扣留。候履行手續清楚,方肯交清。本十三日,郭偕台人廖蔡等多名,向蘇促其交款。蘇答非履行手續清楚,絕不付款,致雙方爭執。渠(吳昭樑)聞聲出為勸解,被郭誤會。竟於本日下午四時許,帶同日本分署員及持槍將我捕入日本分署拘禁,且施體刑,身受重傷。歷時良久,始行釋放。請予轉請交涉云云。偵緝一區隊允查明後辦理。(1936年1月15日,第3版)

11.私捕傷害日領館表示歉意賠償醫藥

日本領事館館員,十四日帶同台人,在賴厝庭私擅拘捕華人吳昭樑,施以體刑,已誌本報。公安局長沈覲康據報,昨晨即傳吳昭樑到局查詢,並親為驗明傷痕。遂派司法股主任、偵緝隊連濟民、宋安在、三分局何孝柽,同往日領事館據理交涉。結果,日方深表歉意,允賠償傷者醫藥費,及嚴密查辦本案違法人員。昨午後,蘇緣份亦呈公安局,報告本案發生情形,並控郭占標與其債務糾葛。郭竟串同台人,強索不遂,又借賴外力欺壓良民,濫捕吳昭樑等語。當經公安局再傳蘇緣份

本人到案。訊後,即派探拘捕郭占標未獲云。(1936年1月16日,第3版)

12.橋亭煙廨報被搶查無實證

中華路橋亭二號二樓,聯美鴉片館。昨夜九時許,被人登門搗毀。據該館夥計走報崗警,謂被三人,持械登樓打劫。搶去現款一百卅餘元,踢倒鴉片膏一鼎。經該警報告一分局,轉知偵緝隊,一面派巡官長警查緝。嗣偵緝一二區隊各派組長鄔國棟、連良標、蘇金生,率十餘探員馳往協查。以據該夥所報,鴉片膏被踢倒一鼎。然察視地上,並無痕跡。烘爐亦冷如冰霜。又調閱其帳簿,本日只存四元餘。乃著該館詳細核查,旋在棹櫃下搜出鈔票一包,原封不動,乃知現款未被搶去。又據館夥呂烏漏稱,該煙館系台人楊進才經營。本晚楊外出,渠在烘爐煮鴉片。正將成膏,突來三人。先一人上樓,倒臥榻上。繼二人一立於樓梯頂門外,一入室內至渠身傍。著拿出鴉片一兩,渠請其人內購買,其人即厲聲大罵。渠乃囑其出錢代為入內購買,該人忿怒。謂我買鴉片,尚須取錢乎。於是將棹上鴉片煙槍取起,毀折三枝。臨行前復取棹上碗兩塊,向窗外擲破。另一人入內搜索。故有無被搶,時尚未明瞭云。於是探等遂返隊報告。(1936年1月17日,第3版)

13.廈門產業展覽會台灣公會籌備舉行

本市台灣公會,昨開廈門產業展覽會三次籌備會,到二十餘人。討論結果,決定一、籌備會分三部:甲、總務部,下設外交、庶務、財政三股。乙、設計部,下設會計師、市面兩股。丙、宣傳部,下設陳列、賣店、廣告、文書四股。二、陳列規定。甲、陳列品。(一)廈門物產工藝品,(二)參考資料。(如文化、建設、圖書、書畫、古董、山林景、鳳梨塔等)。乙、出品報名期間。自一月十五日起至一月二十七日止,出品提出日期。自一月二十七日起至一月三十一日止。丙、陳列費。每坪(六尺四方)每日上一元,中七角五分,下五角。丁、展覽日期。自二月二日起至二月十二日止。(1936年1月19日,第3版)

14.台灣公會卅週年產業展覽

準二日開幕台灣公會成立,將屆三十週年。即於十日前籌備紀念,並舉行廈門

產業展覽會。現各股人員進行,將告就緒。會場計分三場:第一場在思明北路開明戲院對面,第二場在思明南六路南星樂園,第三場在台灣公會。皆已布置完畢,定二月二日開幕。展覽日期至二月十二日止。已報名參加陳列者,計本市商號一百十二家。台灣參加出品一百十五件,香港、汕頭、泉、漳等處數十件,其他古董、書畫、交通、衛生、教育等陳列品,計達數千件。(1936年1月31日,第3版)

15.破獲賭場

日領昨派員取締籍民設賭,捕賭犯吳水潮一名,系與洪本部賭場有關。因傳某頭目,加以痛斥。又偵緝三區隊,昨由破獲陳寬錢所設開元路之小賭場,捕王印生一名,及賭資賭具頗多。(1936年1月31日,第3版)

16.台灣公會改稱居留民會,三月一日施行新規章昨定產展會程序

台灣公會昨開第十四屆通常議員會。出席林木土、簡士元、莊司德太郎、澤重信、陳寶全、薛盆、江保生、陳春木、陳作模、劉壽祺、何興化、鄭德和、林慶旺、陳基、蔡清德、黃福成、方炳輝、蔡吉堂、江文鐘、黃六、施添壽、洪培煙及山崎林王等。由會長報告本會依館令,決定三月一日起,施行改正新規則,並改稱為台灣居留民會。次報告關於該會三十週年紀念產業展覽會,及總會之準備經過。畢,討論產業展覽會程序。結果決定第一日(二日)午前行開會式。第二日一般觀覽。第三日一般觀覽。第四日招待各機關及各報記者、一般觀覽。第五日表演麗女新歌舞,地點南星,一般觀覽。第六日茶會,一般觀覽,晚七時起十一時止,表演文化劇,地點旭瀛書院。第七日茶會,一般觀覽,晚七時起十一時止,表演文化劇,地點旭瀛書院。第八日一般親覽,午後一時半,旭瀛書院學藝會,地點旭瀛書院禮堂。第九日一般觀覽,午前十時舉行旭瀛書院二十五週年紀念式。第十日午前十一時招待內外賓,舉行紀念式。午前十一時表彰式、會餐,午後一時起,總會麗女舞、一般觀覽。第十一日午後一時閉會式、品評會。

又訊,產業展覽會二日開幕。會場分三處:第一會場為產業館,址在浮嶼開明戲院對面,廈禾路門牌一四一號,陳列農牧山林出產物,出品者為東西洋行,中和

牛乳公司等，三樓陳列工業、商業、電氣、建築等物，出品者為閩南各地及本埠各商人。第二會場為文化館，址在南星樂園四樓五樓，四樓陳列教育、衛生、金融、交通、博物，五樓陳列台灣特產品，如苧蔴、藤、通草、風景畫、大甲席、蛇皮、水牛角製品、珊瑚、砂糖、鳳梨、柑、茶、蕃布、紙帽等。第三會場為考古館，址在台灣公會三樓四樓，陳列書畫，古董、礦物等，出品均珍貴古物，又有演藝館，址在南星樂園，表演麗女舞、文化戲及旭瀛書院表演。產覽三會場，每名票資五分，凡學生團體十人以上者，每人收票資三分云。（1936年2月1日，第3版）

17.煤油局員被截擄毆禁，因沒收洋行煤油請提向日領交涉

昨下午六時許，三分局得大中路口崗警報稱，頃見某機關職員四人，乘人力車經過頭成洋行門口。間有一人被該洋行內擁出數人，攔截去路，迫其下車，挾入該洋行內。經警趨前詰問，該行拒絕不許入內等語。同時復接煤油稅局報告，謂該局長本日午後在海軍職歡社宴會，有該局徵收主任林濤，偕稽查長、督察長等三四人，各乘人力車赴宴。車抵大中路頂成洋行，被該行負責人率二台人，截擄徵收主任林濤，挾入行內，林與掙扎，衣服被其撕破云云。該局當派局員何孝植，巡官葉澤霖，馳往查察。抵時，見林被禁房內。該行經由周永詳，見員警到地，乃開門放出，正查詢間，日領事亦據該行報告，派日警員李材旺、周水樹及四日人到行，調查個中情形。據周永詳稱，該行日前被扣煤油五百珍，今日遇林，邀其入內理會，否認私擅擄禁。惟據煤油稅局報稱上月二十七日，有漏稅煤油五百珍，由漳浦雇汽車返廈，至佛南橋，被該局分卡稽徵員截獲扣留，運抵到局，據稱系華商走稅。重未預聞系該行所有。迄今五天，始照章以走私沒收拍賣。詎本日上午十一時許，突有頂成洋行經理周永詳，偕兩台人到局，查詢此事，要求發還，是時由該局徵收主任林濤接見，答以時間經過已久，且據該分卡報告，系華商走私，已照章沒收。周仍一味強迫發還，嗣林見難理喻，乃囑向市府交涉。至此，周永祥等始退，頃林濤與同事數人乘車赴海軍聯歡社宴會，竟被周糾夥截擄私禁加暴，胸手等部等被毆成傷，尤以胸部被踢一傷，內部覺有微痛，且被擄時，林略為掙扎，衣服亦被扯破，並遺失氈帽、自來水筆、日記簿、名刺等件，及五元鈔票一張，單元三張。嗣自來水筆雖再拾獲，但已被踐踏，已成廢物云云。該局亦已向市府及公安局報告本案真相，及林濤被擄經過，請予據理提向日本領事署抗議云。（1936年2月2日，

第3版）

18.台灣公會產展會，昨日開幕

　　廈門台灣公會三十週年紀念產業展覽會，於昨日開幕，到會職員來賓等百餘人。由該會長林木土述開幕辭，宣傳委員長李慶紅報告籌備產展會經過，謂第一會場出品人數百十三名，種類五百廿六種，點數數千點。第二會場為台灣特產，計二百餘點。第三會場陳列書畫古董等，事務人員共二百餘人，再次台灣總督府特派員澤重信代表致祝辭，謂台灣公會三十週年紀念。舉行產業展覽會事，實深欣喜。台灣公會創設三十年間，系因歷任各役員及各職員努力，始能發展至今日云云。繼洪大川為出品者總代致祝詞，然後攝影紀念，即共驅車參觀第一、二、三各會場。畢，遊行後禮成。（1936年2月3日，第3版）

19.毆傷車佚

　　台人周景，昨乘謝賜添之人力車，將赴廈港。謝誤拉至大同路，欲向索資，被周毆傷，警將雙方拘入一分局，由周賠醫藥了事。（1936年2月3日，第3版）

20.抗交代役金，毆辱員警，老闆娘被拘處罰

　　思明北路三民皮鞋店，系台人林秋濟經營。林返往泉州，另營三新布店，鞋店由其妻陳雪管理。昨一分局水利服役徵收員到店，向征代役金六元，陳稱本店僅夥友三人，僅願交四元，該員不肯，因發生爭執，嗣該員會警復至，著該號照交，遂起衝突。警將陳氏及鄰人李英帶局，報告該老闆娘抗繳役金，糾眾行兇，胸部受拳傷數處。局員當提該婦訊問。但林陳氏否認毆打該警。李英則稱在場見警扭林陳氏，故為勸解。一分局以該婦毆警成傷，遂判處林陳氏抗交代役金，毆辱員警，處罰金十元。李英以事非干己，妨害公務，處罰金十元，俱準保釋云。（1936年2月5日，第3版）

21.擅入民居，廿二猛，四人扣押，今送會審

鼓嶼垵海角R二七八號二三樓住戶，三日晚被七八人突如其來，經鳴警拘四人送工部局，事載昨報。昨工部局召訊，原告稱，若輩無因而來，聲勢洶湧，顯系圖劫。被告陳金土、陳金水、楊建發、李火均供是晚在河仔墘，因酒後尋妓，誤入該屋云云。訊畢，巡捕長巴氏，以廿二猛在嶼胡為鬧事，膽敢入人住宅喊搜，顯非善意，故予扣押。定今（五）解會審定獄。一文。惟未敢歸，棲宿與人行道。劉見我未回，即尋獲扭歸，橫加毆打，以掃柄柴塊為武器，遍體撞擊，後加鐐銬禁室中，絕粒竟日，乘間逃出，請為設法援救云云。該局當傳劉金珠到局，但劉猶否認虐待，謂被前夜所賺的錢，不取回歸，而在茶樓與人打牌，被我召回責斥，並未加暴，至手銬系彼自己鎖扣，希圖抵賴等語。訊後，解總局核辦。（1936年2月5日，第3版）

22.走私被獲明神丸，船貨值二萬，司舵罰百廿五元

海關緝私德星號，前晚在東錠海面，緝獲走私電船一艘，名明神丸，內載白糖二百二十包，煤油二千五百珍，糖每包在廈可售三十三元餘，以三十元計，共值六千六百元；油每珍以三元計，共值七千五百元；電船約值四千元，統計不下二萬元。於昨日由德星艦拖帶來廈，船貨均予沒收充公，並將司舵曾細石帶關，處罰一百二十五元釋放。據查該貨系基隆順美號所運廈者云。（1936年2月8日，第3版）

23.明神丸走私被獲，日領提出交涉，海關昨日公告處分私貨四案

海關前日破獲走私電船明神丸，連貨物約值二萬元，各情業載前報。茲聞駐廈日領署，昨向海關提出交涉，指該船於公海被獲，而海關據德星艦報告，則確係在我沿海緝獲者，現尚交涉中云，又海關昨通知處分沒收私貨數起。一、公安局破獲金條一百四十二兩，三錢四分。二、浮宮獲白糖十包。三、水警第二大隊部獲萬源，金興電船二艘，銀寶四大塊。四、泉州獲火油一百十九珍，及海味十四包。（1936年2月9日，第3版）

24.廈門金條運滬，四個月來，值六百萬強，內地婦女首飾已蒐羅漸盡，台灣亦由廈轉運，日領事署派員密查

本市各珠寶店,自去秋以來,輒有大批金條運滬。昨太古廣東輪開上海,此間珠寶途運金往滬者,計有四百三十三兩,每兩以百四十元計,共值六萬零元。自去年九月起,至本年一月止,由廈運滬金條,共值六百萬元強,此項金條,多數均自漳泉內地流出,以婦女首飾品為多,近則內地蒐羅漸盡。惟亦有自台灣偷運至漳泉內地,而轉由漳泉出口來廈者,大抵亦以婦女金釧、金鏈、金戒指等物為多。此項首飾品,多由水客攜帶,或裝置於白糖、洋灰等粗重貨物之內,故緝私機關,多不易查出。去年冬傳有海關運滬白糖,在上海拍賣,為買主檢獲金首飾一大批,約值三萬元,斯可謂獲來之橫財矣。數日前,本市水警隊在順安輪上,查獲一搭客攜帶金飾多件,約值數千元,搜其身藏有台灣信件甚多,而該客則自泉來廈,經拘留查詢,旋為日領署所悉,將是人領回,金器亦於昨日領歸。聞日領署近亦得有如上情形之報告,故於台澎出口船隻,檢查極嚴。同時,在廈亦派人多方密查,如水警隊破獲之物,不旋踵即為所悉,可知其消息靈敏之一斑矣。(1936年2月11日,第3版)

25.籍民偷電,雇日人取締,電燈公司營業,仍僅收支相抵

本市電燈公司,為便利取締籍民偷用電力。去年春,曾請由駐廈日本領事,轉請台灣總督府,派日人三溝文八來廈,在該公司常川辦理籍民偷電事件。同時,自來水公司對三溝文八,亦為同樣之僱請。三溝上午在自來公司辦公,下午及夜間則在電燈公司。據電燈公司負責人言,自三溝受任囑託以來,去年一年間,籍民偷電事件共辦理二百九十餘起,已結束者一百七十餘起,而全市偷電事件,去年共破獲七百餘起,(籍民在內)已結束者合共三百餘起。廈門偷電之多,實估全國第一位云。又查電燈公司二十四年營業收入總數四十餘萬元,支出相抵,與二十三年比較,相差無幾云。(1936年2月11日,第3版)

26.旅廈台僑,新組織實業協會

台灣公會現方舉行產展會,又在發起組織廈門商事株式會社內。推舉會則起草委員簡士元、洪培煙、黃情波、周天啟、李兩加,會員分為會員(居留民),及協贊會員(廈門實業者)。內部分置總務、商品陳列、手工業授產、調查品評、教育

宣傳等部,商品陳列館則設在產展第一會場,由籌備會函產展會撥出產各商品,留存一部,分為永久陳列品,擬近日開成立大會云。(1936年2月11日,第3版)

27.台灣海產

台灣海產,市銷亦弱。本期日輪,運到各貨甚多。昨市成交,各盤如下:

蝦皮上莊二十六元

蝦皮下莊二十一元

助宗告肉二十二元

告肉中莊二十三元

告肉上莊三十五元

告肉下莊卅一元半

絹貝三十四元(1936年2月13日,第5版)

28.旅居華南,台灣人數目,以廈門最多,有萬五千人

台灣訊。台人旅居中國南方,以廈門為最多,約計萬五千人。福州次之,約千四百人。其餘汕頭、上海、廣東,各僅數百人。澳門十餘人。南洋方面,以口領印度最多,現有七百二十五人。次英領馬來百零四人。其他皆極少數。旅廈門台灣籍民人數既多,財力及一般勢力亦大。回顧明治三十一年,僅有五百五十五名,其後漸次增加。大正六年,增至二千八百餘人,十年超過五千人。昭和四年六千八百餘人。九年末至現在,為九千五百五十五人,尚有未登記者約六千人,故總計約達萬五千人。台灣籍民中,有華民專欲利用日本國民資格,獲得日本國籍者有之。此欲與普通籍民區別,故稱之為廈門籍民。彼等之中,有用金錢運動,或渡台灣購買土地,講究入籍方法。一面於領事館,由政策的見地,有加以援助之形跡。此等籍

民，有相當之資產。其入籍不肯對外發表，於中國人同樣有土地所有權者不尠，因此等能享受兩國籍權利。將來據治外法權之撤廢，並其他事情之變化，立可還元（原）為中國人云。（1936年2月14日，第3版）

29.日本參謀本部，部長起程來閩，台北教育考察團今過廈

福州十三日下午八時電，日參謀本部中國部長擬石剛大將，今（十三）日由台灣出發華南遊歷，並訪問當局。下月一日可抵省。汕頭十三日電，台灣台北洲教育考察團台北教育課長銓樹忠信等，一行十餘人，乘廣東丸過汕。昨訪李市長源和，諮詢本市教育狀況。下午由日領派員導遊全市，下午乘原輪赴廈，即轉返台灣云。（1936年2月14日，第3版）

30.松井過廈赴汕，日台人將在廈設立亞細亞協會支部

日本大將松井，偕華南銀行總裁竹籐峰治，及大亞細亞協會田中正明，於昨晨乘廣東丸輪抵廈，駐廈日領山田等，均登輪歡迎。松井一行，於九時登陸鼓浪嶼，休憩後，乘轎至日本小學、博愛醫院，並一覽鼓浪嶼風光，然後受領事午宴。午後三時渡廈，參觀全閩新日報社，蒞台灣公會少憩，再乘車遊覽廈門市街。四時五十分，復趁原輪赴汕港。定廿七日左右再來廈晉省。據松井氏談，廈門余於明治四十三年，曾一度經過，至現在實有隔世之感。余於滿洲事件後，曾出席國際聯盟，深感東亞之問題。提出於歐洲討論，由民族人種迥異之歐羅巴人，以歐洲人之心理，觀中日兩國在聯盟鬩牆，同為東亞人，而竟在白色人種之前反目抗爭。回來乃語末次大將，廣田外相等，以東亞人須自覺，須棄盡嫌隙，努力遠東和平，達共存共榮，則於國交俾益自當不少。大亞細亞主義國民革命之先達孫總理，亦曾力倡。余此次遊歷各地，知華北已有中國大亞細亞協會，此後甚望多方贊成此旨，喚起大多數東亞民族，知世界和平，與亞細亞人之關係至深且巨，則幸甚矣，云云。又聞日台人將在廈設立亞細亞主義協會支部云。（1936年2月18日，第3版）

31.煙廁美名談話室昨被破獲，拘辦七人

三分局派巡官葉澤霖，昨晚會同公安局特務警十數人，圍搜水仙路一號樓下南

天談話室煙廠，拘獲館主及煙民六名，搜得煙具多件。即帶分局訊辦，該煙犯李順、張嘉興為台灣人，餘吳明黨、林　、白火金、白水生皆本國籍，訊後解總局。嗣後據分局查明，該煙廠東為汕頭人黃海，而掛台民張慶安籍牌，故復將黃海及煙照扣留，而據黃海妻林氏稱，前與其夫同住鬥口巷開設煙廠，給有協和執照為憑，遷移水仙路後，因營業不佳，故讓與台人張慶安之子張嘉興，改稱南天談話室。協和亦照舊徵收照費。近因業主欲加其租金不遂，遂向分局誣稱氏夫積欠其租金不還，並指冒掛籍牌。（1936年2月18日，第3版）

32.大寶丸，五台人，罰百廿五元，一律釋放

海關德星艦，日前在泉州港內破獲走私漁輪大寶丸一艘，並獲船員日台人七名，日人二名經於即日帶廈釋放。尚餘台人五名留於德星艦，各情經誌前訊，昨德星艦返廈，該大寶丸扣留之五人，除司舵黃永昆處罰一百二十五元釋放外，其餘四人亦均同時開釋云。（1936年2月19日，第3版）

33.警探昨捕煙賭犯計十五人

一分局長警，昨晚在中山路一帶，捕無照煙民周家疊、謝挫、陳沙利美、林東、郭阿富等五人。事後，人力車工會派代表請領未準。判處暫押。又特務警楊春江，昨夜亦在思明北路，捕無照煙民林玉山，搜出煙泡二粒。偵緝三區隊，則於後海墘四十七號內，破獲賭場，搜出天九牌、撲克牌、骰子等賭具，及賭款八十九元七角，銅元一百六十二文。捕獲台灣人呂天賞，及莊海水、邱稽、黃歐、陳芋、鐘來、沈祥、柯迺蒼、白枝珠等九名。賭東在逃云。（1936年2月20日，第3版）

34.碧玉堂被搗毀，報請拘究

福河宮邊十八號二樓碧玉堂妓寮，昨夜被嫖客持械搗毀。該堂鴇首為台婦林來好，當偕其夫陳水土，向一分局報告，謂頃有六七人，間一草有坡人名缺嘴，於八時許到堂，欲召妓女碧玉打茶圍，適碧玉應秀玉堂召往招客，故先由愛卿伴坐。未幾，碧玉返堂，即趨前招待，惟碧玉系由秀玉堂抽空而回，尚須再往，彼輩竟不之許，謂渠等亦有錢開銷，並非白嫖。我向解釋，竟逢彼怒，各出短槍示威，並將前

後房椅棹鏡台櫥盤等，任意搗毀，損失不貲。查該缺嘴等，平時極罕到堂。昨晨零時，偕其友二人召碧玉伴談唱曲。伊以時已深夜，囑下樓吃稀飯，彼輩即悻悻而去。今晚遂蓄意尋釁云。該局當派警隨往查勘，並為報告總局核辦。（1936年2月22日，第3版）

35.偵探合夥設賭場，王聖泉昨被扣押

偵緝三區隊，日昨破獲後海墘賭場。賭東陳妹姑泉仔等在逃。拘獲賭夥九名。現查該犯中有台人呂天賞，經於翌日保釋，餘八人送司法股。據賭夥白桂枝供，該賭場系偵探王聖泉與陳妹姑合營，每日可抽頭七八元。每日我僅得工資四五角。訊後，股長許崇獄，以公務人員膽敢私設賭場，遂傳王聖泉本人到局訊究。訊後，禁押拘留所懲辦云。（1936年2月22日，第5版）

36.搶劫昌華台灣人主謀，先後已擒獲五犯，各供證歷歷

市局特務隊長丁超，廿二日捕獲打劫中山路昌華貿易社案犯陳炳章、張金池，已誌本報。查該隊破獲本案經過。先系得自前日捕獲之盜劫逃犯翁林田所供。

翁供認，參加搶劫昌華，分得贓款九十五元，供出同夥打劫昌華者，為陳炳章、張金池及某方人七八名，又供出張、陳之住址，故丁隊長即於廿二日按址捕獲張陳。據陳炳章供，廿二歲，海澄，前與著匪謝天水，各立一幟，勒收船戶旅費，雙方互相對抗，曾派人暗殺謝天水未遂。最近在廈，參加搶劫昌華貿易社，同謀七人，事前在晨光路閩南旅社開房密議。由五人前往行劫，帶手槍三桿。主謀者為台人，故由該台人出槍二桿，我借一桿，劫後於東園口村，背面之後岸二號台人住宅處分贓，每人得七十餘元等語。又據張金池供，三十四歲，海澄人，搶劫昌華確為台灣人主謀，在閩南旅社計議，我亦在場。當日由陳炳章向我借出二元，作旅社房租。陳言將來必有厚禮，允事成厚賞。結果，由陳炳章送我十元，及報章發表昌華被劫千餘元，被我查出每人分贓七十餘元，我即向其交涉，彼等均不理我，云云。訊後，解公安局司法股。同日，丁隊長帶警會同。

日領館員周水樹，佐伯積太郎，前往後岸二號圍捕主犯台人未獲。昨夜十一時

許，該隊長又帶警往水仙路義盛洋行門口，捕獲張某、陳某二名。解局訊究。昨晨亦在菜媽街陳佛生家，追回一槍，合前日在張金池身上搜出之槍，一共二桿，均併案送局云。（1936年2月24日，第3版）

37.漳州扣押五台人昨日解廈，送交日領

漳州訊，龍溪縣府廿二晚奉命，扣留漳城鎮台後五號住戶施志善全家五人，於昨（廿三）日派警解廈，送交日領事署發落。查施系台灣人，住漳有年。曾參加共黨工作云。

共黨嫌疑犯施至善、黃順浩、施月霞、施月仙四人，於前年共匪陷漳時，參加反動工作。中央軍入閩，被拘禁於龍溪縣，駐廈日領迭照會向龍溪縣府引渡。昨日龍溪縣已派警將該犯押解來廈，交市公安局。即午派探解交日本領事署。（1936年2月24日，第5版）

38.昌華劫犯原告指認無訛，主犯台人王烏龜前星期已逃福州

中山路昌華貿易社被劫，先後捕獲劫匪有關係者五人。訊供不諱，已志本報。昨市局司法股，傳原告陳榮芳及該號夥友指證。經陳認明該犯中之陳炳章，確係持槍劫其衣袋金表者，而張金池則為最先登樓入室之人。至本案主謀者台人王烏龜，特務隊長丁超，經二十二會同日領館員，前往後岸二號圍捕未獲。昨三區隊探員，前往埋伏，瞥見一本地人導王烏龜之妻林氏往壽山醫院種痘，蓋頂備候輪迴台。該探當將本地人捕送隊部跟究。據供唐英，業木匠。王烏龜於前星期避往福州，今受其妻林託帶往種痘云。□後拘留。又特務隊前晚在晨光路捕獲二人，訊無關係，即予釋放。（1936年2月25日，第3版）

39.同發銀樓報被台人勒索，英國籍民偷香卻向華人尋事

鎮邦路同發銀樓，昨午以電話報告三分局，稱被人持械恐嚇。該局即派局員何孝怪、巡官葉澤霖，率警馳往。時店口圍觀者甚眾。當詢號東林輝，林因震驚，頓失常態，歷時十數分鐘，始能發言，謂頃有二台灣人到店，恫嚇勒索等語。何等遂

欲捕之，該台人急從人叢中溜去。何等乃傳林輝到局。訊據供稱，二十八歲，安溪人。緣二月五日晚，與友陳景如等，同至大華飯店四樓，台妓玉卿處。嗣召玉卿同往烏貓舞場跳舞。至晨二時，復往廈大旅社開房暢飲，雀戰至天明。由陳給十五元與玉卿歸去。詎玉卿返後，其母蕭寶鳳即率台人到廈大旅社找陳，謂陳強姦伊女。且言玉卿年方十六。尚未「開彩」，著陳賠償六百元。時在場友人多方解釋。越兩日，復由台人阿義等四五人，前往海後萬國公司向陳質問。陳避不見。且陳為英國籍民，翌日報告英領，控蕭寶鳳及阿義恐嚇詐財。經英領轉函日領，扣留阿義。由日領判處阿義拘留三天示儆。阿義不甘，探悉是夜我亦在場，數日前遂率四五人到店。適我外出乃囑店夥，著我到寶鳳處理會，否則或將結果我至晚復到店外伺伏。幸我是晚未歸，該輩候至十時許始去。越日，我返店聞悉。以事非干己，故置不理。詎本午阿義復同二人到店，佯稱購買金鐲。我自己取出與觀，渠問我是否林輝。我答不是，於是阿義竟出手槍向我恫嚇勒索。另一人手執文明棍，迎面打來。我急躲上樓頂。由店夥以電話報局。及員警至，若輩始遁。檢點金鏈金鐲，均落在地下，無何損失云云。問後釋出，並著具書到局，以便轉報總局核辦。午後，三分局派警往查真相。並查悉同阿義前往者為台人林有才，亦向查明。顧阿義及林有才，均否認有持械嚇勒。謂此事因調解無效，前往查詢。林系往看戶主籍牌，更不相關云云。現分局正在徹查中云。（1936年2月27日，第3版）

40. 籍民煙廠小典交涉尚無結果，抗繳地方稅款事將呈報省府核奪

　　關於取締籍民煙廠，及籍民抗納稅款，與太古碼頭懸案。昨記者訪市府參事陳宏聲。據談。一、取締外籍煙館，本人曾與日領商談。日方亦甚贊同。但顧慮取締後籍民失業，及治安問題。應先計及其出路，令其改業，然後實行取締，方得完善。二、台人所營小典，助長竊盜。與日領談及。將來可交涉減少，並令改變營業性質，不得收受盜臟。三、籍民有抗納地方稅款者，甚或包庇中國奸商。此其影響政府稅收實巨，應俟調查情形，呈報省府。提出交涉。四、太古碼頭及茂後事。前經中央派專員來廈辦理，余市長亦曾向日領英領商及。尚無結果云。（1936年2月28日，第3版）

41. 台灣新民社考察團昨日過廈

台灣新民社考察團林獻堂（社長）、劉明電（取締役）、林猶龍、林涎生、林瑞騰、林根生、林階堂、羅萬伻等一行八人，於昨晨八時乘芝沙丹尼輪自台灣抵廈。先赴鼓浪嶼日領署，旋過廈赴市政府、廈門大學、台灣公會、江聲、星光、全閩報參觀，午應前台灣公會長陳長福宴。下午五時，仍乘芝沙丹尼翰赴香港云。（1936年3月1日，第3版）

42.兩起竊案，台人捕華人，旅客拘棧東

台人蘇乞食，昨捕華氏方登科，帶入一分局。蔣供：住九竹河，有女名桂卿，在亞洲旅社為妓。去年九月，被告到旅社開銷，其友二人留宿。翌早始去，嗣其女發覺金手錶伴鏈及金戒指各一，不翼而飛。查悉系被告之友所竊，報請查緝有案，今始拘獲云。方登科供：住古城路。當日雖曾偕友到桂卿處開銷，我不久即返。我友之事，非我所知。訊後，準保外調處。又溫州人張某，二十六日來廈，寄宿昇平路大東棧二樓。帶有衣箱，貯款百零七元。將赴星洲，昨發覺箱內存款百零七元及衣服四付，並木工器具多件，皆告失落。曾報三分局拘傳該棧東到局查詢。未得要領云。（1936年3月1日，第3版）

43.日台人大亞細亞協會籌備日內成立

廈門日台居留民，組織大亞細亞協會，昨假鼓浪嶼大和俱樂部開籌備會議。到竹村英昌、工藤耕一、原庸藏、上原寅太郎、原田幸雄、林土木、陳長福、莊司德太郎、高桑喜作、高增治、中津賢一、今田榮德、蘇嘉和、李介鐵等。松井、山田、竹籐峯治、田島、豐島、亦均列席，推竹村英昌主席。述結成大亞細亞協會要點四項。一、役員與會則起草委員；二、開成立大會日期；三、會費；四、入會。當擬定首任主席，宣告完結籌備，訂日內正式成立云。（1936年3月2日，第3版）

44.日本大將松井昨到廈，歡迎席上中日親善老話，今乘海陽赴福州

日本松井石根大將，昨偕華南銀行總裁竹籐峰治，乘滬粵機於晨十時由汕抵廈。到水上飛機站迎迓者，有日本領事山田芳太郎、竹村日民會長、全閩報主筆李介鐵等。松井即乘電船登陸鼓浪嶼，松井下榻日本領事館正午受台銀店長及豐南信

託公司在海濱旅社歡宴。午後二時至大和俱樂部大亞細亞協會籌備委員會。午後七時到日台居留民有志主催假蝴蝶蘭三樓歡迎宴。同席日台居留民七十餘名。由陳長福致歡迎辭，次松井致謝辭。略謂：余此次南遊到此，不□受此盛宴，不勝感激。順次機會聊述余所感知一端。余曾任台灣軍司令官。在座各位勿論相會與未相會，均感甚親熱。余去年底遊歷滿洲華北，約二個月。此次遍訪華南之廣東、廣西。晤各要人，及民間各界。但西南為非日抗日聲勢頗大之地方。余以為中日兩國自有交通以來，已二千餘年。然兩國國交，未曾有如近年來之險惡。余不敢主張日本盡正當，雙方均有責任，正須反省。考察原因，雖有種種，自西力東漸以來，心醉歐美，多忘卻東方古來之道德、古來文化。又因政府與政府間之作用。思想及政治關係，致如是之隔膜。亦未可知。福建與台灣，不但地理的密切。如諸君之中，有民族的關係者不少，實在不可分離之關係。日本並非欲侵略福建，乃欲以台灣為楔子，圖中日兩國民族之親善提攜。餘年來提倡大亞細亞主義，不外由此見地。祈諸君勿以鷸蚌相爭，為漁父之利。對於前陳，特加注意。廈門為福建經濟中心，與台灣有重要關係。諸君之努力如何，影響中日邦交不少。祈為中日親善，為東亞繁榮，為世界和平，努力是幸云云。複次竹籐峰治演說。由蝴蝶女招待侑酒。至九時餘始散。松井定今午乘海陽輪赴福州云。（1936年3月2日，第3版）

45.看照片，送聘禮，人財兩空拘辦媒人

台人楊樹生，年三十一歲，住思明南路三號。昨拘婦人沈莊氏送四分局。謂去年八月間，該氏持美女照片一幀到家。稱欲為渠介紹婚姻。渠視照片，該女姿容尚佳。即先後付與三十元，及訂婚金戒指一枚，值十五元，且已舉行訂婚儀式。近始偵知該女已與人逃亡南洋。顯係沈莊氏通同詐騙，使我人財兩空。迭經交涉，只索回十元。因此拘其到局，請追回足數云云。沈莊氏供：四十二歲，住思明東路，確曾為楊介紹與楊翠霞又名翠玉訂婚。戒指一枚，銀三十元，由我手收。因翠霞已許婚他人，銀□戒指，我因窮困，使用□盡。但已託人向楊通□，並先撥還十元。實□□□。（1936年3月5日，第3版）

46.台人林朝昨被刺，腹背各一刀

昨（五）晚八時許，台人林朝，在思明南路後路頭，被人以刀刺傷腹部及右背肩胛，創口深長各四五分，登時倒地。旋經其友為送平心醫局敷藥，乃漸清醒。醫云，傷非要害，不致意外。惟兇手已逃。據林稱：伊在後頭路開設嗎啡館，有一班人每到館佯稱查捕竊盜，曾起衝突。本晚又有歹徒三人，年均二十餘歲，持匕首到館，向渠肩腹等部猛刺而逃。該三人均不相識云。（1936年3月6日，第3版）

47.三分局召訊偷香案，雙方讓步應可和解

鎮邦路同發金鋪東林輝，報被台人鄭阿義等持械勒索。經三分局調查，已明真相。昨該局特傳林輝鄭阿義二人到局訊問。林供：鄭率同夥，持械登門恐嚇，希圖勒索。鄭阿義則謂，妓女玉卿系其姨母之女，被林用酒灌醉，將其強姦云云。（1936年3月6日，第3版）

48.籍民煙廠本市六百餘家，煙民登記三千餘，工人占十分之六

市府近奉省命，著交涉取締外籍煙廠。公安局已將全市籍民煙廠調查完畢，統計竟達六百餘所。經即叢集成冊，送交市府參事室。候新市長到廈，即可提向外領交涉取締。又本市煙民登記。計男三千二百五十四人，女二百八十二人，合為三千五百三十六人。其中領普通照一百二十張，貧民照三千四百十二張。各煙民職業：計農十三人，工二千二百四十一人，商五百八十七人，其他九十七人，無職業五百九十八人。籍貫本省三二四九人，外省二八二人，外籍五人。煙民年齡，二十歲至三十歲者一五三人，三十至四十者七九九人，四十至五十者一千二百五十八人，五十至以上者一三二六人云。（1936年3月8日，第3版）

49.偵探台人衝突

本市四仙石佛，十二日台人與偵探衝突。保安隊警捕獲台人黃廷墉、陳瓊琚。探稱莊榮水見該台人帶槍，故向檢查，彼竟出槍拒檢。台人陳廷墉供，因欠房東屋租，偵探代為追討，訊後送總局核辦。（1936年3月14日，第3版）

50.「籍民談」（村子）

「籍民」兩個字，字義本來不很可解。因為凡民總有籍，「籍民」之上，不加個國別，字義本是弄不清的，但在中國，現在一般所說的「籍民」，卻完全是指著那些父母祖先原為中國人，而他本身已是外國人了的人說的。這種人，有的是因所居地已亡於外國，而成為外國籍民了，有的為因財產與商業上的關係，一方面又感覺自己原有國力不足以保護他的身命財產之安全，所以取得外國籍，而變成外國籍民了。好像台灣，朝鮮，原早是中國的領土，但都淪亡於日本了，所以雖那兩地的人民，至今還忘不了他們的祖宗墳墓，雖他們至今仍說中國話，姓中國姓，內心裡還承認中國為祖家，而他們卻不得不把國籍寫作日本了。這些喪失了中國國籍的同胞，佩了外國的旗幟，在中國境內討生活，不管他屬於英、法、美、日，我們統稱他叫「籍民」。

當我們和這些籍民閒談，常常可以聽到他們很感慨的說：「籍民不一定都是壞的。甚至，除了極少數的籍民是被外人利用了，做搗亂中國的工具以外，大多數的籍民，還是熱烈的希望中國早日轉弱為強，他們不但是希望中國強了以後，可以重新相與攜手看故國山河，而且只要中國決心收復失地，他們就會盡力的援助。」我們聽了這種聲明，只有同情，只有自慚！在國家還未真亡的時候，國民是昏沉沉的過著各自的生活，一種靠不住的意識，爬在他們的心腦中，告訴他們「亡」不是我（那）末簡單的事，於是他們也似乎覺得國勢離亡的境界還遠。因此對於救亡即以自救的工作，不以為是急切需要的。卻不知道，國家就要亡在這靠不住的意識上。台灣是在不經意的意識中亡了，朝鮮未亡之前，鮮民又誰作急切的救亡工作？同樣，九一八之前，東三省民眾，誰料到他們會那麼容易的做人家的奴隸！同樣，華南的空氣是越發惡劣了，我們民眾，雖有不少在憂慮著不幸之將來臨，可是救亡的工作，並不見得誰在進行，更談不到熱烈的積極的，緊張的進行。

先已淪亡了的同胞，是成為籍民了，眼光中有些輕蔑意味的「籍民」，或者不久會有自己的份兒吧？

「籍民」兩字一向都被誤解，似乎凡是籍民，都不可惹的一樣，賴債，走私，販運軍火，毒品，做侵略者的走狗，似乎都是籍民才配做的。其實，這都是有些過火，籍民中也有很切實的在幹救國工作的，他們看到中國民氣之不振，也在中心如

焚哩，畢竟他們是嘗過了亡國的苦味了，他們的覺悟，要比昏沉未亡者深刻，他們之盼望復興也較為急切哩。

「籍民」用來太籠統了，我們還是加以鑒別一下吧，一樣是自己的同胞，好的應該站在一條線上來，壞的也要留意防止他的暴行，甚至決然處置他，他們是漢奸，是蛀蝕國家的蟲。（1936年3月14日，第7版）

51.劫昌華主犯，在台灣就捕，日領派員查明案情，林義友指捕綁匪

中山路昌華貿易社被劫一案，經公安局特務隊捕獲從犯陳炳章、張金池，迭經訊究，均供本案主犯系台灣人王烏龜，而王已逃台灣。當經由局函請駐廈日領轉函台灣督府，拘捕歸案。昨下午三時，日領派署員森信一等三人到公安局，面謁司法股長許崇岳。謂烏龜已在台灣捕獲，請予參閱案卷，以便呈復台灣督府核辦。許氏即準所請，將本局口供付與參閱。歷一小時許，森信一等詳閱後交還，乃即辭出。又安溪人林友義，前允龍岩汽車公司司機。去年回安溪被廖龍、陳拋，綁擄監禁。後乘機逃脫來廈，住頂釋仔宜宜山館對面。昨午，林義友在鷺江道，指捕廖龍、陳拋。帶入二分局訊究。廖供：現充大同路建美酒店夥，否認綁票。陳供：現寓第四市場大和小典林萬友處，素販賣滷肉，無參加綁擄情事。訊後送總局。（1936年3月18日，第3版）

52.台灣居留民會議員之產生，由日領指定十人，會員選舉十一人

廈門台灣居留民會選舉議員，系分官選民選兩部。官選由駐廈日領山田，於前日指定何興化、陳長福、黃六、陳鹽、林木土、林滾、簡士元、李慶紅、何金塗、洪培煙十人。民選則於昨日開票。計施添壽一五三票。陳基一三二票。王昌盛一二三票。吳萬來一二一票。蘇水秀一一三票。蔡清德一零六票。蔡祖述八二票。江文鐘八一票。王友芬七六票。蔡吉堂七五票。李兩加七三票。以上十一人當選。須呈日領核定，再行定期互選會長云。（1936年3月18日，第3版）

53.乍晴乍雨水果漲而乏力，舶來香蕉獨霸一市，呂宋芒果羞澀登場

（上略）香蕉因廣東近市稍貴，來貨雜和。本週僅十六日廣東丸由台運到三百餘件，每件叫兌四元餘至四元左右。（下略）（1936年3月23日，第5版）

54.日人擬在達觀園建造本願寺，市政府昨日布告，著廈人自掘墳墓

本市有「日本東教堂」，原址在思明南路後中岸。該堂布教師神田惠雲，近向日台居留民募捐。擬在白鹿洞達觀園，建築本願寺。前曾呈請市府布告，凡有墳墓在該園範圍內者，著即遷移。昨市府貼出布告云。為布告事，查白鹿洞腳，達觀園舊址。將次動工建築，所有該園內墳墓，亟應遷移，以免阻礙工作。合行布告，凡有墳墓在該園內者，限一個月內，準各墳主向工務局領取遷葬證，自行遷往湖裡山公墓安葬。至遷葬費，仍照舊章辦理。準予遷葬完畢時，攜證向工務局具領。仰各墳主遵照勿違。（1936年3月26日，第3版）

55.台灣水客，攜貨來廈驟減，因限制及受嚴查兩說，廈港走私抗拒查緝，開槍六七響

台灣水客，攜貨來廈貿易者，最盛時代，每輪達四五百名，貨物六七百件。嗣海關日領署，對水客帶貨協定。簽訂成立。每一水客，只限帶貨物四件。以後普通每輪自台灣來廈，水客所帶貨物，大抵在二百件以下，一百件以上。最近一二輪，水客帶來貨件，忽見驟減。昨廣東丸自台灣來，只四十餘件，破一年以來之最低紀錄。據查其原因，現有兩說。一、日本政府方面，因水客帶貨過多，致正當資產商家如三井三菱等公司營業，乃大受損失。為扶植資產商家起見，對於水客方面，不得不稍予制裁。另一說則謂海關檢查過於嚴格，水客攜貨逾四才範圍者，多不能過而。一客既不能多帶，二客共帶，則利益有限。故改而他圖者，亦大不乏人。記者探諸海關方面，亦謂水客帶貨，每每超過規定範圍。曾向日領交涉，乃系事實。至於水客攜貨驟減，究竟是何原因，則尚難證實。云云。又海關稽查員陳杰青，於廿九日晨一時半，乘三十號巡稽艦，在沿內港堤岸一帶逡巡。行經虎頭山邊大同醬油廠附近海面，忽見岸上高懸紅綠燈各一盞。緝私員等見而疑之，即駛近偵察。詎岸上見關艇駛至，忽鳴槍七八響，一彈擊落艇中，從司舵頭部擦過，險被擊中。關艇以時值深夜，未敢上岸，乃急駛返。於昨日呈報稅務司，請飭屬查緝究辦。聞海關

463

當局據報後,以廈港一帶為走私淵藪,私商公然懸燈遞號,且開槍射擊關艇。於地方治安,大有妨礙。已函公安局,嚴稽究辦云。(1936年3月31日,第3版)

56.六十年歷史,廈門造船所,英商掌中拿來,幾落日人之手,出乎官辦事業例外年年皆有厚利可獲

海軍廈門造船所,原曰廈門船塢,在廈已有六十年歷史。其初,系由中外商人合資創辦,而管理權乃操於英人威麟手中。迨民國七年,李厚基駐閩時代,始由商會及政府之力,給資贖回。其沿革及現狀有關述者,爰查誌其□□□以供一般參考。按廈門船塢,成立於清末。

光緒初年,當時,廈門富紳葉崇祿、傅政、黃書傳等,皆屬股東之一,而實權則操於英商德記洋行,以德記洋行大班威麟任總經理。蓋廈門夙有五行之稱,五行於船塢皆股東,而威則居領袖地位也。而時,海禁初通。洋舶往來,多為夾舨船。故船塢之設,規模不大,資本只二十餘萬元。迨民國七年,李厚基駐閩時,德記洋行欲收盤。議將船塢讓與華股東,不受。

台灣聞人辜顯榮,乃出面向德記接洽承購,已交定矣。事為商會各界所聞,起而力爭。李厚基亦以塢為日人所得,於我大有不利。乃命廈門道尹汪守坻,與駐廈英領交涉。結果,由政府備款四十一萬元贖回,該款省方認撥半數,餘半數則由廈商會捐派,時值歐戰將終,廈市經濟充裕。二十萬元,一呼即集。省方之款,則由李責成財廳籌措。一面擬發行船塢樂透,以資彌補。事定之後,李厚基即派其師長鄭獻廷,來廈總辦其事,而改英商公司為廈門造船所。(下略)(1936年4月1日,第3版)

57.日籍共黨交通員,男女三人前夜就捕,日領要求引渡送回台灣究辦

市公安局近據報告。謂有共產份子,潛伏上田古廟。經偵緝隊詳查,知有台人孫某及周某夫婦,任該黨交通職務。與偽中心市委老余、老李等,往來密切。當於一日由偵緝總隊長劉漢東、司法股長許崇岳,攜帶公函,前往日領事署。請日警長塚田協緝,該署當即允許。並派高等特務李旺財,會同公安局員探,當晚前往上田

464

古廟孫寓，將孫拘捕。同時又將周夫婦兩人，引送公安局。孫就捕後，僅聲明彼前確曾參加共產黨組織，現已脫離，否認有負交通職務云。此外偽中心市委老余等數人，亦在密偵中。日領館對孫周等，均要求引渡回台究辦。又晉南共黨份子張清潭，為石獅五堡人。曾在菲律賓等地活動，廿三年為中國駐菲領事館扣押，配回祖國。輪至鼓浪嶼，被其設法逃脫。乃潛回晉南，勾結匪類，坐地分贓。（下略）。（1936年4月3日，第3版）

58.中日佛徒，亦親善起來，授勛天慧隨神田東渡，本願寺將建築，廈門人鬼不安

本市思明南路後，向有日本東教堂之設立。近該堂傳教師神田惠雲，向僑廈日台居留民募捐。在廈白鹿洞腳，原日之達觀園，建築本願寺。曾請由市政府，出示布告。凡有墳墓在該園範圍內者，限一個月內，領證遷葬。否則，由本願寺自行遷移。各情曾誌前報，查神田惠雲經於一日搭鳳山丸自廈赴台灣轉往東京。同行者，有南普陀佛學院佛徒受勛。天慧二人，受勛、天慧此行，擬入東京日華佛教學會。練習日英文字，然後晉京都大笒大學。神田除邀受勛、天慧赴日，研究彼國佛教外，其主要任務，則為參加四月廿五日在東京舉行之日本佛教青年聯盟會會議也。查日本佛教之本願寺，司設於甕菜河。其地址系向前源隆酒莊東王某租賃，去年底乃遷於水仙宮新南旅社四樓。現在將興築之本願寺，其地址在白鹿洞腳，原名達觀園。初為台籍民張有枝所建置，而贈給本願寺者也。按日本佛教有數種，如本願、大本等。最近大本教，業由政府予以消滅。大本教主王仁三郎，且被拘入獄。蓋王仁三郎，嘗藉教勾誘婦女，且有越軌種種之行為。其出也，騎白馬，扈從如雲。青年婦女，捧匜揮扇，實繁有徒。而所居華麗宏偉，過於皇宮。終不免於取締也。本願寺固日本佛教之正宗。內地如漳州向亦有設立。光緒季年，漳本願寺曾有被人縱火焚燬之舉，日兵遂借詞在廈登陸。今白鹿洞腳建築本願寺，固國人值得注意之一事也。查青島由中國接收後，亦准許日人在該處設立本願寺，劃為神道區。日人於必要時，且得派駐警察，行使其政權。中國智識階級，不逮愚夫愚婦百分之一。神道設教，視文化侵略，尤能深入。是則本願寺之建築，固非尋常問題已也。聞神田下月中可返廈，屆時即開始建築本願寺云。（1936年4月3日，第3版）

59.廈門出國僑民,三月份激增,總計七千五百餘人,入國僅四千四百餘人

出國:台灣,男1010,女176,童51。(中略)

入國:台灣,男509,女102,童26。(下略)(1936年4月5日,第3版)

60.陳福清被私禁吊打,三分局派警解救,行兇人未被拘凶

(上略)。福州陳福清,被籍民擁往晨光路晨光俱樂部樓頂吊打。三分局接報告,派警馳往查察。至時,見陳雙手被縛,禁於暗室,樓上並無第二人。警等即將陳解縛帶局。訊據供稱:二十四歲,住局口橫巷二十一號。有石碼人蔡夢珠,在浮嶼開設玉華宮旅社。掛台人江阿俊籍牌,兼日仔利,雇我為夥。去冬江阿俊將蔡所營日仔利往來帳簿及籍牌收回。帳簿約載我欠銀四十元,迄今連利息已八十餘元,向我索討。前日江阿俊到家,將我誘往晨光路。由江之同籍,將我挾上樓頂,用捆縛吊打。云云。訊後送總局。(下略)(1936年4月5日,第3版)

61.共黨機關連日破獲計捕九人,海總市委,婦女部長,碼頭組長,四台人皆重要份子,海面偽組織已破壞

市公安局連日捕獲反動分子孫古平、周盈津、連國花、蔡愛華、張勝德、高岳吾、廖善、李生、李青等九人,搜獲反動印刷物甚多。當經分別解送公安局訊究。查所捕上列九人系因本月一日市偵緝隊長劉漢東據報,有偽上海海總派張勝德為駐廈代表,領導海員活動。及派台灣人孫古平,為上海中共廈門中心市委兼交通部長,密設機關於上田古廟。是晚劉即帶探會同日領事署員李財旺,前往上田古廟捕孫古平本人。並搜獲反動刊物,祕密文件頗多。略情已載本報。孫古平送公安局後,迭經訊究,供出同黨有台灣人周盈津、連國花夫婦,及本地女子蔡愛華等,系擔任反帝大同盟工作。二日午,遂再派探到大同路,捕周盈津、連國花,又捕蔡愛華。周任反帝大同盟工作,連任反帝婦女部長,蔡任組員,三人押局訊究。四日晚又在廈港捕獲偽上海海員總工會駐廈代表,兼為廈門海總委員台人張德勝。復由張等供出同黨高岳吾、廖善、李青、李生諸人。因於五日派探前往相公宮張德勝家,搜獲油印機一架,及工作報告表、祕密文件偽上峯密令等,五十餘種。當場捕反帝

大同盟兼海總委市委高岳吾。旋又到打鐵街，拘獲苦力工李青、李生，均安溪人。李青任偽海總廈門委員會組織部長，李生任偽碼頭組長。又到霞溪路捕偽雜貨業委員廖善。均先後解局。

據劉漢東談偽中共派人來廈活動。自民二十三年嚴壯真被捕後，並經數次捕獲多人。共黨在廈力量，業已瓦解，故未再有積極動作。惟海上方面，當局平日不甚注意。故海總稍有活動。云云。查自四日晚在廈港捕張德勝後，張稱為台灣人。但無證明文件，經以審話向日本領事署查明。繼又捕獲高岳吾等諸人。廈門偽海總工作，經此次搜捕，亦已一網打盡云。（1936年4月8日，第3版）

62.台人帶煙土，被拘送局

昨晨三時許，二分局警察，在大同路捕獲煙犯蔡臭頭，搜出煙丸一粒。午後三時許，又在打鐵街截獲台人張自來，攜帶煙土半粒，重六兩，料膏一罐，鴉片一小包。經帶局訊究。據張自來稱：伊父張家練，在光彩街開東發小典，有領吸煙證。鴉片煙土系向洪本部坤記購買，欲帶回店中煮膏，俾乃父吸食。云云。訊後解總局核辦。（1936年4月9日，第3版）

63.廈門戶籍與土地問題，牧草園達觀園，兩事大可注意

本市地產業之沒落情形，昨報已志其一端。顧地產業中尚有一事為國人所應注意者，即外人於國有土地之自由買賣及移轉事是也。廈為五口通商之一，華洋錯處，情形複雜。即如戶口一項，已難得真實之統計。矧土地買賣，輾轉糾葛，有什百於戶口調查者乎。

就外籍戶口言，在廈門當推日台僑民為巨擘。然其間台籍民有報日籍者，亦有報中國籍者。無事時曰中國人，有事時則為日籍民。此類事件，已屬司空見慣，無可諱言。故台籍民在廈確數，不僅中國官廳方面，無真實之統計。即日領署之台民載籍，恐亦未必有精確之實錄也。

當民二十三年，中日問題極度緊張時。中國政府調查僑廈台民總數七千餘人，

台灣公會統計則為一萬餘人。兩相比較,應以台灣公會所統計為相近,固亦不能謂之實錄也。就記者所知,廈門紳商學界中,平時負有社會聲望,而入日籍者,亦大不乏人。此類人物,當以有資產階級為多。大抵父是中國人,子是日本籍。得有雙重保障,而不畏張家強李家弱者也。間嘗痛恨外人詆中國人富有劣根性,無國家觀念。即如此類大人物,一家之內已同舟敵國,父子不相侔,又何怪乎國家不日益削弱,致起外人輕視乎。

又如土地問題,經報端揭載,而為社會所知者。只茂后土地案、太古飛橋碼頭案、柯清源父子侵占案之數起而已,顧其中尚有隱患潛伏。視太古茂後案什百倍者,不惟官廳方面,故作痴聲。即社會人士,亦熟視無睹。迨至禍患已成,始欲藉一二社會之力,挽已倒之狂瀾,不令外人竊笑,政府腹痛乎。國家社會,對外事件,每不能防患於先,時加注意,已屬有忝厥職。矧漢奸國賊,為虎作倀者,正大有其人。是政府當局,與民眾機關,正宜上下一致,溝通情弊,而不容此輩從中播弄,得售其奸者也。廈門市區雖狹,而山巒環伏,形勢天險。市區開闢以來,周醒南因急於見功,致不惜舉金甌之地,擲而碎之,以售外人。如禾山之茂後、太古之海灘,是其一例。顧太古茂後已矣,未來之太古茂後,又已萌芽。廈門一日未亡,則吾人之職責一日未卸。如白鹿洞腳之達觀園,南普陀旁之牧草園。有石皆鎸,無地不草。吾人偶過其地,已大有今昔不同之感。間以詢諸寺僧,只有唯唯否否。曰,出家人無事競爭,而不知不言之痛,視有言之更為沉著也。園中巨石,昔鎸南普陀寺界字樣者,今則以黑刷而沒之。該鎸某某牧草園字樣,聞諸商界某氏言,數年前本市有正和地產等公司之組織,其中股東分子為黃蓮航、黃清玉、殷雪圃等,而日籍民某氏亦股東中之一。催某氏系另以他種名氏參加,該公司無固定資本。例如購買一地,各人出資若干,系臨時決定。將來該地產轉售獲利,利益照額分沾,虧蝕則照額坐理。如不願售者,則瓜分其地,自由處分。南普陀寺旁自來新區一帶之山地,其中一部分即該公司購得者也。按自來新區在南普陀之右,自來水池之左,其地背山當路。而中和牧草園則位於其前,中和牧草園主人為林木土。該園飼有洋種牛數十頭,為市區奶牛公司規模之較大者。牧草園面積甚廣,吾人經過其地,但見豐碑巨石,多鎸牧草園字樣。而自來新區,華僑興業公司,南普陀之碑碣,則渺乎其少也。環山之中,牧草園並建有房屋。

據知其事者言，正和公司解散後，地已瓜分。現在牧草園擴拓之地，是否已全屬該園所有，抑系原日公司中人暫假其飼牛，尚未確然也。此關於牧草園方面，至白鹿洞腳之達觀園。其先在張有枝掌有時，面積甚少。迨後則蔓延日廣，曾引起白鹿洞主持、董事、及葉姓等數次交涉。乃由張氏獻於台灣公會，而轉獻於本願寺僧神田惠雲。當交涉時，白鹿洞寺主持有關，而達觀園則無。今經辦此事之市府參事陳宏聲，允許日僧建造本願寺，據聞尚未經省府核準者。當此事成未成之際，亦國人應值得注意之一事也。

另息，達觀園原屬陳姓之業時園中有久年墳墓，茂盛花果。陳裔只有陳滿，以貧故，將園零賣與人為葬地，花木亦漸荒蕪。陳死後，其戚屬將園私賣於籍民，手續有不明之處。且該園界線分明，今者園左巨石，亦被打作石柱。骨骸多被遷移云。（1936年4月16日，第3版）

64.蘆柑尚延蘭氣，粵橙漲度甚高

（上略）台蕉所到無幾。僧多粥少，價格再度飛騰。十三日廣東丸運來六十九件，每件叫兌五元至四元餘。十六日鳳山丸再到一百十餘件。來貨略多，購者興奮。價再飛漲數角，每件叫兌五元四角至四元六角。門市百斤兌九元，至八元。現因產地尚非盛出之時，故乏多貨運廈，價格難望便宜。（下略）（1936年4月20日，第5版）

65.台灣華僑張錫鈞被拘查問，昨已開釋

思明北路光華眼科醫生張錫鈞，在廈倡組台灣華僑協會。前夜十一時許，被三人入室捕去。張之家人即向二分局報告，謂張前數日曾接恐嚇信，是夜即被擄無蹤。該局當為探查，迄無下落。嗣又接報告，張錫鈞現被捕禁營平路四樓。二分局劉局員，即率警到地調查。見張在房中，而查悉系被公安局偵緝特務員劉敵難等，奉令拘捕。有所究問，劉乃返局通知張之家屬。昨午十一時許，偵緝隊以張無甚嫌疑，即經開釋。查張弟錫欽，在泉惠一帶活動。公安局偵緝隊，奉令竊查。劉特務員帶便衣探二人，到光華眼科醫院，誤認為張錫鈞為張錫欽。因予帶隊訊問，後悉

系誤會,遂予開釋云。(1936年4月24日,第3版)

66.昨開元路,搜煙廠,捕十一人,中有台人四名

公安局昨晚派司法股長許崇岳,親到二分局。偕同分局長曾孝植,並會同日領館員張定基,另派巡官許崇昆,帶同武警,圍搜開元路二十二號二樓,假冒籍牌李木源所開賭場煙廠。登樓時,賭場已收閉。僅搜獲煙具煙槍等十九件,竹葉煙十六包。拘煙犯李源泉、李木源、李金海、洪炳祥、洪發、吳源根、楊泉、洪道、朱大頭、蘇虎豹等十一名。李源泉、李木源、李金海,系台灣人,交由日領館員張定基帶回。洪炳祥等八名,連同煙具,解總局核辦。(1936年4月26日,第3版)

67.居留民會日領館慶祝天長節

駐廈日本領事館,昨舉行慶祝天長節。旅廈日台人,多到館參加拜賀。停泊在廈軍艦吳竹將佐士兵,亦往拜賀。午前招待中外官紳及日台旅廈人民,系開茶會。林國庚、李時霖、陳聯芬、洪鴻儒及英美法各領事,到百餘人。舉觴為日皇作南山之頌,旋盡歡而散。午後,太和俱樂部,日台居留民會亦開天長節慶賀會。到二百餘人,唱日本國歌「君之代」,三呼萬歲而散云。(1936年4月30日,第3版)

68.可注意,禾山男女布販舉動似甚闊綽,應是利不及費

禾山昨忽發現販布青年男女十餘人,皆操台灣口音,所著衣服不一。中有男女二人,乘車至寨上社。另四人到殿前社,餘紛往五通高崎沿線販賣。各負小包袱一個,中藏粗布數疋,價值不過十元。普通布販,終天且行且賣,猶不得飽。若輩僅攜不上十元價值之布,而乘車往返,旅貴不貲,是誠大可研究。禾人對此皆極注意。當局亦曾得報,正密查其事實。又禾山財委會,收支不敷,委員全體辭職。兼縣長斯賢已批示云,所請辭職,應勿庸議。(1936年4月30日,第3版)

69.巡警檢查,獲二台人,各帶短槍

三分局特務隊警,昨晚七時許,在水仙路一帶檢查行人。見有一人由德源商店

跑出，欲向煙廠走入，被警扭住。該人竟出短槍，不受檢查，被警捕入分局。據供：吳萬基，台灣人。訊後，連同所攜德國式毛瑟短槍及子彈六粒，解送總局。至夜九時，該分局長警，又在思明西路慶昌洋行門口，拘捕王林賓。亦帶有短槍一桿，連同子彈帶案。略訊後，正將備文移解。時日領事署據報，三分局所捕本地人王林賓，即系台灣人李小鳥。遂派館員向三分局請領，提往日領館核辦。（1936年5月5日，第3版）

70. 廈門僑民出入國，四月統計

出國：台灣男662，女188，童45。（中略）入國：台灣男306，女63，童19。（下略）（1936年5月8日，第3版）

71. 煙廠報告，被搶奪，拘究二人

偵緝一區隊，昨晨一時許，據關隘內煙廠東陳繼報告，謂被搶奪煙膏十餘兩，現銀十餘元。該隊即派探員往查，當拘獲台人陳萬德、惠人郭焰發。陳供：因被陳繼積欠牌照費百餘元，是晚偕郭向收。發生衝突，被誣搶劫。訊後解公安局核辦。（1936年5月10日，第3版）

72. 蘆柑既老且衰，長把梨居奇，粵橙完場蜜梨不甜，美橙萎靡台蕉青黃不接

（上略）台蕉因在新陳交替，致青黃不接，來貨奇少。上週計劃到七十餘件，每件兌六元餘，至五元外。本週無貨可到。今日廣東丸聞有一百五十餘件開來，價當在五六元之間，難望便宜。（下略）（1936年5月11日，第5版）

73. 毆警奪槍，捕五人究辦，槍械押質小典，偵探持款贖回

昨本市光彩街，發生毆警奪槍案，略情已見「廈門大報」。查該案起因，據警察吳少林稱，緣光彩街一三九號小販尤和尚，於前夜失竊門板鐵通等物。昨日尤見同街廿七號煙廠夥計林烏肩，挑其所失鐵桶汲水。即向查究，林言系以一角向鄰居老婦古物店買來。尤即扭林同往查問，惟老婦否認，尤乃將林扭回後廳裙，集同夥

凶毆。警士吳少林上前制止，著其送局法辦。詎其中一人，舉足向警踢去，將其推開。警乃出槍向前逮捕。尤等始各逃散，徑由附近聯泰板店而入，該警跟至，店中人出為止住。謂該號係為籍商，不得竄進。警乃站立門前守候，頃之有數人自內而出。將該警扭入店中，一人抱其腰，將其所配曲九手槍奪去，由另一人攜逃。時一市民目擊此情，往告崗警，一面報知偵緝二區隊。旋三分局派特務巡官葉澤霖，率數警趕至，偵緝二區隊組長鄔國棟等亦到。惟行兇者已逃。云云。旋經警探四出查捕。至二時許，始由探員在出事地附近，先後捕獲李清山、林來興帶隊。由被毆警士吳少林到隊指認，謂李清山系摟抱其腰者，林來興則為揮拳毆面部者。至奪槍之人，身材較為肥胖，而交與佬林攜帶逃云云。質之李清山，據供：綽號臭山，同安人，住後廳衙四三號，業鼎店。林來興供：廿七歲，台灣人，住同街卅二號，業小販。俱否認參加毆警奪槍。比晚，李母亦到該隊證明。伊子臭山，近因喪父，午後確在家中，絕無外出。該隊遂備文押解總隊核辦。同時偵緝一區隊得報，毆警者為陳明、姚井、佬林、番仔憨、尤和尚、坎台灣諸人。旋在光彩街、薔巷，先後拘獲陳明、姚井。在陳身上搜出中國五元鈔票四張，詢以何來。陳供：系在中山公園拾遺。後供認系坎台灣搶奪警槍，攜至水仙路小典胎押二十元，該款即為當槍之款，寄存渠處。云云。於是該隊乃派一探，將款持往水仙路，托台人豬哥將槍贖回。然後連同陳姚兩犯，並解送總隊。至夜，三分局武警，又在後廳衙妓館內，捕獲本案嫌疑柯福才，訊後送入總局。在逃餘犯及肇事之尤和尚、林烏刻，正偵緝中云。
（1936年5月15日，第3版）

74.台灣記者團，十九日來廈

福州十四夜十時電，台灣五報社記者，訂十七日可抵者，十九日赴廈門，福州記者會預備歡迎。（1936年5月15日，第3版）

75.台灣法官到廈，調查解台兩犯案情，昨往監獄查問潘子華，二台人是否共同行劫

民族路黃和平家，去年被匪搶劫。經捕潘子華，由綏署判處徒刑十二年，押入廈門監獄執行。而同夥台人張庭輝、洪登添，亦由日領拘送台灣審訊。惟張、洪在

台北法庭，否認串同行劫。該院為明真相，特派判官窟田繁勝、書記官今中孝雄等，偕辯護士神村三郎，來廈調查。昨由日領館員劉有等，先往見地方法院院長嚴啟　，請借潘子華一訊，以明二台人有無共同行動。經嚴院長贊同，並與檢官張瑞驥嚮導窟田判官等，同至監獄所。由所官郭庭碩，令看守提出潘子華，至大館會客室，由窟田判官審問。至二時許退出，並通知今（十七）日再訊。惟今日適逢星期，故窟田等辭出用膳後，至四時許，復相率到獄，重提潘子華。在所官寢室訊問，因系偵查，禁止旁聽。至五時許訊畢，始驅車而返云。（1936年5月17日，第3版）

76.胡老六陳訴，被台人擄禁，已休之妻欠款，勒令如數償還

大生裡一五五號，昨午有十餘人喧鬧。戶主胡老六，大呼求救。而鄰右及路人，均僅圍觀而不敢赴援。後員警趕至，拘獲台人賴海南，及童發生。連同胡老六，送入四分局，其餘則被逃脫。據胡老六稱：年五十五歲，江西人，前娶妻鄭仙蓮。因乏款應用，向南薈巷台人賴海南借貸。後我夫婦感情破裂，已脫離關係，賴被鄭氏所欠之款，因無法索還，即向我追討。本月十五日，召集多人到家，將我及鄰人陳藍氏之女，一同擄至南薈巷一一二號二樓扣禁，施行毆打。責令償還鄭氏所欠之款，我無法答應，故被拿禁。前昨等日，風雨不息。昨晨三時許，因無人監視，我乃乘機由窗戶跳下。因窗戶距地頗高，致腳骨折斷，不能行走，乃乘人力車回家。本日賴又糾集十餘人同至我家，欲再將我拿去。經我喊救，崗警追至，始拘彼二人及我到局。我與鄭仙蓮脫離關係，經過江西同鄉會證明，並登報聲明。嗣後仙蓮另居二號三樓，仙蓮向賴借款。聞十三日，會被拿禁於晨光路。詎十五晚十一時，我同鄉童發生，又與賴等十餘人，將我拿禁於南薈巷，勒令代鄭氏償還欠款八十五元，且須擔保，否則絕不干（甘）休。云云。惟賴海南與童發生二人，則否認拿禁胡老六等事。訊後，四分局即雇特別車，將原被告三人，解送總局。又訊，賴海南等解公安局後，經司法科提訊。即令三分局派局員何孝桎，帶警會同日領館員，至南薈巷賴海南家，將十五日與胡老六同被拿禁之藍氏女玉蓮起出。當經起獲送公安局歸案云。（1936年5月18日，第3版）

77.台灣記者團，今由省來廈

福州十八日夜九時電。台灣記者團，計日人五、台人一，十七日午後抵省。今（十八）日先後遊覽考察，訂明（十九）日乘車赴廈。又電，台灣記者岩澤駿，十七日下午抵省，出席福州記者公會茶會。晚日領中村設宴招待，十八日訪問各報館、機關、學校，並赴鼓山遊覽。訂明（十九）日赴廈，該團目的系考察華南文化經濟一般情況。（1936年5月19日，第3版）

78.豐南銀行內，昨搶奪鈔票，擒獲王卜一名，尚有一匪逃脫

台灣水客張炳乾，住本市小走馬路九號。昨上午十時，到中山路豐南信託公司，領取存款七十五元，將赴台灣。詎張領款後，正在簽字，突被一匪乘機將款搶奪，向對面之番仔街奔竄。張揚聲喊賊，豐南請願警張英榮，隨後協追。追至大中路省銀行門口，由該行門警馮占英，將匪截獲，交由保安一隊警士王治平送局究辦。款則由張英榮持回公司檢點，尚遺失十元，當交張炳乾收回。匪送三分局後，該局派特務警鄭琰，前往豐南調查。旋據回覆，報同前情。至事主已下輪赴台灣，無法傳訊。局員何孝植，乃提該匪訊問。據供：王卜，二十二歲，安海人，住門涵尾同鄉王某處。連日托王代覓生路，但王原為安海有名匪徒，本早渠招我隨往豐南信託公司。抵時，渠囑我在外守候，渠則入內。未幾乘隙攫取連櫃上紙幣一束，交我攜逃。詎竟被警拘獲，至同行之王某，搶奪鈔票後，我見其尚在行內，嗣不知渠從何處逃竄云。訊後，解入總局。在逃一匪，正在查緝中云。（1936年5月20日，第3版）

79.台人代索，黃泉圃招牌租，偵緝一隊得報，拘獲二人送局

昨晚十時許，台人林永昌、鄭宗源等十餘人，擁至橫竹路黃泉圃茶莊。林鄭二人入內，聲稱有黃泉圃牌主代表黃世情，向其押借款項，立有約字。著該號迅將牌租清還，但又言系黃世情托陳青山，轉託渠等前來收租。又謂黃世情受帝國生命保險株式會社保險，過此退款，須即清還，否則嚴重對付。經該號負責人答稱，黃泉圃牌租，去年份四百元經已還清。今歲因享受黃泉圃號租金之黃世情等，攤分不均，內部糾紛。問一部分到店，阻擋交款，故暫將該款保留，以待其解決。云云。但林等謂非照交，不放甘休。並欲將負責人扭去，時全店夥計，皆甚驚駭。後一人

登樓，電向偵緝一區隊報告。該隊即派探員到地調查，遂將林永昌、鄭宗源，帶送公安局。據該號負責人稱，林、鄭二人，先後率眾到店五次，迭加恫嚇。至於牌租問題，非待黃世情內部自己解決，實不能照交云。（1936年5月20日，第3版）

80.台灣記者團，今離廈赴汕，昨訪晤李市長，應全閩報宴會

考察華南台灣記者團到廈，已誌昨報。昨竟日大雨，故該團在新南旅社休息。正午受台灣新民報廈門支局招待。午後四時，訪問李市長。然後考察台灣居留民會、旭瀛書院。六時，全閩新日報社招待該團，並邀廈門各社代表參與。首由全閩報社社長致歡迎辭，並述新聞記者所負之重大使命。次由橋口南報致謝，謂今日得與廈門報界歡敘，至為欣幸。此來考察福廈，已得良好印象。對於歷來對中國觀感，將有所訂正。希望廈門報界，亦往台灣考察，必當有所收穫云。複次星光報黃編輯，起述中日隔膜，在於彼此缺乏認識，實則中國人排日，並非排盡日人。望貴國將華南考察所得良好印象，傳遞於台灣同胞。同時以台灣良好消息，惠示華南同胞云。言已，觥籌交錯，直至九時餘，始盡歡而散。本日正午，台灣居留民會設宴歡迎。該團將趁午後四時出航之福建丸赴汕。圖為昨晚宴會後拍照也。（1936年5月21日，第3版）

81.台灣記者團離廈赴粵

考察華南台灣記者團，一行六人，昨午赴台灣居留民會之歡宴。宴畢，往游南普陀。下午四時許，趁福建丸赴汕頭，轉往廣東考察。歸途過廈，擬再登陸游鼓浪嶼。昨到輪送行者，李市長代表陳添木、工藤台銀店長、莊司院長全、閩社長主筆等。（1936年5月22日，第3版）

82.探視養女，被疑誘逃

橋亭街台人楊進財，昨扭一老婦蔡陳氏、朱陳氏二人，送交一分局。楊稱：渠去年向被告買來女孩金蓮為養媳，本十六日金蓮忽失蹤，旋於禾山將軍祠尋回。以四元酬謝該戶，頃被告在我門口徘徊，叫喚金蓮，有誘逃嫌疑云。蔡陳氏供：金蓮為我養女，因經濟困難，售楊進財。前日女失蹤，我實不知。朱陳氏供：蔡陳氏系

475

我媳婦，否認到楊家召金蓮出外說話。謂前日女之生父前來探視，故隨其往楊家呼女外出，與伊父一看，無他惡意。女孩金蓮稱：渠年十歲，前日出門，被一人驅往，嗣經楊家追回，與朱陳氏等無干云。問後各具保開釋。（1936年5月26日，第3版）

83.大中路思明南路，獲鴉片兩批，值一萬六千元，被漏脫兩大箱

公安一分局長警，昨在思明南路截扣鴉片土一箱，送由總局核奪。此案據崗警王祖輝報告：渠值勤青墓口，午後四時四十分，見汽車一輛，載木箱三個，乘客一人。駛至裕興洋行停下，當向前查詰。車內及該洋行五六人，皆拒絕檢查，不許靠近。且將車內木箱，搬卸兩個入內。尚餘一箱，渠奮勇力挽，不許運入。此時行內突出一人，意欲向其說話，渠不之聽。正糾紛中，適警長張其敏巡至。即以電話報告分所，由巡官率長警馳至。又報告一分局，分局又派特務警趕至。乃將該箱及汽車司機等，扣留到局。云云。又查到局後，訊據汽車司機林金振稱：頃有目稱鷺通之人，到永樂車行僱車，載客三人，往開元路。又由我駕特別汽車運木箱三只，箱內所載何物，我未預聞，僅囑我駛至思明南路裕興洋行停車云。旋鷺通公司所代表到局，出禁煙督察處填發分運單。載明「紅土五箱，計重六千零八十二兩，運往思明禾山公司。並書明由二十五年五月二十五日止，限用一次，逾期作廢」等字樣，要求領回。分局以數目、地點、日期，皆不相符，故僅準司機林金振將車領回。該煙土一箱三十包，每包四塊，計重一千八百兩，約值六千元。皆解總局核辦。

又昨晨禁煙處稽查員多人，在大中路截獲汕頭水客，台人洪秋炎、福州人陳少奎。攜煙土兩袋，重四百餘斤，估值萬元，即帶禁煙督察處核辦。（1936年5月27日，第3版）

84.本願寺案由外交部交涉，市府抗議經過，日領允停建築

達觀園日僧籌建本願寺，擅行掘墓三十穴。經墓主黃鴻翔等二十餘人，先後呈市工務局請求保存。李市長對此，經派人通知日僧神田惠雲，停止進行，不得隨意將他人墳墓掘遷，侵害中國土地主權。前日李市長並向山田領事提出抗議，其內容

系以宗教在國際條約上，只許基督、天主教兩教入華傳播。佛教為中國固有宗教，無須日人來華傳教。且日人在我領土內建築寺院，亦為條約上所未載。但日領及神田態度亦甚強硬，有勢在必行之概。最後聞李市長曾對日領聲明，如果進行，不但破壞條約，且對中日親善，尤有妨礙。事關國家主權，非地方政府所能擅專。現已將本案呈由外交部，向貴國外務省直接談判。在未解決以前，最好暫令停止進行，俾免發生誤會。山田亦允通知日僧，暫停進行。李市長昨日進省，將向陳主席報告一切。（1936年5月29日，第3版）

85.台灣歸僑募捐購機壽蔣，全體會員徵費四月

本市旅台歸國華僑協濟會，昨開職員會議。對於募款購機壽蔣，決議一、本市各界募款購機慶祝蔣委座五秩大慶，本會應如何辦理案；決議（一）全體會員徵收會費四個月；（二）另向各熱心會員自由樂捐。二、募款事應否推定負責人案。議決：推定林春水、張錫鈞、孫士敏、林煥明、蘇鐵化負責。（1936年5月31日，第3版）

86.台人賭場，昨破獲，捕十六人

三分局昨會同日領館員，破獲晨光路卅一號樓下台人陳有諒所設賭場。當場拘獲十四人，搜得賭具天九牌等證物，除陳有諒、陳有福，由日領館員帶往自辦外。其餘周紅、何榮華、沈海、黃滄生、張實、白青發、林依香、林蓮子、林祥、白甘德、林元、陳永良等十二名，問後解總局。嗣又在同場拘獲陳阿才、李素貞二名，亦均解總局。（1936年6月3日，第3版）

87.本市昨破獲，閩粵偽幣機關，捕退職參謀及技師，主犯台人孫光明逃脫

省銀行角幣，最近發現偽造，尤以二角者為多。該行乃將二角者收回，銀行改造，使不易假冒。一面請政府通告照常流用。但市民以每收假票，而受吃虧，故仍多拒用，該行遂請當局嚴為查緝偽造機關。至昨日，市偵緝隊已於大同路，破獲大規模偽造機關。搜出五角二角已成及未成之偽幣，八九千張及偽造機械電版、玻璃版、印機、藥水等物。搜獲造幣機師台灣人孫江，由日領引渡究辦。另捕去職參謀

黎善民、工人吳秋馨,均解公安局。惟主犯孫光明,被其逃脫。茲誌破獲經過如次。

線民告密。先是偵緝隊附連濟民,據線民密報,有孫光明,字宗璧,台灣人,在大同路一八二號。謂設興發洋行,樓上設機關,製造偽幣,內容甚祕,安有電話警號等。連遂向隊長劉漢東,及局長沈觀康報告。沈氏即令特務隊、保安隊、偵緝大隊、二分局等,準備破案。一面派員監視電話公司司機室,凡大同路關隘內一帶電話,在昨晨十一時左右,一律停止接線。

警探動員。十時全體探員集合偵緝隊內,侯令出發。計分五組。一、由組長黃勤棠率領,由一七八號登樓包圍;一、由黃仲宗率領,由德生醫院登樓;一、由組長連良標、萬田雞、曾添壽率領,分三路登樓包圍;前後四周,則派保安隊、特務隊、二分局特務警,分段防守衛。大同路、仁和宮曾姑娘一帶,皆戒備森嚴。隊長劉漢東、隊階連濟民、二分局長曾孝植,於布置就緒後,由正面而入興發雜貨店內,徑行登樓。黃仲宗亦由德生醫院登上屋頂。黃勤棠則帶探登一八四號屋頂。

從事搜查。周圍上下既布置就緒。劉、連、曾等,遂帶探登上三樓。先將在場之黎善民、吳秋馨監視。然後再登五樓,發現藥水及未印紙張。再下三樓,見該處牆壁可疑,置有眠床木桶,乃將床移開。發現一穴,約四五方尺,可打通一八二號大成洋行三樓。時室中一人,即係製造偽幣之機師孫江。常仍派探監視,又在內發現未剪裁之五角二角偽鈔幾大包、電版、鋅版、木印等件。旋又在一八二號三樓屋頂,發現鄰屋天窗上堆茶。以其可疑,探員乃報告由連濟民勘視。令鋸斷天窗木條,用繩系人而入。又在室中發現印刷機、制鋅版機、玻璃版數座、油墨若干,已成未成之省銀行二角五角一角偽幣。二角偽幣每張十格,每格二角,共為二圓。五角票,每張三格,一元五角。尚有廣東省銀行五元偽幣甚多。在二八零號三樓桌上,發現萬瑞洋行帳簿一本。

通知日領。搜查既畢,由曾孝植通知日本領事署,由該署派平山久、陳鵬九到場。曾、劉將破獲證物示之,並將該台人孫江,交日署員帶交日領訊辦。而將電版、印機、偽幣、藥水、鋅版、木印等,連同黎善民、吳秋馨,並解公安局。

槍聲數十。當警探搜查時，有人在曾姑娘巷口開槍數十響示威。比探追至，開槍人已由蕭巷逃去。旋又在思明北路連開數槍，幸未傷人。事後，劉督察員在大同路合發牛肉店拾獲彈殼一顆。至萬瑞洋行帳簿，第一頁書孫先生來大洋一千五百元，又兩次各五百元。另一條吳先生，來數系與孫相同。

黎吳供詞。訊據黎善民供：二十八歲，天津人。前充綏署參謀，後被解職，來廈候輪迴籍。一日途遇詹方珍、第十五大隊長孫光明，渠約我到大同路興發洋行坐談，並允助我旅費。蓋余之認識孫光明，系當收編詹方珍時，綏署派我幫助點編，故與認識。至於孫之一切行動，我確不知。在個人行動，過去均有事實證明，盡可調查。吳秋馨供：華安縣人，四十五歲。三四日前由華安來廈，今早來此訪孫光明。遂致被捕云云。訊後送入拘留所。

主犯略歷。至孫光明，字宗壁，台灣人。對內地情形甚熟識，恆以製造偽幣為業。三四年前曾在上海製造偽幣，來閩兜售，獲利甚巨。並在泉與呂覺劍勾結，去年底來廈，設製造偽幣機關於大同路興發三樓。今晨偵探圍捕，適值外出，又獲漏脫。

所獲贓證。點驗所獲贓證計省銀行五角偽幣玻璃版十片、交通十元玻璃版一片、廣東省五元玻璃版一片。又省銀行偽幣五角六十七包，每包一百張，另一包七十八張。二角票四大包。五角票已印半面者十大包。總數四千餘元。又藥水十二瓶，藥料三瓶，石版印刷機一副，鐵質印刷機一座，各色墨膏二十九罐，萬瑞總簿一本。水匣二、水膠一包，厚玻璃二片，洋磅一架，尚有其他等物。（1936年6月4日，第3版）

88.偽幣案犯黎善民，系負責推銷責，孫光明遠走高飛，黎吳仍押在公安局

市偵緝隊三日破獲大同路偽幣機關。已誌本報。查所捕之去職參謀黎善民，又名奕民。其性情暴戾乖張，時在戲院妓寮滋事。本年一月，本市票友到漳表演，主角被其侮辱。銀花歌舞團到漳表演歌女傅瑞英，亦被以槍桿毆打。其去職蓋有許多原因也。黎去職後，賦閒客居，常與內地民軍頭目為伍。其與孫光明相識，系於去

年冬。孫設偽幣機關，由黎向閩南各民軍推銷，彼此均霑其利。孫光明年約四十，留八字須，有妻兩妾。前寄居大同路一八二號二三樓。繼移住曾姑娘巷，其所掛籍牌，即其妾名義。外傳孫及其妻，前日曾經某方當局拘獲。訊後釋放。現已遠走高飛。至工人吳秋馨，當與黎同押公安局，製造偽幣機匠台人孫江，則押於日領事署云。（1936年6月5日，第3版）

89.討帳擄人，林清池累及其姐

郭星貴昨以電話向二分局報告，謂頃與洪本部永德豆行夥友劉霖宗，及鄭福欽，同行至曾姑娘巷口。被安溪人林清池，帶同台人，將渠等架至打錫箔六號二樓，禁於房中，多方恐嚇。指霖宗欠其款項，須即清還。渠見勢不妙，乘機逃出。霖宗、福欽二人尚被監視云云。該局據報，即派特務警長劉鼎芳，帶警前往。將劉霖宗、鄭福欽、郭星貴、林清池、黃鄭氏，一併拘入二分局。林霖宗供：二十六歲，安溪人，為永德豆行夥友。今偕友郭星貴、鄭福欽，往思明東路收租。至曾姑娘巷，被林清池等綁入打錫箔六號樓上威嚇，指我欠他錢財，須即還他，否有性命之危。鄭福欽供：二十二歲，本地人。林清池供：二十七歲，安溪人，住霞溪仔。前劉霖宗犯案，拘禁法院。我設法由大同路連成號保釋。劉欠我十餘元。本日途遇，邀其到打錫箔六號茶攤樓上，向其追討，並非綁勒。小刀一把，亦非我之物。郭星貴供：本日我偕劉霖宗等，經過曾姑娘巷，遇林清池帶台人數名，強扭劉霖宗而去，當問以何故，竟不我理，故即報局。黃鄭氏供：二十四歲，本地人，打錫箔六號茶樓二樓。我弟鄭福欽，時有友人前來座談。今日之事，不知果為何故云。訊後解局核辦。（1936年6月5日，第3版）

90.台灣組考察團，月內考察華南，津田須賀明日來廈

福州五夜十時十分電。日本津田中將，定陽（七日）乘海壇輪赴廈。駐省日領署武官須賀同行，將由廈返台。又台灣組織華南考察團二十餘人，定焉（二十一日）由台灣基隆往滬、港、澳、廣州、汕頭、廈門、福州各地參觀。（1936年6月6日，第3版）

91.劫煙廠,被圍毆,雙方受拘押

　　思明路崗警謝金順,昨晨聞局口街喊聲,即向查察。見有數人圍毆一人,遂向前干涉。拘捕一人連同傷者,帶入一分局。傷者供:林木,廿四歲,安溪人,住靖山路四十一號,業工。謂頃在局口街三民煙廠內吸食鴉片遭被告糾率四人,誣我搬他煙槍。將我誘出,挾至局口街橫巷,以手槍及手電燈,向我猛撞,遍體受傷,云云。被告供:高知順,四十四歲,安溪人,住賴厝庭卅二號。為台人柯闊嘴煙館夥。事緣林於本四月十二日午夜,與同夥紀天助等十餘人,闖入煙館,將鴉片煙槍五枝,鴉片膏十二兩,另葉包煙膏廿四包、熟地三兩,手錶三個,搬搶以去。經報由協和公司轉請查緝。本夜有台人陳友土扭住此人,故幫同扭住,被警察帶案云云。訊後,押候查辦。(1936年6月10日,第3版)

92.糾正行路,三台人與警衝突,拘獲一人

　　水仙路崗警吳潤生,昨為取締妨害交通,與台人衝突。吳警單身,台人有三。因即鳴笛召援,附近崗警謝鴻德等追至,乃捕一人送三分局。據警報告,頃值勤水仙路,見被告三人,擠列成一排。以其有礙交通,且涉危險,故向前勸告,請靠左行。詎被告口出惡言,且曰:同是公務員,你是什麼東西,敢來管我,請同到隊部等語。詢以何機關人員,彼不答。竟將我圍毆,扯我制服。幸謝鴻德等警馳至,始拘此人到局。餘二人逃脫云。而據該台人供:洪天祥,二十四歲,住十三間。曾充禁煙稽查員,否認有毆辱該警案。嗣搜無禁煙處證章,遂送總局核辦。(1936年6月12日,第3版)

93.本願寺事件,須賀今來廈接商,日僧攜其婦到廈

　　福州十三夜十時電,駐省日領署武官須賀訂今(十三)日乘輪赴廈。聞系商建本願寺事。本市息。發起在達觀園建造本願寺之日僧神田惠雲,月前返日。近攜其婦來廈。對建寺事,仍力圖進行。而被侵占墓地之市民黃拱恩、黃開濟等五人,昨再呈市府,請維繫業權,保存墳墓。附呈道光十二年十二月黃樹滋堂向林光蔭買地契據,及同治五年布政司之布告兩紙,以俾核查。又外部條約委員劉光謙,此次來

廈，聞於本案，亦負有核查任務云。（1936年6月14日，第3版）

94.今晨本市，槍聲七八響，仍是兩派對抗，偵探拾獲彈殼

今晨零時卅分，思明北路新來發、良友兩號交界巷口，驟聞槍聲七八響。流彈飛過馬路，幸時在深夜，行人稀少，故不曾有受傷者。該處崗警初誤為放炮，及細辨為槍聲，急即向前，然開槍者已不見人影。事後，一分局與偵緝隊據報，先後到地調查。探員連良璧、汪哲民等，在路邊拾獲曲七彈殼四枚。據探等調查結果，聞開槍者有兩人，類似故意搗亂。另據目擊者言，謂有五人，三人立於良友皮鞋店口石灰柱邊，另兩人站在隔壁新來發理髮店口石灰柱邊。各據一方，各開四五槍。因警察鳴笛追捕，若輩始向曾姑娘巷遁去。是時兩妓女經過是處，一聞槍聲，相率逃避。據聞仍系台人新舊派鬥爭云。（1936年6月14日，第3版）

95.台人開槍對抗，昨日第四次

昨下午五時許，本市思明西路，又聞槍聲七八響。商店閉戶，路人狂奔。車伕攤販，或棄車棄擔逃避。秩序頓成絮亂。約歷半小時，始恢復原狀。有拾字紙工人王金泉，被流彈所傷。王卅七歲，本地一人，住廈禾路。彈由頸側擦過，幸未貫入。故即逃歸，亦未報官。事後，三分局據崗警電話報告，即派特務巡官葉澤霖，率帶特務警數名馳至。一分局及偵緝隊，亦各派警探到地。顯開槍者已回其家矣。嗣日本領事亦派館員陳鵬九等，到地調查。結果，查悉開槍者乃系台人新舊派。目擊者云，該兩派一行四五人。一派站立中昌洋服店與美德洋行交界處之石灰柱邊，計兩人。另一派立於對面慶昌洋行口石柱邊，記有三人。各執手槍，相互射擊，各開三四響。及警探大隊追至，始由思明西路、浸水庭，分頭從容而去。但雙方仍無受傷，僅傷及無辜之陳金泉。若輩大多身穿汗衫洋褲，間有人，著東洋未踏膠鞋。查思明西路一帶，為熱鬧市區，行人絡繹不絕。該兩派竟每於其處火拚，廈門之治安，果為何如哉！自日前思明南路、大同路、曾姑娘巷口、前夜之思明北路、曾姑娘巷口，昨日之思明西路，先後開火四次之多。雖當局提向日領事署抗議，若輩仍未稍有斂跡。日來越演越劇，若輩未見高下，而行人實隨時有生命危險矣。（1936年6月15日，第3版）

96.紳士護照，小商不適用，赴台十餘華人，昨日被配回廈

福建丸輪船，昨自台灣到廈，配回華僑，尤祖苗等十餘人。查尤等領有廈市公安局出國護照，赴台經商。詎輪抵基隆。被當地日水警扣留。謂所領護照，係為紳士護照。該輩乃小商販，不能適用。遂予以押禁水厝數日，然後配回廈門。然尤等前在台灣經商甚久。近年回國。遵章向公安領得護照，且經日領山田簽押蓋章。今竟吃此大虧。決呈市府，請向日領交涉云。（1936年6月18日，第3版）

97.搗妓寮，二台人，被拘送局

長寮街七號妓寮，昨被兩人入內吵鬧。該段警長楊乃良趨入視察，為將雙方帶入三分局訊問。據稱寮主傅中和供：四十一歲，南安人，住長寮街七號，開設妓寮。彼等兩次到寮，皆系揩油。本夜復率眾到寮，無理取鬧。指我誹謗他名譽，聲言欲將我打死，我與理論。我女恐生不測，走報長警。拘此二人帶局云。被告一供李明團，廿四歲。一供許再興，廿一歲，均台灣人。謂曾兩次到寮開銷，彼龜頭等說我壞話，故前來質問，無□行為云。問畢。一併□□局。（1936年6月21日，第3版）

98.取締行人沿途吸煙

前夜保安警王金標，在思明西路取締遊人行路吸煙。詎有一人不聽取締，稱渠系台灣人，遂致衝突，王金標被辱，即鳴笛告警。附近警察追至，將其帶入三分局。據供：王翼信，訊後通知日領事署，交其領回懲戒。（1936年6月21日，第3版）

99.煙客被毆，二台人送日領事署

三分局警士張甫、李福順，昨拘一煙客及兩台人。煙客供：姚大成，廿八歲，寧波人。因肚痛赴煙廊吸鴉片，除照價清償後，彼強欲向我借錢。我不應，即被圍毆。台人供：何永祺，廿八歲，在三條巷設煙館，姚大成到廊吸煙，系欲揩油，被我扭住，著令清償。詎彼反逞兇，故起衝突，被旁觀者不平加暴，願賠償醫藥費

云。一供王南波，五十四歲，在南田巷開設海產雜貨。訊後，姚大成，解總局懲戒，何永祺、王南波，交日領事館員領回，分別懲辦。（1936年6月22日，第3版）

100.台灣來華考察團，昨日過廈

台灣新宜社所組織之華南考察團，昨晨乘廣東丸抵廈。登陸鼓浪嶼，參觀博愛醫院，訪晤日本領事畢，赴日民會休息片刻，游日光岩，參觀日本小學、旭瀛書院分院。正午渡廈，在蝴蝶咖啡店午餐，一時許訪問台灣居留民會，嗣參觀旭瀛書院，乘車遊覽中山公園、南普陀，在寺內攝影紀念。沿途參觀林木土之中和牛乳公司牧場，後遊覽廈市。午後四時，乘原輪赴汕港，一行三十人。（1936年6月23日，第3版）

101.廣東新蕉獻首，荔枝羨子齊出，美國橙到三百箱，呂宋羨行將完場

（上略）台蕉近來亦見湧到。二十五日鳳山丸運到七百餘件，每件叫兌三元六七角，至四元餘。門市百斤兌八元至七元餘。今香港丸僅有百餘件可到。價必大升。唯一日福建丸將有大批之貨可到。（下略）（1936年6月29日，第5版）

102.日仔利，三元索還百元，已繳之利息不算，昨較鬧入公安局

剌皮巷高石，因欠日仔利，昨被債主迫勒毆打。警長鄭香亭，帶高指捕吳泉，並送一分局。訊據高石供：十九歲，業小販。月前林天送欲為介紹戲捐局服務，因無衣裳穿著，乃由林保認，向德勝洋行台人吳有諒，借得日仔利三元，約一月還清。除現扣利息紅單費六角，實收小洋三元，與林均分。前後納利息四天，一共六角。前日止，計欠十天，小洋一元五角。吳欲罰我一倍，一日被攔住，乃轉借一元五角還之，要求免罰。翌日，被誘往行內軟禁，由我母親保出。擔保紅單，竟寫欠他一百元，我母與理論，被吳有土擊一巴掌，我向前阻攔，亦被其夥吳泉來用槍撞毆云。吳泉來供：安溪人，五月六日，陳石即以高石名義，向行東借款百元，由林天送及其母愛玉保認，有紅單為證。頃向陳索還，彼竟否認，謂只借三元，因此糾紛云。陳母劉氏愛玉供：我子僅借用三元，被其誘禁，故我代向吳承認清還。頃吳率二人，持紅單到家，欲索還百元。我與理論，被擊一掌，並舉腳亂踢云。問後送

總局。（1936年7月11日，第3版）

103.禾山七大蔗場，種蔗百廿餘萬株，外人經營者過半

中國糖業，原極發達。八十年前即與古巴、爪哇、印度、菲律賓等，並稱為糖國。徒以不知改良，致漸而衰落，良可慨也。年來外糖進口，海關增稅，實為國糖復興之機會。然當局無實際之提倡與保護。而地方不靜，外糖走稅輸入，亦為國糖不振之大原因。禾山一隅，頗宜於種蔗，惟禾人不事經營，而打開門戶，放任外人越俎代庖。目下全禾較大規模之蔗場，多外人所經營者以個別言，占居三分之二。以數量言，則占十之七八，實不可不加注意。今為二誌之嘉興公司，為台人陳復生、郭井等所組織，創於民二十二，規模最大，資本萬餘元。地場在禾山方湖盧厝社，面積達五百畝，種蔗四十餘萬株。採用爪哇、台灣之改良種，園地除一部向農戶承租，餘均自行購買。該公司除榨糖外，二十四年春，售給廣東農業局蔗苗甚多，獲利至厚。近股東意見紛歧，工作稍有阻礙。且去冬乏雨，甘蔗發育未得健全，蔗苗銷路遲滯，坐是今春收穫，大不如前。

二、南華公司。亦為台人陳作模、陳溪等所經營。設於民二十三，資本一萬元，地址一，洪山柄蘇厝社；二、方湖社；三、坊坪尾觀音亭，共占地兩百餘畝。以洪山柄部分占多，植蔗共二十二萬株。惟洪山柄地屬砂礫質，因種植及管理欠妥，雖有繁殖力甚佳之苗，但未有大發展。迨後全部種苗售於廣東農林局，居然亦得利也。嗣亦股東意見不洽，互訴於日領館，即行停辦。所剩舊蔗頭，分別讓給地主謝振德，及華南實業場。謝亦為台人，住禾山江頭街，行醫頗久。購有洪山柄蘇厝社園地二百餘畝。惟謝對農業，本為門外漢，自承華南後，因經營欠善，去秋缺乏水利，而自己無設糖廠。本年收穫，尚無利可圖。因此分散轉租於各農戶經營。

烏石浦農場。該場為台人李恭、林源隆、蔡實情三人經營。設於民二十二年，占地共四百畝，皆向附近各社租來，蔗種為爪哇、台灣改良大莖蔗。其中以李恭種植較多，約十五萬株，占地約百五十畝。二十二年度因雨水缺乏，成績不佳。二十三年除榨糖外，並售蔗苗，獲利甚豐。去年擴大種植，但因種種關係，收穫未能滿意。

華南實業場。為台人劉金晉所營。二十四年春,廣東農林局派員來廈採購蔗苗,多為劉居間介紹。值南華解體,在方湖社部分之舊蔗頭由劉承坐,改為華南實業場,占地五十畝,種蔗五萬株。本春蔗苗無路銷售,未能獲利。惟蔗頭發育甚佳,不至虧折。

坊坪尾蔗園,本為南華公司一小部分。自南華停植,除其地歸地主華南外,此坊坪尾蔗園即由陳作模自營,範圍甚小,無多大成績,現改植香蕉。

永達農場。永達為永春人潘達輔所創,民二十三年開始種植,地址在湖邊社,占地三百畝,種植二十五萬株,品類為爪哇大莖種、呂宋新種等。自設有小型獸力壓榨機及糖廍。潘本為大學生,其種植及營業,多採用新法,且場工多為內地老農,故收穫結果較其他蔗園優美。去年秋季乏雨,未能獲利。惟內地各處農場,本皆採用外國蔗苗,現多向其購買。苟能廣而大之。可占禾山蔗作業中之第一席位也。

鐘宅農場。為僑商鐘便所創,資本二萬餘元。重於植種果樹,因地質不宜,乃改植甘蔗,占地百餘畝僅十餘萬株,仍以植果樹為大宗。自設發動機小型壓榨機及糖廍,出產無多,但代嘉興公司製糖,尚可獲利。

開元工場。設於禾山薛嶺社,與烏石浦交界處。股東皆為台人。即嘉興南華共同組織,設有十二馬力發動機,改良壓榨機及糖廍部等。每日可製糖十餘擔。但發動機系舊式,時有損壞,自己之蔗,無法自榨,而由鐘宅糖廍代榨。如能設法改換新式機,成績當亦有可觀也。

綜上所述,即為規模之較大者,他如薛嶺、石村、蘇厝、湖邊等社農戶,及禾山試驗場,亦有種植。品種亦多外來,惟其數不多。禾山甘蔗製造之糖。以赤糖為多,亦有以老法改造土白糖者。糖匠多雇同安及台灣人,糖色比漳州刁糖略差,價則略廉,銷路多在禾山及本市。閩南除禾山外,石井有東華公司,植蔗約七十萬株,長泰農場植二百餘萬株,漳浦豐祥及漳浦農場,亦種植不少。同安除縣府向建廳領購爪哇種十萬株與農民種植外,集美有天馬農場,南安有閩南、南安兩公司,

永春有卿園農場，均為種蔗云。（1936年7月13日，第3版）

104.顏金元投訴，被台人毆搶，原因系勒借不遂，偵探拘辦蔡江勝

二分局昨據大同路崗警報告。福茂宮三五號曾冷家，於今日下午三時許，有顏金元到其處座談。四時許被台人七人圍毆，顏金元受傷吐血，並奪款而逃。同時偵緝隊亦得報告，於是警探到地調查，並傳曾冷、顏金元，到二分局訊問。曾冷供：四十一歲，南安人，住福茂宮三十五號。本日顏金元到我家座談，突有七八人到來，將顏金元痛毆。我向勸阻，亦遭毆打，顏金元受傷暈倒。醒後發現身上二百五十元，遺失二百元，乃馳往偵緝隊報告等語。顏金元供：我在曾冷家座談，被台人陳清山、鄭安等七八人，將我圍毆，受傷到地。醒時發覺身上所帶二百五十元，被奪去二百元。事前有台華俱樂部陳清山，聞悉我姐時常寄款托我放存銀行生息。曾數次向我勒索二百元，我不肯，竟觸其怒。本午乃糾眾將我圍毆，云云。訊後釋放。旋偵緝組長陳昭雄，帶探在第四市場邊，捕獲一人帶隊。據供蔡江勝，廿一歲，本地人，住第四市場邊。近以顏金元高利放貸款項，誣陷後岸少年向其勒索。本日偕陳金山前往質問，引起衝突。顏所失之款，系互毆時遺落地上，被同伴拾得，約於今晚在第七市場均分。我因衣服染汙，欲回更換，致被捕獲。訊畢解公安局。旋日領館員到二分局及偵緝隊，交涉引渡鄭安，偵緝隊告以曾捕江勝，未捕獲鄭安其人云。（1936年7月15日，第3版）

105.謝南光昨始返滬

前上海華聯社社長謝南光，昨日過廈，被日領扣留，有被割去腳筋之說，曾載本報。該項消息，系得自謝南光之友。而後載此事者，謂謝南光兩腳完好，已返上海。再經本報調查，謝氏恢復自由後，實於昨（十七）日午後四時，始乘太原輪返滬。記者遇之於碼頭，兩腳果然完好云。（1936年7月18日，第3版）

106.日領館員，捕水客，送市府保釋

十五日福建丸輪出台來廈，有走水泉州人高呈家，帶來貨品值二百餘元，輪進港後，日領館員下輪檢查，有同夥走水，帶貨過多，欲向高借款十元，以備抽稅。

高以無款拒之。其人以高故意推諉，思有以報之。時乘客相競下輪，有林氏知仔，遺有干貝一包，高將干貝提高，喊叫失主。其人即指高竊取干貝。然物主林氏，則不敢指高氏有竊。日員以高可疑，即帶日領館，並檢得日金一百四十三元五角，銀表一個。訊後，以系中國人民，即於十六日連同銀物解送公安局。經司法科訊後，準其交保，昨由親友具保領出。（1936年7月19日，第3版）

107.日仔利擔保人，無力賠償，其子被迫

三分局昨據報，有閩侯人，因也保向台人借日仔利，被誘往威脅毆打。現脫險逃匿友家。請為派警保護等語。該局當飭警將該人護送到局訊後，據供：徐依泉，二十二歲，福州人，與其父金針，在大同路開設美的利理髮店。因乃父為友擔保向台人借日仔利百餘元。友無力繳還，該台人徑向擔保人追償，連日率帶浪人到店，強迫清償，不堪滋擾，又無力代賠，故將店務交我管理，彼則匿避。頃一台人率兩本地人到店強索，不容或緩。謂須隨他到南薈巷德勝洋行理會。我不敢往，竟被挾至一處，抵時取出借單三四張，迫我簽字蓋指印。然後各掏出短槍，向我威嚇，幸乘機逃脫云。訊後，準予保釋，囑令靜候核辦。（1936年7月21日，第3版）

108.茶攤互毆，台灣人受傷流血

晨光路茶攤前，昨數人互毆，一人流血倒地。崗警馳至，拘獲一凶，並送三分局詢問。傷者蔡壽稱，四十歲，台灣人，為海後路大板工頭。頃在茶攤品茗。雙方扭毆一人，我向前勸解，乃被遷怒，糾率十餘人，將我圍毆。間一人以匕首向我頭部猛刺，血流如注，登時暈倒云。另一人供：白遠，廿八歲，安溪人，住後路頭，現在晨光路鴻圖煙館，代友幫理。因蔡壽恃為台灣籍民，在該處茶攤附近，設攤供人博弈。伊弟阿九因賭輸我弟，強迫再賭，我弟因欲他往，不與再賭，遂致口角。蔡手持凶器，向我弟行兇。我見向前質問，發生爭執，固而互扭。彼頭部觸及鐵釘流血，我並未打他云。訊後，蔡送醫院敷藥後，一併解送總局發落。（1936年7月25日，第3版）109.協和鴉片店停辦之內幕，受日領一番痛斥，下月中將再開業。

本市二盤土膏商協和公司，於六月一日宣告停辦。原因系股東意見不洽。蓋公

司股本為三萬一千四百元,每股百元。組有董事會,董事長鄭有義,董事汪昌盛、施範其、蘇固基、陳平記、何興化、柯闊嘴。經理汪昌盛,顧問林清庭、吳通州、林豬哥、吳天賜等。董事長月俸二百元,經理百五十元。董事車馬費各五十元,顧問各二十元。營業自是不惡。去年董事會議,取消各顧問車馬費,本年內部即有人認為公司辦事欠妥,並自組織三盤商同業組合。且向裕閩公司承銷未果。雙方意見,自此分歧。昨日,日領事召雙方當事者查詢。同受斥責。查該公司向前鷺通公司認銷土膏,每月一萬二千兩,繳牌照費四百元。營業收支,可以相抵。乃因種種關係,宣告停辦。結果虧本七千二百二十五元。每股虧本二十三元。但尚有六千元押金在於鷺通公司。故實際僅虧蝕千餘元,面經理董事之厚薪車馬費,其數實不尠也。現協和當事者,欲重新招股,擴充資本,據稱大體已就緒。下月中旬可開始營業云。(1936年7月27日,第3版)

110.日輪破獲私貨,水客毆關員,鄭仕潮受傷就稅務司決即交涉

日輪福建丸,昨自台抵廈。關員下輪檢查。見台灣水客私帶火柴數百合(盒),即欲扣留。水客遂與關員商洽,予以完餉。關員以火柴為爆烈品,不能完稅了事。當派關員鄭仕潮監視,餘再從事檢查。該水客以所商不遂,竟將鄭痛毆。經其他關員趕至排解,事始平息。嗣水客又集數十人,向鄭進攻,圍住毆打。且將一部火柴,拋棄海中,所剩者承認罰款十二元了事。而受傷之關員鄭仕潮,經關派人往救世醫院療治。稅務司決向日領交涉,及今後嚴厲取締。同日該輪艙內,破獲火柴五百合(盒)。帶關沒收。又春星緝私艇,昨在港外獲漏稅帆船一艘,內載白糖百餘包,煤油四十餘珍。船貨均帶廈沒收。(1936年7月30日,第3版)

111.鴉片破獲五百餘量,台人莊安心解局

本市一分局警士姜澤齊,昨午後在思明南路周寶巷,破獲鴉片,重約五百餘量,估值千餘元。先是,姜值勤周寶巷口,見一人攜麻袋一只,似甚墜重,從附近洋行而出,即僱人力車欲行。警即向前檢查,發見袋內小木箱兩只,滿裝紅土。警即向押貨者索閱發貨單,其人無以應。詢問向誰采來,亦不能答。故予扣留帶入一分局。由局員蔡逹提訊。據該人供:莊安心,三十二歲,台灣人,在思明南路裕興

洋行，充當交際員。該煙土系前采入，已照章納稅，並非私土云。訊後，解總局辦理。（1936年8月7日，第3版）

112.昨思明北路籍民警察衝突，因拒絕糾正衛生，分局已報請交涉

　　昨日下午四時許。一分局衛生隊警，向思明北路一帶巡查。見該處義華糖果店夥，在店口潑水。警即上前制止，該店不聽，致起衝突。時觀者如堵，該警以勢孤，急鳴笛告警。旋一分局據報，派長警到地查勘。見該衛生警被圍核心，警等欲將其帶出，又遭阻攔，因而相互扭扯。在此混亂中，撞破玻璃瓶兩三個，店東周德根，卒被拘入局，由局員王璋提訊。據衛生隊警王瑞舒稱，頃到思明北路檢查商店衛生，驟聞義華公司內狂吹警笛，因趨前查勘，見同事羅會堯，因制止該號店夥亂潑汙水不聽，反被拖入店內加暴，警擬進入解救，復遭該東夥等毆辱。只得跑回報告，經派特務隊警長劉木生，率特務警數名到地查明，欲將羅會堯喚回。又被阻撓，不許放行，且口出惡言。時警長為維持警權，乃將店東周德根帶局。該店夥不肯使周同行，乃自踢倒玻璃瓶，以圖抵賴，云云。又據羅會堯稱本日午後，因檢查衛生至思明北路，見義華店夥以穢水傾潑人行道上，濺汙行人衣服。警即向前制止，並勸其此後勿得如是。詎該號東周德根，恃系籍民，厲聲責我無權過問，且以惡言相加。我與理論竟遭圍困毆打。初我見情勢不佳，故鳴笛求援，甫經吹笛，即被禁止。同事王瑞舒趕至，亦遭踢打。因此互扭，制服亦被撕破。胸部受拳擊踢傷，當時因見他警又到，彼乃自己推倒玻璃碎破，指為我等搗毀，並召照相師拍照，留作交涉地步云。

　　周德根供：三十二歲，台灣人，住思明北路十號。開設義華糖果公司。頃在公司門口掃地，用水洗掃，以免塵埃飛揚。洗掃已半小時之久，忽來一衛生警，指我潑淋汙水，著我須制便布幔遮蔽太陽，我以太陽並非由正面射來，且旁邊尚有其他店屋，告以未便遵辦。該警即將我捉住，一面鳴笛，遂再來二警，欲將我帶出，我與理論，該處崗警到地調查。勸令息事。乃該衛生警不允，彼此相持甚久。復有武裝警前來，即以短槍向我胸部撞毆，傷及乳背各部。並將衣服撕破，玻璃櫥亦被打破。至謂我扣禁該警，扯破警服，皆非實情云。該局正核辦間，日領館員陳鵬九到局，查詢拘捕周德根原委，並請派員隨往該號查勘。經該局派巡警郭金銘隨往。抵

時，復見玻璃瓶十數個，粉碎地上。警謂系該店夥自己打破，作經郭告知陳鵬九。旋返局覆命。現該分局已將情請示總局。周德根則由日領館員領去。一面據情報告轉呈市府，以便向日領交涉云。（1936年8月16日，第3版）

113.台人謝金土私擄二人吊打，中日員警解救，將謝拘送日領

二分局昨據偵緝隊組長黃勤棠報告，第四市場金萬成豬肉店東台人謝金土，擄禁二人在店凶毆。哀號喊救之聲，達於戶外。分局當派特務警長李於康，率警往救。一面電知日領方面，日方即派六洛林溪到地，直登二樓，將被擄毆之紀滿、劉來成解放。但紀、劉已遍體受傷。而日領館員林溪等，均眼驗傷痕。將謝金土帶往領館懲辦，並將劉來成、紀滿帶入二分局訊問。劉供：二十五歲，同安人，為金萬成肉店夥友，因被店東謝金土積欠工薪，任索不還。今以貧病交加，不得已將該店貨車典押變款，以資醫治。今晨九時許，被謝等捕上二樓吊打，用鐵枝痛擊，遍體受傷。紀滿供：三十一歲，同安人，住角尾路，業苦力工。今晨被謝金土等擄捕到該店二樓，誣我串同劉來成，偷竊該店貨車，力加綁打，遍體傷痕。其實我與劉來成並不相識云。分局長曾孝植，以謝金土橫行如是，擅擄中國人民私禁吊打。除面請日領署嚴辦外，並已呈請總局。提向日領署員嚴辦外，並已呈請總局。提向日領嚴重交涉。一面將傷者劉來成、紀滿，解公安局辦理。（1936年8月20日，第3版）

114.日人在廈籌設五年制，甲種商業校，吸收華人入學，授與日本教育

台灣訊。廈門旭瀛書院長兼廈門日本人小學校長莊司德太郎，十二日到台。據談，廈門將設五年制之甲種商業學校，此來為向總督府磋商預算決定後，來年即行開設。內地人、本島人固勿論，華人青年，亦欲使其入學。此舉端為造就在南華南洋之活躍青年。故所設學校，中華國語亦為重要課目之一。將來此商業科，擬由居留民會或財團法人經營。若欲使華人入學，即授與日本教育。於日華關係上諒亦無阻礙。現下華人熱烈研究日語，其他學校亦有多數之華人。此等皆非為日本留學之準備，而學習日語，乃為認識日本文化云。（1936年8月21日，第3版）

115.偽幣數十張，台灣人攜帶被獲

昨夜十時許，三分局巡官王昭，率武警數名，在中山路巡查。見一壯年大漢，行動倉皇。以其有作奸嫌疑，遂上前檢查。該漢初拔足飛跑，被一警擒獲。在身上搜出偽造農民銀行一元鈔票二十五張。偽造通商銀行十元鈔票一張，又農民銀行一元二張角票十張，統共三十八元，及糖業營業稅分所稽查員陳振坤證章一枚。遂將人證一併扣留，帶入分局訊問。據供：陳連生，三十三歲，台灣人，前充泉安汽車公司夥友。近改業泥水匠。該鈔票系三日前取工資得來。頃經過中山路，被警檢查，始悉為偽幣云。問後，解送總局核辦。（1936年8月23日，第3版）

　　116.台人煙廊，報被搶，拘訊張順金

　　昨晚三分局據日領事署館員報告，謂大墓口十四號，台人楊飛力煙館，前夜被三人入內。搬搶煙具銀物，頃在水仙路義盛洋行內一煙廊，扣獲是夜參加搬搶之嫌疑人張順金。請飭警帶局究辦等語。當經分局飭派特務巡官葉澤霖率警前往，將張順金帶局。訊據張供：三十八歲，本地人，住賣圭巷三十八號。三年前我開設萬成鴉片煙館，曾被鄰居台人張順福率眾搶去煙槍一枝。嗣經我查悉，遂用人將張毆打，張不甘，屢圖報復，苦無機會。此次楊飛力煙廊被人搬搶，遂向楊誣我在場參加行搶皮箱一只。楊不察，妄報日本領事。今晚張順福到我家中，招我同往義盛煙廊吸煙，謂有事相托。我以張屬鄰居，且前情並未重提，仍有過從，即與偕往。甫吹鴉片四角，突來日領館員，強欲將我拿去。我與理論，並告以張順福挾私架誣。如有犯罪，我非籍民，應請向我警局理會，堅不與行。該館員無法，乃報告到局云。訊後解總局核辦。（1936年8月24日，第3版）

　　117.台人在廈設區保，各區家長排日開會

　　廈門日臺灣居留民會，對廈市劃分為若干區保。以我保甲區方法，設區保事務所，辦理日籍民戶口及人民登記。我政府以此舉有礙中國行政權，曾向日領交涉撤銷，迄今尚無結果。該區保更加積極進行。即行起至九月八日止，排日舉行各區家長輪流開會。（1936年8月25日，第3版）

　　118.日輪水客，昨又圍毆關員，輪長發電吹螺告急，重傷陳黃二人已向日領交

涉

　　日輪福建丸。昨（廿六）日自台灣抵廈。海關外班副監察員億萬納福（英人）。稽查員潘得華、吳春台、許道祖、黃貽培、陳少逸、孫大經、韓士魁等十餘人，下輪檢查。在台人水客洋挎袋內，搜獲自來水筆二十餘支。即予扣留，令其打單完稅。該水客不遵章照納，欲取回該貨。關員等與理論，卒遭毆打。時輪各水客甚眾，一擁而前，將各關員圍住，各以持棒球棍、銅鉢等，當為武器。間一稽查員見勢不佳，往見船主，船長以打無線電於海關無線電台，並打旗語，及吹螺二十餘響，通知海關赴援。海關稅務司得訊，再派副監察員二三總二人（均英人），會同日領館員三人，同乘電艇登福建丸。將眾趕散，拘獲行兇台籍水客五人，帶返日領館究辦。自來水筆二十餘支，由海關沒收。行兇武器亦帶回，備作交涉證據。稅務司以台人迭次毆打關員，實屬違法，當經向日領事提出嚴重交涉。一、請懲辦兇手；二、保證此後無同樣事件。現雙方在折衷中，而受傷之關員，以陳少逸最為嚴重，次黃貽培，其餘則僅微傷。現陳、黃皆延醫診治。據醫云，須經長期療養，始能恢復原狀。（1936年8月27日，第3版）

　　119.毆關員水客，已受懲處說，日領未正式答覆，海關尚在交涉中

　　日輪福建丸水客因被檢查私貨，毆傷關員黃毓培等。案在交涉中，已誌本報。查受傷關員經治療後，傷勢漸有起色，無大危險。各關員以迭遭水客毆打，莫不憤懣。稅務司經據理向日領交涉，尚無結果。昨聞日領已將所拘肇事水客六人，其中四人，逐回台灣，二月內不得來廈。餘二人則在廈日領署，亦擬監禁兩月。惟此項消息，海關尚未接得日領正式知照。但日領對此次事件，亦極表遺憾。雙方皆擬和平解決，不使事態擴大。又據副稅務司葉元章談：一、此次福建丸輪上發生事件，系台南水客所為，本關與該水客等並無協定；二、福建丸水客毆打關員，第一次為七月二十九日，此為第二次發生；三、本關無計劃禁止日輪進口之事云。（1936年8月30日，第3版）

　　120.嵩山丸檢貨，又發生衝突，台水客拳打關警，補稅後拘送日領

日輪嵩山丸一日抵廈。海關外班關員下輪檢查，獲有車輪內胎多件，均帶往海關行李監察處，打單完稅，始予放行。該輪胎一部為台人水客之物。時三四台人水客，於檢查處打飾領貨後，遂攜飾單及輪胎四件，欲行他去。檢查處門崗請願警范梓材，趨前驗單對貨。發現所完稅單載明三件，當將另一件扣留。台人遂與較鬧。中一人握拳向范打去，繼以足踢。范乃召附近崗警監視，而自行走報稅務司，電召三分局特務警十餘名抵地彈壓，並通知日領署。旋日領派館員二人，到地勘查。輪胎一件，仍由關完飾二十元。肇事台人及貨，一併由日館員帶去。一場風波，遂告寢息。（1936年9月3日，第3版）

　　121.豬糾紛又起，三條件外三萬賠償，台商態度強硬，豬行利權損失，延期繳納牙稅，財局調解委曲求全

　　本市豬行，前與台人獸肉組合糾紛，事態日形惡化，卒由商會調解，訂立三條件。現因私豬運廈，豬行重受損失，糾紛又起。茲載經過如次。

　　豬行公會，即金匯隆豬行之化身。由陳、紀兩大姓之人主持，向省府領有牙貼，月繳牙稅二千四百元，其包辦已有四五十年歷史。豬行性質，類仲賣機關，各地豬販運廈之豬，均須轉賣該行，然後各屠戶向該行承銷，該行則抽收傭金。去年台人組織獸肉組合，而由慶發洋行向內地販豬來廈。因與金匯隆豬行利益衝突，依省府規定，同一地方，只許一豬行。金匯隆即根據此項法令，而行緝私，疊與慶發洋行爭執。後經市商會召集調解，結果，成立優待台人三個條件。一、台籍屠商均須向金匯隆豬行購買生豬宰賣，每只優待一元五角；二、每日金匯隆豬行供給台人獸肉組合生豬三十只，轉給屠商宰賣，否則每只須賠償台籍屠商三元；三、慶發洋行停止生豬營業，金匯隆豬行酌予賠償損失千元。雙方簽約後，事遂平息。

　　慶發洋行近又恢復生豬營業，金匯隆豬行（現改組為豬行業同業公會），謂其違約背信，雙方又起糾紛。豬行對於每月應繳牙稅，藉口台商侵占營業，延期不交。財局對此，特召集雙方負責人到局，再度調解，終於無效。

　　昨再磋商，慶發洋行提出條件。該行若停止生豬營業，豬行須賠償三萬元之損

失,否則斷難接受。此項條件提出,調解益無可能。現財局正在另謀適當解決辦法,且看將來如何。(1936年9月15日,第3版)

122.日領事訪市長,商決屠宰糾紛

駐廈日領山田,分署長清水,及豐島等,昨晨赴市府訪李市長,接商台人組合與豬行糾紛事。財局長周敬瑜,昨亦到豬行公會,調查台僑運豬被扣情形。雙方當局皆願謀一適當解決,免得糾紛。又李市長昨偕公安局督察長陳文龍,衛生股長杜時雨,視察一二三各分局,及群惠雙十兩校衛生。對各分局圖書館設備,表示讚許云。(1936年9月15日,第3版)

123.達觀園事件,市府誠達觀,三問題兩無問題,再不了司法了之

達觀園日僧建寺。該園契據,日僧以一部呈送市府,請求會印。市工務局已派員丈量,因界址不明,土地零碎,無法進行。茲據市府息,謂該案值得注意者有三:一、日僧通商口岸建寺,是否與條約違背;二、外人土地永租權問題;三、產業權問題。現經外交部周評考慮,一二兩點,因漢口青島,均有外人建寺先例。可無問題。第三點,因達觀園尚有大部墳主土地,未賣與日方,而日僧則謂屬諸彼所購範圍,此中頗有產業權糾紛。而產業權屬司法,將來如不能以外交方式解決,則須移轉司法機關。照條約規定,業主為中國人,可直接向法院控告,倘系外人,則須先向會審公堂起訴云。(1936年9月18日,第3版)

124.昨搜查台僑合作社,據報販毒造幣,結果未曾搜獲

廈門台僑合作社,系台人施口潤組織,址在中山路玉成章二樓,近口經營三盤煙商。連日公安局迭據線民告密,謂中山路玉成章刻坊二樓,設有偽造鈔票,及販賣毒品機關。經該局派員從事調查,該玉成章二樓,懸掛招牌兩個。一為永昌公司,代辦海陸產物,即廈門台僑合作社。遂於昨晨十時許,飭三分局一分所局員陳蔭華、巡官王昭,率領保安特務兩隊警,會同日本領事署館員李財旺,一行十數人,前往按址包圍,登樓搜查。前後約歷二小時之久。是時代分局長何孝桎,因久候未返,亦親自前往。結果,二三樓均搜無毒品,僅發現破舊印字機一架,印刷器

具數件,及鴉片煙具並煙槍四五枝,於□□□隊返局。將情轉報總局核辦。(1936年9月23日,第3版)

125.台商仍購運私豬,金匯隆加緊巡稽

本市金匯隆豬牙行,因台商慶發洋行,私向內地采運生豬到廈銷售,曾發生糾紛。該行乃呈財局,請發購豬執照,並轉行各縣協緝私豬。昨財局批准,並制定豬販採買客豬證明單。今後凡經納□有執照者,即可通行,否則扣留。惟查台商邇來仍向內地運豬來廈屠宰。豬業營業稅徵收所,以課款關係,即加緊查緝。日前在鷺江道渡頭帆船中,獲私豬三頭,經予沒收。昨晨巷南電船抵廈,又載來私豬二頭,巡稽員欲予扣留,被台人三四十人,聚集於打鐵路頭,強行起卸而去。巡稽員急回所報告,該所轉報財局,依法交涉緝捕。但台商又雇電船一艘,駁船二艘,準備專載私豬來廈。陸上復僱人庇護,每日每人一元。聞今晨復運載大批私豬由巷南安海來廈。該所已準備屆時派巡船二艘,各置巡稽員十餘人,巡邏查緝云。(1936年9月26日,第3版)

126.台灣水客起交涉,海關稅率亦可變通

日輪香港丸,昨自台灣抵廈門。輪中水客廿餘人,攜布疋雜貨一大批。關員照例下輪檢驗定稅。因海關稅率,近再規定較前略高,各水客喧嘩,不肯照稅。群□較鬧,謂欲再向稅務司交涉。即將各貨排列輪上,一擁登陸,徑至海關,聲勢洶湧。海關武裝警察阻其進入,乃改派組合長汀汝州人謁副稅務司葉□章。結果,將新舊兩稅率折衷辦法,完稅了事。(1936年10月21日,第3版)

127.李市長台灣之觀感,時人欣賞新建設,僑胞獨念舊江山

廈門市長李時霖等,同行十一人,於本月一日赴台灣考察,昨晨已乘香港丸回廈。市府各局科職員,時適在公園軍訓畢,當由祕書長陳宏聲、二科員鄭永祥暨各教官等領導,徑往自來水碼頭迎接。李氏登陸後,即乘車到市府,並即出席紀念週,講述遊台感想。略謂台灣四十年來建設成績,誠有足觀。總言之,蓋能人盡其力,地盡其利,物盡其用。故全台農田、水利、交通各項,辦理皆善,遂得出產豐

富,至於政治、經濟、社會諸端,並有進展。此次考察印像甚佳,頗多可資借鏡云云。午後二時,記者往謁,李市長談,此次考察目的,計分公共衛生、公路工程、農村經濟、鴉片專賣、農村組合、苗圃、農林、漁鹽、甘蔗、製糖、養魚、工商業等項,各部分均有負專責考查者。在台參觀期間共十一天,休息一天,由中國駐台郭總領事派台北副領事張振漢君引導參觀。台灣總督府亦派員指導,汽車、火車一律優待免費,招待極其伏(優)渥,所經地點,為基隆、台北、新竹、台中、嘉義、台南、高雄等,沿途甚為便利,且荷僑胞歡迎,殷殷以桑梓近況為問,足見其關懷鄉土,殊甚嘉慰。台灣總督府、荻州參謀長、台北市長、台督府外事課長坂本、大亞細亞主義組合、台灣銀行、六坂輪船公司、三井洋行、辜顯榮、郭副領事,各新聞報社,先後設宴招待。當地華僑亦開宴會,應酬時間,竟占考察時間三分之一。全台華僑人數計有五萬,粵人約一千五百餘,其餘四萬八千五百餘,皆屬福建籍。華僑在該地均極安分守法,與當地人士亦極聯絡。

考察印象尤佳者為農業,次工業,他如交通、衛生、漁鹽、鴉片專賣、農村等,亦均滿意。台灣建設因得天獨厚,又經人工改良,故進步甚速。其產業發達原因:一、氣候適宜,土地肥沃,政府、人民皆努力於生產建設,故地盡其利;二、交通發達,不特輕便鐵道隨處可通,且有公路互相聯絡,貨物運輸便利;三、上下官民,各盡其職,農勤於耕,遍山遍地,皆種樹木,田園分種豆、粟、瓜、菜,地無荒廢,路無游民。甘蔗出產甚多,製糖方法亦極精明。其蔗種水分多而甜,製糖亦美。則悉心研究,如地質之適宜,蔗苗之改革,害蟲之防除,均為種蔗要素。惜乎蔗苗被禁不許出口,無法採購。工業方面,其製糖廠、水門燈、各種手工業,亦極發達,擬將此行考察所得,編訂成書,呈報省府。現已由參加考察人員,分責合作。本人負責公共衛生,劉元瓚負責公路工程及建設事項,張斯　負責鴉片專賣,及禁煙事件,鐘乾丞負責農村經濟,林鴻釋負責漁鹽糖蔗,毛應章負責農林,劉際唐負責農村組合,舒石父、章淑惇負責工商業。本人已訂今日下午五時,召集各參觀人開會,討論編訂辦法。因各參觀人有訂明已分途回籍故也。又本市經建分會,已定日內開會,討論進行。

西安事變消息,系在船上聞及。當時尚有遲疑,迨抵廈時,始悉真相。此事系局部問題,中央已有計劃解決,各地政府照常執行政務,維持治安。民眾尤須鎮靜

態度，陳主席已奉中央委會兼任指揮軍隊。本省各縣長官，均須秉承層奉意旨，辦理一切云。（1936年12月15日，第3版）

128.台人所營嗎啡店，昨搜三店，計獲六人

三分局昨派局員陳蔭華率警會同領館館員池田，連搜台人所營嗎啡店三所。一、大井腳九號，獲嗎啡十小包，捕洪鳥一名；二、定安路兆祥洋行內台人李西瓜處，搜嗎啡六兩半，煙具數件，拘李西瓜及王梨、徐吉、林寶生等三名。賣雞巷四十四號二樓，搜嗎啡二小瓶，拘館主台人蔡阿頭，及三樓主戶婦人林黃氏。除台人李西瓜、蔡阿頭交由該館員池田帶往自辦，其餘人證均押入分局訊，後解總局。（1936年12月15日，第3版）

（歷年《江聲報》）

陸　台灣民眾在廈抗日運動資料

編者按：1895年台灣割讓後，來到廈門的台灣人或台灣籍民，並非都是違法之徒，尤其在20世紀20年代之後，隨著有正當職業的公司職員、醫生、學生等台灣人的逐漸增多，台灣人在廈門的形象逐步得到改善。與此同時，相當部分愛國的台灣同胞，以廈門為據點開展抗日愛國運動，積極支持祖國反帝愛國鬥爭，並為謀求台灣的自由解放而努力。台灣人抗日運動成員結構複雜，有三民主義信徒，有無政府主義者，也有共產主義者，有些人日後還成為中國共產黨、台灣共產黨的一員。台灣人在廈門的抗日運動，是全中國人民抗日愛國鬥爭的重要組成部分。以下為台灣總督府警察當局披露的相關資料選編。

一、廈門尚志社

自大正十年（1921年）前後，台灣人留學中國的人數俄然增加，其大部分都在廈門一地。依據大正十二年（1923年）七月調查，其總數已達一百九十五名之多。這些學生，經台南州嘉義出身者李思禎的提倡，為創設台灣尚志社而奔走努力，直至大正十二年（1923年）六月二十日，始創立成功。

依據創立後發表的簡章，尚志社的目的是：「以互助精神，切磋學術，謀求文化的促進」。但視其實踐活動的狀況，都是站在民族自決主義的立場，啟蒙台灣民眾的民族觀念為主，所窩藏的意圖，無非是使台灣脫離我統治，為其終極目的。該社簡章譯文如左：

廈門台灣尚志社簡章

第一條　本社稱為台灣尚志社。

第二條　本社以互助精神，切磋學術，謀求文化的促進為目的。

第三條　本社社員以留學閩南的有志男女學生為組織成員。

第四條　凡贊同本社目的之有志者，可直接申請入社，但錄取與否，完全委於本社職員決定。

第五條　本社社員有特殊事情者，經職員認可，得自由退社。

第六條　本社社員如有怠慢，不履行社員義務，或汙損本社名義之行為者，則加以除名。

第七條　本社社員入社時，須繳納大洋一元，但臨時有需要時，可再向社員或後援者，進行募捐。

第八條　本社社總務、會計、文藝等三部門，辦理一切社務。

第九條　本社社員，由出席大會的社員公選之。

第十條　本社社員任期為一年，任期滿後得連選連任。

　　廈門尚志社由於從沒有收到檢舉調查，因此，缺乏資料詳細說明其實際狀況，但可以一提的是，在大正十二年（1923年）八月十五日，創刊機關志《尚志廈門號》，用以責難台灣的統治方式，並努力喚起台灣人民族意識覺醒的事實。又在大正十三年（1924年）一月三十日，當島內台灣議會期成同盟會被檢舉之際，召開廈門學生大會，議決反對當局的處理方法，並作成決議書，分發於島內、中國各地以及東京的關係同志等。其宣言書內容如左：

宣言書

夫立憲國以維護民權為貴，人民言論、集會之自由，乃憲法所保障者。然按台灣統治之現狀，可知存有極大之謬誤。因為這裡，總督擁有立法、行政大權，逕自進行獨裁政治，為政者不顧台灣之歷史、風習，又不與聞島民之輿論，掠奪人民應有的權利，束縛公眾之言論自由，視台灣島民如奴隸，濫用權威與官勢。如大埔林、噍吧哖之虐殺，彰化募兵事件之大施酷刑等，殘虐暴行不知底止，根本無視於人道。近時，又因台灣議會請願團事件，拘禁許多無辜島民，企圖一手遮天，以陰險手段，妨礙合法請願運動，違背立憲精神，莫此為甚。又古往今來，竟有如斯大慘事，可說完全出乎意料之外也。同人等為了東亞和平，為了日本帝國，更為了台灣，作成如左決議，以警惕當局，並表示吾人之決心。

決議文：

一、反對歷代台灣總督之壓迫政策！

二、反對台灣總督府對議會請願者之非法拘留！

一九二四年一月三十日　廈門台灣學生大會

二、廈門中國台灣同志會

大正十四年（1925年）四月十八日，有人把《中國台灣同志會在廈第一次宣言》的印刷品張貼於廈門市內各處，又於同月十二日，再頒布第二次宣言。上述中國台灣同志會，似乎是以中華中學學生郭丙辛、英漢中學院學生林茂鋒等為中心，由台灣人學生和支那人學生組織而成的。而大正十四年（1925年）六月創設之中國台灣新青年社，所發行的《台灣新青年》，又似乎是作為該會的機關報來刊印。

該會在郭丙辛等人，參加同年七月成立的廈門學生聯合會之後，其活動便不知不覺的歸於停罷。至於它所發表的宣言書，內容如左：

中國台灣同志會在廈第一次宣言（抄譯）

五月九日已迫近了，大逆不道的二十一條要求，尚未撤廢，旅大租期期滿後，已經過去二年了。

中國的同胞們！我們台灣人本亦屬漢民族，我們的祖先來自福建、漳州、泉州、廣東、潮州等地。但為了脫離滿清的虐政，另圖漢民族的發展，而移往台灣。不意，光緒二十一年（1895年）的日清之役，清朝竟把它割讓給日本，由是，東洋第一寶庫的台灣，便淪入野蠻的倭人手中了。

日本是專制君主國，領台以來，於茲三十年，其間，我們所開拓的土地、森林、山產、海產，以及種種利權，悉數橫被剝奪，並用苛虐的經濟政策及魔鬼般的手段，恣意加以精神上、物質上的重重壓迫。看吧！官員僅五萬餘人，便占全島日本人的四成，他們以專制，實施其惡政、苛稅、酷刑等，吾人的言論、出版自由，更正在被剝奪中。而且，他們還存有併吞福建的野心哩！

日本自領台以來，禁止台灣人來往於支那，除極少數人外，甚至連和親屬間的往來，都被禁止。他們以為妨害同胞間的親愛互助，才是侵略福建的最佳手段。在台灣的競爭失敗者，近來渡海到廈門的漸漸增加。由於缺乏求生的途徑，遂開辦賭場、煙館、妓女戶等，顯有擾亂社會秩序的現象。故我們需要對此統籌一個救濟辦法，務期求得社會的安寧幸福才好。

台灣人不是日本人。縱使排斥日本人，也不該排斥台灣人。台灣人亦是中國人的同胞，亦是廈門人，亦是漢民族。在廈台灣同胞！請諸位絕不要假借日本的勢力。諸位該明白本身所屬的民族，和自己所處的地位，若為生計，另尋覓其他正業吧！切勿忘記國恥的日子，且應更進一步，策劃收回舊有領土，撤廢不平等條約，脫離外國的羈絆，以期成為獨立自主的民治國吧。

十四年四月十八日

中國台灣同志會在廈第二次宣言（抄譯）

國恥，國恥，不可忘卻的國恥……收復旅大，取消二十一條款及一切不平等條約的記憶猶新……這些是擺在眼前的問題，但無法自主的人民，卻後退了，大家只有五分鐘熱度而已。嗚呼……

中國同胞們！我們篤信民族的獨立。拋棄紙上的空論，首先整頓國內，然後一致對抗外部。為何呢？因為近來內政，外交均極紊亂，人民煎熬於塗炭之苦，導致國勢日益衰頹。

中國同胞們！倘要為那被割讓，已成為殖民地的台灣同胞洗恥雪恨，而且要達成獨立的目標，首先非著手於自治議會的運動不可。我們要奮鬥到底，與那非人道的東邊狐狸（日本人）絕交。中國同胞們，你們原本就富於愛國思想，且有救國的志氣。謀求民族的獨立，有如陽光普射，光芒照耀四方之感呢！

光緒二十一年（1895年），根據馬關條約，支付了二億兩的賠款，割讓台灣和奉天的南部，加上承認朝鮮為完全獨立國。從光緒三十一年（1905年）直到民國十四年（1925年），旅大租借期卻已超過了二年。

民國四年，迫於日本的最後通牒，我政府不得已而批准的，就是國恥二十一條款，是國人所不予承認的。台灣同胞們！我們非要記住不行。倭奴愈益添增兇狠無道、暴虐之勢，進而壓迫居留對岸的台灣同胞，迫使我們無處棲身。宜和中國同胞協力，以期報仇雪恨。

同胞們，自重吧！自覺吧！醒醒吧！昏睡的獅子該睜開眼睛，成為清醒的獅子了。五月九日已經迫近了，請各方團體結合起來，進行富於理性的運動吧。不要只發洩五分鐘的熱情，便停止。

三月二十六日，在東京舉行的示威大遊行的歌詞如左：

一、野心狼子霸東邊　欲壑終難填

霸占旅順大連灣　到期不交還

同胞努力結成團　督促政府辦

不達目的心不甘　國民外交最為先

二、國民外交最為先　同胞心要堅

抵制日貨好手段　效力非等閒

足使倭鬼心膽寒　餓死東海岸

不廢一兵不折箭　收回旅大在目前

留廈台灣學生之泣詞（抄譯）

同胞們！趕快起來，和祖國的同胞聯繫，和世界弱小的民族攜手，打垮帝國主義，拯救世界上被壓迫的人們吧。

我們台灣人三十年來，在帝國主義日本政府的壓迫下，過著痛苦不堪的日子。然而，精神並未麻木，反而受其刺激，愈益奮發，出而謀求本身的解放和幸福。我們是漢民族，是中華民族。我們承繼受了滿清的壓迫，堅持民族主義，移居台灣的祖先遺訓，一向思想堅定，又重正義。

這次，上海的慘殺事件，表示帝國主義者的橫暴已達極點。同胞所受的痛苦，和我們現在所承受的，並無兩樣。因此，以互助合作的精神，來對付壓迫者，是理所當然的。

同胞們！趕快起來，加強聯絡、合作、進行排斥日貨及罷工，以貫徹主義，期能達成我們的目標。云云。

三、閩南台灣學生聯合會

接到台灣議會期成同盟會被檢舉的消息後,廈門方面也曾召開學生大會,表示嚴重抗議。此後,由於受到當時支那學生運動勃興的影響,在廈學生間,也有人提倡,組成學生聯合會。於是,以廈門大學李思禎(嘉義)、中華中學郭丙辛(北門郡)、廈門大學王慶動(彰化),集美中學翁澤生(台北)及洪朝宗(台北)、同文書院許植亭(基隆)、中華中學教師江萬星(台南)、英華書院蕭文安等人為中心,於大正十三年(1924年)四月二十五、二十六兩日,召開成立大會。嗣後,台灣尚志社的活動,也自然的銷聲斂跡。

上述成立大會,前後凡二日,二十六日,則於柳真甫長壽學校,設置戲台,糾合四百多名與會者,演出新劇。劇本是根據彰化北白川宮遺蹟碑毀損案的所謂募兵事件寫成,題為《八卦山》及《無冤受屈》兩劇,皆是譏諷台灣人在日本政府的統治下,被壓迫、虐待的情事,以挑撥島民的反叛意識為目的。而且其間亦曾高唱台灣議會請願歌等,以凸顯高亢的氣勢。隔日,更召開紀念演講會,選出各校代表,輪流上陣,演講台灣歷史、日本統治下台灣民眾的悲慘境遇、或煽動台灣革命等,廈門《廈聲日報》主持人陳沙侖,則以來賓代表的身分,鼓舞激勵學生。

此後,閩南台灣學生聯合會,一直維持相當活潑的行動,舉其主要者,則有:

(1)大正十三年(1924年)七月,接到辜顯榮,林熊征等,為反對台灣議會請願運動,而召開有力者大會的消息後,便印行反對的檄文,分發於島內有力者,及「文化協會」會員,台灣議會設置請願人等。

(2)大正十三年(1924年)十一月十六日,於廈門思明教育會館,召開學生聯合會秋季大會,參加者有會員六十多名,來賓十多名。會中,舉行有關革命的演講。當日,台南州北門郡出身的郭丙辛的演說內容,曾被登載於《思明日報》其譯文如左:

日本管轄後台灣所遭致的慘狀

諸位!根據剛才各位的演說,台灣承受的苦難,大略已經很清楚了。但我現在還要再加以徹底的剖析和補充。

一如諸位所熟知的，我們家鄉台灣，原來是中國的土地，我們原來也是大漢的民族。儘管如此，在三十多年前的中日戰爭中，因為中國戰敗，遂把物產豐富，風景如畫的台灣，割讓給日本，嗣後的日本宛若秦始皇一般，暴虐無道。那麼，負責統治的總督施政，究竟有是怎樣的倒行逆施呢？

諸位！我們台灣被統治以來，一切民權悉數被奪，我們有如俎上的魚肉，任人宰割。就七八年前的噍吧哖事件而言，他們並不充分調查事件真相，只依據少數山賊的蜂起，獨斷看成是陰謀叛變，慘殺了我好幾百名善良的男女老幼。追憶如斯慘絕人寰的往事，吾人不禁有肝腸寸斷之感。再說，我台灣的一切物產，理該為我台灣人所有，但自被日本統治後，這些都被剝奪殆盡了。

比如說：目前我台灣的山林、礦山，以及主要物產如砂糖、樟腦、茶、鹽等類的物品，都已成為政府的專賣品，沒有任何一個台灣人有插手的餘地。不僅如此，只要多多少少有利可圖的事業，便都歸入他們的手中，全被壟斷了。假使他們不這樣強奪我們的利權，我們當然也不這樣強烈的反對。台灣人並不比他們傻，但那些窮日本人一旦來台，不出幾年，便坐擁財產，儼然成為資本家。

一如上述，日本人苛虐我們台灣人的所作所為，諸位已很清楚。他們大肆侵犯我們，給我們帶來種種痛苦，迫使我們幾無立足的餘地。我們飲恨，故而產生抵抗的意志，也希望反攻的日子，早日來臨。再說，他們又厲行一種可致台灣人於死地的政策。那就是，為使我們三百萬同胞完全日本化，不顧實際情形，執意斲喪我漢民族固有的民族性，令我中國的風俗習慣都向他們看齊，努力把他們的祖宗代替我們的祖宗。倘若我們竟同化於他們的話，就再也沒有反抗他們的機會了。如此手段，不稱為最險惡的手段是什麼？

他們又利用很多流氓，渡海到中國各地，促使此輩幹盡壞事，擾亂中國的治安，好讓中國人仇視台灣人，使其對台灣人永遠喪失同情心。這是他們的陰險政策。因此，我們有理智的青年，必須時時洞察他們的奸計，留心不上他們的當才好。一言以蔽之，我台灣的一切寶藏，已被日本政府公然掠奪而去，人民還要被課徵百分之五十的苛稅。

另一方面，又在無形之中，被日本資本家剝削利權。故我們台灣民眾，愈來愈失去立足的餘地，致使原來的資本家，一變而為無產的平民，或正逐淪落成無產階級。我們不獨這樣被強奪錢財，且還要被那些豺狼般的警察，枷鎖民眾的惡法，及非人道的刑罰所困擾。我們失去言論的自由，目下我們同胞，已陷入求生不得、求死不能的苦境。我們現時的處境，比中國三十多年前，遭海賊侵略所受的災害，更加悲慘暗淡。有志氣的諸位！當真甘受如此的壓迫嗎？我們身為男子漢，生於這自由平等的社會，而不能享受自由平等的生活，豈非莫大的恥辱？諸位！對此心中有了決意否？有了決意的話，就要努力推翻那野蠻的帝國主義勢力，阻止其手段的得逞吧。諸位！倘如要追求真正的自由平等，那麼，究竟要如何改造台灣呢？直言之，就是要我們同胞覺醒，聯合一致，推進民族自治運動，乘機趁勢脫離日本政府殖民政策的羈絆，為奪回台灣產業，剷除倭奴的野心而盡力。

我如此說，或有人以為是痴人說夢，不錯，這事無疑困難重重，但世界上任何事情事在人為，並非天地之神可以替你代辦的。我只怕我們的意志不夠堅定，假若我們能真正知恥，不怕流血流淚，抱著和那倭奴不共戴天的堅定一直去行動的話，那些倭奴也就不能高枕無憂了。況且，二十世紀，人道昌明，相信世界列國也不會袖手旁觀的。我們如果要更進一步防止那些不平等和羞辱的痛苦的話，為抗爭野蠻的帝國主義而犧牲也是光榮的。有血性的諸位，能夠知恥的諸位！諸位！如今在各自的心中，是否已有台灣先覺者的自覺呢？是否已有拯救三百多萬同胞於水深火熱中的意志呢？如果有，我們就非要趕快來籌劃實際可行的手段不可。有了如此的期望和態度，然後才可獲得成功。

該會又於大正十三年（1924年）五月，計劃發行機關志而創設了雜誌社—閩南台灣學生聯合會共鳴社。策劃刊行雜誌《共鳴》，並以莊泗川（嘉義）、張梗（嘉義）為主持人，進行募稿。於是在創刊號上出現了有關台灣的左列紀事：

同胞們，覺醒吧。

台灣議會期成同盟會多位會員已被宣告徒刑。打破陋習大演講會的多位青年已被收押了。

台灣同胞,覺醒吧。

以諸位的血淚,換取諸位的自由吧。

中華同胞,覺醒吧,覺醒吧!

勿為日人離間之計所欺矇。

有血有淚的人們,讀了這兩篇台灣通信,難道還能不猛醒奮進嗎?

台灣通信(一)

島內外的各位同胞!強權下的悲慘事為何?此實不必再說。帝國主義下的台灣痛史,那堪重翻。日人掠奪的殘虐手段,慘無人道,各位亦已知甚詳。噍吧哖的殘殺事件,彰化的酷刑事件,各位亦聞而不免為之心酸。(中略)

四五年來,一部分有志青年,認為台灣孤懸海外,內外無援,若非先倡導文化,養成實力,則雖急躁起事,亦將重蹈覆轍,重演往日慘劇,同胞的血,難免又白流。因此,忍辱一時,向日本政府要求,設置台灣民選議會,藉此稍微抑制台灣總督府的淫威,恢復言論、集會、出版的自由,以實行遠大的計劃。(中略)

但,日人狼心狗肺,以為非把從事議會運動的諸位同仁一網打盡,則不能再進行恣意的劫掠搶奪,是故,在去年冬天,非法拘禁台灣議會期成同盟會諸位會員,直至今年,由於島民反抗更加熾烈,宛若野火燎原,幾有不可遏止之勢。狼狽之餘,乃將被捕者宣告無罪。又此次再審期間被釋的這些青年,始終不屈不撓,各種活動更形加劇,而同胞的反日情緒,亦日見高亢。鑒於懷柔政策不克奏效,因而,他們已宣布將判處蔣渭水以徒刑之罪,且決定並用壓制手段,干涉台胞的政治運動,(下略)

台灣通信(二)

（上略）台灣自從被日人領管以來，礦山、森林已開採殆盡。樟腦、鹽的利權，亦盡歸日人手中。此外，有利可圖的商業，鮮有不被他們所占奪。故近來，台灣經濟極為蕭條，時起恐慌。台人除二三富豪外，不為衣食所苦者幾稀？此情此景，實非昔日所可比擬。更有進者，台北一部分腐敗士紳，不獨自私自利而已，且一擲數十萬，極盡奢華之能事，聞之令人忿懣不已。

因而，台北有志青年齊起反對，組織無產青年會，在大稻埕文化講座上，大舉進行打破陋習演講會，以滿腔熱血，滔滔辯論奢侈之非，連夜喊得聲嘶力竭，只冀望解放同胞，免受他日經濟壓迫之苦而已。但為什麼日本政府竟出而干涉，橫施毒手，禁止開會，且當場逮捕高君兩貴、黃君成枝、胡君柳生等三名，並將其帶回警所收押。壓迫手段之惡劣，莫此為甚。日本政府的狼心狗肺，愚民政策的真面目，已赤裸裸地呈現在眼前了。島內外的同胞還能不奮發而前進乎？（下略）

（我們現居台灣，一向沒有公布這一事實的自由。而島內知之者亦少。特向海外同胞宣布之）

十一年十一月台北青年投

嗚呼！有血有淚的各位同胞，趕快起來，奮發前進，打垮強權，求取我們的自由！廈門的同胞們，不要上日人反間計的惡當！

一九二四年十一月二十八日

台灣青年血淚宣傳部

附記（一）：以後台灣如發生特殊事情，將由我們全體學生，擔任宣傳的專責，但我們只不過是一介學生而言，能力有限。冀求台廈各位同志，盡力賜予支援。

附記（二）：本部通信處，暫定為中華中學校葉魂生處。

閩南台灣學生聯合會，嗣後由於學生的離散及情勢的變遷，而變得有名無實。先前和支那方面的學生聯合會發生關聯，而共同活動的郭丙辛、黃和氣、張輝煥等，則迨至大正十四年（1925年）後，和上海台灣學生聯合會取得聯絡，在明顯的共產主義影響下，顯有策劃東山再起的活動，但並沒有進展到確立組織的地步，便消失無形了。

四、閩南學生聯合會

上海台灣青年團與廈門留學生

台灣青年團自於昭和四年（1929年）組成後即因翁澤生與八一反戰鬥爭有關被檢舉而使得活動暫時陷於停頓的狀態。同年年底翁澤生出獄後致力挽回頹勢，為了不使此種組織僅侷限於上海，有必要在全中國台灣學生間廣泛地擴大，因此樹立計劃由侯朝宗、鄭連捷等人探聽廈門、漳州地方的狀況，然後派遣他們指導廈門地方的學生運動。侯朝宗與在廈門活動的潘欽信、詹以昌聯絡設置社會科學研究會，聯合各學校的台灣學生會進行左傾的指導。雖然不能詳細知道情報，但將其概況敘述於下：

漳州的救援會遊藝大會

昭和四年（1929年），蔣文來因有共產黨員的嫌疑經漳州第一師軍法會議審判將他拘禁。同年十月五日住在漳州的李山火、蔡孝乾、張炳煌等人召集數十名台灣人學生，決定藉進行救援運動的機會組成救援團體。

爾後繼續進行宣傳運動。昭和五年（1930年）二月，為了募集本會的資金與進行宣傳在李山火、蔡孝乾、張炳煌等人的主持及上海台灣青年團的援助下舉行稱作遊藝大會的演藝會。其直接的動機是為了與島內的農民組合一起救援被檢舉的人。昭和五年（1930年）二月三、四日左右，向廈門同文台灣留學生會、留集台灣學生會、其他附近縣的留學學生及台灣青年、漳州縣黨部各種官衙學校等發出介紹信。

在漳州市內張貼傳單，告訴漳州第一師長張貞、公安會長張式等人有關本會召開的情形，並請求他們捐款。經廣泛募捐的結果得到百餘元。又於九日在漳州市內、上海、東京及島內各地分發題為《台灣解放運動犧牲者救援大會特刊》的印刷物約二千份。同時又在會場影藝大戲院的內部裝飾或張貼口號。其主要的口號與該特刊的內容如下：

被壓迫民族努力奮鬥達到自由

台灣解放萬歲

台灣獨立成功萬歲

打倒日本帝國主義

援助台灣解放犧牲者

遊藝大會的特刊目次

日本最近對台灣的暴壓政策

暴壓政策下的各階級民眾

島內各團體的鬥爭情勢

海外台灣青年的活動情勢

大會在李山火的主持下進行。陳志輝陳述台灣革命運動的經過與救援犧牲者的必要，然後進行奏樂、演劇、歌舞等節目。演劇的內容及演出者如下：歌舞出演者　施月英　施月娥　施月霞（以上是施至善之子）林翠英

汪瑞淑　黃桂林　吳韻蘭　汪瓊英　蔡雲珠　劉雪卿　施磐徹　李析海　劉尋靜　謝臥雲　李意進　施磐征

戲劇《殖民魂》的大綱

在台灣革命家的家庭附近聽到槍聲，長男因擔心父親的安危拿著大刀出去。身負重傷瀕死邊緣的老革命家好不容易才摸索到家門口，喊叫著說被日本兵殺害而後死亡。長男拿著染血的青龍刀回來。他殺了日本兵後高喊台灣民主國萬歲，然後取出寫有台灣民主國大字的旗幟搖了一會。不久，當他進入室內得知父親死亡而悲嘆時，武裝的日本兵闖入他家，經過搏鬥後將他逮捕。那時日本兵殺害了其母及幼兒。

《血濺竹林》劇的大綱

第一幕　將三菱竹林事件予以戲劇化。描寫民眾被叫到派出所，台灣警官脅迫民眾要將竹林讓給三菱公司，強制他們蓋章的場面。

第二幕　數名台灣人集合在竹林中眺望禁止採取的告示牌，敘述竹林被強奪的始末，以及責難台灣施政的對話。

第三幕　女乞丐來到竹林，正在悲嘆竹林被強奪而落到此地步時，來了一位農民開始採伐竹林而被警察逮捕。該農夫被釋放後，糾集附近的農民攜帶竹矛等武器襲擊派出所，在殺害兩名警察後撤退。

第四幕　武裝軍人出來挨家挨戶搜查農家，十數名的農民被拉出來送到死刑執行場。

經過兩日的表演，第一天有三百五十名觀眾，第二天有兩百餘名觀眾，門票收入約得五百元。

在右述遊藝大會特刊中發表的宣言書，以及上海台灣青年團員參加此活動之後在機關報發表的狀況報告書如下：

宣言

陸 台灣民眾在廈抗日運動資料

國際帝國主義的根本已動搖。

現在全世界弱小民族的革命運動已日漸熾熱。各帝國主義國家對弱小民族殖民地的彈壓也日益加重。因此，帝國主義國家與弱小民族間的鬥爭也日漸尖銳化。

最近世界弱小民族革命運動有印度的抗英、朝鮮的抗日、土耳其與摩洛【3標@】哥的戰爭，這些戰爭都震驚了全地球的人類。我台灣可說是個孤島，但在日本帝國主義鐵蹄的重壓下，民眾的革命鬥爭力尚且不落人後。除了極少數的走狗、土豪、劣紳及反動分子外，四百萬台灣民眾都是勇往邁進的鬥士。

過去的三十年間，我台灣民眾反抗日本政府，因此遭到血淋淋的屠殺。如北埔事件、林杞埔、苗栗、西來庵事件等，其間的消息就毋庸贅言。最近三四年來，台灣民眾英雄的戰鬥如火如荼地進行。可是日本帝國主義更加肆無忌憚地凶暴鎮壓。台灣革命民眾自一九二七年以來爆發的檢舉事件接連不斷。例如：

黑色青年事件（三十餘名）、鳳山農組（十餘名）、大寶農林（十餘名）、中坜農組（九十餘名、入獄二十餘名）、新竹事件（檢舉三百餘名、入獄百餘名）、上海台灣共產黨事件（七名）、台南塗糞事件（四十餘名）、高雄洋灰工人暴力事件（四十名）、台中農組印刷事件（四百餘名、入獄二十餘名）、東京台灣社會科學事件、第二次六・一七事件等。

隨著解放運動的犧牲者的增加，日本帝國主義對吾等犧牲者就越發施以慘無人道的毆打與拷問。另一方面又使入獄者的家族饑寒交迫、流離失守。其慘狀真是莫可名狀。

漳廈的台灣同胞組成救援台灣解放運動犧牲者遊藝會，將募得的錢贈給入獄的同志及其家族。一方面藉以撫慰入獄的同志及其家族，另一方面則激勵解放戰線上的鬥士，進而鞏固革命勢力，為將來的革命鬥爭而努力。

革命的同胞們！同志們！第二次世界大戰將爆發，我等應團結起來打倒帝國主義。打倒日本帝國主義。

中台的革命民眾團結起來！

全世界被壓迫的民族團結起來！

打倒國際帝國主義！

擁護中國革命！

台灣獨立成功萬歲！

一九三〇年二月九日

日本帝國主義禁止激憤的救援台灣解放犧牲者遊藝會在漳州演出

（台灣青年團特派代表指導演戲）

中國同志踴躍參加

觀眾數千皆激昂異常

　　台灣民眾受日本帝國主義者的壓迫蹂躪已達極點。民眾的反抗心越來越濃厚。農民抗租、工人罷工以及反抗行動日益激烈。日本帝國主義者為了延長最後五分鐘的生命極力鎮壓、屠殺逮捕革命分子，以及吹毛求疵。他們的面貌越猙獰，犧牲者就越多。我等置身於異城者所受的脅迫之害就越深（與反動國民政府勾結逮捕我革命同志）。置身於水深火熱中的同胞之悽慘叫聲讓人聽來不由怒火中燒。十數萬先烈的遺骨尚存、鮮血未乾。白匪究竟是什麼東西，我等應加緊進行我等應做的工作⋯⋯

　　這次我等與抱持同一心理的漳州同胞舉行救援犧牲者遊藝大會，以些微的物質來援助我等的犧牲者及其家庭，以及對故國表示關懷，並向日本帝國主義者示威。

　　遊藝大會開幕當天，籌備會員總動員到戲院做一切的準備。當天剛好是星期

日,有許多來觀賞電影的兵士,知道電影停映後就加暴並毆打我等同志。因此,開幕時間延遲,兩三位同志受了傷,演戲也受到干擾,千餘名觀眾覺得失望。

當天發現有日本帝國主義者派遣的走狗混入會場,立刻設法將他們驅逐。第二天,會員們恢復了元氣,物品也補充了。觀眾雖然很少,但成績是第一晚的數倍,所以心情頗為興奮。台灣革命史劇《殖民魂》、《血濺竹林》演出成功,可謂頗富刺激性,觀眾不由得拍手喝彩。觀眾對著日本帝國主義者的走狗——警察、守衛等人大喊「放屁——放屁」、「打倒、打倒」。觀眾對帝國主義的憤恨之深可見一斑。日本帝國主義的走狗聽到打倒帝國主義的喊聲,當場落荒而逃。革命同志的計劃實現了,示威的效果頗大。

遊藝會結束後,日本領事館(駐廈)得到奸人的報告,深感狼狽。於是派遣許多日本的奸人欲行逮捕遊藝會幹部及重要分子。但因我等同志早已散會,始得倖免於難。

閩南學生聯合會的成立

一、閩南學生聯合會的成立經過

廈門地方的留集台灣學生會(集美學校)、同文台灣學生會、漳州的留漳台灣學生等直接受李山火、蔡孝乾、施玉善、張炳煌、潘爐、陳新春等人的指導,以及與上海的林木順、翁澤生等人聯絡而傾向共產主義。以昭和四年(1929年)十一月朝鮮發生的光州事件有關的朝鮮人學生之擴大組織為契機,於是在昭和五年(1930年)二月以學生會幹部詹以昌、曹炯樸、王溪森等人為中心組成閩南學生聯合會,進行社會科學的研究以及策劃台灣的民族獨立運動。昭和五年(1930年)五月八日又擴大其組織有系統地發展活動。由王溪森、詹以昌、曹炯樸等人倡導,發出勸誘信、傳單給閩南各地中等以上的學校。

親愛的同鄉們!

我等需瞭解自己並應知道我等的環境,及在此地位、時代該如何自處。目前我

等一面處在世界帝國主義共同侵略下的中國,另一方面,作為日本帝國主義鐵蹄下的台灣人是經常遭帝國主義壓迫的弱小民族,是在支配階級支配下的被抑壓階級,是資本主義體制下的無產階級。由於受到兇殘的帝國主義及資本家的壓迫與剝削已身無一物,我們只有加入無產階級的隊伍。我等就生存於時代的狂風暴雨中。然而資本主義社會形成後終必導致社會主義之到來,而無產階級也必將在革命時代光臨後獲致最後勝利的榮冠。

現實中我等的環境是如此的惡劣與悲慘,而我等的地位也是如此危急。在這奔騰時代的漩渦中我等的使命如何呢?我等仍然奢望能做官積財,或是進大學得學位,或是回故鄉享福。我等已經知道此舉是愚昧的。我等應該更努力學習。處於此時代,最要緊的使命是革命工作。我等該如何完成我等的使命呢?首先是要組成一個團體。我等個人的力量是很薄弱的。為了達成使命,我們必須要有萬全的準備,必須努力與帝國主義鬥爭。然而帝國主義的爪牙——法律、軍隊能輕易地迫害我等的身體。因此,我等必須團結才能與之抗衡。甚至要進入無產階級中發展運動,針對帝國主義的壓迫採取共同一致的行動。我等如欲在中國對日本帝國主義開展反抗的運動。在中國也必須一樣共同對付日本帝國主義,然而這種帝國主義的共同性反而越發促成我等的團結。我等海外的台灣青年身負特別重大的使命。要使日本帝國主義侵略下的殖民地民眾與受列強帝國主義侵略的漢民族自覺其使命的重要性,且與身負同一使命僑居中國的台灣青年團結起來,努力達成我等偉大的歷史使命。雖然閩南的台灣青年人數不少,但宛如一片散沙。雖然有同鄉會的存在但沒有團結的力量。各個學生會無力擔起重大的使命,或者被帝國主義破壞而分崩離析就如同同文學生會。真可說是可恥的事。

有鑒於此,敝會深感組成團體的必要性。因此想組成久已荒廢的閩南學生聯合會。×月×日派本會代表到貴會聽取意見。希望貴會能先深入討論本問題將精闢的意見陳述給本會代表,並祈望賜教為盼。

發起團　廈門留集學生會

中華中學台灣同學會

二、閩南學生聯合會之組成

　　昭和五年（1930年）六月一日，在廈門中華中學第四教室由該校學生林樹勛主持召開第一次組織準備會。漳州第十一高級中學代表施懷清，第八中學代表廖國，崇正中學代表某某，集美中學代表詹以昌、高文波、邱克修，中華中學代表林樹勛、邱仁村、陳啟仁，廈門中學代表等共襄盛舉。然後從集美中學選出三人、漳州中學二人、廈門中學一人、中華中學二人為籌備委。由漳州中學代表起草會章，中華中學負責外交事務，集美中學各代表負責總務事務。決定以共產主義者潘欽信、陳新春為籌備會特別委員接受其指導。六月五日，在中華中學由施懷清主持召開第二次準備會。施懷清、邱克修、蔡高林、高水生、林樹勛、陳啟仁、蘇望村、潘欽信、王溪森、陳新春等人都出席，進行成立儀式的準備工作。六月九日，在廈門中學的禮堂祕密舉行成立儀式。

　　出席者有集美中學的詹以昌、曹炯樸、王登才、高水生、董文霖、紊懷深，中華中學的林樹勛、陳啟仁、曹雲樵、李盛田，漳州第十一高級中學的施懷清，第八中學的沈連白，廈門職業學校的高某，廈門中學的蘇望村，以及指導者潘欽信、陳新春、王溪森、盧丙丁等七名。決議事項概略於下：

　　（一）統一個學校的學生會設置體育部、組織部、救濟部。

　　（二）逐次擴大聯合會而成立全國台灣學生聯合會。

　　（三）各校學生會報告來閩學生的數量、生活狀態及組織情況。密切聯絡以順利進展工作。

　　（四）各校學生會分別負責有關國際情勢及台灣諸情勢的宣言大綱。

　　（五）計劃機關雜誌的發行。

　　（六）要歸台學生休假回台時，與台灣社會運動諸團體聯絡。或要其參加運動，同時與來閩的學生認識，負責斡旋的工作。

（七）編纂記述台灣的情況，然後在中國及其他各國出版發行，努力介紹台灣的情形。以及以演戲、辦演講會來大作宣傳。

（八）與中國各地的台灣學生互相提攜。與各地的青年團、學生會以及台灣島內解放運動團體密切聯絡。支持中國共產青年團。

（九）進行救濟台灣島內社會運動的犧牲者、中國的貧困學生與避難者運動。

（十）進行右述事項所需的經費由總務部計劃。本大會決定的成立宣言及會則如下：

大會成立宣言

台灣同胞們！革命的中國民眾！

長久計劃準備的閩南台灣學生聯合會今天宣布成立。我相信除了日本帝國主義者及其走狗外，大家都會衷心慶祝的。

凶暴的日本帝國主義不斷地踐蹋我等四百萬同胞，因此，我等的鬥爭工作一日也不能停止。我等閩南台灣學生聯合會正準備做殊死的鬥爭。它是在台灣解放運動的過程中產生的。「為鬥爭而組織」是本會的標語，也是閩南學生聯合會產生的原因。

閩南台灣學生聯合會已於民國十三年左右由廈門及集美的學生組成。但不久組織即呈消滅的狀態。這是因為組織不夠堅固。因此，我等閩南學生聯合會為了果敢地對敵人展開鬥爭決定將組織鞏固與擴大。

彼日本帝國主義的凶暴日復一日嚴重。四百萬的台灣同胞在地獄中呻吟。我等被壓迫的台灣青年已經不堪被壓迫，我等的鬥爭極為緊迫。我等的使命也很重大。因此，我等呼喊被壓迫的台灣民眾及革命的中國民眾要共同起來與日本帝國主義做決死的鬥爭。

台灣的同胞！被壓迫的中國民眾！起來！勇敢地與帝國主義及其走狗對峙！

中國、台灣的被壓迫民眾！聯合起來！

全世界被壓迫的民眾！聯合起來！

打倒國際帝國主義及其走狗！

擁護中國革命！

台灣獨立成功萬歲！

閩南台南台灣學生聯合會萬歲！

會則

第一章　總綱

第一條　本會稱為閩南台灣學生聯合會

第二條　本會以藉著聯絡感情來涵養團結的精神謀取相互的利益為宗旨

第二章　組織

第三條　本會是由閩南台灣各學生會會員及有志者組織而成

第四條　本會以閩南各台灣學生會為基礎組織

第五條　本會以代表大會為最高機關。閉會期間以執行委員會為最高機關

第六條　本會的組織系統如左

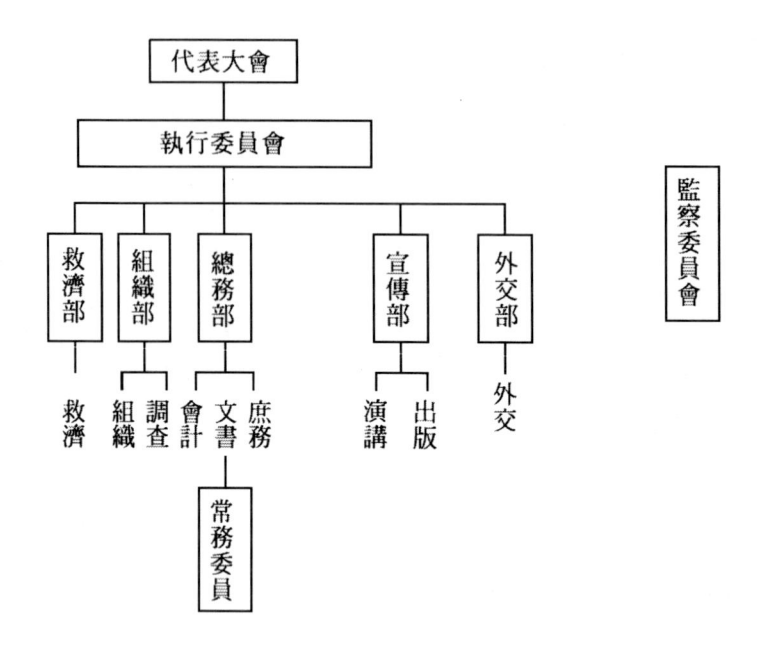

```
                    代表大會
                       │
                   執行委員會
  ┌────┬────┬────┼────┬────┐            監
  │    │    │    │    │              察
 救   組   總   宣   外              委
 濟   織   務   傳   交              員
 部   部   部   部   部              會
  │   ┌┴┐ ┌─┼─┐ ┌┴┐   │
 救  組 調 會 文 庶 演 出  外
 濟  織 查 計 書 務 講 版  交
           │
         常務
         委員
```

第三章　職員及職務

第七條　各部職員的職務及人員配置如左：

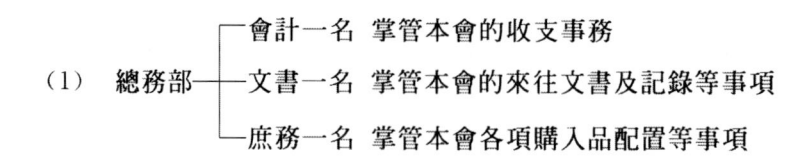

　　　　　　　　┌─會計一名　掌管本會的收支事務
　（1）　總務部─┼─文書一名　掌管本會的來往文書及記錄等事項
　　　　　　　　└─庶務一名　掌管本會各項購入品配置等事項

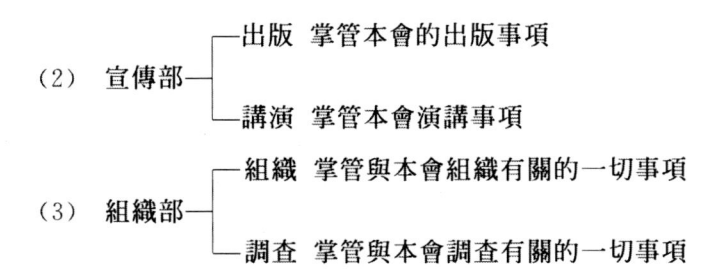

```
                    ┌─ 出版  掌管本會的出版事項
    （2）  宣傳部 ─┤
                    └─ 講演  掌管本會演講事項

                    ┌─ 組織  掌管與本會組織有關的一切事項
    （3）  組織部 ─┤
                    └─ 調查  掌管與本會調查有關的一切事項
```

（4）救濟部（主任）掌管與救濟有關的一切事項

（5）外交部（主任）掌管本會與他人的交涉事項及招待事項

第八條　職員的任期為半年但能再選重任，不再任職時從前的職則照其原來的職務

第四章　代表大會

第九條　大會由各台灣學生會從每五名會員中選出一名，每學期開始及結束時各開一次常務會。但執行委員會或監察委員會認為必要時得召集臨時大會

第十條　代表大會的職權如左：

（1）接受執行委員會及各學生會的建議並執行之

（2）修改本會的規則

（3）決定本會會務進行的方針

（4）解決內外的重要問題

（5）質問及批評本會及學生會過去的行動

（6）將議決案交付執行委員會，並執行之

（7）罷免各部職員

第五章　執行委員會及常務委員會

第十一條　執行委員會每月召開一次，如有必要時得由常務委員會召集臨時會議

第十二條　執行委員由代表大會中選出的學生會員任之

第十三條　執行委員會的主席由常務委員任之

第十四條　執行委員會的職權如左：

（1）對外代表本會

（2）掌管與本會有關的一切事項及解決臨時發生的問題

（3）執行代表大會決定一切議決案

（4）否決代表大會提出的議案及要求討論

（5）有罷免部員的權限

第十五條　本會常務委員由本會總務任之

第六章　臨察委員會

第十六條　監察委員從代表大會中選出三名任之。但如由各部職員中選出當選者得兼任各部職員

第十七條　監察委員的職權如左：

（1）得制止執行委員會及各部的非法議決及行為，但召集臨時大會後應進行審查

（2）應於各部進行的重要事項須經監察委員會的審查副署始生效力

（3）執行委員會於會員有汙辱其體面等情事發生時，不論其為任何團體，有書面告訴時，不管是何人，經由監察委員會調查情況屬實得以監察委員名義召集代表大會議決處分方法

（4）凡各部職員有汙辱其體面之情事且證據充足時，監察委員會以文書通知執行委員會罷免之

第七章　選舉

第十八條　本會各部的職員由代表大會選出

第十九條　職員的選舉方法如左：

（1）由代表大會選出五名分配成學生會五部，但各學生會要制定其負責人

（2）選舉各部的職員時須經執行委員之承認第八章　經費

第二十條　本會經費每學期由各會會員負擔額銀弍拾錢，但各學生會負有徵收及繳付之絕對責任

第二十一條　本會如認為有特別必要之支出時得由執行委員會議決募集

第九章　特別會員

第二十二條　本會為了指導閩南的學生運動而需有學識及經驗者時得招收特別

會員

　第二十三條　特別會員的權力只有發言權沒有選舉及被選舉權

　第二十四條　特別會員受執行委員會的委託有義務輔助本會會務第十章　附則

　第二十五條　本會會則若有不妥時代表大會修改之

　第二十六條　本會會則自通過日發生效力

三、閩南學生聯合會的目的

閩南學生聯合會的會則是「藉著感情（意志）的聯絡來涵養團結的精神、謀取相互的利益」。在勸誘加入聯合會的文件裡則說明台灣留學生的地位是：「在世界帝國主義共同侵略中國下的、日本帝國主義鐵蹄下的台灣人」。又其使命則是：「帝國主義下的弱小民族、支配階級下的被壓抑的階級及資本體制下的無產階級的重大使命是進行革命。其需最先著手的工作是增強團結力量反抗在中國的日本帝國主義」。創（會）宣言說明其目的是「被壓迫的台灣民眾與革命的中國民眾共同起來與日本帝國主義進行鬥爭」。這些事實只要看閩南學生聯合會組成時以反帝國主義鬥爭為目的就可以明了。

閩南學生聯合會的活動

一、六‧一七紀念鬥爭

閩南學生聯合會的暫定名稱以及其組織的成立過程與目的完全依照上海台灣青年團的同樣方針。其活動也一直是所謂社會科學的研究、反帝國主義運動。於上述聯合會成立大會及執行委員會中決議六‧一七台灣始政紀念日反對運動及發行學生聯合會宣言書。成立宣言及紀念六‧一七特刊各印刷兩千餘份，然後分送給廈門、漳州、上海、台灣島內各左翼團體等。這些文書都是宣傳台灣獨立、被壓迫民眾的解放等。宣言如下：

閩南學生聯合會發行的六・一七紀念特刊之一部分

宣言

　　四百萬台灣同胞應憎恨並覺得恥辱的六・一七紀念日又來臨了。那吸血的惡獸日本帝國主義者在日本公然地慶祝所謂「始政紀念日」。對彼等來說是在慶祝征服、掠奪、屠殺的勝利。然而，彼等帝國主義者的利益就是我等被壓迫民眾的禍害。同時也是大多數工農群眾的禍害。彼等帝國主義勝利、榮耀的反面就是吾等被壓迫民眾的失敗與恥辱。日本占領台灣，已經三十餘年。但日本帝國主義者究竟給了我們什麼？只是貧窮、破產、流離失所、苛稅、拷問、毆打、屠殺、監禁罷了。我們沒有一點政治權利，甚至經濟權利也完全操在日本人的手中。解放運動暴露於極端的白色恐怖活動下。大多數的工農群眾每天痛苦殘喘。

　　在這種情況下，只有無恥的台灣民眾黨才會希望日本帝國主義給予台灣民眾鴻恩厚惠，期待能有所謂「光明的政治」、「一視同仁」的政治。然而，只要日本帝國主義一日存在，台灣被壓迫的民眾就只有貧窮、被壓迫而絕無可能解放。

　　台灣解放運動的目的是要求台灣獨立、否認日本帝國主義的存在。換言之，必須要求台灣解放顛覆帝國主義的統治。今日吾等在迎接六・一七紀念時應更加汲汲於顛覆帝國主義，同時預防叛逆的反動。海外的吾等青年應盡最大努力來從事反帝運動。妨害反帝運動的都是叛逆者。總之，我等今日紀念六・一七必須有顛覆日本帝國主義的覺悟。然後將「始政紀念日」改成「獨立紀念日」。

　　工友們！農友們！諸君放下鐵錘與鋤頭起來紀念六・一七紀念日吧！市民罷市、學生罷課來紀念六・一七吧。中台被壓迫的民眾聯合起來！全世界被壓迫的民族團結起來！打倒國際帝國主義！打倒台灣民眾黨！擁護中國革命！擁護朝鮮、印度、各國革命！台灣獨立萬歲！世界革命萬歲！

二、與霧社蕃蜂起事件有關的活動

　　十一月八日，三十餘名會員在集美郵局附近集合，聯合會幹部曹炯樸、陳新

春、潘欽信、會員董文霖、王太鑫、邱克修等人針對霧社事件說：「起因是日本帝國主義的壓迫。他們不法出兵慘殺暴動蕃實在是無視人道的作為。我等同胞應更加團結援助暴動蕃，共同奮起打倒帝國主義。」同時，與上海台灣青年團互相呼應，以留集台灣學生有志團之名發行《援助台灣蕃族革命號召宣言》、《台灣革命特刊》，然後密送到島內其他各地。

援助台灣蕃族革命號召宣言

革命的同胞們！自東亞第一代民主國台灣共和國滅亡於凶暴的日本帝國主義之鐵蹄下以來，鄉村被血洗、市鎮被焚燒、家產被掠奪、婦女被姦淫、山林土地被強奪、生產品被壟斷、強徵勞役、苛斂誅求等，四百萬台灣同胞於黑暗的地獄中呻吟已有三十餘年。其間純樸柔順的民眾，曾毅然拿起槍劍發動十四次武裝暴動反抗帝國主義的欺凌壓迫。由此可以窺知日本帝國主義的面貌是如何兇殘猙獰，而台灣民眾所處的地位是如何的悲慘可憐。

目前國際帝國主義正面臨極大的經濟危機。資本主義的過程正瀕於崩壞、潰滅邊緣，強盜等欲再分割新殖民地的第二次世界大戰的危機迫在眉睫。帝國主義如果不加緊剝削民眾尤其是殖民地的民眾則無法維持其生命。這半年來印度、朝鮮、安南、緬甸、比島等被壓迫的民族英雄式的反帝國主義鬥爭足以證實帝國主義的榨取與壓迫及弱小民族的痛苦與反抗。台灣當然也不例外。我等的慘苦比印、朝、安更甚，尤其是在日本帝國主義的統治下被隔絕於台灣山間強行奴隸制度、文化較低的蕃族更是悲慘。

這次日本帝國主義，積極為第二次世界大屠殺準備而建立一座大發電廠，以槍劍做先鋒，沒收了五千餘名蕃民的土地房屋並強迫他遷居。蕃民不堪此壓迫竟然於上月二十七日毅然奮起，脫去過去柔順的奴隸外皮進行有組織、有計劃的大暴動。總共動員萬餘人，殺害日人兩百餘，燒燬三十個派出所，搶奪數百枝槍炮及五萬餘發彈藥。憑藉著天險與日本帝國主義做殊死的戰爭。

日本帝國主義受到此突如其來的打擊甚為害怕，立刻出動軍隊、派遣飛機，以

炸彈、機關槍、大砲開始攻擊蕃界。日軍到處蹂躪，一面乘機逮捕漢族的革命戰士，鎮壓民眾所有的反抗運動，另一方面欺騙威嚇參加暴動的蕃族，欲利用「以蕃平蕃」的毒策。然而彼等堅持拒絕，許多蕃婦甚至以死勸其丈夫、小孩參加革命。根據帝國主義報章雜誌的消息，單是一社的人數就多達一百八十一名。

革命的同胞們！

台灣蕃族與倭奴帝國主義的直接鬥爭不單是蕃族與台灣的孤立問題，完全是被壓迫民族與國際帝國主義的問題。倭奴施毒手殺害蕃眾，屠殺我等的兄弟，切斷我等的手足。想要打倒帝國主義實行民族革命的話，就要聯合帝國主義蹂躪下的所有民眾共同起來奮鬥。如此才能獲得最後的勝利。

革命的同胞們！起來！起來！援助台灣的蕃族革命！反對倭奴屠殺蕃民！聯合全世界被壓迫的民族！弱小民族解放萬歲！

三、社會學研究會的開設

學生聯合會自創立以來極重視社會科學的研究，在各地開研究會致力於共產主義理論的研究。其詳情如下：

集美學寮班　王燈財　王光天　高水生　廖某等

詹以昌的班　詹以昌　王溪霖　黃天鑒　董文霖　曹鴻跳等

昭和五年（1930年）九月，利用每週的星期六下午在董文霖的住處，由侯朝宗主持講解楊明山著的新興經濟學及進化論。會員有董文霖、高水生、鄭明顯、蔡大河、張梗、陳鑫垚、王燈財、陳坤成、蘇深淵、王太鑫、廖丙丁、林清淮、王天強、林明德等人。

前述擁護霧社蕃人暴動蜂起運動於廈門天馬山召開所謂結論會後，又在廈門集美學校英語教師支那人陳天弼的居室組織社會科學研究會。會員分成兩班：

陳天弼的班　侯朝宗　王燈財　董文霖　王光天　張　梗　王天強　高水生　林明德

集美學校學寮的班　蘇深淵　王太鑫　林清淮　陳鑫垚　蔡大河　陳坤成

大家集合後由侯朝宗指導研究。

五、廈門反帝同盟台灣分盟

廈門反帝同盟台灣分盟的組成及活動

　　上海的台灣青年團於昭和六年（1931年）四月改組為反帝同盟。不久在廈門的團體也仿效。昭和六年六月左右，在廈門市白鹿洞，由侯朝宗指導，召集閩南學生聯合會的尖銳分子王燈財、康續、陳耀林、陳啟仁、戴遙慶、陳興宇等數名決定組織屬於廈門反帝同盟的台灣分盟。推舉王燈財為負責人。侯朝宗與上海台灣反帝同盟及中國共產青年團廈門支部聯絡。在其指導下將廈門學生等的反帝運動予以組織化。與同地方的中國共產黨系團體互相提攜強化煽動宣傳的活動。然而，侯朝宗於昭和六年底因有被檢舉的危險而行蹤不明。在此前後，同分盟幹部王燈財、陳耀林、陳啟仁等人經侯朝宗的介紹由中國共產青年團團員詹某吸收為該團員。然後在台灣分盟內部進行派系活動。

　　廈門反帝同盟台灣分盟成立後青年們比以前更加活潑地進行運動。其重要的運動有：昭和六年（1931年）六月上旬侯朝宗、王燈財、康續、陳興宇、鄭明德等數名，在廈門竹子河、許氏家族自治鄉團聚會，協議台灣六‧一七始政紀念日的反對鬥爭。印刷三千份以「打倒日本帝國主義，謀求台灣獨立」為重心的《紀念六‧一七台灣亡國宣言特刊》，然後分發到對岸各地及島內。同年十月於廈門大同中學召集王燈財、陳耀林、陳坤成等十數名台灣學生聚會協議如何聯絡及結合台灣學生，起草上述的宣言書然後印刷。其中數百張發給廈門、漳州地方的台灣學生。致力宣傳、結合青年學生以及擴大組織。

該宣言書內容如下：

於台灣國恥紀念日告南支台灣民眾

四十年前兇殘的日本帝國主義派遣大軍以殘酷野蠻的手段屠殺台灣民眾來鎮壓廣大無辜的民眾。自一八九五年六月十七日開始其血腥的統治。

日本帝國主義在四十年間將台灣全土的國民經濟納入自己的掌中實行極端的剝奪政策。妨害台灣經濟的自由發展，犧牲工農群眾的生活。鎮壓勞動者拚死的反抗。在農業的範圍內完全保持中世紀封建剝奪制度實行半農奴式的剝奪。結果導致農村經濟破產，全體工農群眾陷於饑餓中。失去土地、死於困境者不知其數。

日本為了強化其血腥統治，而干涉中國革命。為了準備世界大戰而將其毒牙向中國伸張，擴張台灣的軍備、充實警察網、實行警察政治。用以對抗空前的白色人種威脅與反日、反資本主義的民眾，尤其是共產黨員。一方面又巧妙地運用政策給與台灣民族資產階級某種社會地位藉以懷柔反動。

台灣下階層的民眾受到共和國領袖的慫恿而躊躇不決，反而向日本帝國主義投降犧牲了自己所有的一切。但之後仍以英勇的精神不斷地抵抗日本引起民眾革命戰爭。噍吧哖事件、羅福星等反日的大暴動都使日本帝國主義者感到恐怖。「三年小叛、五年大亂」的鬥爭精神也使島內弱小民族生蕃的反日情緒奮起。霧社的偉大暴動使地主及民族資產階級顫慄不已。然而，無恥的台灣民族資產階級竟然向日本帝國主義投降。代表上階層地主資本家的台灣地方自治聯盟、台灣民眾黨（現在已被解放，但其系統仍在）都變成日本帝國主義的走狗。尤其是以左傾的民族、武斷主義來裝點門面的民眾黨更是台灣工農最危險的敵人。

彼等異口同聲叫著「台灣議會」「自治」來打擊民眾的反帝鬥爭，不但公開承認日本的統治而且還稱讚其政績。台灣民族資產階級公開擁護三民主義，反對中國蘇維埃及紅軍。激勵日本帝國主義來鎮壓生蕃的暴動，承認其占領東北、華南，公然在自己的報紙上談論「東亞是東亞人的東亞」，即自負為日本人的東亞，誇示日本帝國的優越性。實在無恥極了。

日本帝國主義統治的績效就是使國民繼續崩壞，使工農群眾的生活更加悲慘。帝國主義第二次侵略戰爭已迫在眉睫，而且將把台灣當作戰場，作為攻擊中國蘇維埃紅軍，攻擊華南的根據地。然而台灣民族資產階級卻變成日本帝國主義的清道伕與侵略戰爭的鼓吹者，變成壓迫台灣解放運動之機關與土地革命的敵人。

另一方面，包括生蕃在內全台灣民眾的反帝鬥爭日益勃興。在台灣共產黨的指導下開始與日本帝國主義戰鬥。將日本驅出台灣，徹底實行土地革命，消滅農村的封建剝削，學習中國蘇維埃的方法向蘇維埃前進。如此才能救工農自身，創造出光明的世界。

全南支、台灣的下層民眾！

日本帝國主義利用華南政策進行各種鬼計，在中國、台灣的勞苦民眾間造成鴻溝。故意利用一部分台灣的落伍分子煽動民族反感，然後乘機得利。彼朝鮮人在滿洲就因此被日本利用了，不是嗎？因此，吾等擔心再引起第二次的萬寶山事件。今日日本帝國主義占有華南、進逼廈門。如果不願變成亡國奴，只要呼應吾等的號召成立中國台灣民族統一戰線，打倒共同的敵人。我們必須糾彈日本帝國主義的陰謀與國民黨及台灣民族資產階級無恥的賣國行為。在蘇維埃的口號下擁護中國，實施反帝統一戰線。建設中國與台灣勞苦民眾的兄弟關係參加蘇維埃革命。

全南支的台灣勞苦民眾！

吾等因在台灣受到日本帝國主義無限的壓迫而逃離當地。吾等積極地參加中國革命就是為了不願變成日本帝國主義的俘虜。吾等參加台灣革命實行土地革命，為打倒日本帝國主義與建設蘇維埃台灣而勇敢地鬥爭。

吾等高喊：

反對日本帝國主義屠殺台灣工農群眾！

反對台灣民族資產階級無恥的賣國行為！

反對日本帝國主義侵略中國！

反對日本帝國主義的離間政策！即時釋放政治犯！

承認言論、結社、出版、集會、罷工等一切的自由！

反對台灣總督府的警察政治！

即時撤退駐在台灣的日本海陸空軍！

將日本帝國主義驅出台灣！

聯合中國台灣的勞苦群眾！

打倒共同的敵人日本帝國主義！

打倒無恥的賣國賊、漢奸——中國國民黨！

粉碎帝國主義國民黨的五次圍剿！

反對帝國主義的第二次界大戰！

武裝與保衛世界工人階級、被壓迫民族解放運動的大本營——蘇維埃聯邦！擁護中國、蘇維埃政府的民族政策——民族自決（即建設自己獨立自由的國家）

擁護中國共產黨！

擁護台灣共產黨！

加入反帝大同盟！

一九三四、六、一七

廈門反帝同盟台灣分盟

廈門反帝同盟台灣分盟解散成為青年救國會

昭和七年（1932年）三月，中國共產青年團廈門支部指導下的學生、青年團體內的團員召開活動分子聯席會議。王燈財、陳耀林、陳啟仁等人也以共產青年團員的身分參加。協議以中國共產黨新方針「抗日救國」為口號的反帝國主義統一戰線運動方針。決議將依據舊方針的台灣青年組織「廈門反帝同盟台灣分盟」改成依新方針組成的「廈門青年救國會」。同時以「抗日救國」的標語來爭取大眾及進行組織。

於是，廈門的台灣人組織全部消滅。之後，王燈財、陳耀林、陳啟仁等人依然活躍地繼續進行活動。為了昭和七年（1932年）的五一勞動節，四月底他們參加在廈門竹子河許氏家族自治會鄉團召開的中國共產青年團活動分子聯席會議，討論關於勞動節運動的細節。決定大量散發傳單給當時碇泊在廈門的帝國軍艦水兵。五月二日參加在廈門白鶴岩召開的同團聯席會議，協議濟南事變紀念運動實行的方法。第三天在廈門市內散發數千張傳單。同年九月十六日出席在廈門虎溪岩召開的團聯席會議，協議滿洲事變一週年紀念鬥爭的方式。十八日夜，動員各團舉行飛行集會、分發宣傳的傳單：《揭發日本帝國主義的侵略政策》、《抗日救國》。

六、關係者的檢舉

由於上海台灣青年團及上海台灣反帝同盟的被檢舉，大致可以推知上述的廈門閩南學生聯合會及廈門反帝同盟台灣分盟的活動概況。因此，決定與上海台灣反帝同盟統一處置。事件的關係者因時間不同而頻繁異動，而且侯朝宗以下的主要人物大多數無法檢舉，所以決定徹底檢舉掃蕩。

上海、廈門反帝運動關係者處刑始末表

氏名	台灣反帝同盟	台灣青年團	廈門反帝	幫助	送致月日	起訴有無	刑	處斷顛末
鄧連捷		○			七、七、八	起訴	懲役二年	五年間刑暫緩執行、服罪
陳麗水		○			同	—	—	死亡
蘇紅松		○			同	起訴	懲役二年	五年間刑暫緩執行、服罪

續表

氏名	台灣反帝同盟	台灣青年團	廈門反帝	幫助	送致月日	起訴有無	刑	處斷顚末
黃天鑑		○			同	起訴	懲役二年	服罪
周宗河		○			同	起訴	懲役二年	控訴一〇、三、十八日、役懲二年服罪
陳炳鏧	○	○			同	—	—	死亡
廖興順	○	○			同	起訴	懲役二年	五年間刑暫緩執行、服罪
廖興如	○	○			同	暫緩起訴		
陳炳楠	○	○			同	—	—	死亡
陳老石	○	○			同	起訴	懲役二年	服罪
王溪森		○			同	起訴	懲役五年	服罪
李清奇		○			同	起訴	懲役四年	服罪
王天強	○	○			同	起訴	懲役二年	服罪
董文霖	○	○			同	起訴		死亡
高水生		○			同	—	—	死亡
潘欽信			○		同	—	—	台灣共產黨事件之合併
楊笨			○		同	暫緩起訴		
楊忠信			○		同	暫緩起訴		
蔡懷琛			○		同	暫緩起訴		
廖天成			○		同	暫緩起訴		
康續		○			同	—	—	死亡
詹以昌		○			同	—	—	共產黨事件之合併
曹炯樸		○			同	起訴	懲役兩年	服罪
蔡嵩林		○			同	暫緩起訴		
蔡大河			○		同	暫緩起訴		
林榮耀			○		同	暫緩起訴		
廖丙丁			○		同	暫緩起訴		
陸鑫堯		○			同	暫緩起訴		
林建忠		○			同	暫緩起訴		
鄭明顯			○		同	暫緩起訴		
翁澤生	○	○			同	—		台灣共產黨事件之合併

續表

氏名	台灣反帝同盟	台灣青年團	廈門反帝	幫助	送致月日	起訴有無	刑	處斷顛末
楊春松	○	○			一○、五、二	—	懲役三年六月	
蔣文來	○	○			八、一一、六	起訴	懲役三年	服罪
李能茂		○			八、八、二	暫緩起訴		
劉家龍		○			九、二、二二	暫緩起訴		
廖德勤	○	○				起訴		
蔡啓獻	○	○			九、一二、二三	暫緩起訴		
張德明		○			八、五、三○	暫緩起訴		
林新木	○	○			九、三、一九	同		
王燈財			○		八、九、二一	同		
陳坤成			○		同	同		
謝恭				○		暫緩起訴		
陳萬成				○		○		
王太鑫				○		○		
施懷清			○			○		
邱順			○			○		
張梗			○		八、六、二九	—		保釋中逃走
陳啓德			○			○		
陳啓仁			○		八、九、一四	暫緩起訴		
周壽源			○			○		
邱樹波			○			○		
陳龍津				○		○		
陳鄙湖				○		○		
陳耀林				○	八、九、一四			死亡

備考　○印團體關係者

中止起訴者　林木順　候朝宗　蔣麗金　李肇基　劉子憲　徐天興　廖學禮　王瑞琪　陳新春

（台灣總督府警務局編：《台灣總督府警察沿革志》第二篇《領台後的治安狀況》中卷，王乃信等譯）

後記

　　編纂《廈台關係史料選編（1895-1945）》一書的緣起是2010年12月，當時分管地方志工作的市委常委、副市長臧杰斌在聽取全市地方志工作匯報時提出：「市方志辦要廣泛蒐集和深入挖掘史料，聯合廈門的高校和研究機構，發揮整體的合力，提高地方志研究的社會化程度，搞出一批精品。」根據這一指示，市方志辦與廈門大學台灣研究院歷史所就項目選題進行商談，一致認為，廈台兩地有著深厚的歷史淵源，在中央作出關於加快建設海峽西岸經濟區的重大決策部署的大背景下，編纂出版《廈台關係史料選編（1895-1945）》，可以為建設兩岸交流交往重要基地提供歷史依據和參考，更好地發揮廈門在對台文化交流中的先行先試作用。

　　2011年底，市方志辦葛向勇主任、韓真副主任與廈門大學台灣研究院歷史所所長陳小沖教授詳細策劃論證了選題綱目細節。2012年初本書編纂工作正式付諸實施，在充分利用廈門本地圖書典藏的基礎上，編寫組還先後赴北京、福州乃至台灣島內蒐集相關史料，走訪了國家圖書館、中國社會科學院圖書館、中國社會科學院近代史所圖書館、福建省圖書館以及台灣「中央研究院」台灣史研究所檔案館、「中央圖書館」台灣分館等單位，獲取了不少珍貴史料，為本書的編纂打下了堅實的基礎。2012年下半年，編寫組著手進行史料的考訂、編排和翻譯工作，最終圓滿完成該項任務。

　　廈門與台灣的聯繫歷史悠久，相關史料浩如煙海，本書的編纂只是一個開端，希望在不遠的將來，繼續開展廈台關係史料的續編、再編工作，為海峽兩岸關係的和平發展、海峽西岸經濟區對台交流及連接兩岸歷史紐帶與民眾感情貢獻一份力量。

編者

國家圖書館出版品預行編目(CIP)資料

廈台關係史料選編：1895-1945 / 陳小沖 主編. -- 第一版.
-- 臺北市：崧燁文化, 2019.01

　面；　公分

ISBN 978-957-681-773-1(平裝)

1.史料 2.日據時期 3.福建省廈門市

673.19/201.2　　107023686

書　名：廈台關係史料選編：1895～1945
作　者：陳小沖主編
發行人：黃振庭
出版者：崧燁文化事業有限公司
發行者：崧燁文化事業有限公司
E-mail：sonbookservice@gmail.com
粉絲頁　　　　　網　址：
地　址：台北市中正區重慶南路一段六十一號八樓815室
8F.-815, No.61, Sec. 1, Chongqing S. Rd., Zhongzheng Dist., Taipei City 100, Taiwan (R.O.C.)
電　話：(02)2370-3310　傳　真：(02) 2370-3210
總經銷：紅螞蟻圖書有限公司
地　址：台北市內湖區舊宗路二段121巷19號
電　話：02-2795-3656　傳真：02-2795-4100　網址：
印　刷：京峯彩色印刷有限公司（京峰數位）

　　本書版權為九州出版社所有授權崧博出版事業股份有限公司獨家發行電子書繁體字版。若有其他相關權利及授權需求請與本公司聯繫。

定價：900 元
發行日期：2019 年 01 月第一版
◎ 本書以POD印製發行